Terapia cognitivo-
-comportamental

A Artmed é a editora oficial da FBTC

B393t Beck, Judith S.
        Terapia cognitivo-comportamental : teoria e prática / Judith S. Beck ; tradução: Sandra Maria Mallmann da Rosa ; revisão técnica: Paulo Knapp. – 3. ed. – Porto Alegre : Artmed, 2022.
        xvii, 412 p. ; 23 cm.

        ISBN 978-65-5882-025-3

        1. Psicoterapia. 2. Terapia cognitivo-comportamental. I. Título.

                                                    CDU 615.851

Catalogação na publicação: Karin Lorien Menoncin – CRB 10/2147

*Ao meu pai, Aaron T. Beck,
e à maravilhosa equipe do
Beck Institute for Cognitive Behavior Therapy*

Agradecimentos

Aos 98 anos de idade, Aaron Beck, meu pai, segue me ensinando sobre terapia cognitivo-comportamental (TCC). Recentemente, ele e nossos colegas no Beck Institute for Cognitive Behavior Therapy, em um subúrbio da Filadélfia, desenvolveram e estão pesquisando a terapia cognitiva orientada para a recuperação (CT-R) voltada a indivíduos diagnosticados com condições de saúde mental graves. Tenho aplicado a CT-R aos clientes que trato em nossa clínica ambulatorial com ótimos resultados. Estou muito animada com este novo desenvolvimento na área, com sua ênfase em motivar os clientes por meio da identificação de suas aspirações e valores, significado e propósito; focar em seus pontos fortes e recursos; ajudá-los a superar os obstáculos trabalhando em direção às suas aspirações a cada semana; e tirar conclusões positivas sobre suas experiências e sobre si mesmos. Sou grata ao meu pai e à nossa equipe de CT-R, coordenada por Paul Grant e Ellen Inverso, por inspirarem a orientação para a recuperação que incluí neste livro.

Também sou afortunada por interagir com nossa equipe de excelentes clínicos, Rob Hindman, Norman Cotterell, Fran Broder e Allen Miller. Eles tratam clientes, dão aulas em nossos *workshops*, supervisionam terapeutas (de iniciantes até especialistas) e participam no desenvolvimento de programas. Aprendo muito ao conversar com eles sobre meus clientes todas as semanas em nossas discussões de caso. Eles e Brianna Bliss ajudaram a aprimorar esta edição.

Agradeço também a Lisa Pote, que transformou o Beck Institute em um centro mundial de treinamento e recursos, e a Kitty Moore, da Guilford Press, minha amiga e editora há quase 25 anos. E um imenso agradecimento ao meu marido, Richard Busis, que me incentivou diariamente e fez a edição final do original.

E uma última nota de extrema gratidão à minha excelente e maravilhosa assistente, Sarah Fleming, que me auxiliou de forma inestimável para que este livro ganhasse vida.

Obrigada a todos vocês.

Apresentação

Estou muito satisfeito com a publicação desta 3ª edição de *Terapia cognitivo-comportamental: teoria e prática*. O campo da terapia cognitivo-comportamental (TCC) cresceu a passos largos nesta última década. Um fator que torna a presente edição tão valiosa é sua adaptação ao tratamento de técnicas originárias de uma ampla variedade de psicoterapias, no contexto do modelo cognitivo. Você irá encontrar intervenções importantes, desde terapia de aceitação e compromisso, terapia comportamental dialética, terapia cognitiva baseada em *mindfulness* e outras. Igualmente importante, no entanto, é sua ênfase na recuperação ou nos pontos fortes como parte dos fundamentos da TCC. Um único cliente com depressão é acompanhado ao longo de todo o livro. Uma segunda cliente, mais complexa, também é retratada ao longo do livro para ilustrar as variações do tratamento quando surgem dificuldades.

Quando comecei a desenvolver a terapia cognitiva nas décadas de 1960 e 1970, foquei a conceitualização e o tratamento dos indivíduos em seus problemas, cognições negativas e estratégias de enfrentamento disfuncionais. Na metade da década de 1980, eu podia afirmar que a terapia cognitiva havia atingido o *status* de um "sistema de psicoterapia". Ela consistia em (1) uma teoria da personalidade e psicopatologia com sólidos achados empíricos para embasar seus postulados básicos; (2) um modelo de psicoterapia com conjuntos de princípios e estratégias que se mesclava com a teoria da psicopatologia; e (3) sólidos achados empíricos baseados em pesquisas de resultados clínicos para fundamentar a eficácia desta abordagem.

Agora, no começo da terceira década do terceiro milênio, desenvolvemos um foco diferente na conceitualização e no tratamento. Embora os aspectos negativos das experiências dos indivíduos ainda sejam cruciais, é no mínimo igualmente importante conceitualizar as aspirações dos indivíduos, seus valores, objetivos, pontos fortes e recursos e incorporar essas características positivas para ajudá-los a dar passos específicos que estejam vinculados ao que é mais importante para eles. Também é essencial antecipar-se aos obstáculos a esses passos, usar habilidades básicas de TCC (como reestruturação cognitiva, solução de problemas e treinamento de habilidades) para superar os obstáculos e ajudar os indivíduos a tirar conclusões positivas sobre o que suas experiências dizem sobre eles.

Esta 3ª edição do texto básico na área oferece aos leitores novas perspectivas sobre a TCC no século XXI e será importante para aqueles que já são proficientes na TCC tradicional, bem como para estudantes novos no campo. Considerando a enorme quantidade de novas pesquisas e a expansão de ideias que continuam a movimentar o campo em novas e empolgantes direções, aplaudo os esforços para ampliar esta edição e incorporar algumas das diferentes maneiras de conceitualizar e tratar nossos clientes.

As aplicações da TCC a uma variedade de transtornos psicológicos e médicos vão muito mais além de qualquer coisa que eu poderia ter imaginado quando tratei meus primeiros clientes deprimidos e ansiosos com terapia cognitiva. O extraordinário leque de diferentes aplicações da TCC está baseado nos princípios fundamentais descritos neste volume. Este livro foi escrito pela Dra. Judith Beck, uma das mais importantes educadoras da segunda geração da TCC que, quando adolescente, foi uma das primeiras a me ouvir expor minha nova teoria. Ele ajudará os terapeutas aspirantes a aprenderem os elementos básicos inovadores desta terapia. Mesmo os terapeutas de TCC que são experientes em TCC tradicional irão achar este livro muito útil na adoção de uma abordagem baseada nos pontos fortes, no aprimoramento de suas habilidades de conceitualização, na ampliação do seu repertório de técnicas terapêuticas, no planejamento de um tratamento mais eficaz e na solução de dificuldades na terapia. É claro que nenhum livro pode substituir a supervisão em TCC, mas esta é uma obra importante e pode enriquecer a experiência da supervisão.

Dra. Judith Beck é eminentemente qualificada para oferecer este guia para a TCC. Nos últimos 35 anos, ela conduziu muitas centenas de *workshops* e treinamentos em TCC no mundo todo e também *on-line*, supervisionou terapeutas iniciantes e experientes, ajudou a desenvolver protocolos de tratamento para vários transtornos e participou ativamente em pesquisa de TCC. Tendo esse currículo como base, ela escreveu um livro com uma rica quantidade de informações para a aplicação dessa terapia, cujas primeiras edições têm sido os textos principais de TCC na maioria dos programas de pós-graduação em psicologia, psiquiatria, serviço social e consultoria.

A prática da TCC não é simples. Muitos profissionais da saúde mental se autodenominam terapeutas em TCC, mas carecem até mesmo das habilidades conceituais e de tratamento mais básicas. O propósito do livro da Dra. Judith Beck é educar, ensinar e treinar terapeutas iniciantes e experientes em TCC, e ela foi admiravelmente bem-sucedida nesta missão.

Aaron T. Beck, MD

Prefácio

É com muito entusiasmo que apresento esta 3ª edição de *Terapia cognitivo-comportamental: teoria e prática*. Antes de iniciar esta revisão, pedi *feedback* da 2ª edição a profissionais da saúde e da saúde mental no mundo todo. O que eles gostariam de ver ampliado? O que funcionou e o que não funcionou? As respostas que recebi foram excelentes e me ajudaram muito a definir as mudanças e os acréscimos que optei por fazer. Esta edição incorpora o *feedback* que recebi de muitos leitores e reflete as pesquisas mais recentes e direções atuais para o campo da terapia cognitivo-comportamental (TCC).

Os leitores comentaram sistematicamente que desejavam ver um cliente mais complexo para servir como exemplo principal ao longo do livro. "Abe", o cliente ilustrado nesta edição, é mais severamente deprimido do que "Sally", a cliente retratada na 2ª edição. Além da depressão, Abe também enfrenta ansiedade moderada e problemas complicadores que incluem desemprego e divórcio recente. Também incluí o exemplo de uma segunda cliente, "Maria", que possui traços de personalidade *borderline*. Incluí *links* para que você possa assistir a vídeos (em inglês) de sessões integrais e parciais da terapia com Abe, e você pode fazer o *download* das folhas de exercícios (ver Material complementar no *link* do livro em loja.grupoa.com.br para acesso a folhas de exercício em língua portuguesa).

Outra alteração importante é que revisei boa parte do material para incluir não apenas nossa orientação tradicional, mas também uma orientação para a recuperação. A terapia cognitiva orientada para a recuperação (CT-R) é um tratamento baseado em evidências inovadoras para indivíduos diagnosticados com doença mental severa, incluindo esquizofrenia, muitos dos quais estiveram hospitalizados por décadas. A CT-R foi desenvolvida e atualmente está sendo pesquisada por meu pai, Aaron T. Beck, e seu grupo de pesquisa/treinamento, o qual agora faz parte do Beck Institute for Cognitive Behavior Therapy. Nossos outros clínicos/educadores e eu estamos adaptando essa abordagem para uso com nossos clientes não hospitalizados que experimentam uma ampla gama de transtornos psiquiátricos, problemas psicológicos e condições médicas com componentes psicológicos. A orientação para a recuperação foca na identificação dos valores e das aspirações dos clientes (e o significado de suas aspirações), ajudando-os a criar um senso de propósito e empoderamento em suas vidas, a cada semana adotando procedimentos na busca dos seus objetivos. Também concentramo-nos em auxiliar os clientes a chegarem a conclusões positivas sobre si mesmos, sobre os outros e sobre seu futuro como resultado de terem essas atitudes positivas, e identificamos e reforçamos suas qualidades positivas, habilidades e recursos. Enfatizamos a experiência de emoções positivas tanto dentro quanto fora das sessões. Nossa expectativa é de que o movimento de recuperação venha a desempenhar um grande papel para moldar o futuro da TCC e da psicologia em geral nos próximos anos e décadas.

Por fim, escrevi esta edição em um estilo mais voltado para o leitor. Quando coordeno *workshops* no Beck Institute na Filadélfia ou em cursos *on-line*, geralmente incluo relatos da minha própria prática clínica. Também encorajo os participantes a envolverem-se nas atividades interativas, onde lhes peço que façam dramatizações com outro participante, respondam a perguntas e apresentem seus próprios casos desafiadores para *feedback* e discussão. A maioria dos participantes considera esses componentes interativos muito relevantes e inspiradores. Nesta edição do livro, além de usar uma abordagem mais pessoal na minha escrita, também incluí dicas clínicas oriundas da minha prática, perguntas para reflexão e atividades sugeridas para ajudar os leitores a se envolverem com o material.

Espero que você aprecie a leitura deste livro tanto quanto eu tive prazer em escrevê-lo. Costumo dizer que aprender TCC é uma empreitada para a vida toda. Independentemente de onde você se encontra em sua jornada, espero que este livro o inspire a aprender mais sobre TCC.

Sumário

Apresentação — xi
Aaron T. Beck

Prefácio — xiii

1 Introdução à terapia cognitivo-comportamental — 1

2 Visão geral do tratamento — 15

3 Conceitualização cognitiva — 25

4 A relação terapêutica — 56

5 A sessão de avaliação — 71

6 A primeira sessão de terapia — 86

7 Programação das atividades — 115

8 Planos de ação — 132

9 Planejamento do tratamento — 156

10	Estruturação das sessões	170
11	Problemas na estruturação das sessões	188
12	Identificação de pensamentos automáticos	206
13	Emoções	224
14	Avaliação de pensamentos automáticos	235
15	Respostas aos pensamentos automáticos	257
16	Integração de *mindfulness* à terapia cognitivo-comportamental	270
17	Introdução às crenças	279
18	Modificação das crenças	300
19	Técnicas adicionais	319
20	Imaginário	337
21	Término e prevenção de recaída	349
22	Problemas na terapia	361

Apêndice A	Recursos da terapia cognitivo-comportamental	373
Apêndice B	Resumo de caso do Beck Institute: Resumo e conceituação	375
Apêndice C	Passos na técnica AWARE*	384
Apêndice D	Reestruturação do significado de memórias precoces por meio de técnicas experienciais	386
	Referências	391
	Índice	399

1

Introdução à terapia cognitivo-comportamental

Abe* é um homem divorciado, 55 anos, de origem europeia que ficou severamente deprimido dois anos atrás, depois de dificuldades importantes no trabalho e em seu casamento. Na época em que comecei a tratá-lo, ele estava muito isolado e inativo, passando a maior parte do tempo em seu apartamento, assistindo à televisão, navegando na internet e ocasionalmente jogando *videogame*.

Abe e eu nos encontramos por um total de 18 sessões durante oito meses, usando uma conceitualização da terapia cognitivo-comportamental (TCC) tradicional e uma terapia cognitiva orientada para a recuperação (CT-R) e suas intervenções correspondentes. Você vai ler mais sobre orientação para a recuperação neste capítulo e ao longo do livro. Primeiramente, realizei uma avaliação diagnóstica. Na sessão seguinte, nossa primeira sessão de tratamento, dei informações a Abe sobre seu diagnóstico, a teoria da TCC, o processo de terapia e meu plano de tratamento proposto. Indaguei sobre suas aspirações (como ele queria que fosse sua vida) e valores (o que era realmente importante para ele) e então definimos objetivos. Abe queria ter uma vida melhor, ser produtivo e útil aos outros e ser otimista, resiliente e sentir-se no controle. Mais especificamente, para ele era importante administrar melhor seu tempo em casa, encontrar um emprego, melhorar as relações com sua ex-mulher e filhos, reconectar-se com os amigos, começar a ir à igreja de novo e entrar em forma. Discutimos como ele poderia ser mais ativo na semana seguinte e combinamos um Plano de Ação ("tarefa de casa" da terapia). Então solicitei o *feedback* de Abe à sessão.

A parte principal da sessão seguinte focou em auxiliar Abe a identificar seus objetivos para a sessão, decidir quais passos ele queria dar na semana seguinte, criar

---

* Alterei seu nome e algumas características que poderiam identificá-lo.

soluções para obstáculos potenciais, reduzir o humor negativo e aumentar o humor positivo. Com frequência trabalhamos solução de problemas e desenvolvimento de habilidades, especialmente habilidades relacionadas a modificar seu pensamento e comportamento deprimidos. Utilizei várias intervenções com Abe e também ensinei como ele mesmo poderia usar essas habilidades, como desenvolver resiliência e prevenir recaída. A estrutura e técnicas que usamos foram essenciais, bem como o desenvolvimento de uma boa relação terapêutica. Você saberá muito mais sobre Abe e seu tratamento ao longo deste livro.

Você também irá acompanhar Maria** no decorrer deste livro. Maria, 37 anos, tem depressão severa recorrente e traços do transtorno da personalidade *borderline*. Seu tratamento foi bem mais complexo e durou muito mais tempo. Maria se via como desamparada, inferior, com um sentimento de não ser amada e emocionalmente vulnerável. Ela via os outros como indivíduos potencialmente críticos, desinteressados e com grandes chances de magoá-la. Essas crenças eram frequentemente desencadeadas durante nossas sessões. De início, ela se mostrou muito desconfiada para comigo, mantendo-se alerta para que eu não a magoasse de alguma maneira. Foi muito mais difícil estabelecer uma relação terapêutica forte com Maria. Sua intensa desesperança e ansiedade sobre a terapia e sobre mim interferiram por um bom tempo no seu engajamento pleno. Enquanto o tratamento de Abe exemplifica uma abordagem-padrão, para Maria tive que adaptar o tratamento consideravelmente.

Neste capítulo, você encontrará respostas para as seguintes perguntas:

> O que é TCC?
> Qual é a teoria por trás da TCC?
> O que as pesquisas nos dizem sobre sua eficácia?
> Como ela foi desenvolvida?
> O que é CT-R?
> Como é uma intervenção cognitiva típica?
> Como você pode se tornar um terapeuta cognitivo-comportamental eficaz?
> Qual é a melhor maneira de usar este livro?

O QUE É TERAPIA COGNITIVO-COMPORTAMENTAL?

Aaron Beck desenvolveu uma forma de psicoterapia nas décadas de 1960 e 1970, a qual denominou originalmente "terapia cognitiva", um termo que muitas vezes é usado como sinônimo de "terapia cognitivo-comportamental" (TCC) por muitos da

---

** Alterei seu nome e algumas características que poderiam identificá-la.

nossa área. Beck concebeu uma psicoterapia para depressão estruturada, de curta duração e voltada para o presente (Beck, 1964). Desde aquela época, ele e outros autores no mundo inteiro tiveram sucesso na adaptação dessa terapia a populações surpreendentemente diversas e com uma ampla abrangência de transtornos e problemas, em muitos contextos e formatos. Essas adaptações alteraram o foco, as técnicas e a duração do tratamento, porém os pressupostos teóricos em si permaneceram constantes.

Em todas as formas de TCC derivadas do modelo de Beck, o tratamento está baseado em uma formulação cognitiva: as crenças mal-adaptativas, as estratégias comportamentais e a manutenção dos fatores que caracterizam um transtorno específico (Alford & Beck, 1997). Você também irá basear o tratamento na sua conceitualização, ou compreensão, de cada cliente e de suas crenças subjacentes específicas e padrões de comportamento. Uma das crenças subjacentes negativas de Abe era "Eu sou um fracasso", e ele se engajava em evitação emocional para que sua incompetência (percebida), ou falha, não ficasse aparente. Mas sua evitação ironicamente reforçava sua crença de fracasso.

Originalmente treinado como psicanalista, Beck lançou mão de inúmeras fontes quando desenvolveu essa forma de psicoterapia, incluindo os primeiros filósofos, como Epicteto, e teóricos como Karen Horney, Alfred Adler, George Kelly, Albert Ellis, Richard Lazarus, Albert Bandura e muitos outros. O trabalho de Beck, por sua vez, foi ampliado por inúmeros pesquisadores e teóricos dos Estados Unidos e do exterior, numerosos demais para serem aqui mencionados. O panorama histórico da área apresenta uma descrição rica de como se originaram e se desenvolveram as diferentes correntes da TCC (Arnkoff & Glass, 1992; Beck, 2005; Dobson & Dozois, 2009; Thoma et al., 2015).

Algumas formas de TCC compartilham características da terapia de Beck, mas suas formulações e ênfases no tratamento variam um tanto. Elas incluem a terapia racional-emotiva comportamental (Ellis, 1962), a terapia comportamental dialética (Linehan, 1993), a terapia de solução de problemas (D'Zurilla & Nezu, 2006), a terapia de aceitação e compromisso (Hayes et al., 1999), a terapia de exposição (Foa & Rothbaum, 1998), a terapia de processamento cognitivo (Resick & Schnicke, 1993), o sistema de psicoterapia de análise cognitivo-comportamental (McCullough, 1999), a ativação comportamental (Lewinsohn et al., 1980; Martell et al., 2001), a modificação cognitivo-comportamental (Meichenbaum, 1977) e outras. A forma de TCC derivada do modelo de Beck frequentemente incorpora técnicas de todas essas e outras psicoterapias baseadas em evidências, dentro de uma estrutura cognitiva. Com o tempo, será útil que você aprenda mais sobre outras intervenções baseadas em evidências, mas seria uma sobrecarga fazer isso em profundidade enquanto ainda está aprendendo TCC. Sugiro que primeiro você domine os aspectos básicos da TCC e depois aprenda técnicas adicionais para implantar na estrutura de uma conceitualização cognitiva.

A TCC tem sido adaptada a clientes com diferentes níveis de educação e renda, bem como a uma variedade de culturas e idades, desde crianças pequenas até adultos com idade mais avançada. É usada atualmente em hospitais e clínicas, escolas, programas vocacionais e prisões, entre outros contextos. É utilizada nos formatos de grupo, casal e família. Embora o tratamento descrito neste livro esteja focado nas sessões individuais de 45 a 50 minutos com clientes ambulatoriais, as interações terapêuticas podem ser mais curtas. Sessões completas são inapropriadas para alguns clientes, como os que estão hospitalizados para tratamento de esquizofrenia grave. E muitos profissionais da saúde e associados usam técnicas de TCC sem realizar sessões terapêuticas completas, seja durante consultas clínicas breves ou de reabilitação ou em revisões da medicação. Paraprofissionais e seus pares especialistas também utilizam técnicas de TCC adaptadas apropriadamente.

O MODELO TEÓRICO DA TERAPIA COGNITIVO-COMPORTAMENTAL

Em poucas palavras, o *modelo cognitivo* propõe que o pensamento disfuncional (que influencia o humor e o comportamento do cliente) é comum a todos os transtornos psicológicos. Quando as pessoas aprendem a avaliar seu pensamento de forma mais realista e adaptativa, elas experimentam um decréscimo na emoção negativa e no comportamento mal-adaptativo. Por exemplo, se você estivesse muito deprimido e tivesse dificuldade para se concentrar e para pagar suas contas, poderia ter um *pensamento automático*, uma ideia (em palavras ou imagens) que simplesmente apareceria em sua mente: "Eu não faço nada direito". Esse pensamento poderia, então, conduzir a uma reação específica: você se sentiria triste (emoção) e se refugiaria na cama (comportamento).

Na TCC tradicional, seu terapeuta provavelmente o ajudaria a examinar a *validade* desse pensamento e você poderia concluir que fez uma generalização e que, na verdade, você faz muitas coisas bem, apesar da sua depressão. Encarar a sua experiência a partir dessa nova perspectiva seguramente faria você se sentir melhor e levaria a um comportamento mais funcional (começar a pagar as contas). Em uma abordagem orientada para a recuperação, seu terapeuta o ajudaria a avaliar seus pensamentos automáticos. Mas o foco seria menos nas cognições que já vieram à tona e mais em cognições que provavelmente irão surgir na semana seguinte e que poderiam interferir nos passos que você daria para atingir um objetivo específico.

As cognições (tanto as adaptativas quanto as mal-adaptativas) ocorrem em três níveis. Os pensamentos automáticos (p. ex., "Estou muito cansado para fazer qualquer coisa") estão no nível mais superficial. Você também tem crenças intermediárias, como os pressupostos subjacentes (p. ex., "Se eu tentar começar relacionamentos, vou ser rejeitado"). No nível mais profundo, encontram-se suas crenças nucleares sobre si mesmo, sobre as outras pessoas e sobre o mundo (p. ex., "Estou desamparado"; "Outras pessoas vão me magoar"; "O mundo é perigoso"). Para que haja melhora duradoura no humor e no comportamento dos clientes, você vai trabalhar em todos os três níveis. A modificação dos pensamentos automáticos e das crenças disfuncionais subjacentes produz mudança duradoura.

Por exemplo, se você continuamente subestima suas habilidades, pode ser que tenha uma crença nuclear de incompetência. A modificação dessa crença geral (i.e., ver a si mesmo de forma mais realista) pode alterar a sua percepção de situações específicas com que se defronta todos os dias. Você não terá mais tantos pensamentos com o tema da incompetência. Em vez disso, em situações específicas em que cometer erros, provavelmente pensará: "Eu não sou bom nisto [tarefa específica]". Além disso, é importante em uma orientação para a recuperação cultivar realisticamente pensamentos automáticos positivos (p. ex., "Eu posso fazer bem muitas coisas") e crenças intermediárias e nucleares positivas (p. ex., "Se eu perseverar, seguramente vou aprender o que preciso" e "Eu tenho pontos fortes e fracos como todas as pessoas").

PESQUISAS DA TERAPIA COGNITIVO-COMPORTAMENTAL

A TCC tem sido amplamente testada desde que foram publicados os primeiros estudos científicos em 1977 (Rush et al., 1977). Até o momento, mais de 2.000 estudos científicos demonstraram a eficácia da TCC para uma ampla gama de transtornos psiquiátricos, problemas psicológicos e problemas médicos com componentes psicológicos. Muitos estudos também mostraram que a TCC ajuda a prevenir ou reduzir a severidade de episódios futuros. Um estudo de von Brachel e colaboradores (2019), por exemplo, mostrou que clientes ambulatoriais com uma gama de transtornos psiquiátricos que foram tratados com TCC em cuidados de rotina continuaram a melhorar entre 5 e 20 anos após o encerramento da terapia, mais do que aqueles que receberam tratamento médico. (Para metanálises e revisões da TCC, ver Butler et al., 2006; Carpenter et al., 2018; Chambless & Ollendick, 2001; Dobson et al., 2008; Dutra et al., 2008; Fairburn et al., 2015; Hanrahan et al., 2013; Hofmann et al., 2012; Hollon et al., 2014; Linardon et al., 2017; Magill & Ray, 2009; Matusiewicz et al., 2010; Mayo-Wilson et al., 2014; Öst et al., 2015; e Wuthrich & Rapee, 2013. Para listas de condições para as quais a TCC se mostrou efetiva, ver *www.div12.org/psychological-treatments/treatments* e *www.nice.org.uk/about/what-we-do/our-programmes/nice-guidance/nice-guidelines*. Para pesquisas em CT-R, ver Beck et al., no prelo; Grant et al., 2012, 2017.)

O DESENVOLVIMENTO DA TERAPIA COGNITIVO-COMPORTAMENTAL DE BECK

No fim da década de 1950, o Dr. Beck era um psicanalista certificado; seus clientes faziam associações livres em um divã enquanto ele as interpretava. Beck identificou que os conceitos da psicanálise precisavam ser validados experimentalmente para que esta escola de psicoterapia pudesse ser levada a sério pelos cientistas. No começo da década de 1960, Beck decidiu testar o conceito psicanalítico de que a depressão é resultante da hostilidade voltada contra si mesmo.

Ele investigou os sonhos dos clientes deprimidos, os quais, segundo sua previsão, manifestariam mais temas de hostilidade do que os sonhos de clientes psiquiátricos sem depressão. Para sua surpresa, acabou descobrindo que os sonhos dos clientes deprimidos continham *menos* temas de hostilidade e muito mais temas relacionados a fracasso, privação e perda. Ele identificou que esses temas eram semelhantes ao pensamento dos clientes quando estavam acordados. Os resultados de outros estudos conduzidos por Beck levaram-no a acreditar que uma ideia psicanalítica relacionada – a de que os clientes deprimidos têm necessidade de sofrer – poderia ser incorreta (Beck, 1967). Naquele ponto, era quase como se uma imensa fileira de dominós começasse a tombar. Se esses conceitos psicanalíticos não fossem válidos, como é que a depressão poderia ser entendida, então?

Enquanto o Dr. Beck ouvia seus clientes no divã, percebia que eles ocasionalmente relatavam dois tipos de pensamento: uma vertente de livre associação e outra de pensamentos rápidos de qualificações sobre si mesmos. Uma mulher, por exemplo, detalhava suas façanhas sexuais. No final da sessão, ela espontaneamente relatou que se sentia ansiosa. O Dr. Beck fez uma interpretação: "Você achou que eu estava lhe criticando". A cliente discordou: "Não, eu estava com medo de estar *chateando* você". Ao questionar seus outros clientes deprimidos, o Dr. Beck percebeu que todos eles tinham pensamentos "automáticos" negativos que estavam intimamente ligados às suas emoções. Começou, então, a ajudar seus clientes a identificarem, avaliarem e responderem ao seu pensamento irrealista e mal-adaptativo. Quando fez isso, eles melhoraram rapidamente.

O Dr. Beck começou, então, a ensinar seus residentes de psiquiatria na University of Pennsylvania a usarem essa forma de tratamento. Eles também descobriram que seus clientes respondiam bem. O residente-chefe, médico psiquiatra A. John Rush, atualmente grande autoridade no campo da depressão, discutiu a possibilidade de conduzir uma pesquisa científica com o Dr. Beck. Eles concordaram que tal estudo era necessário para demonstrar a eficácia da terapia cognitiva. Seu ensaio clínico controlado randomizado com clientes deprimidos, publicado em 1977, constatou que a terapia cognitiva era tão efetiva quanto a imipramina, um antidepressivo comum. Este foi um estudo surpreendente. Foi uma das primeiras vezes em que uma terapia da palavra havia sido comparada com uma medicação. Em um estudo de seguimento, a terapia cognitiva se revelou muito mais efetiva do que a imipramina na prevenção de recaída. Beck e colaboradores (1979) publicaram o primeiro manual de tratamento com terapia cognitiva dois anos depois.

No fim da década de 1970, o Dr. Beck e seus colegas de pós-doutorado na University of Pennsylvania começaram a estudar ansiedade, abuso de substâncias, transtornos da personalidade, problemas de casais, hostilidade, transtorno bipolar e outros problemas usando o mesmo processo. Primeiro, fizeram observações clínicas sobre o transtorno; descreveram os fatores de manutenção e as principais cognições (pensamentos e crenças subjacentes, emoções e comportamentos). Depois disso, testaram suas teorias, adaptaram o tratamento e realizaram ensaios clínicos controlados randomizados. Avançando várias décadas, Dr. Beck, eu e pesquisadores por todo o mundo continuamos a estudar, teorizar, adaptar e testar tratamentos para clientes que sofrem de uma lista crescente de problemas. A TCC é ensinada agora na maioria das escolas de graduação nos Estados Unidos e em muitos outros países. É a terapia mais amplamente praticada no mundo (David et al., 2018; Knapp et al., 2015).

TERAPIA COGNITIVA ORIENTADA PARA A RECUPERAÇÃO

Nas últimas décadas, ocorreu uma inovação na área da saúde mental: o movimento da recuperação, que foi iniciado como uma abordagem alternativa ao modelo médico para indivíduos diagnosticados com uma condição de saúde mental grave. Aaron Beck, nossos colegas no Beck Institute for Cognitive Behavior Therapy e eu estamos agora aprimorando a terapia cognitiva orientada para a recuperação (CT-R) para indivíduos diagnosticados com uma ampla gama de condições. A CT-R, uma adaptação da TCC tradicional, mantém os fundamentos teóricos do modelo cognitivo na conceitualização dos indivíduos e no planejamento e realização do tratamento. Porém, ela acrescenta uma ênfase na formulação cognitiva das crenças *adaptativas* e estratégias comportamentais dos clientes, bem como nos fatores que mantêm um humor positivo. Em vez de enfatizar os sintomas e a psicopatologia, a CT-R enfatiza os pontos fortes, as qualidades pessoais, as habilidades e os recursos dos clientes.

Adotando uma orientação para a recuperação, investiguei e conceitualizei as aspirações e os valores de Abe para planejar o tratamento. A família, por exemplo, era muito importante para ele, e, apesar da sua profunda depressão, ele estava disposto a se esforçar para aumentar sua interação com eles. Definimos muitas atividades potencialmente gratificantes para Abe realizar entre as sessões *e o ajudamos a tirar conclusões positivas sobre essas experiências.* Cultivamos cognições e memórias positivas e usamos a relação terapêutica e uma variedade de técnicas para fortalecer uma crença nuclear adaptativa sobre si mesmo e experimentar emoção positiva dentro e fora da sessão.

Uma diferença entre a TCC tradicional e a CT-R é a orientação no tempo. Na TCC tradicional, tendemos a falar sobre problemas que surgiram no passado e usamos técnicas da TCC para abordá-los. Na CT-R, focamos mais nas aspirações dos clientes para o futuro e nos passos que eles podem dar a cada semana em direção aos seus objetivos. As técnicas habituais da TCC são usadas na superação de desafios ou obstáculos que os clientes enfrentarão ao dar esses passos.

UMA INTERVENÇÃO COGNITIVA TÍPICA

A seguir, apresentamos um trecho de uma sessão terapêutica com Abe, que dá uma ideia de como é uma intervenção típica da TCC. Primeiro, combinamos de falar sobre um objetivo no qual Abe deseja trabalhar. Discutimos os passos que ele pode dar e os obstáculos que podem se colocar no caminho.

JUDITH: OK, você queria começar falando sobre seu objetivo de conseguir um emprego?
ABE: Sim, eu realmente preciso de dinheiro.
JUDITH: Qual é o passo que você gostaria de dar na próxima semana?
ABE: (*Suspira.*) Acho que eu deveria atualizar meu currículo.
JUDITH: Isso é importante. [começando a solução de problemas] Como você vai proceder para fazer isso?
ABE: Não sei. Não o reviso há anos.
JUDITH: Você sabe onde ele está?
ABE: Sim, mas não tenho certeza do que colocar nele.
JUDITH: De que maneira poderia descobrir isso?
ABE: Acho que eu poderia fazer uma consulta na internet. Mas a minha concentração não anda muito boa ultimamente.
JUDITH: Não seria melhor conversar com alguém que sabe mais sobre currículos do que você?
ABE: Sim. (*Pensa.*) Eu poderia falar com o meu filho.
JUDITH: O que acha de ligar para ele hoje? Alguma coisa poderia atrapalhar?
ABE: Não sei. Eu deveria ser capaz de descobrir por mim mesmo o que fazer, sem incomodá-lo.
JUDITH: Esta é uma ideia interessante – a de que você deveria ser capaz de descobrir. Você já teve muitas experiências de examinar o currículo de outras pessoas?
ABE: Não, não sei se alguma vez já vi o currículo de outra pessoa.
JUDITH: O quanto você acha que isso seria incômodo para seu filho?
ABE: Não muito, eu acho.
JUDITH: Então, o que seria bom que você lembrasse antes de ligar para ele?
ABE: Que ele tem muito mais experiência recente com currículos do que eu já tive. Que ele provavelmente não teria problemas em me ajudar.
JUDITH: (*Elogiando Abe.*) Excelente! Você poderia ligar para ele hoje?
ABE: Hoje à noite seria melhor.

Abe teve facilidade em identificar e responder a um pensamento inútil que poderia constituir um obstáculo para os passos em direção a um objetivo valorizado. Pedi-lhe que imaginasse que, com a ajuda do seu filho, ele tivesse revisado seu currículo com sucesso. Depois perguntei como ele se sentia emocionalmente na imagem e o ajudei a experimentar parte do sentimento positivo ali na nossa sessão. (Alguns clientes que enfrentam um problema semelhante podem precisar de um maior esforço terapêutico antes de serem capazes de prosseguir comportamentalmente.)

TORNANDO-SE UM TERAPEUTA EFETIVO EM TERAPIA COGNITIVO-COMPORTAMENTAL

Espero que você tenha a aspiração de se tornar um excelente terapeuta e ajude centenas ou milhares de indivíduos na sua carreira. Ter essa aspiração em mente pode ajudá-lo a perseverar se você ficar ansioso durante a leitura deste livro. Caso realmente se sinta nervoso, lembre-se de que o modelo cognitivo propõe que você teve alguns pensamentos negativos. Você aprenderá ferramentas ao longo do livro para abordar esses tipos de pensamentos inúteis. Enquanto isso, será útil pensar sobre um objetivo de leitura específico a cada semana e os obstáculos que você pode enfrentar ao dar os passos necessários. E certifique-se de que suas expectativas em relação a si mesmo são razoáveis.

Gostaria que você soubesse que eu não era uma terapeuta muito boa quando comecei a aplicar a TCC. Como poderia ser diferente? Eu nunca havia feito terapia antes. Portanto, dê uma chance a si mesmo se você estiver apenas começando ou se for relativamente novo na TCC. Você está em boa companhia. Reconheça e dê o crédito a si mesmo a cada capítulo que ler. Além disso, receba também os créditos por responder às perguntas para reflexão e realizar os exercícios práticos que encontrará no final de cada capítulo. Compare-se com seus pares, e não com terapeutas especialistas em TCC.

Com frequência usamos analogias e metáforas em TCC (Stott et al., 2010). Esta é uma metáfora comum que usamos com os clientes e que você poderá achar útil:

> "Você se lembra de quando aprendeu a dirigir ou a tocar um instrumento musical? Você se sentiu meio estranho no início? Teve que prestar muita atenção a pequenos detalhes e movimentos que agora acontecem de forma tranquila e automática? Alguma vez se sentiu desencorajado? Enquanto progredia, o processo foi fazendo sentido cada vez mais e parecendo gradativamente mais confortável? Você por fim dominou a tarefa até o ponto de ser capaz de realizá-la com relativa facilidade e confiança? A maioria das pessoas já teve uma experiência como essa de aprender uma habilidade em que agora são proficientes."

O processo de aprendizagem é o mesmo para o terapeuta iniciante em TCC. Mantenha seus objetivos pequenos, bem definidos e realistas. Compare seu progresso com seu nível de habilidade antes de ter começado a ler este livro ou à época em que você começou a aprender sobre TCC. Tenha cuidado para não arruinar sua confiança comparando seu nível de habilidade atual com seu objetivo final.

Caso você se sinta ansioso quanto a começar a utilizar a TCC com os clientes, faça para si mesmo um "cartão de enfrentamento", um cartão físico ou virtual no qual estejam escritas afirmações importantes de serem lembradas. Você irá usar cartões de enfrentamento ou seus equivalentes com seus clientes (porque garantimos que tudo o que queremos que os clientes se lembrem esteja anotado). Meus residentes de psiquiatria com frequência têm pensamentos inúteis antes de atenderem seus primeiros clientes. Depois de uma discussão, eles criam um cartão que aborde esses pensamentos. O cartão é individualizado, mas de modo geral diz algo como:

> Meu objetivo não é curar este cliente hoje. Ninguém espera que eu faça isso. Meu objetivo é estabelecer uma boa relação, inspirar esperança, identificar o que é realmente importante para o cliente e talvez descobrir um passo que ele possa dar esta semana em direção aos seus objetivos.

A leitura de um cartão como este pode ajudá-lo a reduzir sua ansiedade para que você consiga focar em seus clientes e ser mais eficaz.

Para o observador não treinado, a TCC algumas vezes dá a falsa impressão de ser muito simples. O *modelo cognitivo* – a proposição de que nossos pensamentos influenciam nossas emoções e comportamentos (e algumas vezes a fisiologia) – é muito simples. No entanto, terapeutas experientes em TCC realizam muitas tarefas ao mesmo tempo: desenvolvem o *rapport*, familiarizam e orientam o cliente, coletam dados, conceitualizam o caso, trabalham na direção dos objetivos dos clientes e superam obstáculos, ensinam habilidades, fazem resumos periódicos e obtêm *feedback*. Enquanto estão realizando essas tarefas, eles parecem quase coloquiais.

Se você é iniciante na área, precisará ser mais cuidadoso e estruturado, concentrando-se em menos elementos por vez. Embora o objetivo final seja entrelaçar esses elementos e conduzir a terapia da forma mais efetiva e eficiente possível, você precisa primeiro aprender a habilidade de desenvolvimento de uma relação terapêutica e de conceitualização dos clientes. Você também aprenderá as técnicas da TCC (e outras modalidades); todas elas são mais bem realizadas se feitas gradualmente.

O desenvolvimento de *expertise* como terapeuta cognitivo-comportamental pode ser visto em quatro estágios. (Estas descrições presumem que você já seja proficiente em habilidades terapêuticas básicas: escuta, empatia, preocupação, respeito e autenticidade, bem como compreensão adequada, reflexão e capacidade de resumir.) No Estágio 1, você aprende as habilidades básicas de conceitualização de caso em termos cognitivos com base na avaliação inicial e em dados coletados na sessão. Aprende a desenvolver uma forte relação terapêutica, aprende a estruturar a sessão e usar sua conceitualização do cliente e o bom senso para planejar o tratamento, considerando os valores, as aspirações e os objetivos dos seus clientes. Você ajuda os clientes a desenvolverem soluções para os obstáculos com que se deparam e a encararem seus pensamentos disfuncionais de forma diferente. Aprende a usar técnicas cognitivas e comportamentais básicas e a ensinar seus clientes a utilizá-las.

No Estágio 2, você fica mais proficiente na integração da sua conceitualização ao seu conhecimento das técnicas. Você fortalece sua habilidade para compreender o fluxo da terapia. Passa a identificar com mais facilidade os objetivos principais do tratamento e torna-se mais hábil na conceitualização dos clientes, aprimorando sua conceitualização e usando-a para tomar decisões quanto às intervenções. Você amplia seu repertório de estratégias e fica mais proficiente na seleção, identificação do momento adequado e implementação de técnicas apropriadas e no fortalecimento da relação terapêutica.

No Estágio 3, você integra mais automaticamente os dados novos à conceitualização. Aperfeiçoa sua habilidade de formulação de hipóteses para confirmar ou corrigir sua visão do cliente. Quando necessário, você varia a estrutura e as técnicas da TCC básica, particularmente no caso de clientes com transtornos da personalidade e outros transtornos e problemas difíceis. Você se torna mais hábil na prevenção e também no reparo de rupturas na aliança terapêutica.

No Estágio 4, você continua a aprender TCC pelo resto da sua vida profissional. Eu continuo aprendendo com cada cliente que trato, participo de discussões de caso semanais, busco assessoria sobre assuntos clínicos com colegas e supervisionados e me mantenho atualizada com a pesquisa e prática em TCC lendo livros e artigos, além de participar regularmente de congressos. Sou uma terapeuta muito melhor hoje do que era cinco anos atrás. E espero ser uma terapeuta melhor daqui a cinco anos. Espero que você adote uma atitude semelhante em relação à importância da aprendizagem permanente.

Se você já pratica outra modalidade psicoterápica, mas é novo em TCC, provavelmente será mais efetivo se começar a aplicá-la com clientes novos. Se decidir aplicá-la a clientes atuais, será importante que faça isso de forma colaborativa. Você deve descrever o que gostaria de fazer de maneira diferente, apresentar uma justificativa para isso e buscar a concordância do cliente. A maioria concorda com essas alterações quando elas são expressas de modo positivo, para o bem do cliente. Quando os clientes hesitam, você pode sugerir uma alteração (como, por exemplo, definir uma pauta) como um "experimento", em vez de um compromisso, para motivá-los a tentar.

TERAPEUTA: Eu estava lendo um livro importante sobre como deixar a terapia mais efetiva e pensei em você.
CLIENTE: Mesmo?
TERAPEUTA: Sim, e tenho algumas ideias sobre como nós podemos ajudá-lo a melhorar com mais rapidez. [sendo colaborativo] Tudo bem se eu falar a respeito?
CLIENTE: OK.
TERAPEUTA: Uma coisa que li se chamava "definindo a pauta". Isso significa que no início das sessões eu gostaria de lhe perguntar em que objetivos ou problemas você quer trabalhar na sessão. Por exemplo, você pode dizer que gostaria de trabalhar mais na socialização ou em fazer mais coisas em casa. Isso nos ajudará a descobrir como usar melhor nosso tempo na sessão. (*pausa*) O que lhe parece?

COMO USAR ESTE LIVRO

Este livro destina-se a estudantes e profissionais em qualquer estágio de experiência e desenvolvimento de habilidades que estejam precisando dominar os fundamentos da conceitualização e do tratamento cognitivo – ou que desejam aprender a incorporar os princípios da CT-R ao tratamento. É essencial ter domínio dos elementos básicos da TCC (e da CT-R) para compreender como e quando variar o tratamento-padrão para clientes específicos.

Os capítulos deste livro são planejados para ser lidos na ordem apresentada. Você pode estar impaciente, querendo pular os capítulos introdutórios e passar diretamente para os capítulos que explicam os procedimentos. No entanto, o essencial da TCC não é meramente a utilização de técnicas cognitivas e comportamentais. Entre outros atributos, ela envolve a seleção hábil e a utilização efetiva de muitos tipos diferentes de intervenções baseadas na conceitualização do cliente. Em *https://beckinstitute.org/cbtresources/*, você pode encontrar vídeos do tratamento de Abe e folhas de exercícios em versão para *download* (em inglês). Você encontrará uma lista de recursos adicionais em TCC no Apêndice A.

Uma observação sobre as folhas de exercícios: você precisará imprimir algumas delas, como o Registro de Pensamentos e Testando seus Pensamentos (do Cap. 15), faça *download* das versões em português no Material complementar disponível no *link* do livro em loja.grupoa.com.br), pois elas contêm uma grande quantidade de informações. E poderá ter de imprimir folhas de exercícios adicionais quando estiver começando a utilizar a TCC. Mas depois que se familiarizar com o material, geralmente é preferível usar folhas de exercícios feitas a mão quando você entrar em sessão com um cliente. Isso permite que você as individualize quando necessário, com maiores chances de evitar uma reação negativa dos clientes que não gostam das folhas de exercícios formais.

Seu crescimento como terapeuta cognitivo-comportamental será aprimorado se começar a aplicar em si mesmo o que aprender. Certifique-se de realizar todos os exercícios práticos. Por exemplo, no exercício prático no final deste capítulo, você será direcionado a identificar seus pensamentos automáticos enquanto lê este livro. Você pode observá-los e voltar o foco para a sua leitura. Ou, depois de identificá-los, pode usar as perguntas na página seguinte para criar um cartão de enfrentamento para si mesmo. Ao colocar o foco em seu próprio pensamento, você pode reforçar suas habilidades em TCC, modificar seus pensamentos disfuncionais e influenciar positivamente seu humor (e comportamento), tornando-se mais receptivo à aprendizagem.

Outros exercícios práticos pedem que você dramatize com um colega, um amigo ou um membro da família. Se não conseguir encontrar um parceiro para a dramatização, você pode escrever a transcrição de um diálogo com um cliente imaginário. Ou pode fazer as duas coisas. Quanto mais praticar o vocabulário e os conceitos da TCC, melhor será seu tratamento.

Ensinar as habilidades básicas da TCC usando a si mesmo como sujeito irá aprimorar sua capacidade de ensinar as mesmas habilidades aos seus clientes. Como um bônus adicional, quando utilizar habilidades que são úteis, você poderá fazer uma autoexposição relevante – que poderá encorajá-los a também praticar a habilidade. Um curso *on-line* também lhe oferece muitas oportunidades de praticar o uso das habilidades da TCC em si mesmo; essa é uma das melhores maneiras de realmente entender e praticar este tipo de terapia.

Também é importante que você saiba o que este livro não abrange. Seu foco é a depressão, e variações importantes são necessárias para tratar outros transtornos. Ele não inclui como adaptar o tratamento a jovens ou idosos. E não aborda os importantes tópicos de automutilação, uso de substâncias, suicidalidade ou homicidalidade. Você precisará complementar sua aprendizagem para ser efetivo com indivíduos que diferem substancialmente do seu principal exemplo de cliente, Abe.

RESUMO

A TCC foi desenvolvida pelo Dr. Aaron Beck nas décadas de 1960 e 1970 e desde então tem se mostrado efetiva em mais de 2.000 pesquisas publicadas. Atualmente, ela é considerada o "padrão-ouro" de psicoterapia (David et al., 2018). Está baseada na teoria de que o pensamento das pessoas influencia suas emoções e comportamento. Ao ajudar seus clientes a avaliarem e mudarem um pensamento disfuncional ou inútil, os terapeutas cognitivo-comportamentais podem provocar mudanças duradouras no humor e no comportamento. Os terapeutas cognitivo-comportamentais empregam técnicas de muitas modalidades psicoterápicas diferentes, aplicadas dentro do contexto do modelo cognitivo e de conceitualizações individualizadas dos seus clientes. Recentemente, acrescentou-se à TCC tradicional um foco na orientação para a recuperação, enfatizando os valores e aspirações, tirando conclusões positivas das atividades cotidianas e experimentando emoção positiva dentro e fora da sessão.

> **PERGUNTAS PARA REFLEXÃO**
>
> Que novas ideias você aprendeu sobre TCC ou CT-R neste capítulo? Como as técnicas da TCC podem ajudá-lo? Que pensamentos os leitores podem ter que os impeçam de aplicar as habilidades de TCC neles mesmos? Que respostas seriam boas para esses pensamentos?

EXERCÍCIO PRÁTICO

A partir de agora, comece a observar quando

- seu humor mudou ou se intensificou em uma direção negativa;
- você está tendo sensações corporais associadas a uma emoção negativa (como, por exemplo, seu coração batendo rápido quando você fica ansioso); e/ou
- você está se engajando em comportamento inútil ou evitando se engajar em comportamento útil.

Pergunte-se que emoção você está experimentando, bem como a pergunta fundamental da terapia cognitiva:

> "O que estava passando pela minha mente?"

É assim que você vai ensinar a si mesmo a identificar seus próprios pensamentos automáticos. Preste especial atenção aos pensamentos automáticos que impedem que você atinja seus objetivos, especialmente aqueles que interferem na leitura deste livro e na experimentação de técnicas com os clientes. Você pode reconhecer pensamentos como estes:

"Isso é muito difícil."
"Eu não vou conseguir dar conta disso."
"Eu não me sinto confortável com isso."
"O que vai acontecer se eu tentar e isso não ajudar meu cliente?"

Terapeutas experientes, cuja orientação primária não é a TCC, devem estar atentos a um conjunto de pensamentos automáticos diferentes:

"Isso não vai funcionar."
"O cliente não vai gostar disso."
"Isso é muito superficial/estruturado/pouco empático/simples."

2
Visão geral do tratamento

Neste capítulo, você vai ler sobre os princípios do tratamento com terapia cognitivo-comportamental (TCC). Embora a TCC deva se adequar a cada indivíduo, existem determinados princípios que se aplicam à maioria dos clientes. Mas não se preocupe em lembrar-se de tudo neste capítulo, pois você será exposto a todos os conceitos em vários pontos ao longo deste livro. Quero apenas que você tenha uma noção de como é a TCC. Você pode assistir a uma sessão terapêutica completa (vídeo disponível, em inglês, em https://beckinstitute.org/cbtresources/) e utilizar a Checklist dos Princípios do Tratamento (faça *download* da versão em português no Material complementar disponível no *link* do livro em loja.grupoa.com.br) para observar quais dos princípios a seguir estão ilustrados no vídeo.

PRINCÍPIOS DO TRATAMENTO

1. Os planos de tratamento na TCC estão baseados em uma conceitualização cognitiva em desenvolvimento contínuo.
2. A TCC requer uma aliança terapêutica sólida.
3. A TCC monitora continuamente o progresso do cliente.
4. A TCC é culturalmente adaptada e adapta o tratamento ao indivíduo.
5. A TCC enfatiza o positivo.
6. A TCC enfatiza a colaboração e a participação ativa.
7. A TCC é aspiracional, baseada em valores e orientada para os objetivos.
8. A TCC inicialmente enfatiza o presente.
9. A TCC é educativa.
10. A TCC é atenta ao tempo de tratamento.
11. As sessões de TCC são estruturadas.

12. A TCC utiliza a descoberta guiada e ensina os clientes a responderem às suas cognições disfuncionais.
13. A TCC inclui Planos de Ação (tarefa de casa da terapia).
14. A TCC utiliza uma variedade de técnicas para mudar o pensamento, o humor e o comportamento.

Princípio nº 1: Os planos de tratamento na TCC estão baseados em uma conceitualização cognitiva em desenvolvimento contínuo. Baseio a minha conceitualização dos clientes nos dados que eles fornecem na avaliação, informada pela formulação cognitiva (cognições-chave, estratégias comportamentais e fatores de manutenção que caracterizam seu[s] transtorno[s]). Desde o início, também incorporo seus pontos fortes, qualidades positivas e recursos à minha conceitualização. Continuo aprimorando essa conceitualização durante a terapia à medida que coleto dados adicionais e uso a conceitualização para planejar o tratamento.

Meu plano de tratamento para Abe inicialmente focou nas cognições atuais e comportamentos problemáticos que interferiam no trabalho em direção aos seus objetivos. Discutimos aumentar a ação em consonância com os valores e aspirações de Abe e começamos o monitoramento das suas experiências positivas. Por volta da metade da terapia, acrescentamos um foco nas crenças subjacentes que minavam sua confiança. No final do tratamento, acrescentamos uma ênfase no planejamento para o futuro, antecipando os obstáculos e desenvolvendo um plano para vencê-los. Também respondemos às cognições mal-adaptativas sobre o término e focamos nas cognições e comportamentos que são importantes para a prevenção de recaída.

Conceitualizo as dificuldades de Abe dentro de três estruturas temporais. Desde o início, identifico cognições atuais que são obstáculos às suas aspirações ("Eu sou um fracasso"; "Não faço nada direito"). Também identifico *obstáculos comportamentais* que contribuem para a manutenção da sua depressão (isolando-se, passando muito tempo inativo). Em segundo lugar, identifico os *fatores precipitantes* que influenciaram as percepções de Abe no começo da sua depressão. Ele tinha dificuldades no trabalho e então perdeu seu emprego; sua esposa foi ficando cada vez mais crítica e acabou se divorciando dele. Esses acontecimentos contribuíram para a crença de que era incompetente. Em terceiro lugar, levanto hipóteses a respeito dos *eventos-chave do desenvolvimento* e seus *padrões constantes de interpretação* desses eventos que podem tê-lo predisposto à depressão. Quando pré-adolescente, a expectativa da mãe de Abe era de que ele assumisse responsabilidades significativas em casa, para as quais ele era desenvolvimentalmente mal preparado. Em vez de ver que sua mãe sobrecarregada estava esperando demais dele, Abe interpretou sua crítica como válida.

Princípio nº 2: A TCC requer uma aliança terapêutica sólida. Os clientes variam no grau em que são inicialmente capazes de desenvolver uma boa aliança terapêutica. Não foi difícil estabelecer a relação com Abe, embora ele a princípio estivesse cético de que eu pudesse ajudá-lo. Usar boas habilidades de abordagem rogeriana, investigar sua reação ao plano de tratamento, tomar decisões colaborativas sobre o tratamento, dar justificativas para as intervenções, usar autoexposição, pedir *feedback* durante e no final das sessões e trabalhar duro para atingir (e fazê-lo reconhecer) o progresso contribuiu para a nossa aliança.

Em geral, você passa tempo suficiente desenvolvendo a relação terapêutica para envolver os clientes de modo que trabalhem de forma efetiva com você como uma equipe. Você usa a relação para fornecer evidências de que as crenças negativas dos clientes, sobretudo crenças sobre si mesmos (e algumas vezes sobre os outros), são imprecisas e que mais crenças positivas são válidas. Se a aliança for sólida, você pode maximizar o tempo que utiliza ajudando os clientes a resolverem os obstáculos com que se defrontarão na semana seguinte. Alguns clientes, particularmente aqueles com transtornos da personalidade, requerem uma ênfase muito maior na relação terapêutica e em estratégias avançadas para forjar uma boa aliança de trabalho (J. S. Beck, 2005; Beck et al., 2015; Young, 1999).

Princípio nº 3: A TCC monitora continuamente o progresso do cliente. O primeiro manual de tratamento de TCC, *Terapia cognitiva da depressão* (Beck et al., 1979), aconselhava os terapeutas a usarem as listas dos sintomas semanalmente e pedir *feedback* verbal e escrito dos clientes no final das sessões. Vários estudos demonstraram desde então que o monitoramento de rotina melhora os resultados (Boswell et al., 2015; Lambert et al., 2001, 2002; Weck et al., 2017). Os resultados dos clientes são melhorados quando clientes e terapeutas recebem *feedback* sobre como os clientes estão progredindo. Com ênfase crescente em uma orientação para a recuperação, atualmente muitos terapeutas que exercem a TCC também medem o funcionamento geral dos clientes, seu progresso em direção aos seus objetivos e o sentimento de satisfação, conexão e bem-estar.

Princípio nº 4: A TCC é culturalmente adaptada e adapta o tratamento ao indivíduo. A TCC tem tradicionalmente refletido os valores da cultura dominante nos Estados Unidos. Entretanto, clientes com diferentes origens étnicas e culturais obtêm melhores resultados quando seus terapeutas reconhecem a relevância das diferenças, preferências e práticas culturais e étnicas (Beck, 2016; Smith et al., 2011; Sue et al., 2009). A TCC tende a enfatizar a racionalidade, o método científico e o individualismo. Clientes de outras culturas podem ter valores e preferências diferentes: por exemplo, raciocínio emocional, graus variados de expressão emocional e coletivismo ou interdependência.

Quando as culturas dos clientes são diferentes da sua, você poderá precisar melhorar sua competência cultural. Na verdade, você pode em grande parte não ter consciência dos seus próprios vieses culturais. Também pode ignorar a extensão do viés cultural que alguns clientes experimentam na sua comunidade, sobretudo se eles não fazem parte da cultura da maioria. Esses vieses e preconceitos podem desempenhar um papel significativo nas dificuldades dos seus clientes.

Seus clientes podem diferir de você em muitos aspectos além da cultura, incluindo idade, orientação religiosa ou espiritual, etnia, condição socioeconômica, incapacidades, gênero, identidade sexual e orientação sexual (Iwamasa & Hays, 2019). Certifique-se de informar-se sobre as características dos clientes e antecipe como essas diferenças podem ser relevantes para o tratamento. Hays (2009) descreve estratégias para tornar a TCC culturalmente responsiva, incluindo a avaliação das necessidades do cliente e da família, enfatizando um comportamento culturalmente respeitoso, identificando pontos fortes e suportes culturalmente relacionados e validando as experiências de opressão dos clientes. É claro que você ainda precisará conceitualizar o cliente específico e evitar *presumir* que precisará variar o tratamento para um determinado indivíduo.

Princípio nº 5: A TCC enfatiza o positivo. Pesquisas recentes demonstram a importância de enfatizar a emoção e a cognição positivas no tratamento da depressão (ver, p. ex., Chaves et al., 2019). Você ajuda os clientes ativamente a trabalharem no cultivo de estados de humor e pensamento positivos. Isso também é muito importante para inspirar esperança.

Abe era como a maioria dos clientes deprimidos. Tinha tendência a focar no negativo. Quando estava com o humor deprimido, ele automaticamente (i.e., sem conhecimento consciente) e seletivamente voltava sua atenção para as experiências negativas. Também algumas vezes interpretava de maneira errônea as experiências neutras como negativas. Além disso, ele frequentemente ignorava ou não reconhecia experiências mais positivas. Sua dificuldade no processamento de dados positivos de uma maneira simples o levou a desenvolver uma noção distorcida de si mesmo. Para compensar essa característica da depressão, você continuamente auxilia os clientes a prestarem atenção no positivo. Quero que Abe comece a se engajar em experiências nas quais ele conclua que é uma pessoa habilidosa que consegue resolver problemas, superar obstáculos e levar uma vida satisfatória.

Princípio nº 6: A TCC enfatiza a colaboração e a participação ativa. Tanto os terapeutas quanto os clientes são ativos. Eu encorajo Abe a encarar a terapia como um trabalho em equipe; juntos decidimos no que trabalhar em cada sessão, com que frequência devemos nos encontrar e o que Abe pode fazer entre as sessões. Inicialmente, sou mais ativa na sugestão de uma direção para as sessões de terapia e para alguns Planos de Ação (tarefa de casa da terapia). Quando Abe fica menos deprimido e mais socializado no tratamento, eu o encorajo a ser cada vez mais ativo na sessão: decidir quais passos dar em direção aos seus objetivos, resolver problemas para obstáculos potenciais, avaliar suas cognições disfuncionais, resumir pontos importantes e elaborar Planos de Ação.

Princípio nº 7: A TCC é aspiracional, baseada em valores e orientada para os objetivos. Na sua sessão inicial com os clientes, você deve lhes perguntar acerca dos seus valores (o que é realmente importante para eles na vida), suas aspirações (como eles querem ser, como eles querem que sua vida seja) e seus objetivos específicos para o tratamento (o que eles desejam obter como resultado da terapia). Ser responsável, competente, produtivo e útil para os outros eram valores importantes para Abe. Ele almejava ter uma vida melhor, recuperar seu sentimento de otimismo e bem-estar, e se sentir no controle. Seus objetivos específicos incluíam ser um pai e avô melhor e conseguir um bom emprego. Mas pensamentos como "Eu sou um fracasso" e "Jamais vou conseguir um emprego" eram obstáculos. Eles contribuíam para sua evitação dos passos que precisava dar para atingir seus objetivos.

Princípio nº 8: A TCC inicialmente enfatiza o presente. O tratamento da maioria dos clientes envolve um forte foco nas habilidades que precisam ter para melhorarem seu humor (e suas vidas). Os clientes que usam essas habilidades consistentemente (durante e após o tratamento) têm melhores resultados do que aqueles que não as utilizam, mesmo em face de eventos estressantes na vida (Vittengl et al., 2019). Quando Abe encarou as situações angustiantes mais realisticamente, resolveu problemas e trabalhou em direção aos seus objetivos, ele se sentiu menos deprimido. Seu humor se tornou mais positivo e ele focou a atenção no que estava indo bem em sua vida e nas qualidades admiráveis que essas experiências indicavam sobre ele como pessoa.

Você muda o foco para o passado em três circunstâncias:

1. Quando o cliente expressa um forte desejo de assim o fazer;
2. Quando o trabalho direcionado para os problemas atuais e aspirações futuras produz mudança insuficiente; ou
3. Quando você julga que é importante que você e seu cliente entendam como e quando suas principais ideias disfuncionais e estratégias de enfrentamento comportamental se originaram e foram mantidas.

Depois disso, você discutirá o que seus clientes entendem agora sobre o passado e como podem fazer uso do seu novo entendimento na semana seguinte.

Por exemplo, na metade do tratamento, Abe e eu discutimos brevemente alguns acontecimentos na infância para ajudá-lo a identificar uma crença que ele aprendeu quando criança: "Se eu pedir ajuda, as pessoas vão ver o quanto sou incompetente". Ajudei Abe a avaliar a validade dessa crença tanto no passado quanto no presente. Fazer isso o levou, em parte, a desenvolver uma crença mais funcional e mais racional. Se ele tivesse um transtorno da personalidade, eu poderia ter passado proporcionalmente mais tempo discutindo a história do seu desenvolvimento e a origem na infância das crenças e comportamentos de enfrentamento.

Princípio nº 9: A TCC é educativa. Um objetivo importante do tratamento é tornar o processo da terapia compreensível. Abe se sentiu mais confortável depois que soube o que esperar do tratamento, quando entendeu claramente o que eu queria que ele fizesse, quando sentiu como se ele e eu fôssemos uma equipe e quando teve uma ideia concreta de como a terapia prosseguiria, tanto dentro de uma sessão quanto durante o curso do tratamento. Em nossa primeira sessão, informei Abe sobre a natureza e o curso do seu transtorno, o processo da TCC, a estrutura das sessões e o modelo cognitivo. Forneci psicoeducação adicional em sessões futuras, apresentando minha conceitualização contínua e refinada e lhe pedindo *feedback*. Usei diagramas durante o tratamento para ajudar Abe a entender por que algumas vezes ele tinha pensamentos distorcidos e reações mal-adaptativas. (Ver Boisvert & Ahmed [2018] para muitos tipos de diagramas que são úteis na educação dos clientes.)

Durante o tratamento, depois de usar várias técnicas, ensinei Abe a usar ele mesmo as técnicas para que pudesse aprender a ser seu próprio terapeuta. A cada sessão, encorajei-o a registrar as ideias mais importantes que aprendeu para que pudesse revisar seus novos entendimentos todos os dias. Ocasionalmente, Abe revisava essas anotações após o término da terapia quando se via retornando a antigos padrões de pensamento e comportamento.

Princípio nº 10: A TCC é atenta ao tempo de tratamento. Costumávamos dizer que a TCC era uma terapia de curta duração. Muitos clientes com depressão e transtornos de ansiedade requerem entre 6 e 16 sessões. Mas o tratamento para algumas condições precisa ser muito mais longo. Tentamos deixar o tratamento o mais curto possível, ao mesmo tempo ainda cumprindo nossos objetivos: ajudar os clientes a se recuperarem do(s) seu(s) transtorno(s); trabalharem na realização de suas aspirações, valores e objetivos; resolverem suas questões mais urgentes; promoverem satisfação e prazer na vida; e aprenderem habilidades para promover resiliência e evitar recaída.

Abe inicialmente tinha sessões de terapia semanais. (Se sua depressão fosse mais grave ou se ele fosse suicida, eu teria organizado sessões mais frequentes.) Depois de dois meses e meio, Abe estava se sentindo um pouco melhor, sendo capaz de usar suas habilidades entre as sessões. Assim sendo, colaborativamente decidimos experimentar sessões quinzenais e depois mensais. Mesmo após o término, planejamos sessões "de reforço" periódicas a cada três meses durante um ano.

Alguns clientes precisam de consideravelmente mais tratamento por um período de tempo mais longo. Algumas vezes esses clientes têm vidas caóticas ou enfrentam desafios severos constantes como pobreza ou violência. Alguns têm transtornos crônicos ou resistentes ao tratamento. Outros têm transtornos da personalidade, uso de substâncias arraigado, transtorno bipolar, transtornos alimentares ou esquizofrenia. Um ano ou mesmo dois de terapia podem ser insuficientes. Mesmo depois do término, eles podem precisar de sessões periódicas ou cursos de tratamento adicionais (em geral mais curtos).

Princípio nº 11: As sessões de TCC são estruturadas. Os terapeutas que trabalham com TCC visam conduzir a terapia com a maior eficiência possível para ajudar os clientes a se sentirem melhor o mais rapidamente possível. Aderir a um formato-padrão (assim como ensinar as técnicas terapêuticas aos clientes) facilita esses objetivos. Você tenderá a usar esse formato em todas as sessões (a menos que seu cliente tenha objeções, em cujo caso você poderá precisar negociar a estrutura inicialmente).

Começo planejando o tratamento de Abe antes que ele entre no meu consultório. Reviso rapidamente o seu prontuário, em especial seus objetivos para o tratamento e Planos de Ação (incluindo as anotações da terapia) da(s) sessão(ões) anterior(es). Meu objetivo terapêutico abrangente é melhorar o humor de Abe durante a sessão e criar um Plano de Ação para que ele possa se sentir melhor e se portar mais funcionalmente durante a semana. O que eu faço em uma determinada sessão é influenciado pelos objetivos e problemas de Abe, minha conceitualização, a força da nossa relação terapêutica, as preferências de Abe e o estágio do tratamento.

Seu objetivo na primeira parte da sessão terapêutica é restabelecer a aliança terapêutica, revisar o Plano de Ação e coletar dados para que você e o cliente possam colaborativamente definir e priorizar a pauta. Na segunda parte da sessão, você e o cliente discutem os problemas ou objetivos na pauta. Esses tipos de discussões e intervenções conduzem naturalmente a Planos de Ação. Na parte final da sessão, você e o cliente fazem um resumo da sessão. Você se certifica de que o Plano de Ação é razoável e então solicita e responde ao *feedback* do cliente. Embora terapeutas experientes em TCC possam se desviar desse formato algumas vezes, os terapeutas iniciantes costumam ser mais efetivos quando seguem a estrutura especificada.

Princípio nº 12: A TCC utiliza a descoberta guiada e ensina os clientes a responderem às suas cognições disfuncionais. No contexto da discussão de um problema ou objetivo, você faz perguntas aos clientes para ajudá-los a identificarem seu pensamento disfuncional (perguntando o que estava passando pela sua mente), avaliarem a validade e utilidade dos seus pensamentos (usando inúmeras técnicas) e formularem um plano de ação. Com Abe, uso o *questionamento socrático*, o que ajuda a estimular seu sentimento de que estou verdadeiramente interessada no *empirismo colaborativo*, ou seja, em ajudá-lo a determinar a precisão e utilidade de suas ideias por meio de uma revisão cuidadosa das evidências. Note que evitamos *desafiar* as cognições (afirmando ou tentando convencer os clientes de que seus pensamentos ou crenças não são válidos); em vez disso, ajudamos os clientes por meio da reestruturação cognitiva, um processo de avaliação e resposta ao pensamento mal-adaptativo.

Em outras sessões, pergunto a Abe sobre o *significado* de seus pensamentos para desvendar crenças subjacentes que ele tem sobre si mesmo, sobre seu mundo e sobre outras pessoas. Por meio do questionamento, também o guio na avaliação da validade e funcionalidade de suas crenças. E desde o início do tratamento, ajudo Abe a fortalecer crenças positivas sobre si mesmo ensinando-o a se dar crédito e guiando-o para tirar conclusões positivas sobre os passos que deu em direção aos seus objetivos.

Dependendo do tipo de cognição que vocês combinaram abordar, você pode substituir ou acrescentar outras técnicas a essas mencionadas. Quando pensamentos automáticos fazem parte de um processo de pensamento disfuncional como ruminação, obsessão ou autocrítica contínua, você pode ajudar os clientes a aceitarem seus pensamentos sem críticas, permitindo que eles venham e vão sozinhos. Para modificar as cognições no nível emocional ou mais profundo, você pode usar imagens, contar uma história, oferecer analogias e metáforas, empregar técnicas experienciais, fazer dramatizações ou sugerir experimentos comportamentais.

Princípio nº 13: A TCC inclui Planos de Ação (tarefa de casa da terapia). Um objetivo importante do tratamento é ajudar os clientes a se sentirem melhor no final da sessão e prepará-los para terem uma semana melhor. Os Planos de Ação em geral consistem em

- identificar e avaliar pensamentos automáticos que são obstáculos aos objetivos dos clientes;
- implementar soluções para os problemas e obstáculos que podem surgir na semana seguinte; e/ou
- praticar habilidades comportamentais aprendidas na sessão.

Os clientes tendem a se esquecer de muito do que ocorre nas sessões de terapia e, quando o fazem, tendem a ter resultados piores (Lee et al., 2020). Portanto, esta é nossa regra de ouro:

Tudo o que queremos que o cliente recorde é registrado.

Você ou seu cliente devem registrar as anotações da terapia e os Planos de Ação, seja no papel, no telefone ou no *tablet* dele. Ou você pode registrar as anotações da terapia usando um aplicativo. Este é um exemplo de uma anotação da terapia que Abe e eu elaboramos colaborativamente:

> Se eu começar a pensar que não consigo me sentar e pagar as minhas contas, devo me lembrar:
>
> - Só vou fazer isso por 10 minutos.
> - Isso pode ser difícil, mas provavelmente não será impossível.
> - O primeiro minuto ou dois seguramente serão os mais difíceis e então provavelmente ficará mais fácil.
> - Devo focar no sentimento positivo que terei ao realizar alguma coisa que eu não era capaz de fazer.

Os Planos de Ação decorrem naturalmente da discussão de cada objetivo ou problema na pauta. Você precisará elaborá-los de forma cuidadosa com os clientes, com base na natureza do problema, sua conceitualização do que ajudará mais, considerações práticas (como tempo, energia e oportunidade) e variáveis do cliente (p. ex., nível de motivação e concentração e preferências). Um erro frequente dos terapeutas é sugerir Planos de Ação que são muito difíceis.

Princípio nº 14: A TCC utiliza uma variedade de técnicas para mudar o pensamento, o humor e o comportamento. De fato, adaptamos estratégias de muitas modalidades psicoterápicas dentro do contexto da estrutura cognitiva. Por exemplo, dependendo da minha conceitualização de um cliente, posso usar técnicas da terapia de aceitação e compromisso, terapia comportamental, psicoterapia focada na compaixão, psicoterapia centrada na pessoa, psicoterapia psicodinâmica, terapia do esquema ou outras. Enquanto estiver aprendendo TCC, será difícil para você incorporar uma variedade mais ampla de intervenções além das que aprenderá neste livro. Sugiro que você primeiramente domine os aspectos básicos da TCC e depois aprenda técnicas adicionais para implementar dentro da estrutura de uma conceitualização cognitiva. À medida que progredir como clínico na TCC, será importante estudar esses e outros tratamentos baseados em evidências.

RESUMO

Os princípios básicos descritos neste capítulo se aplicam à maioria dos clientes. Guiado pela conceitualização cognitiva de cada cliente, você irá variar as técnicas a serem usadas para adequar o tratamento ao indivíduo. O tratamento com TCC leva em conta a cultura, história familiar e outras características importantes dos indivíduos; a natureza das suas dificuldades; seus objetivos e aspirações; sua habilidade para formar um vínculo terapêutico forte; sua motivação para mudar; sua experiência prévia com terapia; e suas preferências. O fundamento do tratamento é sempre uma relação terapêutica sólida.

> **PERGUNTAS PARA REFLEXÃO**
>
> Quais dos 14 princípios do tratamento você já sabia que eram elementos importantes na TCC? Quais eram novos? Algum deles o surpreendeu?

EXERCÍCIOS PRÁTICOS

Revise os princípios do tratamento. Descreva com suas palavras por que cada um deles é importante. Depois pense no que mais você gostaria de saber sobre cada princípio e elabore uma pergunta relevante.

Considere assistir a uma sessão inteira de terapia. Use a *Checklist dos Princípios de Tratamento* para observar quais princípios são demonstrados no vídeo.

3
Conceitualização cognitiva

Uma conceitualização cognitiva é o fundamento da terapia cognitivo-comportamental (TCC). Você aprenderá mais a respeito dos vários elementos e do processo de conceitualização ao longo deste livro. Neste capítulo, você encontrará respostas para as seguintes perguntas:

> **O que é conceitualização cognitiva?**
> **Como você inicia o processo de conceitualização?**
> **Como os pensamentos automáticos o ajudam a entender as reações dos clientes?**
> **O que são crenças nucleares e crenças intermediárias?**
> **O que é um modelo cognitivo mais complexo?**
> **Qual é a conceitualização de Abe?**
> **Como você preenche um Diagrama de Conceitualização Cognitiva?**

INTRODUÇÃO À CONCEITUALIZAÇÃO COGNITIVA

A sua conceitualização fornece uma estrutura para o tratamento. Ela o ajuda a:

- entender os clientes, seus pontos fortes e pontos fracos, suas aspirações e desafios;
- reconhecer como os clientes desenvolveram um transtorno psicológico com pensamento disfuncional e comportamento mal-adaptativo;
- fortalecer a relação terapêutica;
- planejar o tratamento dentro e entre as sessões;
- escolher intervenções apropriadas e adaptar o tratamento quando necessário; e
- superar pontos de bloqueio.

Uma formulação orgânica e em desenvolvimento o ajuda a planejar uma terapia eficiente e efetiva (Kuyken et al., 2009; Needleman, 1999; Persons, 2008; Tarrier, 2006). Você começa a construir a conceitualização durante seu primeiro contato com o cliente e a aprimora a cada contato posterior. É importante entender a formulação cognitiva para o(s) diagnóstico(s) do cliente, as cognições típicas, as estratégias comportamentais e os fatores de manutenção. Mas depois você precisa ver se a formulação se ajusta ao seu cliente específico. Você continuamente coleta dados, resume o que ouviu, checa suas hipóteses com o cliente e modifica sua conceitualização quando necessário. Por exemplo, eu não sabia nas primeiras sessões que Maria tinha uma crença de desvalor. Somente quando ela teve uma discussão aos berros com sua mãe e irmã é que isso veio à tona.

Você confirma, rejeita ou modifica suas hipóteses à medida que os clientes apresentam novas informações. Você continuamente se pergunta: "Os novos dados que acabei de obter partem de um padrão que já identifiquei – ou isso é algo novo?". Caso sejam dados novos, faça uma anotação para checar em sessões futuras se esses dados fazem parte de outro padrão.

Você compartilha sua conceitualização e pergunta ao cliente se ela "soa verdadeira" ou "parece correta". Se a sua conceitualização for acurada, o cliente invariavelmente diz algo como: "Sim, acho que está certo". Se você estiver errado, o cliente costuma dizer: "Não, não é bem assim. É mais como_____". Pedir o *feedback* do cliente fortalece a aliança e permite que você conceitualize mais acuradamente e realize um tratamento efetivo. De fato, compartilhar sua conceitualização pode, por si só, ser terapêutico (Ezzamel et al., 2015; Johnstone et al., 2011). Abe se sentiu melhor quando sugeri que ele na verdade tinha somente um problema: ver a si mesmo como incompetente e um fracasso.

> "Acho que você acredita nisso tão fortemente que evita fazer coisas que parecem difíceis. E quando está deprimido, quase *tudo* parece difícil. (*pausa*) Você acha que posso estar certa?"

É importante que você se coloque no lugar de seus clientes, desenvolva empatia pelo que estão experimentando, entenda como estão se sentindo e perceba o mundo pelos olhos deles. As percepções, os pensamentos, as emoções e o comportamento dos clientes devem fazer sentido considerando a interpretação das experiências passadas e atuais, seus pontos fortes e vulnerabilidades, seus valores e atributos pessoais, sua biologia e sua genética e epigenética.

Sua conceitualização também o ajuda a entender e se basear nos atributos positivos e habilidades dos seus clientes. Ajudá-los a tomar conhecimento dos seus pontos fortes e recursos pode levar a um melhor funcionamento e a uma melhora no humor e na resiliência (Kuyken et al., 2009). Também o ajuda a entender como e por que os obstáculos para atingir os objetivos surgiram e foram mantidos.

INICIANDO O PROCESSO DE CONCEITUALIZAÇÃO

Há muitas perguntas que você deve ter em mente durante o tratamento para desenvolver e refinar sua conceitualização. O Capítulo 5 traz uma descrição da sessão de avaliação, em que você começará a coletar uma grande quantidade de informações: identificação do cliente; queixa principal, sintomas principais, estado mental e diagnóstico; medicações psiquiátricas atuais e tratamento atual; relações significativas; melhor funcionamento ao longo da vida; e vários aspectos da sua história. Você continuará a reunir dados ao longo do tratamento.

OS PENSAMENTOS AUTOMÁTICOS AJUDAM A EXPLICAR AS REAÇÕES DOS CLIENTES

A TCC está baseada no *modelo cognitivo*, que levanta a hipótese de que as emoções, os comportamentos e a fisiologia das pessoas são influenciados pela sua percepção dos acontecimentos (tanto externos, como ser reprovado em uma prova, quanto internos, como sintomas físicos angustiantes).

```
Situação/acontecimento
         ↓
Pensamentos automáticos
         ↓
Reação (emocional, comportamental, fisiológica)
```

Não é uma situação em si que determina o que as pessoas sentem e fazem, mas como elas *interpretam* uma situação (Beck, 1964; Ellis, 1962). Imagine, por exemplo, uma situação em que várias pessoas estão lendo um texto básico sobre TCC. Elas têm respostas emocionais e comportamentais bem diferentes à mesma situação, com base no que está se passando em suas mentes enquanto leem.

> - O leitor A pensa: "Isso realmente faz sentido. Até que enfim apareceu um livro que vai me ensinar a ser um bom terapeuta!". O leitor A se sente animado e continua a leitura.
> - Já o leitor B pensa: "Esta abordagem é muito simplista. Não vai funcionar nunca". O leitor B se sente desapontado e fecha o livro.
> - O leitor C tem os seguintes pensamentos: "Este livro não é o que eu esperava. Que desperdício de dinheiro". O leitor C está insatisfeito e descarta completamente o livro.
> - O leitor D pensa: "Eu realmente preciso aprender tudo isso. E se eu não conseguir entender?". O leitor D se sente ansioso e continua lendo repetidamente as mesmas poucas páginas.
> - O leitor E tem pensamentos diferentes: "Isso é muito difícil. Eu sou tão burro. Jamais vou entender isso. Nunca vou conseguir ser um terapeuta". O leitor E sente-se triste e liga a televisão.

A forma como as pessoas se sentem emocionalmente e a forma como se comportam estão associadas a como elas interpretam e pensam a respeito de uma situação. *A situação em si não determina diretamente como elas se sentem ou o que fazem.*

> AS REAÇÕES DAS PESSOAS SEMPRE FAZEM SENTIDO DEPOIS QUE SABEMOS O QUE ELAS ESTÃO PENSANDO

Você ficará particularmente interessado no nível de pensamento que pode operar de forma simultânea com um nível de pensamento mais óbvio e superficial. Enquanto está lendo este texto, poderá notar esses dois níveis. Parte da sua mente está se concentrando nas informações no texto; ou seja, você está tentando entender e integrar as informações factuais. Em outro nível, no entanto, pode estar tendo alguns pensamentos rápidos e avaliativos sobre a situação. Essas cognições são chamadas de *pensamentos automáticos* e não são resultantes de deliberação ou raciocínio. Ao contrário, esses pensamentos parecem brotar de forma espontânea; frequentemente eles são muito rápidos e breves. Você pode quase nem perceber esses pensamentos; é muito mais provável que esteja consciente da emoção ou comportamento que se segue.

Mesmo que você *esteja* consciente dos seus pensamentos, provavelmente irá aceitá-los sem críticas, acreditando que eles são verdadeiros. Você nem mesmo *pensa* em questioná-los. No entanto, poderá aprender a identificar seus pensamentos automáticos prestando atenção às mudanças no seu afeto, comportamento e/ou fisiologia. Pergunte-se: "O que estava passando pela minha mente?" quando

> - você começa a se sentir disfórico;
> - você se sente inclinado a se comportar de uma maneira disfuncional (ou a evitar se comportar de uma maneira adaptativa); e/ou
> - você observa mudanças angustiantes em seu corpo ou mente (p. ex., falta de ar ou pensamentos acelerados).

Tendo identificado seus pensamentos automáticos, você pode – e provavelmente já o faz em certa medida – *avaliar a validade* do seu pensamento. Por exemplo, quando tenho muitas coisas para fazer, algumas vezes tenho o pensamento automático: "Eu nunca vou conseguir terminar tudo". Mas faço uma checagem automática da realidade, relembrando experiências passadas e lembrando a mim mesmo: "Está tudo bem. Você sabe que sempre consegue fazer o que precisa".

Quando as pessoas acham que a interpretação delas a respeito de uma situação é errônea e a corrigem, elas provavelmente descobrem que seu humor melhora, que se comportam de maneira mais funcional e/ou sua reação fisiológica diminui. Em termos cognitivos, quando pensamentos disfuncionais são sujeitos à reflexão objetiva, nossas emoções, comportamento e reação fisiológica costumam mudar.

Mas de onde surgem os pensamentos automáticos? O que faz uma pessoa interpretar uma situação de forma diferente de outra? Por que a mesma pessoa pode interpretar um acontecimento idêntico de forma diferente em momentos diferentes? A resposta tem a ver com fenômenos cognitivos mais permanentes: as crenças.

> OS TEMAS NOS PENSAMENTOS AUTOMÁTICOS DAS PESSOAS SEMPRE FAZEM SENTIDO DEPOIS QUE ENTENDEMOS SUAS CRENÇAS.

CRENÇAS

Desde a infância, as pessoas desenvolvem determinadas ideias sobre si mesmas, sobre as outras pessoas e sobre seu mundo. Suas crenças mais centrais ou *crenças nucleares* são compreensões duradouras tão fundamentais e profundas que muitas vezes não são articuladas nem para elas mesmas. Os indivíduos consideram essas ideias como verdades absolutas – é como as coisas "são" (Beck, 1987). Indivíduos bem adaptados possuem de modo preponderante crenças realisticamente positivas na maior parte do tempo. Mas todos nós temos crenças negativas latentes que podem ser parcial ou completamente ativadas na presença de vulnerabilidades ou estressores tematicamente relacionados.

Crenças Adaptativas

Muitos clientes, como Abe, eram, de maneira predominante, psicologicamente sadios antes do início do transtorno; eram razoavelmente efetivos, tinham basicamente boas relações e viviam em ambientes que eram preponderantemente seguros. Sendo assim, é provável que a maioria deles tenha desenvolvido crenças flexíveis, úteis e baseadas na realidade sobre si mesmos, sobre seu mundo, sobre as outras pessoas e sobre o futuro (Fig. 3.1). É provável que eles se vissem como razoavelmente eficientes, agradáveis e com valor. Possuíam visões acuradas e matizadas sobre as outras pessoas, considerando muitas delas como basicamente boas ou neutras e apenas algumas como potencialmente nocivas (porém a maioria provavelmente acreditava que poderia se proteger de modo satisfatório). Eles também enxergavam seu mundo realisticamente como a composição de um misto de previsibilidade e imprevisibilidade, segurança e perigo (mas acreditavam que conseguiriam lidar com a maioria das coisas que surgissem em seu caminho). Eles percebiam seu futuro como experiências positivas, neutras e negativas (acreditando que poderiam lidar com os infortúnios – algumas vezes com a ajuda de outras pessoas – e que ficariam bem no final).

CRENÇAS NUCLEARES DE EFICIÊNCIA

- "Sou razoavelmente competente, eficiente, no controle, bem-sucedido e útil."
- "Sou capaz de realizar razoavelmente a maioria das coisas, proteger-me e cuidar de mim."
- "Tenho pontos fortes e pontos fracos [em termos de eficiência, produtividade, realizações]."
- "Tenho relativa liberdade."
- "Fundamentalmente, estou à altura das outras pessoas."

CRENÇAS NUCLEARES DE AMABILIDADE

- "Sou razoavelmente afável, agradável, desejável, atraente, querido e interessado."
- "Estou bem, e minhas diferenças não prejudicam minhas relações."
- "Sou suficientemente bom [para ser amado pelas outras pessoas]."
- "É improvável que eu seja abandonado ou rejeitado ou termine sozinho."

CRENÇAS NUCLEARES DE VALOR

- "Sou razoavelmente digno, adequado, moral, bom e generoso."

FIGURA 3.1 Crenças nucleares adaptativas sobre si mesmo. Copyright © 2018 CBT Worksheet Packet. Beck Institute for Cognitive Behavior Therapy, Philadelphia, Pennsylvania.

Os equivalentes negativos latentes dessas crenças podem temporariamente vir à tona quando esses clientes interpretam de forma negativa uma dificuldade relacionada à sua eficiência, um problema interpessoal ou uma atitude que tomaram que foi contrária ao seu código moral. Mas provavelmente as revertem para suas crenças nucleares mais baseadas na realidade depois de um curto período de tempo – isto é, a não ser que tenham desenvolvido um transtorno agudo. Quando isso acontece, eles podem precisar de tratamento para ajudá-los a restabelecer suas crenças primariamente adaptativas. Entretanto, a situação é diferente para outros clientes, sobretudo aqueles com transtorno da personalidade, como Maria. Suas crenças positivas adaptativas podem ter sido relativamente fracas ou até inexistentes quando estavam em período de desenvolvimento e entrando na idade adulta, e em geral precisam de tratamento para ajudá-los a desenvolver e fortalecer crenças adaptativas.

Note que alguns clientes possuem crenças excessivamente adaptativas, sobremaneira se forem maníacos ou hipomaníacos. Eles podem ver a si mesmos, os outros, o mundo e/ou o futuro de forma irrealisticamente positiva. Quando essas crenças são disfuncionais, eles podem precisar de ajuda para encarar suas experiências de forma mais realística, o que vai em uma direção negativa.

Crenças Negativas Disfuncionais

Pessoas que têm uma história de ser menos sadias psicologicamente, ou que vivem em ambientes físicos ou interpessoais mais perigosos, tendem a ter um funcionamento mais deficiente; elas podem ter relacionamentos perturbados e possuir crenças nucleares mais negativas. Essas crenças podem ou não ter sido realistas e/ou úteis quando se desenvolveram inicialmente. Na presença de um episódio agudo, no entanto, essas crenças tendem a ser extremas, irrealistas e altamente mal-adaptativas. As crenças nucleares negativas sobre si mesmo recaem em três categorias (Fig. 3.2):

- desamparo (ser ineficiente – ao fazer as coisas, na autoproteção e/ou ao se equiparar a outras pessoas);
- desamor (ter qualidades pessoais que resultam em uma incapacidade de receber e manter amor e intimidade dos outros); e
- desvalor (ser um pecador imoral ou perigoso para os outros).

Os clientes podem ter crenças em uma, duas ou todas as três categorias, e podem ter mais de uma crença em uma determinada categoria.

> **CRENÇAS NUCLEARES DE DESAMPARO**
>
> - "Não consigo fazer as coisas."
> - "Sou incompetente, ineficaz, incapaz, desamparado, inútil e carente; não consigo lidar com as coisas."
> - "Não sou capaz de me proteger."
> - "Sou incapaz, fraco, vulnerável, não tenho saída, não tenho controle da situação, e provavelmente vou me machucar."
> - "Sou inútil comparado aos outros."
> - "Sou inferior, um fracasso, um perdedor, defeituoso, inútil."
> - "Não sou suficientemente bom [em termos de realizações]; não estou à altura dos outros."
>
> **CRENÇAS NUCLEARES DE DESAMOR**
>
> - "Sou alguém impossível de ser amado, desagradável, indesejável, pouco atraente, chato, sem importância e dispensável."
> - "[Não vou ser aceito ou amado pelas outras pessoas porque] sou diferente, um *nerd*, mau, defeituoso, não sou suficientemente bom, não tenho nada a oferecer e tem alguma coisa errada comigo."
> - "Certamente serei rejeitado, abandonado e ficarei sozinho."
>
> **CRENÇAS NUCLEARES DE DESVALOR**
>
> - "Sou imoral, moralmente mau, um pecador, desprezível e inaceitável."
> - "Sou perigoso, tóxico, louco e mau."
> - "Não mereço viver."

FIGURA 3.2 Crenças nucleares disfuncionais sobre si mesmo.

Exemplo de Caso

O Leitor E, que se achava pouco inteligente para dominar o conteúdo deste texto, muitas vezes tinha uma preocupação semelhante quando precisava se envolver em uma tarefa nova (p. ex., alugar um carro, montar uma estante ou pedir um empréstimo no banco). Ele parece ter a crença nuclear: "Sou incompetente". Essa crença pode operar somente quando ele está em um estado depressivo; pode estar ativa algumas vezes ou em boa parte do tempo; ou pode estar latente. Quando essa crença nuclear está ativa, o Leitor E interpreta as situações através das lentes dessa crença, mesmo que a interpretação possa, em uma base racional, ser patentemente inválida.

O Leitor E tende a focar seletivamente em informações que confirmam sua crença nuclear, negligenciando ou ignorando informações contrárias. Por exemplo, ele não considerava que outras pessoas inteligentes e competentes poderiam não entender plenamente o material em sua primeira leitura. Nem considerava a possibilidade de que o autor não tivesse apresentado bem o material. Ele não reconhecia que sua dificuldade de compreensão poderia se dever a uma falta de concentração, em vez de a uma falta de inteligência. Ele esquecia que com frequência tinha dificuldades iniciais quando era apresentado a um conjunto de informações novas, mas que mais tarde tinha um bom histórico de compreensão do tema. Como sua crença de incompetência estava ativada, ele automaticamente interpretava a situação de forma altamente negativa e autocrítica. Assim, sua crença é mantida, mesmo que seja imprecisa e disfuncional. É importante observar que ele não está tentando processar as informações dessa maneira intencionalmente; isso ocorre de forma automática.

A Figura 3.3 ilustra esse modo distorcido de processar a informação. O círculo com uma abertura retangular representa o esquema do Leitor E. Em termos piagetianos, o esquema é uma estrutura mental hipotética que organiza a informação. Dentro desse esquema, encontra-se a crença nuclear do Leitor E: "Sou incompetente". Quando o Leitor E é exposto a uma experiência relevante, esse esquema se ativa e os dados contidos nos retângulos negativos são imediatamente processados como confirmação da sua crença nuclear – o que deixa a crença mais forte.

Porém ocorre um processo diferente quando o Leitor E se depara com uma experiência em que se sai bem. Os dados positivos são inseridos nos triângulos positivos equivalentes, que não podem se encaixar no esquema. Sua mente automaticamente ignora os dados. ("Sim, a sessão com o meu cliente correu bem, mas porque ele estava querendo me agradar.") Essas interpretações, em essência, mudam a forma dos dados dos triângulos positivos para os retângulos negativos. Agora os dados se encaixam no esquema e, em consequência, fortalecem a crença nuclear negativa.

Também há dados positivos que o Leitor E não percebe. Ele não nega algumas evidências de competência, como pagar suas contas em dia ou ajudar um amigo com um problema. Mas caso não tivesse tomado essas atitudes, ele provavelmente teria interpretado sua inação como uma confirmação da sua crença nuclear disfuncional. Embora não ignore os dados positivos, ele não parece notar ou processar os dados positivos como relevantes para sua crença nuclear; esse tipo de dado se choca com o esquema. Com o tempo, a crença nuclear de incompetência do Leitor E fica cada vez mais forte.

Abe também tem uma crença nuclear de incompetência. Felizmente, quando Abe não está deprimido, um esquema diferente (que contém a crença nuclear: "Sou razoavelmente competente") está ativo a maior parte do tempo, e sua crença "Sou incompetente" está latente. Mas quando ele está deprimido, o esquema de incompetência predomina. Um objetivo importante do tratamento é ajudar Abe a encarar suas experiências (tanto as positivas quanto as negativas) de forma mais realista e adaptativa.

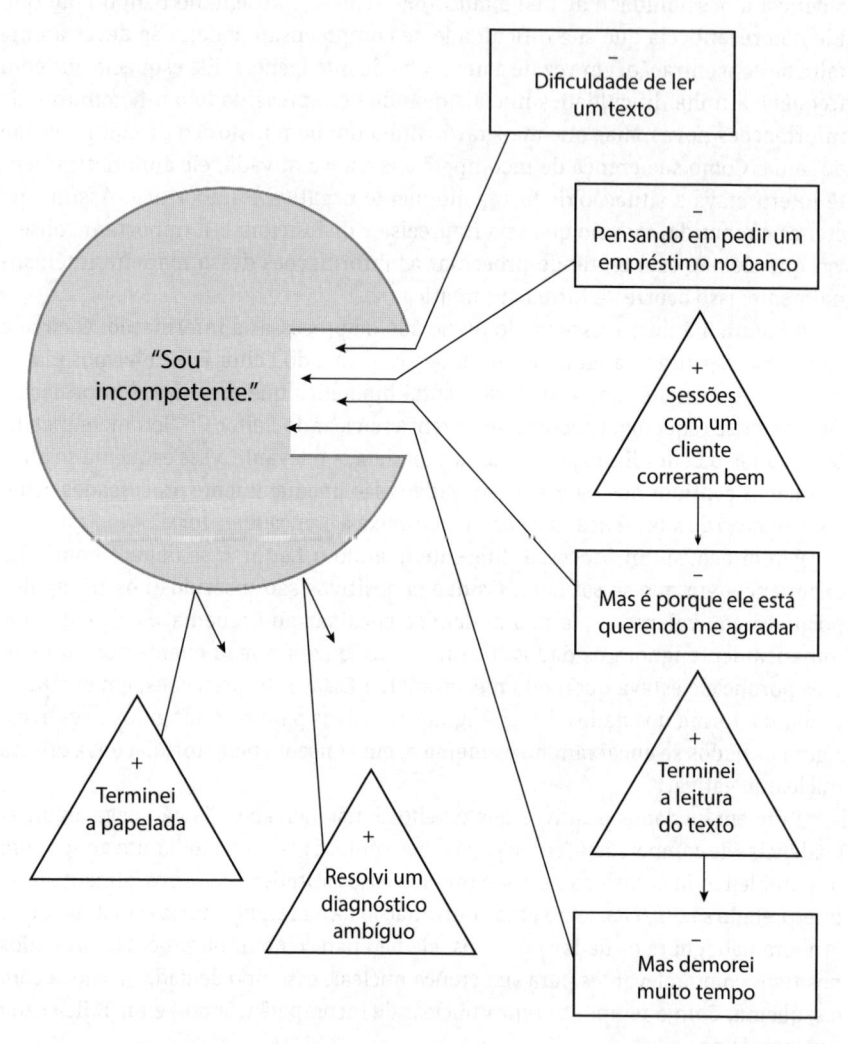

FIGURA 3.3 Diagrama do processamento de informações. Este diagrama demonstra como os dados negativos são imediatamente processados, fortalecendo a crença nuclear, enquanto os dados positivos são desconsiderados (transformados em dados negativos) ou passam despercebidos.

CRENÇAS INTERMEDIÁRIAS: ATITUDES, REGRAS E PRESSUPOSTOS

Crenças nucleares são o nível mais fundamental de crença; quando os clientes estão deprimidos, essas crenças tendem a ser negativas, extremas, globais, rígidas e generalizadas. *Pensamentos automáticos*, as palavras ou imagens reais que passam pela mente de uma pessoa, são específicos para a situação e podem ser considerados como o nível mais superficial de cognição. As *crenças intermediárias* existem entre os dois. As crenças nucleares influenciam o desenvolvimento dessa classe intermediária de crenças, que consiste em atitudes, regras e pressupostos (frequentemente não expressos). Observe que muitas atitudes indicam os valores dos clientes. O Leitor E, por exemplo, tinha as seguintes crenças intermediárias:

- *Atitude*: "É terrível falhar."
- *Regra*: "Devo desistir se um desafio parecer muito grande."
- *Pressupostos*: "Se eu tentar fazer alguma coisa difícil, vou fracassar. Se eu evitar fazê-la, vai ficar tudo bem."

Essas crenças influenciam a sua visão de uma situação, a qual por sua vez influencia como ele pensa, sente e age. A relação dessas crenças intermediárias com as crenças nucleares e os pensamentos automáticos está representada a seguir:

```
                    Crenças nucleares
                           ↓
    Crenças intermediárias (regras, atitudes, pressupostos)
                           ↓
                  Pensamentos automáticos
```

Como se originam as crenças nucleares e as crenças intermediárias? As pessoas tentam entender seu ambiente a partir do seu estágio no desenvolvimento. Elas precisam organizar sua experiência de forma coerente para funcionar adaptativamente (Rosen, 1988). Suas interações com o mundo e as outras pessoas, influenciadas pela sua predisposição genética, levam a determinados entendimentos: suas crenças, que podem variar quanto à sua precisão e funcionalidade. De particular importância para o terapeuta que trabalha com TCC é que as crenças disfuncionais podem ser desaprendidas, e novas crenças mais funcionais e baseadas na realidade podem ser desenvolvidas e fortalecidas durante o tratamento.

A forma mais rápida de ajudar os clientes a se sentirem melhor e a agirem de maneira mais adaptativa é auxiliá-los a identificarem e fortalecerem suas crenças adaptativas mais positivas e a modificarem suas crenças imprecisas. Depois que se consegue isso, os clientes tendem a interpretar situações ou problemas atuais e futuros de forma mais construtiva. Na maioria dos casos, podemos trabalhar tanto direta quanto indiretamente nas crenças positivas desde o começo do tratamento. Mas em geral precisamos primeiro trabalhar indiretamente as crenças nucleares negativas, e mais diretamente depois. Mesmo a identificação de crenças nucleares negativas pode desencadear afeto negativo significativo que pode levar os clientes a se sentirem inseguros.

UM MODELO COGNITIVO MAIS COMPLEXO

A hierarquia da cognição, conforme explicada até aqui, pode ser ilustrada como a seguir:

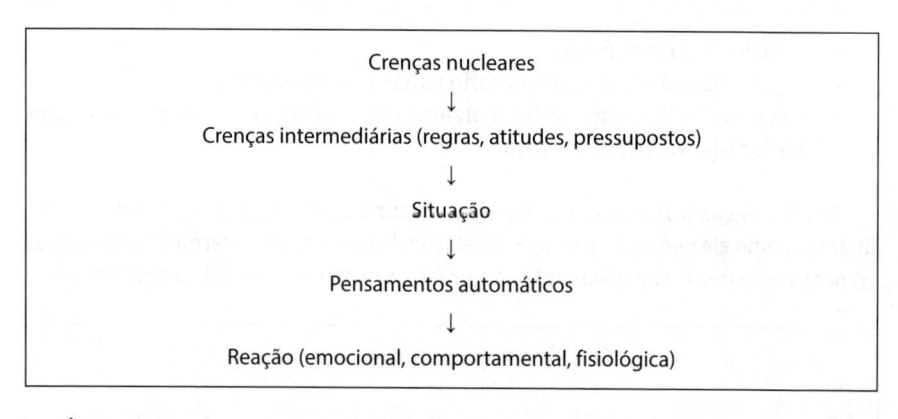

Crenças nucleares
↓
Crenças intermediárias (regras, atitudes, pressupostos)
↓
Situação
↓
Pensamentos automáticos
↓
Reação (emocional, comportamental, fisiológica)

É importante notar que a sequência da percepção de situações que levam a pensamentos automáticos que então influenciam as reações das pessoas é, às vezes, uma supersimplificação. Pensamento, humor, comportamento e fisiologia podem afetar uns aos outros.

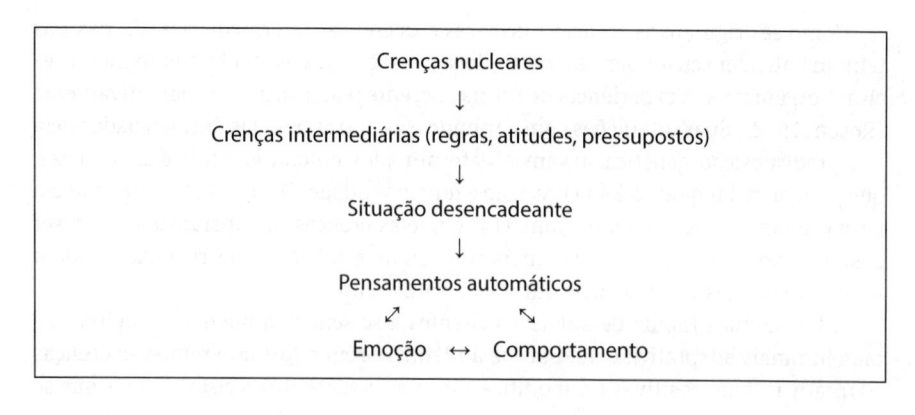

Crenças nucleares
↓
Crenças intermediárias (regras, atitudes, pressupostos)
↓
Situação desencadeante
↓
Pensamentos automáticos
↙   ↘
Emoção ↔ Comportamento

Também há muitos tipos diferentes de situações desencadeantes internas e externas sobre as quais os clientes têm pensamentos automáticos:

- Acontecimentos pontuais (como não receber uma oferta de emprego)
- Um fluxo de pensamentos (como pensar sobre estar desempregado)
- Uma lembrança (como ser demitido do trabalho)
- Uma imagem (como o olhar de desaprovação do chefe)
- Uma emoção (como notar o quanto sua disforia é intensa)
- Um comportamento (como ficar na cama)
- Uma experiência fisiológica ou mental (como notar a própria taquicardia ou pensamento lento)

Os indivíduos podem experimentar uma sequência complexa de acontecimentos com muitas situações desencadeantes, pensamentos automáticos e reações diferentes. (Ver Capítulo 12, pp. 213-214, para um exemplo de um modelo cognitivo estendido.)

CONCEITUALIZAÇÃO DE ABE

Na admissão, fica claro que Abe está sofrendo de tristeza persistente, ansiedade e solidão. Eu o diagnostico com depressão maior, severa, com ansiedade. Faço algumas perguntas específicas para me ajudar a desenvolver uma conceitualização inicial. Por exemplo, pergunto a Abe quando ele costuma se sentir pior – em que situações e/ou horas do dia. Ele me diz que se sente da mesma maneira durante todo o dia, mas talvez um pouco pior à noite. Então pergunto como se sentiu na noite anterior. Quando Abe confirma que estava deprimido como de costume, pergunto: "O que estava passando pela sua mente?".

Desde o começo, obtenho uma amostra de pensamentos automáticos importantes. Abe relata que frequentemente pensa: "Há tanta coisa que eu deveria estar fazendo, mas estou tão cansado. Mesmo que eu tente [fazer coisas como limpar o apartamento], vou fazer um trabalho ruim" e "Eu me sinto tão deprimido. Nada vai fazer com que eu me sinta melhor". Ele também relata uma imagem, um quadro mental que surgia em *flashes* na sua mente. Ele se via, em algum momento em um futuro indeterminado, sentado no escuro, sentindo-se completamente sem esperança e desamparado.

Também procuro os fatores que mantêm a depressão de Abe. Evitação é um problema importante. Ele evita limpar seu apartamento, tratar dos seus assuntos, socializar com amigos, procurar um novo emprego e pedir ajuda a outras pessoas. Portanto, ele carece de experiências que poderiam ter lhe dado uma sensação de controle, prazer ou conexão. Seu pensamento negativo o deixa inativo e passivo.

Sua inatividade e passividade reforçam seu sentimento de estar desamparado e sem controle da situação. Quando criança, Abe tentava compreender a si mesmo, aos outros e seu mundo, aprendendo, por exemplo, com suas experiências, interações com outras pessoas e pela observação direta. Suas percepções também eram indubitavelmente influenciadas por sua herança genética. As experiências precoces dentro da família prepararam o terreno para sua crença nuclear de competência e incompetência.

Abe era o mais velho de três meninos. Quando tinha 11 anos, seu pai abandonou a família e nunca mais voltou. Sua mãe, sozinha, trabalhava em dois empregos e se apoiava fortemente nele. Depois que seu pai foi embora, ela costumava pedir que Abe fizesse coisas que eram muito difíceis – por exemplo, manter a casa limpa, lavar roupa e cuidar de seus irmãos mais novos. Abe tinha um valor sólido de ser um bom filho, fazendo o que lhe era solicitado e ajudando os outros. A expectativa que tinha de si mesmo era de que deveria ser capaz de fazer tudo o que sua mãe pedisse, mas muitas vezes ele não conseguia realizar a tarefa. Tinha pensamentos como: "Eu deveria fazer isso [tarefa] melhor"; "Eu deveria ajudar mais a minha mãe"; e "Eu deveria ser capaz de fazê-los [seus irmãos] se comportarem". Nas poucas ocasiões em que perguntava à sua mãe o que deveria fazer para controlar melhor o comportamento de seus irmãos, ela dizia, irritada: "Descubra você mesmo".

Nem todo jovem nesse tipo de situação se percebe como incapaz. Alguns jovens, por exemplo, culpam suas mães por esperarem demais deles. A mãe de Abe, de fato, esperava demais para a sua idade e nível de desenvolvimento. Ela o criticava quando chegava em casa e via seus irmãos "correndo pela casa" ou encontrava a cozinha desarrumada. Nesses momentos, ela ficava incomodada e dizia a Abe: "Você não consegue fazer nada direito. Você está me decepcionando". Abe achava que o que ela dizia era verdade, e se sentia angustiado. Então com frequência se retirava para seu quarto e ruminava sobre suas imperfeições.

Crenças Nucleares de Abe

Com o tempo, a crença de Abe de que era razoavelmente competente começou a se desgastar no contexto específico da sua vida familiar. Ele começou a notar o que considerava como suas falhas. Mesmo quando via que estava fazendo um bom trabalho, ele tendia a ignorar suas realizações. "Limpei a cozinha, mas a sala de estar ainda está desarrumada"; "Consegui que eles [irmãos] fizessem seu dever de casa, mas não consegui fazer com que parassem de brigar". Não é de admirar que Abe começasse a se sentir incompetente. O resultado de dar muito peso à sua fraqueza percebida e ignorar ou não notar seus pontos fortes levou ao desenvolvimento da sua crença nuclear: "Sou incompetente".

A crença negativa de Abe estava relativamente circunscrita às "falhas" em casa. Na escola, suas notas estavam na média, como as de seus amigos. Seus professores e mãe de um modo geral pareciam satisfeitos com o seu desempenho, portanto ele também estava satisfeito. Ele era um atleta acima da média e recebia elogios e apoio dos seus treinadores. Assim sendo, Abe se via como relativamente amado e valorizado.

As crenças de Abe sobre seu mundo e as outras pessoas eram, em sua maior parte, realisticamente positivas e adaptativas. Em geral, acreditava que muitas pessoas eram boas – ou seriam boas desde que ele se portasse bem. Ele via seu mundo como relativamente seguro. Influenciado pelo abandono do pai, ele via o mundo como potencialmente imprevisível, mas também achava que seria capaz de lidar com a maioria das circunstâncias. Ele via seu futuro como desconhecido, mas potencialmente muito bom.

Abe estava em suas melhores condições quando terminou o ensino médio, encontrou um emprego e se mudou para um apartamento com um amigo. Durante esse período, suas crenças nucleares adaptativas estavam, sobretudo, ativas. Ele se saía bem no trabalho, socializava frequentemente com bons amigos, fazia exercícios e se mantinha em boa forma, e começou a economizar dinheiro para o futuro. Era honesto, franco, responsável e trabalhador. Era uma pessoa de agradável convivência, muitas vezes ajudando familiares e amigos sem que precisassem pedir. Casou-se aos 23 anos, um ano depois de conhecer sua esposa. Embora ela tivesse uma tendência a criticá-lo, mesmo assim ele se via como basicamente competente, valorizado e amado. Mas ele tinha uma vulnerabilidade subjacente de se ver como incompetente quando não correspondia às suas altas expectativas autoimpostas. Essa vulnerabilidade se desenvolveu principalmente como resultado de interações negativas com sua mãe quando jovem.

Abe ficou mais estressado depois que seus filhos nasceram, e algumas vezes se criticava por não passar tempo suficiente com eles. Sua esposa também era estressada e ficou mais crítica em relação a ele. Mas ele não ficou deprimido a este ponto. Continuou bem enquanto percebia que estava tendo um desempenho de alto nível no trabalho e em casa. Sua crença relacionada era: "Se eu tiver alto desempenho, isso significa que estou bem". Um problema surgiu quando ele se percebeu como funcionando em um nível inferior, associado à sua crença "Se eu não tiver alto desempenho, isso mostra que sou incompetente". Somente quando atribuiu um significado muito negativo às suas dificuldades no trabalho e à dissolução do seu casamento que suas crenças nucleares antes latentes foram fortemente ativadas. Além disso, ele se via como desamparado e sem controle da situação (o que descreveu como relacionado a incompetência/fracasso).

Crenças Intermediárias e Valores de Abe

As crenças intermediárias de Abe eram um pouco mais suscetíveis à modificação do que suas crenças nucleares. Essas atitudes (como "É importante trabalhar duro, ser produtivo, ser responsável, ser confiável, ser atencioso com os outros, honrar os compromissos, fazer a coisa certa e retribuir aos outros") refletiam seus valores e seu comportamento, e ditavam suas regras (p. ex., "Eu devo trabalhar duro"). Elas se desenvolveram da mesma maneira que as crenças nucleares, à medida que Abe tentava compreender seu mundo, os outros e a si mesmo. Principalmente por meio de interações com sua família, e em menor grau com outras pessoas, ele desenvolveu os seguintes pressupostos:

"Se eu trabalhar duro, estarei bem (senão, serei um fracasso)."

"Se eu descobrir as coisas por mim mesmo, estarei bem (mas se pedir ajuda, isso vai mostrar que sou incompetente)."

Abe não havia expressado integralmente essas crenças intermediárias ou valores antes da terapia. No entanto, elas influenciavam seu pensamento e guiavam seu comportamento.

Estratégias Comportamentais de Abe

Iniciando na adolescência, Abe desenvolveu determinados padrões de comportamento, os quais eram em sua maior parte funcionais, para corresponder aos seus valores e evitar a ativação da sua crença nuclear (e o desconforto emocional associado a ela). Ele trabalhava duro quando estava em casa, quando praticava esportes e quando conseguiu seu primeiro emprego. Estabeleceu altos padrões para si mesmo no trabalho e não poupava esforços para ajudar outras pessoas. Por outro lado, Abe raramente pedia ajuda, mesmo quando era razoável fazê-lo, e temia que as outras pessoas o criticassem e o vissem como incompetente. Sentia-se vulnerável algumas vezes e tentava compensar o que via como suas fraquezas. Embora os pressupostos de Abe fossem bastante inflexíveis, ele se saía bem na vida – até que se percebeu como incompetente e não correspondendo aos seus valores.

Sequência que Originou a Depressão de Abe

Ao longo de sua vida, Abe regularmente tinha alguns pensamentos negativos acerca de si mesmo, sobretudo em situações em que percebia seu desempenho como abaixo da média. "Eu devia ter feito isso melhor" era um pensamento comum que tinha durante seu crescimento e posteriormente no trabalho e em casa, em especial depois que se casou e teve filhos. Os pensamentos em geral ocasionavam disforia leve, mas quando ele resolvia se esforçar mais, costumava se sentir melhor.

Esses tipos de pensamentos automáticos ficaram mais frequentes e intensos antes do início do episódio depressivo de Abe, no contexto do trabalho, casamento e vida familiar. Ele tinha um novo chefe, Joseph, um homem 15 anos mais moço que ele. Joseph mudou as responsabilidades de Abe no trabalho. Abe era responsável pelo atendimento ao cliente em uma empresa de iluminação. Ele gostava de trabalhar com os clientes e de interagir com os dois funcionários que supervisionava.

Mas Joseph o transferiu para a administração do estoque, o que envolvia pouca interação com outras pessoas e exigia que ele usasse um programa de computador com o qual não estava familiarizado. Abe começou a cometer erros e se tornou altamente autocrítico. Tinha pensamentos como: "Qual é o problema comigo? Isso não deveria ser tão difícil". Ele interpretava que as dificuldades com suas novas responsabilidades se deviam à sua incompetência. Ele ficou disfórico e ansioso, mas não deprimido – ainda não.

Abe por fim pediu ajuda, mas Joseph rosnou para ele, dizendo que Abe deveria ser capaz de descobrir o que fazer. Em vez de continuar a pedir ajuda, Abe se esforçou ainda mais, porém mesmo assim não conseguia entender como cumprir algumas das suas novas responsabilidades. Quando chegava a considerar pedir ajuda novamente, ele pensava: "Joseph vai me menosprezar. E se ele disser que eu sou incompetente? Posso ser demitido". Suas crenças de incompetência e vulnerabilidade ficaram mais fortes.

Logo suas emoções negativas começaram a repercutir em casa, quando ele ruminava acerca de suas falhas percebidas. Quando desenvolveu sintomas de depressão (especialmente um humor deprimido e grande fadiga), ele alterou suas atividades. Começou a se afastar das outras pessoas, incluindo sua esposa. No jantar, sentava-se quase em silêncio, apesar dos esforços de sua esposa para fazer com que ele se abrisse. Depois do jantar, em vez de fazer as tarefas domésticas, em geral se sentava na sua poltrona, ruminando sobre suas falhas percebidas. Nos fins de semana, ficava sentado no sofá por horas, assistindo à televisão. Sua esposa ficava muito impaciente quando ele relutava em fazer planos sociais, quando a ajudava muito menos nas tarefas de casa e quando falava pouco com ela. Ela começou a resmungar e a criticá--lo muito mais do que antes. Seus próprios pensamentos autocríticos foram ficando cada vez mais intensos, também. Sua evitação resultava em menos oportunidades para que se sentisse competente, no controle, produtivo e conectado com os outros – valores cruciais para ele – e em uma escassez de atividades prazerosas e agradáveis que poderiam ter melhorado seu humor.

À medida que desenvolvia sintomas mais fortes de depressão, começou a evitar tarefas adicionais que achava que não realizaria bem, como pagar as contas e cuidar do jardim. Ele tinha muitos pensamentos automáticos em várias situações sobre a probabilidade de fracassar. Esses pensamentos o levaram a se sentir triste, ansioso e desesperançado. Ele considerava suas dificuldades como devidas a um defeito inato e não como resultado da interferência da depressão. Desenvolveu um senso generalizado de incompetência e impotência e restringiu ainda mais suas atividades. O relacionamento com a sua esposa ficou tenso, e eles começaram a ter conflitos significativos. Sua interpretação era de que o conflito significava que ele estava fracassando no casamento, que era incompetente como marido.

No curso de vários meses, os problemas de Abe no trabalho foram piorando. Joseph ficou muito crítico e desvalorizou Abe na sua avaliação de desempenho anual. A depressão de Abe se intensificou significativamente quando sua esposa pediu o divórcio. Ele ficou preocupado com pensamentos de como havia decepcionado sua esposa, seus filhos e seu chefe. Sentia-se como (i.e., tinha uma crença de que era) um fracassado incompetente. Sentia-se (achava que estava) à mercê de seus sentimentos de tristeza e desesperança ("Não tenho controle da situação") e achava que não havia nada que pudesse fazer para se sentir melhor ("Estou desamparado"). E então perdeu o emprego.

Essa sequência de acontecimentos ilustra o modelo de diátese-estresse. Abe tinha certas vulnerabilidades: valores muito fortes e rígidos de produtividade e responsabilidade, processamento da informação enviesado, uma tendência a se ver como incompetente e fatores de risco genéticos. Quando essas vulnerabilidades foram expostas a estressores relevantes (perda do emprego e do casamento), ele ficou deprimido.

A depressão de Abe foi mantida pelos seguintes fatores ou mecanismos:

- Uma constante interpretação negativa de suas experiências
- Viés atencional (notando tudo o que não estava indo bem ou não estava dando certo)
- Evitação e inatividade (que resultavam em poucas oportunidades para prazer, sentimentos de realização e de conexão)
- Afastamento social
- Autocrítica aumentada
- Deterioração das habilidades para a solução de problemas
- Memórias negativas
- Ruminação sobre falhas percebidas
- Preocupação sobre o futuro

Esses fatores afetavam negativamente a autoimagem de Abe e ajudavam a manter a sua depressão.

Pontos Fortes, Recursos e Qualidades Pessoais de Abe

Embora Abe estivesse severamente deprimido quando veio me ver pela primeira vez, sua vida não era negativa o tempo todo. Seus filhos e os respectivos cônjuges lhe davam apoio. Seu humor melhorava um pouco quando interagia com seus netos, sobretudo quando se tratava de esportes. Ele ainda mantinha os autocuidados básicos. Embora seus recursos financeiros estivessem minguando, ainda tinha algumas economias. Ele conseguia realizar minimamente os cuidados com a casa e preparava suas refeições. Historicamente, tinha sido um marido, pai e empregado altamente responsável e trabalhador. Havia aprendido muitas habilidades no trabalho que eram potencialmente transferíveis para outros empregos. Ele tinha bom senso e era um bom solucionador de problemas.

Resumindo, a crença de Abe de que era incompetente provinha de acontecimentos na infância, especialmente pela interação com sua mãe crítica, que sempre dizia que ele estava fazendo um trabalho ruim (em tarefas que iam além das suas habilidades) e que a estava decepcionando. No entanto, teve experiências escolares neutras ou relativamente positivas, e sua crença nuclear dominante era de que ele estava bem. Anos mais tarde, o estresse significativo no trabalho e em casa contribuiu para a ativação de sua crença nuclear de incompetência e seu uso de estratégias de enfrentamento mal-adaptativas, mais notadamente evitação, que desencadearam sua crença de impotência. Ele evitava pedir ajuda, afastou-se de sua esposa e amigos e ficava sentado no sofá por horas em vez de ser produtivo. Além disso, tornou-se altamente autocrítico. Por fim, Abe ficou deprimido, e suas crenças nucleares mal-adaptativas se tornaram plenamente ativas.

As crenças de Abe o deixaram vulnerável a interpretar os acontecimentos de forma negativa. Ele não questionava seus pensamentos; ao contrário, os aceitava sem críticas. Os pensamentos e crenças por si só não causaram a depressão. (A depressão é indubitavelmente causada por uma variedade de fatores psicossociais, genéticos e biológicos.) É possível que Abe tivesse uma predisposição genética para depressão; entretanto, sua percepção das circunstâncias e comportamento na época sem dúvida facilitaram a expressão de uma vulnerabilidade biológica e psicológica. Depois que sua depressão se manifestou, essas cognições negativas influenciaram fortemente seu humor e ajudaram a manter o transtorno.

OS DIAGRAMAS DE CONCEITUALIZAÇÃO COGNITIVA

É importante desenvolver conceitualizações baseadas nos pontos fortes e também baseadas no problema. Os Diagramas de Conceitualização Cognitiva (DCCs) o ajudam a organizar a quantidade considerável de dados que você obtém dos clientes. Você pode começar a preencher esses diagramas (entre as sessões) tão logo identifique informações relevantes durante a avaliação e a primeira sessão. Você continuará a procurar por dados pertinentes durante todo o tratamento. A maioria dos clientes, como Abe, lhe fornece dados negativos no começo do tratamento, portanto é importante fazer perguntas para obter informações positivas. Também é importante estar continuamente atento aos dados positivos que os clientes ignoram ou desconsideram.

O Diagrama de Conceitualização Cognitiva Baseado nos Pontos Fortes

O Diagrama de Conceitualização Cognitiva Baseado nos Pontos Fortes (DCC-PF; Fig. 3.4) o ajuda a prestar atenção e a organizar os padrões de cognições úteis e de comportamento do cliente. Ele retrata, entre outras coisas, a relação entre

- acontecimentos importantes na vida e crenças nucleares adaptativas;
- crenças nucleares adaptativas e o significado dos pensamentos automáticos do cliente;
- crenças nucleares adaptativas, crenças intermediárias relacionadas e estratégias de enfrentamento adaptativas; e
- situações, pensamentos automáticos adaptativos e comportamentos adaptativos.

A Figura 3.5 contém as perguntas que você deve se fazer para preenchê-lo. Você irá obter dados relevantes na avaliação (p. ex., quando pedir aos clientes que descrevam o melhor período na sua vida) para a parte superior do diagrama e dados adicionais para todo o diagrama durante todo o tratamento. A lista na Figura 3.6 (adaptada de Gottman & Gottman, 2014) pode ajudar a especificar suas qualidades positivas.

HISTÓRIA DE VIDA RELEVANTE (incluindo realizações, pontos fortes, qualidades pessoais e recursos anteriores às dificuldades atuais): As pessoas descreviam Abe como "um cara bom". Algumas interações positivas com a família, o tio materno e treinadores durante o crescimento. Lidou bem com o abandono do pai. Esforçou-se muito quando recebeu responsabilidades inapropriadas para sua idade aos 11 anos. Bons amigos, notas dentro da média, atleta acima da média, diploma do ensino médio. Agradável, um "bom homem de família"; boas relações com filhos/netos, um primo, dois amigos; construiu uma vida adequada; sempre ficou dentro do orçamento e economizou dinheiro.

PONTOS FORTES E RECURSOS: Fortemente motivado, bom senso de humor, estimado pela maioria das pessoas. Encontra-se frequentemente com os dois filhos crescidos e quatro netos, muitas vezes os ajuda, relações próximas com eles, um primo e vários amigos do sexo masculino. Construiu uma vida adequada; sempre ficou dentro do orçamento e economizou dinheiro. Altamente motivado; excelente história profissional; muitas habilidades interpessoais, organizacionais e de supervisão; confiável e responsável. Bom solucionador de problemas e bom senso.

CRENÇAS NUCLEARES ADAPTATIVAS (anteriores ao começo das dificuldades atuais):
"Sou responsável, atencioso, competente, autoconfiante, útil, uma boa pessoa, agradável, criativo. A maioria das pessoas é neutra ou boa. O mundo é potencialmente imprevisível, mas relativamente seguro e estável. Eu consigo dar conta (se coisas ruins acontecerem)."

CRENÇAS INTERMEDIÁRIAS ADAPTATIVAS: REGRAS, ATITUDES, PRESSUPOSTOS
(anteriores ao começo das dificuldades atuais):
"Família, trabalho e comunidade são importantes. É importante trabalhar duro, ser produtivo, autoconfiante, responsável e confiável, honrar os compromissos, ter consideração pelos sentimentos das outras pessoas, fazer a coisa certa; fazer o que eu digo que vou fazer. Devo descobrir as coisas por mim mesmo. Se eu persistir em uma tarefa difícil, provavelmente terei sucesso. Se meu desempenho for alto, isso significa que sou competente; estou bem."

PADRÕES DE COMPORTAMENTO ADAPTATIVOS (anteriores ao começo das dificuldades atuais):
Define altos padrões para si mesmo, trabalha duro, tenta aumentar sua competência, persevera e resolve problemas; é bondoso e tem consideração com as outras pessoas, honra seus compromissos, faz o que vê como "a coisa certa", ajuda as outras pessoas.

SITUAÇÃO 1: Pensando em encontrar os amigos para o café da manhã	SITUAÇÃO 2: Consertando o carro do vizinho	SITUAÇÃO 3: Navegando na internet
PENSAMENTO(S) AUTOMÁTICO(S): "Estou muito cansado, mas não quero desapontá-los."	PENSAMENTO(S) AUTOMÁTICO(S): "Não sei se consigo fazer funcionar."	PENSAMENTO(S) AUTOMÁTICO(S): "Gostaria de uma TV melhor, mas tenho que pagar minhas contas."
EMOÇÕES: Neutro	EMOÇÕES: Neutro	EMOÇÕES: Leve decepção
COMPORTAMENTO: Vai ao café da manhã	COMPORTAMENTO: Continua tentando	COMPORTAMENTO: Não encomenda uma TV

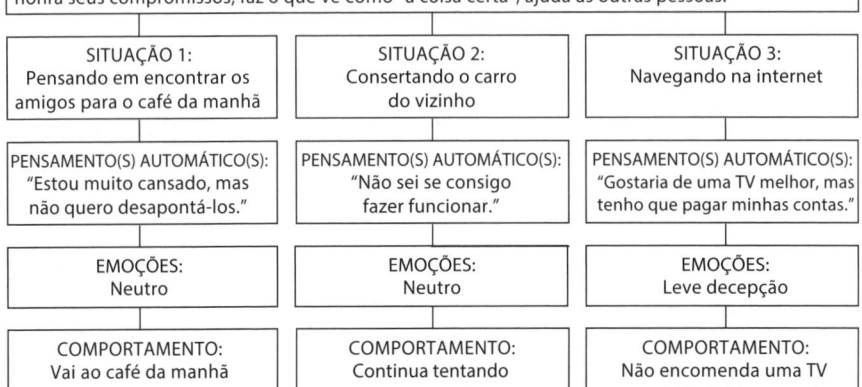

FIGURA 3.4 DCC-PF de Abe. Copyright © 2018 CBT Worksheet Packet. Beck Institute for Cognitive Behavior Therapy, Philadelphia, Pennsylvania.

O DCC-PF é muito complexo para ser apresentado aos clientes. Se você fizer isso, mostre-lhes uma cópia em branco. Vocês podem preenchê-lo juntos, escolhendo situações históricas (pré-mórbidas) em que eles tiveram pensamentos automáticos e comportamentos adaptativos. Ou você pode esperar até que os clientes estejam atualmente percebendo a si mesmos e a suas experiências de forma mais realista e estejam se engajando em estratégias de enfrentamento úteis.

HISTÓRIA DE VIDA RELEVANTE (incluindo realizações, pontos fortes, qualidades pessoais e recursos anteriores às dificuldades atuais): Que experiências contribuíram para o desenvolvimento e manutenção da(s) crença(s) nuclear(es) adaptativa(s)? Como eram os pontos fortes, habilidades, recursos pessoais e materiais e relações positivas do cliente? Que recursos internos e externos o cliente tem?

↓

CRENÇAS NUCLEARES ADAPTATIVAS (anteriores ao começo das dificuldades atuais):
Quais são as crenças adaptativas centrais do cliente sobre si mesmo? Sobre os outros? Sobre o mundo?

↓

CRENÇAS INTERMEDIÁRIAS ADAPTATIVAS: REGRAS, ATITUDES, PRESSUPOSTOS
(anteriores ao começo das dificuldades atuais):
Que pressupostos gerais, regras, atitudes e valores o cliente tem?

↓

PADRÕES DE COMPORTAMENTO ADAPTATIVOS (anteriores ao começo das dificuldades atuais):
Que estratégias de enfrentamento e comportamentos adaptativos o cliente apresenta?

SITUAÇÃO 1: Qual era a situação problemática?	SITUAÇÃO 2:	SITUAÇÃO 3:
PENSAMENTO(S) AUTOMÁTICO(S): O que passou pela mente do cliente?	PENSAMENTO(S) AUTOMÁTICO(S):	PENSAMENTO(S) AUTOMÁTICO(S):
EMOÇÕES: Que emoções estavam associadas ao pensamento automático?	EMOÇÕES:	EMOÇÕES:
COMPORTAMENTO: O que o cliente fez que foi útil?	COMPORTAMENTO:	COMPORTAMENTO:

FIGURA 3.5 DCC-PF: Perguntas. Copyright © 2018 CBT Worksheet Packet. Beck Institute for Cognitive Behavior Therapy, Philadelphia, Pennsylvania.

1. Carinhoso	25. Alegre	49. Viril
2. Sensível	26. Regrado	50. Bondoso
3. Corajoso	27. Amável	51. Gentil
4. Inteligente	28. Gracioso	52. Prático
5. Ponderado	29. Cortês	53. Vigoroso
6. Generoso	30. Elegante	54. Espirituoso
7. Leal	31. Preocupado	55. Descontraído
8. Verdadeiro	32. Um grande amigo	56. Bonito
9. Forte	33. Entusiasmado	57. Bem apessoado
10. Com energia	34. Econômico	58. Intenso
11. Sensual	35. Planejador	59. Calmo
12. Determinado	36. Comprometido	60. Animado
13. Criativo	37. Envolvido	61. Um grande parceiro
14. Imaginativo	38. Expressivo	62. Um grande pai
15. Divertido	39. Ativo	63. Assertivo
16. Atraente	40. Cuidadoso	64. Protetor
17. Interessante	41. Reservado	65. Doce
18. Solidário	42. Aventureiro	66. Afável
19. Engraçado	43. Receptivo	67. Resiliente
20. Atencioso	44. Confiável	68. Flexível
21. Afetuoso	45. Responsável	69. Compreensivo
22. Organizado	46. Fidedigno	70. Completamente tolo
23. Habilidoso	47. Acolhedor	71. Tímido
24. Atlético	48. Amoroso	72. Vulnerável

FIGURA 3.6 Lista de qualidades positivas. Adaptada com permissão de Gottman e Gottman (2014). Copyright © 2014 J. Gottman e J. S. Gottman.

O Diagrama de Conceitualização Cognitiva (Tradicional)

O DCC tradicional (i.e., baseado no problema) (Fig. 3.7) organiza a informação mal-adaptativa que você coleta sobre seus clientes. Você irá reunir dados na avaliação e durante todo o tratamento. Inicie preenchendo-o assim que começar a ver padrões nos temas dos pensamentos automáticos ou comportamentos inúteis dos clientes. Este DCC representa, entre outras coisas, a relação entre

- acontecimentos importantes na vida e crenças nucleares;
- crenças nucleares e o significado dos pensamentos automáticos dos clientes;
- crenças nucleares, crenças intermediárias e estratégias de enfrentamento disfuncionais; e
- situações desencadeantes, pensamentos automáticos e reações.

HISTÓRIA DE VIDA RELEVANTE e PRECIPITANTES:
O pai deixa a família quando Abe tem 11 anos de idade. Ele nunca volta a vê-lo. A mãe é sobrecarregada, muito crítica quando ele não atende às suas expectativas irrealistas. Precipitantes para o transtorno atual: Abe tem dificuldades e depois perde seu emprego e passa por um divórcio.

CRENÇA(S) NUCLEAR(ES) (durante o episódio atual):
"Sou incompetente/um fracasso."

CRENÇAS INTERMEDIÁRIAS: PRESSUPOSTOS CONDICIONAIS/CRENÇAS/ATITUDES (durante o episódio atual):
"É importante ser responsável, competente, confiável e útil."
"É importante trabalhar duro e ser produtivo."
Durante a depressão:
(1) "Se eu evitar desafios, vou ficar bem, mas se tentar fazer coisas difíceis, vou fracassar."
(2) "Se eu evitar pedir ajuda, minha incompetência não vai aparecer, mas, se eu pedir ajuda, as pessoas vão ver o quanto sou incompetente."

ESTRATÉGIAS DE ENFRENTAMENTO (durante o episódio atual):
Evita pedir ajuda e evita desafios.

SITUAÇÃO 1: Pensando nas contas	SITUAÇÃO 2: Pensando em pedir ajuda ao filho para revisar o currículo	SITUAÇÃO 3: Lembrança de ser criticado pelo chefe
PENSAMENTO(S) AUTOMÁTICO(S): "E se seu ficar sem dinheiro?"	**PENSAMENTO(S) AUTOMÁTICO(S):** "Eu deveria ser capaz de fazer isso sozinho."	**PENSAMENTO(S) AUTOMÁTICO(S):** "Eu deveria ter me esforçado mais."
SIGNIFICADO DO P.A.: "Eu sou um fracasso."	**SIGNIFICADO DO P.A.:** "Eu sou incompetente."	**SIGNIFICADO DO P.A.:** "Eu sou um fracasso."
EMOÇÕES: Ansioso	**EMOÇÕES:** Triste	**EMOÇÕES:** Triste
COMPORTAMENTO: Continua sentado no sofá; rumina sobre suas falhas	**COMPORTAMENTO:** Evita pedir ajuda ao filho	**COMPORTAMENTO:** Rumina sobre o fracasso que ele era

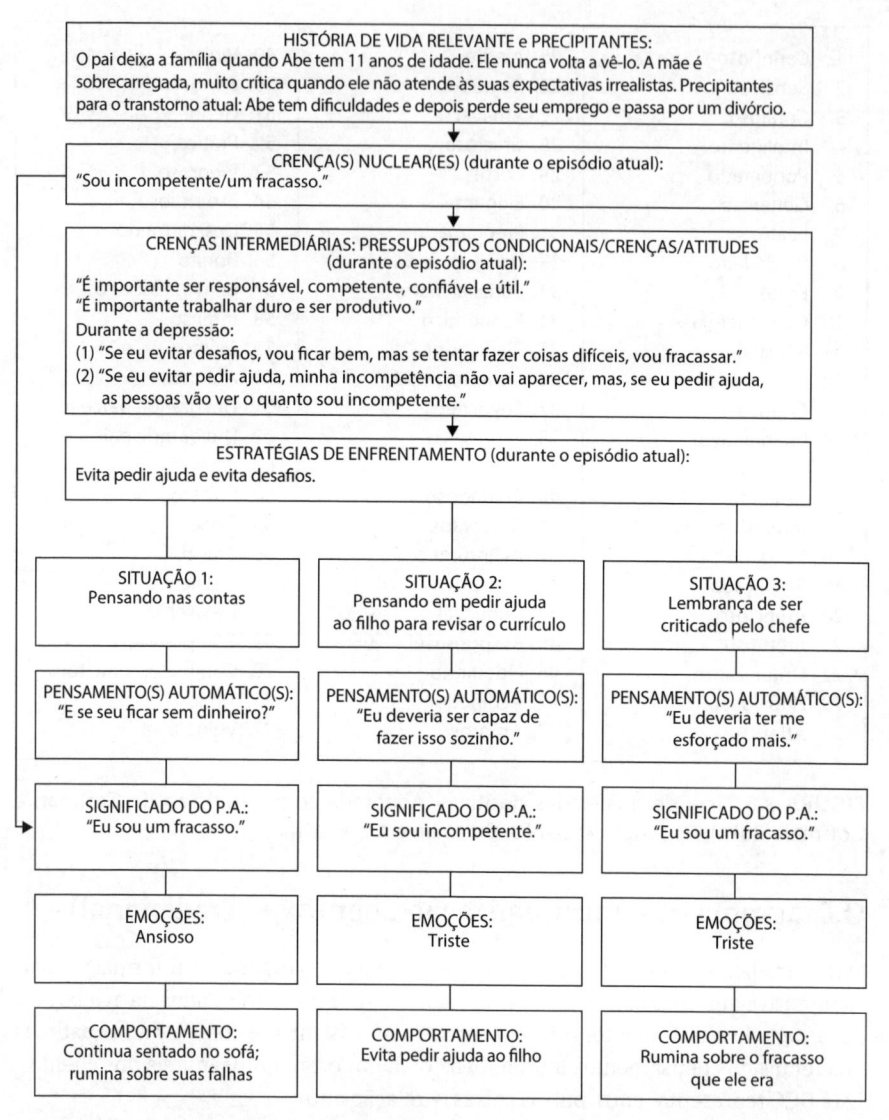

FIGURA 3.7 DCC (tradicional). Copyright © 2018 CBT Worksheet Packet. Beck Institute for Cognitive Behavior Therapy, Philadelphia, Pennsylvania.

A Figura 3.8 apresenta perguntas para ajudá-lo a preencher o DCC. Quando começar, considere seus primeiros esforços como provisórios; você ainda não coletou informações suficientes para determinar em que medida os pensamentos automáticos que os clientes expressaram são típicos e importantes. *O diagrama completado* irá desorientá-lo se você escolher situações em que os temas dos pensamentos automáticos dos clientes não fizerem parte de um padrão global.

```
┌─────────────────────────────────────────────────────────────────────────┐
│                  HISTÓRIA DE VIDA RELEVANTE e PRECIPITANTES:            │
│   Que experiências contribuíram para o desenvolvimento e manutenção     │
│                      da(s) crença(s) nucleares(s)?                      │
└─────────────────────────────────────────────────────────────────────────┘
                                    ↓
┌─────────────────────────────────────────────────────────────────────────┐
│               CRENÇA(S) NUCLEAR(ES) (durante o episódio atual):         │
│   Quais são as crenças disfuncionais mais centrais do cliente sobre si  │
│                   mesmo? Outras pessoas? O mundo?                       │
└─────────────────────────────────────────────────────────────────────────┘
                                    ↓
┌─────────────────────────────────────────────────────────────────────────┐
│    CRENÇAS INTERMEDIÁRIAS: PRESSUPOSTOS CONDICIONAIS/ATITUDES/REGRAS    │
│                       (durante o episódio atual):                       │
│  Que pressupostos, regras e crenças o ajudam a lidar com a(s) crença(s) │
│                              nuclear(es)?                               │
└─────────────────────────────────────────────────────────────────────────┘
                                    ↓
┌─────────────────────────────────────────────────────────────────────────┐
│         ESTRATÉGIAS DE ENFRENTAMENTO (durante o episódio atual):        │
│     Quais comportamentos disfuncionais o ajudam a lidar com a(s)        │
│                              crença(s)?                                 │
└─────────────────────────────────────────────────────────────────────────┘
```

SITUAÇÃO 1: Qual foi a situação problemática?	SITUAÇÃO 2:	SITUAÇÃO 3:
PENSAMENTO(S) AUTOMÁTICO(S): O que passou pela sua mente?	PENSAMENTO(S) AUTOMÁTICO(S):	PENSAMENTO(S) AUTOMÁTICO(S):
SIGNIFICADO DO P.A.: O que o pensamento automático significou para ele?	SIGNIFICADO DO P.A.:	SIGNIFICADO DO P.A.:
EMOÇÕES: Qual(is) emoção(ões) estava(m) associada(s) ao(s) pensamento(s) automático(s)?	EMOÇÕES:	EMOÇÕES:
COMPORTAMENTO: O que o cliente fez então?	COMPORTAMENTO:	COMPORTAMENTO:

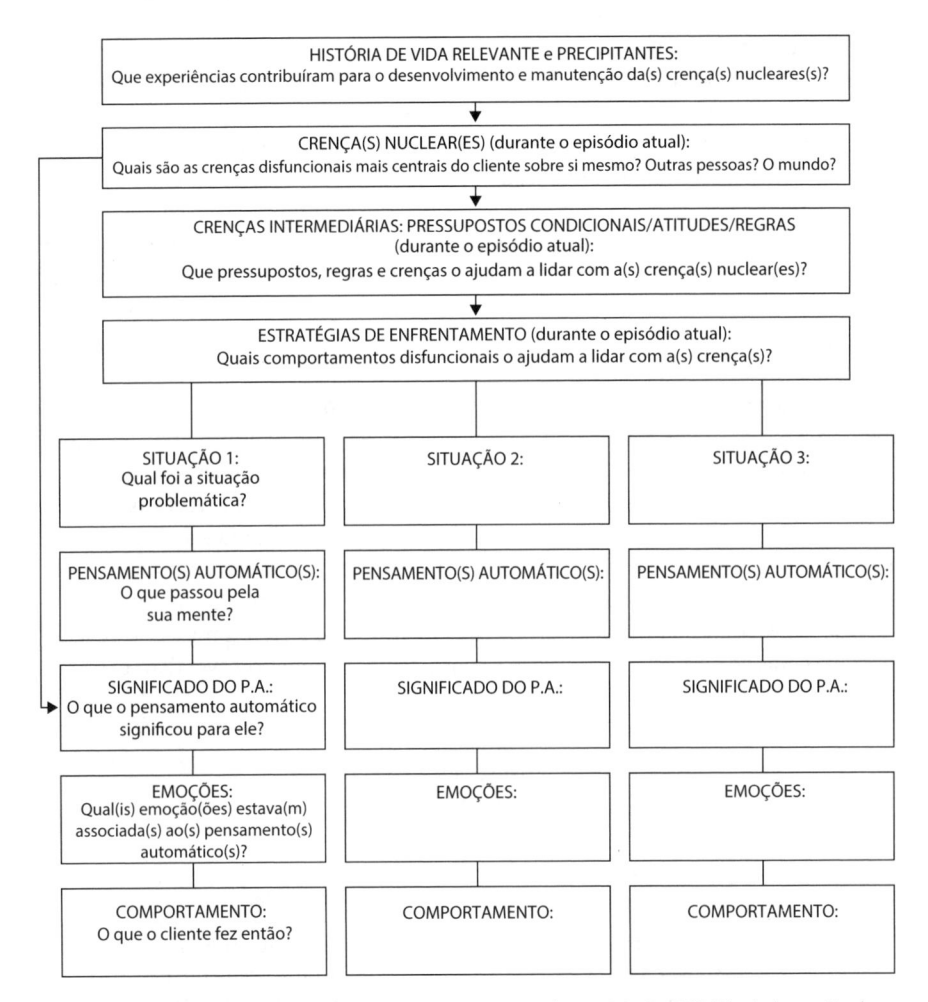

FIGURA 3.8 DCC (tradicional): Perguntas. Copyright © 2018 CBT Worksheet Packet. Beck Institute for Cognitive Behavior Therapy, Philadelphia, Pennsylvania.

Você compartilha sua conceitualização parcial com os clientes verbalmente a cada sessão, à medida que resume as suas experiências na forma do modelo cognitivo. Algumas vezes, sobretudo no início, você ilustrará seu resumo por meio de um diagrama do modelo cognitivo feito à mão. Inicialmente, você pode ter dados para preencher apenas no quadro superior (dados importantes na história de vida) e na parte inferior do diagrama (três modelos cognitivos). Deixe os outros quadros em branco ou preencha os itens que inferiu com um ponto de interrogação para indicar seu *status* provisório. Você irá verificar com o cliente os itens que faltam ou os inferidos em sessões futuras.

Preencha a parte inferior do DCC, começando pelas três situações atuais típicas relacionadas aos problemas presentes em que os clientes ficaram perturbados ou agiram de modo inútil. Se os clientes tiverem mais de um tema em seus pensamentos automáticos, certifique-se de escolher situações que reflitam esses temas. Em seguida, preencha os pensamentos-chave automáticos e a emoção subsequente, comportamento relevante (se houver) e reação psicológica (algumas vezes importante para clientes com ansiedade intensa). Se os clientes experimentarem mais de uma emoção em uma dada situação, certifique-se de ter quadros separados para cada pensamento-chave automático, seguidos pela reação emocional e comportamental a esse pensamento (Fig. 3.9).

No início do tratamento, você pode evitar perguntar aos clientes o *significado* de seus pensamentos negativos, pois evocar essas cognições em nível mais profundo pode provocar estresse significativo. Você pode fazer hipóteses sobre os significados, mas inclua um ponto de interrogação ao lado das suas hipóteses para lembrar que você precisa confirmar a sua exatidão com os clientes em algum momento. O significado do quadro do pensamento automático na Figura 3.8 está abaixo do quadro do pensamento automático porque você identifica o pensamento automático primeiro. De fato, a crença nuclear é ativada e desencadeada (na verdade, o esquema contendo a crença nuclear é ativado) em uma situação particular e dá origem a pensamentos automáticos (ver Cap. 17).

Situação:
Charlie cancela o café da manhã no domingo.

Pensamento automático:
"E se houver algo de errado?"

Pensamento automático:
"Ele provavelmente não quer confraternizar."

Emoção:
Ansiedade

Comportamento:
—

Emoção:
Tristeza

Comportamento:
Senta-se no sofá e rumina.

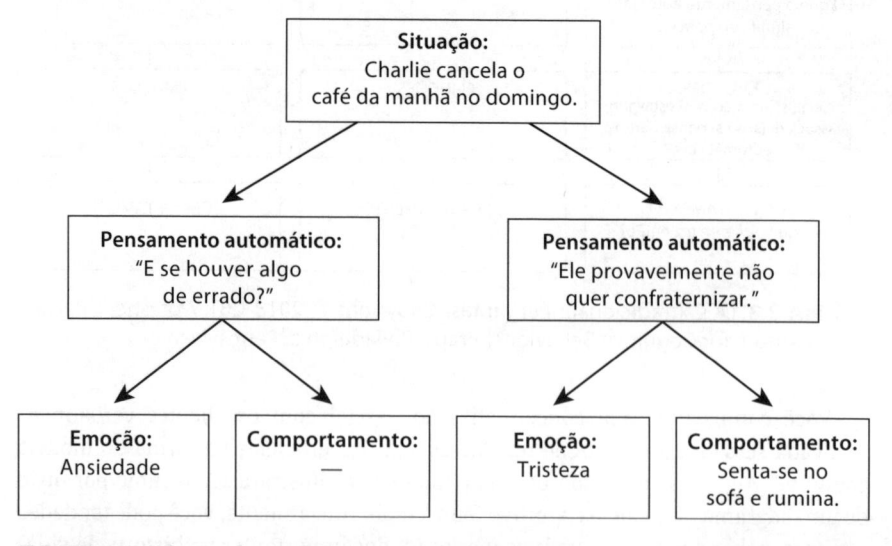

FIGURA 3.9 Adaptando o DCC para emoções adicionais.

Quando apropriado, em geral um pouco mais tarde no tratamento, você perguntará diretamente aos clientes sobre o significado de seus pensamentos, usando a técnica da "seta descendente" (p. 289). O significado dos pensamentos automáticos para cada situação deve estar logicamente conectado a uma das crenças nucleares do cliente. Note que você não tem que indagar sobre o significado de um pensamento automático quando a cognição for disseminada e generalizada (não apenas específica para somente uma ou algumas situações). O pensamento automático de Abe "Sou um fracasso" também era uma crença nuclear, pois ele não acreditava que era um fracasso em apenas uma situação (p. ex., quando via a correspondência empilhada sobre a mesa); quando tinha esse pensamento, ele pretendia dizer que era um fracasso geral como pessoa.

Para completar o quadro no alto do diagrama, pergunte-se (e ao cliente):

- Como a crença nuclear se originou e foi mantida?
- Que acontecimentos o cliente experimentou na vida (frequentemente incluindo a infância e adolescência, se forem relevantes) que poderiam estar relacionados ao desenvolvimento e à manutenção das crenças?

Os dados relevantes típicos da infância incluem eventos significativos como conflito contínuo ou periódico entre os pais ou outros familiares; divórcio dos pais; interações negativas com os pais, irmãos, professores, colegas ou outros em que a criança se sentia acusada, criticada ou desvalorizada de alguma outra maneira; condições médicas ou deficiências graves; mortes de pessoas significativas; *bullying*; abuso físico ou sexual; trauma emocional; e outras condições de vida adversas, como mudanças frequentes, vivência de trauma, crescer na pobreza ou enfrentar discriminação crônica, para citar algumas.

Os dados relevantes podem, no entanto, ser mais sutis: por exemplo, percepções dos jovens (que podem ou não ter sido válidas) de que não estavam à altura de seus irmãos em aspectos importantes; de que eram diferentes ou humilhados pelos colegas; de que não correspondiam às expectativas dos pais, professores ou outros; ou de que seus pais favoreciam outro irmão e não a eles.

A seguir, pergunte-se: "Quais são as crenças intermediárias mais importantes do cliente: regras, atitudes e pressupostos condicionais?". Regras inúteis frequentemente começam com "Eu deveria" ou "Eu não deveria", e atitudes inúteis costumam começar com: "É ruim fazer...". Essas regras e atitudes estão muitas vezes conectadas aos valores do cliente ou podem servir para proteger o cliente da ativação da crença nuclear. Os pressupostos amplos dos clientes em geral refletem suas regras e atitudes e associam suas estratégias de enfrentamento mal-adaptativas à crença nuclear. Eles geralmente são expressos assim:

> "Se eu [me engajar na estratégia de enfrentamento], então [minha crença nuclear pode não se tornar verdade imediatamente; vou ficar bem no momento]. No entanto, se eu [*não* me engajar na minha estratégia de enfrentamento], então [minha crença nuclear provavelmente vai se tornar realidade]."

A Figura 3.10 mostra as crenças intermediárias e estratégias de enfrentamento do Leitor E, os padrões de comportamentos disfuncionais que estão associados a crenças intermediárias dos clientes. Note que a maioria das estratégias de enfrentamento são padrões de comportamentos *normais* que todos nós temos às vezes. A dificuldade que os clientes experimentam está no *uso excessivo* e inflexível dessas estratégias à custa de estratégias mais adaptativas em determinadas situações.

Em algum momento, em geral na parte intermediária do tratamento, você irá compartilhar as informações do alto e da parte inferior do DCC, quando seu objetivo para uma sessão for ajudar o cliente a entender o quadro mais amplo. Revise a conceitualização verbalmente, desenhe um diagrama simplificado para seu cliente (Fig. 3.11) e solicite *feedback*. Ocasionalmente, os clientes se beneficiam com o preenchimento de um DCC em branco com você. (Não apresente um DCC preenchido aos clientes, pois não será uma experiência de aprendizagem tão boa.) Porém, muitos clientes o achariam confuso (ou humilhante – se interpretarem o diagrama como sua tentativa de "encaixá-los" nos quadros). Faça perguntas para obter os dados necessários ao preenchimento do diagrama. Se você apresentar uma hipótese, certifique-se de fazê-lo com cautela e pergunte ao cliente se "soa verdadeiro". Corrigir as hipóteses em geral repercute bem com o cliente.

Para resumir, os DCCs são baseados em dados que os clientes apresentam, em suas próprias palavras. Você deve considerar suas hipóteses como provisórias até que sejam confirmadas pelo cliente. Você irá reavaliar e refinar continuamente os diagramas à medida que coletar dados adicionais, e sua conceitualização não estará completa até que o cliente termine o tratamento. Embora você possa não mostrar o diagrama real aos clientes, verbalmente (e com frequência no papel) irá conceitualizar sua experiência desde a primeira sessão para ajudá-los a encontrarem um sentido em suas reações atuais às situações. Em algum ponto, você apresentará o quadro mais amplo aos clientes para que eles possam entender:

- como suas experiências anteriores contribuíram para o desenvolvimento de suas crenças;
- como eles desenvolveram determinados pressupostos ou regras para viver; e
- como esses pressupostos levaram ao desenvolvimento de determinadas estratégias de enfrentamento ou padrões de comportamento.

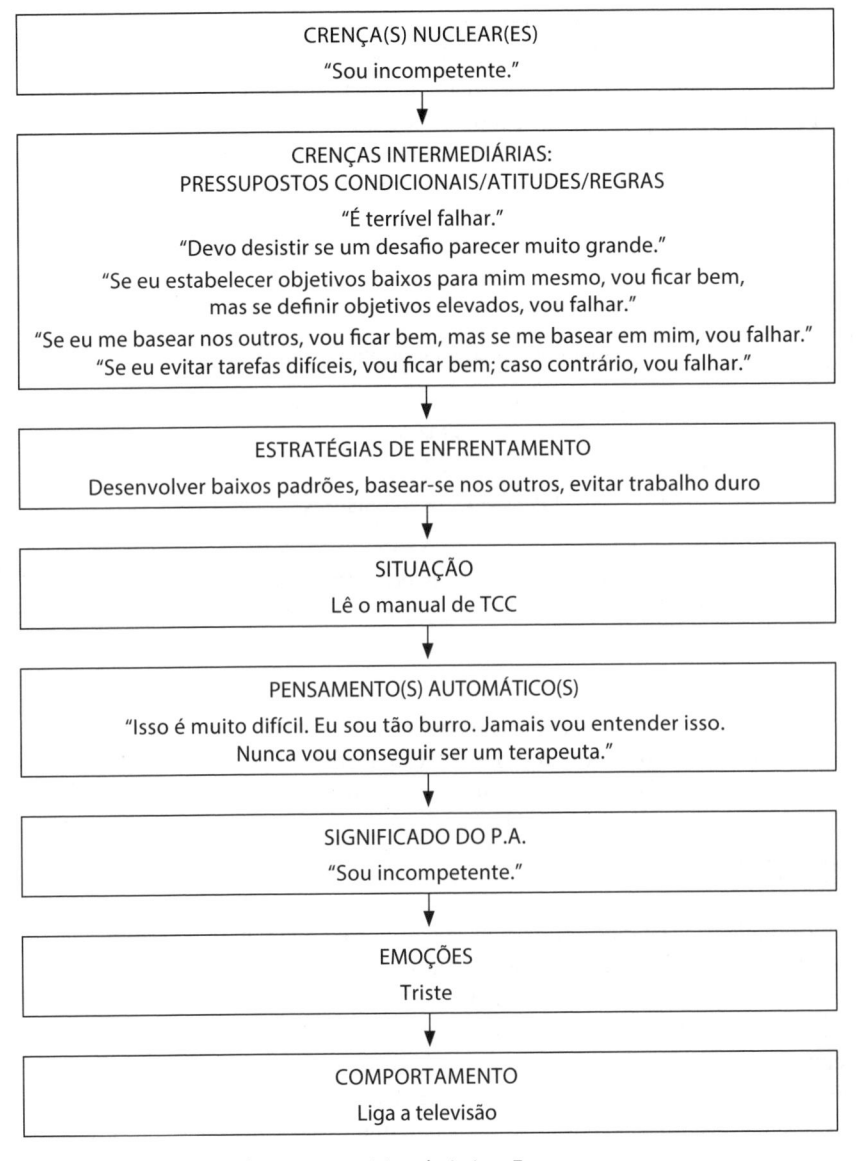

```
┌─────────────────────────────────────────────┐
│            CRENÇA(S) NUCLEAR(ES)            │
│              "Sou incompetente."            │
└─────────────────────────────────────────────┘
                      ▼
┌─────────────────────────────────────────────────────────────┐
│                   CRENÇAS INTERMEDIÁRIAS:                   │
│        PRESSUPOSTOS CONDICIONAIS/ATITUDES/REGRAS            │
│                    "É terrível falhar."                     │
│         "Devo desistir se um desafio parecer muito grande." │
│   "Se eu estabelecer objetivos baixos para mim mesmo, vou ficar bem, │
│         mas se definir objetivos elevados, vou falhar."     │
│ "Se eu me basear nos outros, vou ficar bem, mas se me basear em mim, vou falhar." │
│  "Se eu evitar tarefas difíceis, vou ficar bem; caso contrário, vou falhar." │
└─────────────────────────────────────────────────────────────┘
                      ▼
┌─────────────────────────────────────────────────────────────┐
│                ESTRATÉGIAS DE ENFRENTAMENTO                 │
│  Desenvolver baixos padrões, basear-se nos outros, evitar trabalho duro │
└─────────────────────────────────────────────────────────────┘
                      ▼
┌─────────────────────────────────────────────┐
│                  SITUAÇÃO                   │
│              Lê o manual de TCC             │
└─────────────────────────────────────────────┘
                      ▼
┌─────────────────────────────────────────────────────────────┐
│                PENSAMENTO(S) AUTOMÁTICO(S)                  │
│   "Isso é muito difícil. Eu sou tão burro. Jamais vou entender isso. │
│           Nunca vou conseguir ser um terapeuta."            │
└─────────────────────────────────────────────────────────────┘
                      ▼
┌─────────────────────────────────────────────┐
│             SIGNIFICADO DO P.A.             │
│              "Sou incompetente."            │
└─────────────────────────────────────────────┘
                      ▼
┌─────────────────────────────────────────────┐
│                   EMOÇÕES                   │
│                    Triste                   │
└─────────────────────────────────────────────┘
                      ▼
┌─────────────────────────────────────────────┐
│                COMPORTAMENTO                │
│              Liga a televisão               │
└─────────────────────────────────────────────┘
```

FIGURA 3.10 Conceitualização cognitiva do Leitor E.

Alguns clientes estão intelectual e emocionalmente prontos para ver o quadro mais amplo no começo da terapia. Você deve esperar para apresentá-lo aos demais (sobretudo aqueles com quem você não tem uma relação terapêutica sólida ou que não compreendem plenamente o modelo cognitivo ou o aceitam como verdadeiro). Conforme mencionado antes, sempre que apresentar a sua conceitualização, peça ao cliente a confirmação, negação ou modificação de cada parte.

Crenças nucleares
↓
Crenças intermediárias (regras, atitudes, pressupostos)
↓
Situação
↓
Pensamentos automáticos
↓
Reação (emocional, comportamental, fisiológica)

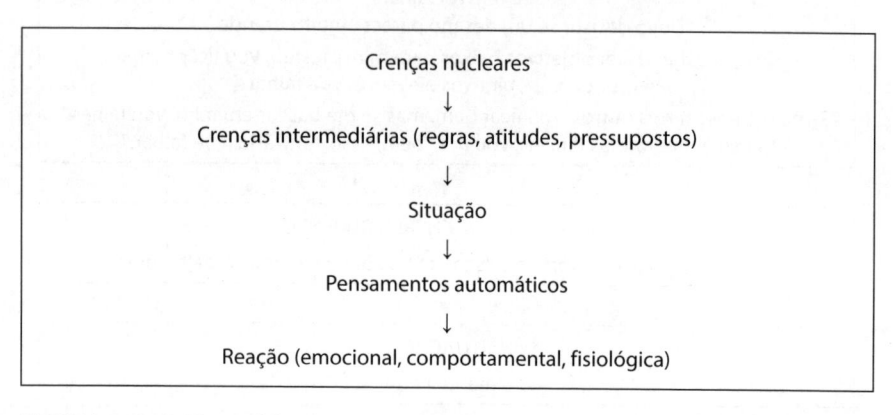

FIGURA 3.11 DCC simplificado.

Por fim, um curso *on-line* (*beckinstitute.org/CBTresources*) pode ajudá-lo a dominar o processo complexo de conceitualização. E com frequência é útil praticar conceitualizando personagens em um filme ou romance.

RESUMO

Conceitualizar os clientes em termos cognitivos é crucial para determinar o curso de tratamento mais efetivo e eficiente. Também auxilia no desenvolvimento de empatia, um ingrediente que é essencial no estabelecimento de uma boa relação terapêutica. A conceitualização começa no primeiro contato e é um processo contínuo, sempre sujeito a modificações quando novos dados forem revelados e hipóteses prévias forem confirmadas ou rejeitadas. Você baseia suas hipóteses nas informações que coleta, usando as explicações mais parcimoniosas e evitando interpretações e inferências que não estão claramente baseadas em dados reais. Você continuamente checa a conceitualização com os clientes por várias razões: para se assegurar de que ela é acurada, para demonstrar-lhes sua compreensão acurada e ajudá-los a entenderem a si mesmos, suas experiências e os significados que eles atribuem às suas experiências. O processo contínuo de conceitualização é enfatizado ao longo deste livro, assim como as técnicas para apresentar a sua conceitualização aos clientes.

PERGUNTAS PARA REFLEXÃO

Como um indivíduo desenvolve depressão? Por que a conceitualização é tão importante?

EXERCÍCIO PRÁTICO

Faça *download* de um DCC tradicional e comece a preenchê-lo usando Maria como cliente. Você encontrará informações sobre ela nas páginas 2, 26 e 31. Continue acrescentando dados à medida que obtiver mais informações. Lembre-se de colocar pontos de interrogação ao lado de tudo o que inferiu.

4

A relação terapêutica

Acho que, para a maioria dos clientes, entrar em tratamento é um ato de coragem. Muitos têm pensamentos automáticos, do tipo "Como vai ser a terapia?"; "Ela vai funcionar mesmo?"; "Ela pode fazer eu me sentir ainda pior?"; "O que vou ter que fazer?"; "E se meu terapeuta me pressionar demais?"; e "E se meu terapeuta esperar demais de mim ou me criticar?". Portanto, embora eu seja acolhedora, gentil e realisticamente otimista durante toda a terapia, sou especialmente assim no começo do tratamento.

Nos idos de 1979, Aaron Beck e seus colaboradores dedicaram um capítulo inteiro à relação terapêutica no primeiro manual de tratamento de terapia cognitivo-comportamental (TCC), *Terapia cognitiva da depressão*. Eles enfatizaram as habilidades de aconselhamento rogeriano de acolhimento, acurácia, empatia e autenticidade, juntamente com confiança básica e *rapport*. Também prescreveram como adequar a relação ao cliente específico, buscando a concordância quanto aos objetivos e tarefas do tratamento, compartilhando um vínculo pessoal e prestando atenção às reações negativas dos clientes aos terapeutas e vice-versa.

Neste capítulo, você encontrará respostas para estas perguntas:

> **Quais são as quatro diretrizes essenciais a ter em mente em cada sessão?**
> **Como você demonstra boas habilidades de aconselhamento?**
> **Como você monitora o afeto dos clientes e obtém *feedback*?**
> **Como você colabora com os clientes?**
> **Como você adapta a relação terapêutica ao indivíduo?**
> **Como você usa a autoexposição?**

Como você repara as rupturas?
Como você ajuda os clientes a generalizarem o que eles aprenderam para outras relações?
Com você lida com suas reações negativas?

QUATRO DIRETRIZES ESSENCIAIS

Quando ensino residentes de psiquiatria na University of Pennsylvania, iniciamos nossa discussão sobre como estabelecer uma boa relação terapêutica. Depois peço que eles mesmos escrevam um cartão virtual ou real com quatro ideias, as quais eles expressam em suas próprias palavras. Este é um cartão típico:

Tratar todos os clientes em todas as sessões da maneira como gostaria de ser tratado se eu fosse um cliente.

Ser um ser humano bom na sala e ajudar o cliente a se sentir seguro.

Lembrar que é esperado que os clientes apresentem desafios; é por isso que eles precisam de tratamento.

Manter expectativas razoáveis para meu cliente e para mim mesmo.

Peço que os residentes leiam seu cartão antes de cada sessão de terapia. É essencial começar a construir confiança e *rapport* com seus clientes desde seu primeiro contato com eles. Pesquisas demonstram que alianças positivas estão correlacionadas a resultados positivos no tratamento (p. ex., Norcross & Lambert, 2018; Norcross & Wampold, 2011; Raue & Goldfried, 1994). Seu objetivo é fazer com que seus clientes se sintam seguros, respeitados, compreendidos e cuidados. Empregue tempo suficiente na relação para ajudá-los a atingirem seus objetivos, aliviarem seu sofrimento e melhorarem seu funcionamento e humor positivo. Pesquisas demonstraram que a aliança terapêutica é fortalecida quando os clientes percebem melhora de uma sessão para a próxima (DeRubeis & Feeley, 1990; Zilcha-Mano et al., 2019). Assim sendo, arregace as mangas e mãos à obra.

Você precisará focar mais intensamente na relação quando tratar clientes com fortes traços de personalidade disfuncionais ou condições de saúde graves. Eles tendem a trazer para o tratamento as mesmas crenças negativas extremas sobre si mesmos e sobre os outros – e podem presumir, até que lhes seja mostrado o contrário, que você irá vê-los de forma negativa (J.S. Beck, 2005; Beck et al., 2015; Young, 1999). Uma boa conceitualização do caso pode ajudá-lo a evitar problemas.

Por exemplo, Abe acreditava que as pessoas o olhariam com desprezo porque ele estava desempregado. Ele se preocupava que eu pudesse fazer isso também. Felizmente, notei uma mudança em sua expressão facial durante a avaliação quando ele me contou que estava desempregado. Perguntei-lhe como estava se sentindo. Ele disse: "Um pouco ansioso". Perguntei o que estava passando pela sua mente. Ele me disse que tinha medo que eu o estivesse vendo de forma negativa. Elogiei-o por me dizer isso e assegurei que fazia sentido para mim que ele estivesse tendo dificuldade em procurar um emprego, dado o seu nível de depressão. Ele ficou aliviado. Perguntei se estaria disposto a me contar caso tivesse outros pensamentos sobre eu vir a ser crítica no futuro. E fiz uma anotação mental para ficar alerta quanto a situações futuras que poderiam acontecer.

DEMONSTRANDO BOAS HABILIDADES DE ACONSELHAMENTO

Norcross e Lambert (2018) revisaram as pesquisas e chegaram às seguintes conclusões sobre a relação terapêutica:

- Colaboração, consenso quanto aos objetivos, empatia, valorização positiva e afirmação, além de obtenção e fornecimento ao cliente de *feedback* positivo, são efetivos.
- Congruência/autenticidade, expressão emocional, desenvolvimento de expectativas positivas, promoção de credibilidade quanto ao tratamento, manejo da contratransferência e reparo de rupturas são provavelmente efetivos.
- Autoexposição e imediatismo são promissores, mas ainda não foram suficientemente pesquisados.
- Humor do terapeuta, dúvida/humildade e prática deliberada também carecem de pesquisa suficiente.

Na TCC, as habilidades de aconselhamento rogeriano de empatia, autenticidade e valorização positiva têm especial importância (Elliott et al., 2011). Você irá demonstrar continuamente seu comprometimento e a compreensão dos clientes por meio de afirmações empáticas, escolha das palavras, tom de voz, expressões faciais e linguagem corporal. Você tentará transmitir as seguintes mensagens implícitas (e algumas vezes explícitas) quando genuinamente endossá-las:

> "Eu me preocupo com você e o valorizo."
> "Quero entender o que você está experimentando e ajudá-lo."
> "Estou seguro de que podemos trabalhar bem juntos e de que a TCC irá ajudar."
> "Não estou sobrecarregado pelos seus problemas, ainda que você possa estar."
> "Já ajudei outros clientes com problemas como os seus."

Se você não conseguir endossar honestamente essas mensagens, poderá precisar da ajuda de um supervisor ou colega para responder aos seus pensamentos automáticos sobre o cliente, sobre a TCC ou sobre si mesmo. E poderá precisar de treinamento e supervisão adicionais para aumentar sua competência.

Importantes habilidades básicas de aconselhamento, junto com exemplos, são apresentadas a seguir:

- Empatia ("Deve ser difícil para você quando sua ex-mulher está com raiva").
- Aceitação do cliente ("Faz sentido para mim, considerando o quanto você estava abalado, que você [tenha se engajado em uma estratégia de enfrentamento disfuncional] esta semana").
- Validação ("Pode ser muito complicado começar conversas difíceis com as pessoas").
- Compreensão acurada ("Eu entendi direito? Ela disse: _____; você se sentiu _____; você então [fez _____]").
- Transmissão de confiança ("A razão por eu estar tão esperançoso por você é _____").
- Acolhimento genuíno ("Estou feliz por você ter conseguido sair do seu apartamento tantas vezes esta semana!").
- Interesse ("Conte-me mais sobre seus netos").
- Valorização positiva ("Ajudar o seu vizinho foi uma coisa muito gentil! Não sei se todos estariam dispostos a se envolver como você fez").
- Zelo ("É realmente importante para mim que eu faça esta terapia dar certo para você").
- Encorajamento ("Sabe, o fato de você ter se sentido um pouco melhor quando passou algum tempo com seus amigos é um ótimo sinal").
- Reforçamento positivo ("Que ótimo que você finalmente conseguiu pagar seus impostos!").
- Apresentação de uma visão positiva sobre o cliente ("Parece que foi muito complicado descobrir o que havia de errado com o carro do seu primo. Você é muito bom nessas coisas").
- Compaixão ("Lamento que você tenha tido uma conversa tão perturbadora com sua ex-mulher").
- Humor ("Você devia ter *me* visto quando eu _____").

Conforme descrito adiante, você precisará descobrir quando e em que medida usar essas habilidades básicas de aconselhamento. Mas o uso da quantidade certa nos momentos certos pode ajudar os clientes a

- sentirem-se amados quando você é acolhedor, amigável e interessado;
- sentirem-se menos sozinhos quando você descreve o processo de trabalhar juntos como uma equipe para resolver seus problemas e trabalhar em direção aos seus objetivos;
- sentirem-se mais otimistas quando você se mostra realisticamente esperançoso de que o tratamento irá ajudar; e
- sentirem um maior senso de autoeficácia quando você os ajuda a verem o quanto merecem crédito por resolverem os problemas, concluírem Planos de Ação e se engajarem em outras atividades produtivas.

MONITORANDO O AFETO DOS CLIENTES E OBTENDO *FEEDBACK*

Você estará continuamente alerta às reações emocionais dos seus clientes durante a sessão. Você observará suas expressões faciais e a linguagem corporal, sua escolha das palavras e o tom de voz. Quando reconhecer ou inferir que os clientes estão experimentando maior estresse, frequentemente abordará a questão naquele momento – por exemplo. "Você parece um pouco incomodado [ou 'Como está se sentindo neste momento?']. O que estava passando pela sua mente?".

Os clientes costumam expressar pensamentos negativos sobre si mesmos, sobre o processo da terapia ou sobre você. Quando fazem isso, certifique-se de reforçá-los positivamente. "Que bom que você me disse isso."

Então conceitualize o problema e planeje uma estratégia para resolvê-lo. Você lerá mais sobre como fazer isso mais adiante neste capítulo. Espero que você não deixe que uma preocupação por receber *feedback* negativo o impeça de obter respostas dos clientes. Se houver um problema, você precisa saber o que é para que possa resolvê-lo! Se não estiver seguro do que dizer, diga isto: "Que bom que você me disse isso. Eu gostaria de pensar mais a respeito. Tudo bem se discutirmos isso na nossa próxima sessão?".

Então busque o aconselhamento do seu supervisor ou colega e pratique uma dramatização da sua resposta. Se você não abordar o *feedback* negativo dos clientes, eles provavelmente serão menos capazes de focar no trabalho da sessão. Podem até mesmo não retornar à terapia na semana seguinte.

Mesmo quando você identificar que sua aliança com os clientes é forte, busque *feedback* com eles no final das sessões. Nas primeiras sessões, você pode perguntar: "O que você achou da sessão? Houve alguma coisa que o incomodou ou que achou que eu entendi mal? Há alguma coisa que quer fazer diferente na próxima vez?".

Depois de várias sessões, quando achar que os clientes lhe darão *feedback* honesto, você pode apenas perguntar: "O que você achou da sessão?".

Fazer essas perguntas pode fortalecer a aliança significativamente. Você pode ser o primeiro profissional da saúde ou da saúde mental que *alguma vez* pediu ao cliente um *feedback*. Acredito que os clientes em geral se sentem honrados e respeitados pela sua preocupação genuína com suas reações.

Você não vai necessariamente solicitar *feedback todas* as vezes em que inferir que o cliente teve uma reação negativa. Por exemplo, você pode ignorar um revirar de olhos de um adolescente nas primeiras vezes em que o jovem fizer isso. Lembro-me de uma cliente adulta que suspirava com frequência. Inicialmente, eu a ajudei a responder ao seu pensamento inútil: "Eu queria não ter que fazer isso". Quando ela suspirou em sessões posteriores, avaliei que poderíamos continuar com a questão que estávamos discutindo sem a necessidade de abordar o pensamento automático associado aos seus suspiros.

COLABORANDO COM OS CLIENTES

Conforme mencionado antes, a colaboração é uma característica distintiva da TCC. No Capítulo 6, você lerá mais sobre como dar início ao processo colaborativo na primeira sessão, e verá a colaboração em ação em muitos dos vídeos. Durante todo o tratamento, você estimulará a colaboração de muitas maneiras. Por exemplo, você e seu cliente tomarão decisões em conjunto, tais como:

- em que objetivos trabalhar durante a sessão;
- quanto tempo empregar nos vários objetivos e obstáculos;
- que pensamentos automáticos, emoções, comportamentos ou respostas psicológicas visar;
- que intervenções tentar;
- que atividades de autoajuda fazer em casa;
- com que frequência realizar os encontros; e
- quando começar a reduzir a frequência das sessões e encerrar o tratamento.

Você explicará aos clientes na primeira sessão que você e eles atuarão como uma equipe. Você será transparente e pedirá *feedback* sobre seus objetivos, o processo da terapia, a estrutura das sessões e sua conceitualização e plano de tratamento. Ao longo deste livro, você encontrará exemplos de empirismo colaborativo onde você e seus clientes atuam como cientistas, procurando evidências que apoiem ou refutem as cognições do cliente e, quando relevante, buscando explicações alternativas.

ADAPTANDO A RELAÇÃO TERAPÊUTICA AO INDIVÍDUO

Além das habilidades de aconselhamento essenciais que discutimos antes, também é essencial a sua própria capacidade de avaliar e adaptar o grau em que usará essas habilidades com cada cliente. A maioria dos clientes responde positivamente ao seu uso desses comportamentos, mas você precisa ser cuidadoso para não superutilizá-los ou subutilizá-los com clientes específicos. Por exemplo, alguns clientes podem encarar o acolhimento e a empatia por um ângulo negativo e se sentir desconfiados, tratados com indulgência ou desconfortáveis. Pouca coisa já pode levar outros clientes a acreditarem que você não os valoriza ou não gosta deles. Observar as reações emocionais dos clientes na sessão pode alertá-lo para um problema de modo que você possa mudar a forma como se apresenta e ajude o cliente a se sentir mais à vontade em trabalhar com você.

As culturas e outras características dos seus clientes (como idade, gênero, etnia, nível socioeconômico, deficiências, gênero e orientação sexual) podem influenciar a relação terapêutica (Iwamasa & Hays, 2019). Os clientes podem diferir na forma como veem você, seu papel e o papel deles. Clientes de uma determinada cultura, por exemplo, podem se sentir mais confortáveis quando o percebem como um especialista que assume a liderança na sessão, enquanto clientes de outra cultura podem percebê-lo como dominando a sessão de forma desrespeitosa. Alguns clientes valorizam suas sugestões de perspectivas ou comportamentos alternativos; outros podem ficar perturbados quando essas mesmas sugestões estão em conflito com suas crenças e práticas culturalmente influenciadas.

É importante reconhecer que a *sua* própria origem e cultura exercem influência sobre as *suas* crenças e valores e sobre como você percebe, fala com seus clientes e se comporta em relação a eles. Entender o impacto dos seus vieses culturais o ajuda a responder aos clientes de uma forma culturalmente sensível. Você pode, por exemplo, precisar variar como se apresenta e se dirige aos clientes, como mantém o contato visual, que palavras escolhe, como expressa respeito e o quanto usa a autoexposição, dependendo da cultura do cliente. É claro que cada cliente é um indivíduo para quem você desenvolve uma conceitualização individualizada e um plano de tratamento individualizado. Você pode achar que, apesar das diferenças culturais significativas, um determinado cliente pode responder bem, sem que você tenha necessidade de adaptar seu estilo geral.

USANDO AUTOEXPOSIÇÃO

Sei que alguns terapeutas aprendem na universidade a não usar autoexposição. Essa proibição pode ter origem no conceito psicanalítico do terapeuta como uma "tela em branco". Mas, na TCC, você não quer ser uma tela em branco. Você quer que os clientes o percebam acuradamente como uma pessoa receptiva e autêntica que quer e é capaz de ajudá-los. A autoexposição criteriosa pode contribuir muito para fortalecer essa percepção. Obviamente, a autoexposição deve ter um propósito definido, por exemplo, fortalecer a relação terapêutica, normalizar as dificuldades do cliente, demonstrar como as técnicas da TCC podem ajudar, mostrar uma habilidade ou servir como modelo.

Constatei que a maioria dos clientes tem curiosidade sobre mim como pessoa. Hoje em dia, seus clientes podem descobrir coisas sobre você por meio das mídias sociais – portanto seja cuidadoso com o que publica e o que seus amigos e familiares publicam sobre você. Fico feliz em responder perguntas sobre a minha idade, há quanto tempo sou casada, quantos filhos e netos tenho, a escola que frequentei e como foi meu treinamento e experiências. Se os clientes me fazem perguntas adicionais, gentilmente direciono a discussão de volta para eles – por exemplo: "Poderíamos continuar falando sobre mim, mas então não teríamos tanto tempo para falar sobre o que é importante para você e sobre como você pode ter uma semana melhor. Tudo bem se focarmos [ou voltarmos] a _____?".

Também é aceitável e algumas vezes importante revelar menos sobre você do que eu faço. Em geral é inapropriado, por exemplo, responder perguntas sobre temas como vida amorosa ou uso de álcool. Você pode dizer algo como: "Lamento por não responder à sua pergunta, mas quero me concentrar em como posso ajudá-lo".

Tenho tendência a usar alguma autoexposição na maior parte das sessões com a maioria dos meus clientes. Por exemplo, quando os clientes são perfeccionistas, costumo lhes contar que tenho uma nota adesiva sobre a minha escrivaninha dizendo: "Suficientemente bom". Quando eles são excessivamente responsáveis e dizem sim demasiadas vezes, eu lhes falo sobre a minha nota adesiva que diz: "Simplesmente diga não." Em geral, faço pequenas autoexposições quando os clientes estão me atualizando sobre a sua semana, em especial quando me contam sobre uma experiência em que se sentiram melhor. Por exemplo, quando Abe me disse que assistiu a um jogo de beisebol com seu filho e netos, perguntei:

JUDITH: Para que time você torce? Os Phillies?
ABE: Sim.
JUDITH: Não assisti ao jogo, mas quem ganhou?
ABE: Infelizmente, foram os Braves.
JUDITH: Oh, que pena! Como estão se saindo os Phillies nesta temporada?

Quando Abe me disse que levou suas netas a um parque de diversões, eu disse: "Meus netos ainda não têm idade para ir lá, mas eu levava meus filhos quando eram adolescentes. Fico pensando se o parque mudou muito com o passar dos anos".

Também uso com frequência a autoexposição quando um cliente me conta sobre um problema que eu mesma já vivenciei. Abe relatou que estava tendo problemas para arrumar um armário, pois não conseguia resolver o que jogar fora e o que manter.

JUDITH: Algumas vezes também tenho esse problema. Quer que eu lhe diga o que faço?
ABE: Sim.
JUDITH: Em vez de duas pilhas, faço três. Uma para as coisas que com certeza quero manter, uma segunda para as coisas das quais com certeza quero me livrar e a terceira é para coisas sobre as quais estou indecisa. Coloco todas as coisas indefinidas em uma caixa por alguns meses e depois retorno a elas. Tudo o que não usei naquele período provavelmente significa que posso eliminar. (*pausa*) Você acha que isso poderia funcionar com você também?

Como com qualquer técnica, preste atenção às reações verbais e não verbais de seus clientes às suas autoexposições. Aprendi desde cedo, por exemplo, que muitos clientes com transtorno da personalidade narcisista particularmente não se interessavam em ouvir nada sobre mim. Por fim, seja criterioso ao revelar seus próprios pensamentos automáticos e reações. O *timing* é tudo! Dizer alguma coisa como: "Fico triste quando escuto sobre o que seu pai fez quando você era criança" pode ser inapropriado na primeira sessão, antes que o cliente confie na sua sinceridade. Seria melhor dizer: "Lamento que isso tenha acontecido com você". Entretanto, expressar sua tristeza genuína pode de fato fortalecer seu vínculo *depois* que você estabeleceu uma relação de confiança.

Seus clientes também podem se beneficiar das suas reações aos seus comportamentos inúteis. Algo não pejorativo que você pode dizer quando um cliente irritado se acalmou um pouco é isto: "Quando você fica muito passional sobre alguma coisa e grita, fica mais difícil de descobrirmos o que fazer acerca do problema que estávamos discutindo". Se o cliente receber bem seu *feedback*, você pode lhe perguntar (no momento ou mais tarde) se ele grita tão alto fora da sessão. Em caso afirmativo, você pode sondar se gritar é inconsistente com um valor que ele possua ou se não produz o resultado de longo prazo que ele deseja.

REPARANDO RUPTURAS

Por que surgem dificuldades na relação com alguns clientes, e com outros, não? Os clientes trazem para a sessão de terapia suas crenças gerais sobre si mesmos, sobre as outras pessoas e relações, bem como suas estratégias comportamentais de enfrentamento características. Muitos clientes entram em tratamento com as crenças: "As outras pessoas costumam ser confiáveis e úteis" e "Problemas em um relacionamento geralmente podem ser resolvidos". Se for assim, eles tendem a presumir que você irá entendê-los corretamente, empatizar com eles e aceitá-los. Eles se sentem à vontade para revelar suas dificuldades, erros, fraquezas e medos e expressam suas preferências e opiniões. É relativamente fácil formar uma equipe colaborativa com eles.

Porém, alguns clientes acreditam que "As outras pessoas vão me magoar" e "Problemas em relacionamentos não podem ser resolvidos". Esses clientes tendem a se sentir vulneráveis e estão sempre de guarda quando começam a terapia, presumindo que você será crítico, desinteressado, manipulador ou controlador. Eles podem resistir em revelar o que consideram ser suas qualidades ou comportamentos negativos, seja evitando determinados tópicos ou insistindo em controlar ou dominar a sessão.

Obviamente existe um problema quando os clientes lhe dão um *feedback* negativo (p. ex., "Acho que você não entende o que estou dizendo" ou "Você está me tratando como todos os outros"). Muitos clientes, no entanto, aludem *indiretamente* a um problema, algumas vezes assumindo eles mesmos a responsabilidade dizendo, por exemplo: "Talvez eu não esteja me expressando claramente" quando na verdade querem dizer: "Você não está me entendendo". Neste caso, você precisará questioná-los mais para descobrir se existe de fato um problema e se causou um impacto negativo na aliança.

É importante usar a sua conceitualização do cliente para evitar ou reparar problemas. Digamos que seu cliente lhe deu um *feedback* negativo (p. ex., "Isso não está ajudando") ou você inferiu uma mudança no afeto e provocou um importante pensamento automático (p. ex., "Você não se importa comigo"). Primeiro você fornece reforço ("Que bom que você me disse isso" ou algo equivalente); depois, conceitualiza o problema e planeja uma estratégia.

A primeira pergunta a se fazer é: "O cliente está certo?". Em caso afirmativo, apresente um bom pedido de desculpas e discuta uma solução. Os erros típicos incluem apresentar ao seu cliente uma folha de exercícios confusa, dar uma sugestão que ele acha inapropriada, propor itens no Plano de Ação que são muito difíceis, entender mal o que ele disse ou ser diretivo demais ou de menos. Outro problema comum é interromper demais (ver pp. 189-190).

Em uma determinada sessão, notei uma mudança de afeto negativo no rosto de Abe:

JUDITH: Você parece um pouco angustiado. O que estava pensando quando lhe perguntei sobre o Plano de Ação?
ABE: Acho que não consigo falar com minha ex-mulher sobre nossa filha. Ela só iria me criticar.

JUDITH: Que bom que você me disse isso. Cometi um erro em sugerir. Podemos tentar descobrir outra maneira de ajudar sua filha?

Depois que encontramos outra solução, questionei Abe mais um pouco para aumentar as chances de que ele estivesse disposto a me falar sobre outros mal-entendidos:

JUDITH: Abe, há outras coisas que você acha que eu não entendo?
ABE: (*Pensa.*) Não, acho que não.
JUDITH: Caso eu cometa outro erro, acha que conseguiria me dizer imediatamente?

Se você não cometeu um erro, é provável que o problema esteja relacionado às cognições imprecisas do seu cliente. Depois de reforçar positivamente seu cliente por expressar o *feedback*, você pode fazer o seguinte:

- Expressar empatia.
- Pedir informações adicionais no contexto do modelo cognitivo.
- Buscar concordância em testar a validade do pensamento.

Fiz isso com Maria:

JUDITH: Podemos conversar um pouco sobre os telefonemas?
MARIA: (*cautelosamente*) OK.
JUDITH: Me pareceu que, pelo menos uma vez esta semana, quando você me ligou, não era de fato uma crise.
MARIA: Você não entende! Eu estava tão incomodada!
JUDITH: Que bom que você me disse isso. O que significa para você que estejamos falando sobre os telefonemas?
MARIA: Bem, obviamente, você não se importa comigo, caso contrário alguns telefonemas não a incomodariam.
JUDITH: Esse é um pensamento interessante, de que eu não me importo. O quanto você acredita nisso?
MARIA: 100%.
JUDITH: E como esse pensamento faz você se sentir?
MARIA: Incomodada. Muito incomodada.
JUDITH: Seria muito importante que você descobrisse se esse pensamento é 100% verdadeiro, ou 0% verdadeiro, ou em algum ponto intermediário. (*pausa*) Além dos telefonemas, você tem outras evidências de que não me importo com você?
MARIA: (*Pensa; resmunga.*) Não consigo pensar em nada.
JUDITH: OK, há alguma evidência no sentido contrário, de que talvez eu realmente me importe com você?

MARIA: Na verdade, não.
JUDITH: [oferecendo evidências] Bem, você vê como eu sempre inicio nossas sessões no horário? Eu pareço alegre em vê-la? Pareço lamentar quando você está incomodada? Trabalho duro para ajudá-la?
MARIA: Acho que sim.
JUDITH: Poderia haver outra explicação para eu ter trazido o assunto dos telefonemas, que não seja o fato de eu não me importar?
MARIA: Não sei.
JUDITH: Seria possível que eu tenha trazido o assunto porque sei que você fica incomodada e quero lhe ensinar algumas habilidades para diminuir seu estresse – para que você nem mesmo tenha que telefonar?
MARIA: Acho que sim. Mas, quando estou incomodada, não há nada que eu possa fazer!
JUDITH: É exatamente por isso que eu trouxe o assunto dos telefonemas. Quero que você desenvolva suas habilidades para que possa se sentir confiante de que você consegue se ajudar. Desse modo, quando eu sair de cena, você terá opção: ou ligar imediatamente para alguém ou se ajudar e então telefonar ou não.
MARIA: (*Suspira.*) OK.

AJUDANDO OS CLIENTES A GENERALIZAREM PARA OUTROS RELACIONAMENTOS

Quando os clientes têm uma visão incorreta sobre você, eles podem muito bem ter uma visão igualmente incorreta sobre as outras pessoas. Se for assim, você pode ajudá-los a tirarem uma conclusão sobre a relação de vocês e então testá-la no contexto de outras relações.

JUDITH: Maria, você pode resumir o que acabou de descobrir?
MARIA: Acho que você se importa.
JUDITH: Está certo. É claro que eu me importo. (*pausa*) Maria, você teve essa ideia sobre outra pessoa recentemente?
MARIA: (*Pensa.*) Sim. Minha amiga, Rebecca.
JUDITH: O que aconteceu?
MARIA: Bem, isso foi ontem. Nós havíamos combinado de ir ao cinema juntas, mas ela me mandou uma mensagem na última hora e disse que não estava se sentindo bem e não queria sair. Mas ela poderia ter me convidado para ir até a casa dela! Nós poderíamos ter assistido a um filme no apartamento dela! Já fizemos isso antes.
JUDITH: E quando ela cancelou e não sugeriu que vocês se encontrassem de outra maneira, o que passou pela sua mente?

MARIA: Que ela não se importava.
JUDITH: Sabe, podemos usar as mesmas perguntas que alguns minutos atrás: Que outras evidências você tem de que ela não se importa? E quais são as evidências no sentido contrário, que talvez ela se importe, ou não se importe tanto? (pausa) Mas será que você poderia apenas pensar na próxima pergunta: Existe outra explicação de por que ela fez isso?
MARIA: (Suspira.) Não sei. Talvez ela estivesse se sentindo muito mal.
JUDITH: Ou estivesse apenas muito cansada?
MARIA: Pode ser.
JUDITH: Olhando para isso agora, o que você acha mais provável? Ela tem um histórico de desmarcar com você e não se importar?
MARIA: (Pensa.) Não, acho que não.
JUDITH: É muito importante que você tenha reconhecido isso! Acho que você tem certa vulnerabilidade para presumir que as pessoas não se importam quando na verdade elas se importam. (pausa) Você acha que isso é possível?
MARIA: Não tenho certeza.
JUDITH: Bem, vamos manter isso em mente. Vou colocar isso nas minhas anotações para o caso de surgir outra vez.
MARIA: OK.

MANEJANDO REAÇÕES NEGATIVAS EM RELAÇÃO AOS CLIENTES

Você e seus clientes têm uma influência recíproca um sobre o outro (Safran & Segal, 1996). Você, também, provavelmente trará para a sessão de terapia suas crenças gerais sobre si mesmo, sobre as outras pessoas e relações, assim como suas estratégias de enfrentamento comportamentais características. Se suas crenças nucleares negativas forem desencadeadas durante uma sessão, você pode reagir de uma forma inútil e seus clientes podem então se engajar em uma estratégia de enfrentamento inútil.

Por exemplo, um terapeuta que supervisionei achava que era incompetente. Durante as sessões de terapia, ele tinha muitos pensamentos do tipo "Não sei o que estou fazendo" e foi ficando muito passivo e silencioso. Seu cliente se sentiu desconfortável com os silêncios e o criticou, o que intensificou sua crença de incompetência. Outra terapeuta que se achava incompetente ficou irritada com um cliente que discordou dela, percebendo que ele estava insinuando que ela não sabia o que estava falando. O cliente então se culpou e ficou muito angustiado. Portanto, é importante ter uma conceitualização cognitiva acurada tanto das suas próprias crenças e comportamentos quanto das dos seus clientes, e da sua interação recíproca.

Isto é o que eu gostaria que você fizesse no começo de cada dia de trabalho. Olhe sua agenda e se pergunte:

> "Que clientes eu gostaria que não viessem hoje?"

Então use técnicas da TCC em si mesmo caso algum cliente lhe venha à mente. Identifique suas cognições sobre esse cliente e faça um ou mais dos seguintes itens:

- Avalie e responda às suas cognições sobre o cliente; crie um cartão de enfrentamento para ler.
- Verifique suas expectativas em relação aos seus clientes. Trabalhe na aceitação deles e de seus valores como eles são.
- Verifique suas expectativas em relação a si mesmo. Certifique-se de que elas são realistas.
- Especifique sua preocupação e conceitualize: O que o cliente faria ou diria (ou não faria ou não diria) na sessão (ou entre as sessões) que poderia ser um problema? Que crenças estariam subjacentes a esse comportamento?
- Cultive uma posição não defensiva de curiosidade.
- Resolva os problemas sozinho ou com um colega/supervisor.
- Defina limites apropriados com os clientes.
- Trabalhe na aceitação do seu próprio desconforto emocional.
- Tenha bons autocuidados durante o dia (p. ex., respirar profundamente, dar uma caminhada, ligar para um amigo, fazer uma prática curta de *mindfulness*, comer de forma saudável).

Lembro que precisei fazer algum trabalho sozinha quando, pela primeira vez, comecei a tratar uma cliente que tinha transtorno da personalidade narcisista. Eu ficava nervosa antes das nossas sessões e algumas vezes desejava que ela faltasse uma semana. Meu pensamento era: "Ela vai dizer alguma coisa provocativa e eu não vou saber como responder". Eu tinha uma quantidade razoável de evidências de que ela provavelmente iria me humilhar de algum modo. Em sessões anteriores, ela havia questionado minha experiência e conhecimento. Disse que achava que ela era mais inteligente do que eu. Tinha até mesmo criticado a decoração do meu consultório. Eu precisava lembrar a mim mesma que suas declarações provocativas eram uma estratégia de enfrentamento, pois ela era uma cliente relativamente nova que ainda não havia compreendido que eu não a humilharia ou a faria se sentir inferior. Em outras palavras, ela não se sentia suficientemente segura comigo.

Reconheci que eu poderia responder a algumas declarações provocativas dizendo: "Que bom que você me disse isso". E/ou poderia lhe perguntar: "Caso isso esteja correto, o que seria tão ruim sobre isso?". Se ela dissesse: "Oh, nada", eu poderia fazer uma anotação mental do que aconteceu e então direcionar a discussão de volta para o problema em questão. Se ela continuasse com uma declaração provocativa como: "Quero que a minha terapeuta seja mais inteligente do que eu", eu poderia perguntar: "Podemos continuar trabalhando juntas por mais algumas sessões até que você tenha mais informações?". Em qualquer um dos casos, eu estava alerta de que a minha própria crença de incompetência poderia ser ativada e então me preparei para reagir de modo não defensivo. Fazer essas preparações mentais me permitiu abordar nossas sessões com curiosidade ("O que será que ela vai fazer hoje para se sentir segura?"), e não com medo.

É importante observar suas reações negativas, aceitar suas reações emocionais sem críticas e então descobrir o que fazer. Depois que os clientes se sentirem seguros com você, será possível abordar as estratégias de enfrentamento mal-adaptativas que eles usam com você – e provavelmente também com outras pessoas. Monitore seu nível de empatia e esteja alerta para suas próprias reações inúteis. Avalie seus déficits de competências, envolva-se em contínua autorreflexão e autoaperfeiçoamento (Bennett-Levy & Thwaites, 2007), faça treinamento adicional e consulte regularmente outros colegas ou procure supervisão para aumentar a sua competência. E, quando indicado, considere terapia pessoal.

RESUMO

É essencial ter uma boa relação de trabalho com os clientes. Você facilita esse objetivo adaptando o tratamento ao indivíduo, usando boas habilidades de aconselhamento, trabalhando de forma colaborativa, obtendo e respondendo apropriadamente ao *feedback*, reparando rupturas e manejando suas próprias reações negativas. Os clientes que estão angustiados podem ter fortes crenças nucleares negativas sobre si mesmos, as quais trazem para a sessão de terapia. Se eles também têm fortes crenças negativas sobre outras pessoas, podem presumir que você irá tratá-los mal de alguma forma. Por isso é importante ajudar os clientes a se sentirem seguros.

> **PERGUNTAS PARA REFLEXÃO**
>
> Como você pode ajudar os clientes a se sentirem seguros na sessão? Que pensamentos automáticos podem impedir que você peça *feedback* aos seus clientes? Como você pode responder a esses pensamentos?

EXERCÍCIO PRÁTICO

Escreva um cartão de enfrentamento sobre a relação terapêutica que seja útil para você ler um pouco antes das suas sessões de terapia.

5
A sessão de avaliação

A terapia cognitivo-comportamental (TCC) efetiva requer que você avalie os clientes em profundidade para que possa formular o caso de maneira acurada, conceitualizar o cliente específico e planejar o tratamento. Embora haja uma sobreposição entre os tratamentos para vários transtornos, também existem variações importantes, baseadas na formulação cognitiva – as cognições principais, estratégias comportamentais e fatores de manutenção – de um transtorno particular. A atenção aos problemas presentes do cliente, seu funcionamento atual, sintomas e história, juntamente com seus valores, atributos positivos, pontos fortes e habilidades, o ajudam a desenvolver uma conceitualização inicial e a formular um plano geral para a terapia.

Você realiza a sessão de avaliação antes da primeira sessão de tratamento. No entanto, a avaliação não está limitada à sessão inicial de avaliação. Você continua coletando dados de avaliação a cada sessão para confirmar, modificar ou acrescentar ao seu diagnóstico e conceitualização e para assegurar que os clientes estejam fazendo progresso. É possível haver falhas em um diagnóstico se

- você tiver informações incompletas;
- os clientes deliberadamente esconderem informações (p. ex., alguns clientes com problemas com uso de substância ou transtornos alimentares egossintônicos podem fazer isso); e/ou
- você erroneamente atribuir determinados sintomas (p. ex., isolamento social) a um transtorno particular (depressão), quando outro transtorno também está presente (fobia social).

Mesmo que outro profissional já tenha realizado a avaliação, você sem dúvida precisará coletar informações adicionais referentes ao uso da TCC como modalidade de tratamento.

Neste capítulo, você encontrará respostas para estas perguntas:

> **Quais são os objetivos e estrutura da sessão de avaliação?**
> **Como você conduz a sessão de avaliação?**
> **O que você faz na Parte 1 (início da sessão)?**
> **O que você faz na Parte 2 (condução da avaliação)?**
> **O que você faz na Parte 3 (relato das suas impressões diagnósticas, definição dos objetivos amplos e relato do seu plano de tratamento geral)?**
> **O que você faz na Parte 4 (definição de um Plano de Ação)?**
> **O que você faz na Parte 5 (estabelecimento das expectativas para o tratamento)?**
> **O que você faz na Parte 6 (resumo da sessão e obtenção de *feedback*)?**
> **O que você faz entre a avaliação e a primeira sessão de tratamento?**

Provavelmente serão necessárias entre 1 e 2 horas (ou até mais) para conduzir a sessão de avaliação.

OBJETIVOS DA SESSÃO DE AVALIAÇÃO

Seus objetivos para a sessão de avaliação são:

- coletar informações (positivas e negativas) para fazer um diagnóstico acurado e criar uma conceitualização cognitiva inicial e um plano de tratamento;
- determinar se você será um terapeuta apropriado e poderá fornecer a "dose" adequada de terapia (nível de assistência, frequência das sessões e duração do tratamento);
- descobrir se serviços ou tratamento adjuvante (como medicação) podem ser indicados;
- dar início a uma aliança terapêutica com o cliente (e com familiares, se for relevante);
- familiarizar o cliente com a TCC; e
- estabelecer um Plano de Ação fácil.

É recomendável coletar o maior número possível de informações antes da sessão de avaliação. Peça que os clientes enviem ou providenciem o envio de relatórios relevantes de clínicos atuais ou anteriores, incluindo profissionais da saúde e saúde mental. A sessão de avaliação em si vai tomar menos tempo se os clientes conseguirem preencher com antecedência questionários e formulários de autorrelato. É especialmente importante que os clientes tenham se submetido a um *check-up* médico recente. Às vezes, os clientes padecem de problemas orgânicos, e não psicológicos. Por exemplo, hipotireoidismo pode ser confundido com depressão.

Uma boa prática é informar o cliente durante o telefonema inicial de que geralmente é útil que um familiar, parceiro ou amigo de confiança o acompanhe à sessão de avaliação para fornecer informações adicionais e/ou saber como poderá lhe ser útil. Certifique-se de que o cliente entenda que a avaliação o ajudará a determinar se ele é um bom candidato à TCC e se você acha que poderá oferecer o tratamento necessário.

ESTRUTURA DA SESSÃO DE AVALIAÇÃO

Nessa sessão, você irá:

- cumprimentar o cliente;
- decidir colaborativamente se um familiar ou amigo deve participar da sessão;
- definir a pauta e transmitir expectativas apropriadas para a sessão;
- conduzir a avaliação psicossocial;
- definir objetivos amplos;
- relatar seu diagnóstico provisório e seu plano de tratamento amplo e familiarizar o cliente com a TCC;
- estabelecer colaborativamente um Plano de Ação;
- definir as expectativas para o tratamento; e
- resumir a sessão e obter *feedback*.

Nessa sessão ou na primeira sessão do tratamento, você também atenderá às exigências éticas e legais da sua prática. Se você trabalha em uma área que não tem tais exigências, ainda assim é uma boa ideia fazer com que os clientes leiam e assinem um formulário de consentimento do tratamento que inclua itens como os riscos e benefícios do tratamento, os limites da confidencialidade, as notificações obrigatórias e a privacidade dos registros.

PARTE 1: DANDO INÍCIO À SESSÃO DE AVALIAÇÃO

Antes que o cliente entre no seu consultório, revise os registros que ele trouxe e os formulários que preencheu. Em geral, é preferível inicialmente encontrar-se com ele a sós. No começo da sessão, você pode discutir se o cliente deseja que seu acompanhante da família ou amigo (se estiver com um) não participe, participe em parte da sessão ou em toda ela. Costuma ser útil trazer essa pessoa pelo menos no final da sessão, quando você apresenta suas impressões iniciais (incluindo o diagnóstico provisório) e revisa os objetivos mais amplos da terapia. Você poderá indagar sobre o ponto de vista do familiar/amigo acerca dos problemas do cliente e, se recomendável, preparar o terreno para que esse indivíduo retorne em algum outro momento para se informar mais sobre o que ele pode fazer para ser útil ao cliente.

Definindo a Pauta

Inicie a sessão se apresentando e definindo a pauta.

JUDITH: Abe, conforme expliquei ao telefone, esta é nossa sessão de avaliação. Não é uma sessão de terapia, portanto hoje não iremos trabalhar nos problemas. Vamos começar a fazer isso na próxima vez. (*pausa*) Hoje preciso lhe fazer muitas perguntas [apresentando uma justificativa] para que eu possa fazer um diagnóstico. Algumas das perguntas serão relevantes. Outras não serão, mas preciso fazê-las para que possa incluir os problemas que você tem e excluir os que não tem. [sendo colaborativa] Tudo bem?

ABE: Sim.

JUDITH: Provavelmente precisarei interrompê-lo algumas vezes para que possa obter a informação de que preciso. Se isso o incomodar, você me avisa?

ABE: Sim.

JUDITH: Antes de começarmos, gostaria de lhe dizer o que esperar. Isso é o que chamamos de "definição da pauta", e é algo que fazemos a cada sessão. Hoje preciso descobrir por que você está aqui, e vou lhe perguntar sobre os sintomas que você vem apresentando, como tem funcionado ultimamente e sobre a sua história. (*pausa*) Tudo bem?

ABE: Sim.

JUDITH: Em segundo lugar, vou lhe perguntar acerca do que está indo bem na sua vida e quando foi o melhor período da sua vida. Depois vou pedir que você me conte alguma outra coisa que acha que eu deveria saber. Isso lhe parece bom?

ABE: (*Concorda com um aceno de cabeça.*)

JUDITH: Terceiro, vou lhe dar minha opinião sobre o seu diagnóstico, mas posso precisar examinar seus registros e formulários e as minhas anotações e conversar mais com você a esse respeito na próxima semana. Quarto, vou lhe dizer em que acho que deveríamos focar no tratamento. (*pausa*) E, durante o processo, vou lhe falar mais sobre a TCC e lhe perguntar o que tudo isso lhe parece. (*pausa*) No final, definiremos objetivos abrangentes sobre como você gostaria que sua vida fosse diferente. Então vou lhe perguntar se você tem alguma pergunta ou preocupação. OK?

ABE: Sim.

JUDITH: Mais alguma coisa que deseja abordar hoje?

ABE: Bem, seria bom saber quanto tempo vai durar a terapia.

JUDITH: (*fazendo uma anotação*) Boa pergunta. Falaremos sobre isso mais no final da sessão.

ABE: OK.

PARTE 2: REALIZANDO A AVALIAÇÃO

Áreas de Avaliação

Você precisa se informar sobre muitos aspectos da experiência atual e passada do cliente para desenvolver um plano de tratamento sólido durante as sessões, planejar o tratamento dentro das sessões, desenvolver uma boa relação terapêutica e realizar um tratamento efetivo. (Ver Apêndice B para o Resumo de Caso de Abe, que inclui muitas áreas diferentes sobre as quais você precisa perguntar aos clientes; você pode fazer o *download* de um esboço com perguntas específicas no Material complementar disponível no *link* do livro em loja.grupoa.com.br)

Embora o relato detalhado dos procedimentos e instrumentos de avaliação esteja além do escopo deste livro, muitas fontes poderão ajudar, incluindo Antony e Barlow (2010), Dobson e Dobson (2018), Kuyken e colaboradores (2009), Lazarus e Lazarus (1991), Ledley e colaboradores (2005) e Persons (2008). Note que é essencial determinar o grau em que os clientes podem ser homicidas ou suicidas. Wenzel e colaboradores (2009) fornecem orientações para avaliação e prática com clientes suicidas, bem como um curso *on-line* sobre suicidalidade (*beckinstitute.org/CBTresources*).

Obtendo uma Descrição de um Dia Típico

Outra parte importante da avaliação (ou da primeira sessão do tratamento) é perguntar aos clientes como eles passam seu tempo. Essa descrição lhe fornece informações adicionais sobre sua experiência diária, facilita a definição de objetivos e ajuda a identificar atividades positivas que você pode encorajá-los a fazer com mais frequência. Também o ajuda a identificar atividades nas quais os clientes estão gastando tempo demais ou para as quais dedicam muito pouco tempo.

Enquanto os clientes descrevem um dia típico, faça anotações e investigue:

- variações em seu humor;
- o grau em que interagem com a família, os amigos e as pessoas no trabalho;
- seu nível geral de funcionamento em casa, no trabalho e em outros lugares;
- como eles passam seu tempo livre;
- atividades que lhes proporcionam uma sensação de prazer, realização e/ou conexão;
- atividades de autocuidado; e
- atividades que estão evitando.

JUDITH: Abe, eu gostaria de ter uma ideia de como é sua rotina diária. Você pode me contar o que faz desde a hora em que acorda pela manhã até a hora em que vai dormir à noite?

ABE: OK. (*Suspira*.) Bem, geralmente me acordo por volta das 7 horas.
JUDITH: Então o que você faz?
ABE: Costumo ficar rolando na cama por umas duas horas, ou apenas cochilo.
JUDITH: A que horas você sai da cama?
ABE: Depende. Às vezes não antes das 10 horas.
JUDITH: O que faz quando sai da cama?
ABE: Em geral tomo um café da manhã simples. Alguns dias troco de roupa. Outros dias, não.
JUDITH: O que faz depois do café da manhã?
ABE: Geralmente apenas fico em casa. Assisto à TV ou passo o tempo no computador.
JUDITH: O que mais você faz à tarde?
ABE: Algumas vezes apenas me sento no sofá sem fazer nada. Quando tenho energia suficiente, resolvo algumas coisas, compro um pouco de comida. Mas em geral não faço isso.
JUDITH: Você almoça?
ABE: Apenas belisco alguma coisa.
JUDITH: Mais alguma coisa que faça à tarde?
ABE: Posso fazer alguma coisa, como colocar a roupa na máquina. Algumas vezes tento ler o jornal, mas costumo pegar no sono.
JUDITH: Você tira um cochilo na maioria dos dias?
ABE: Sim. Talvez por uma hora ou duas.
JUDITH: O que você faz para o jantar?
ABE: Geralmente coloco uma comida congelada no micro-ondas.
JUDITH: O que faz depois disso?
ABE: Não muito. Assisto à TV. Fico na internet.
JUDITH: E quando você vai para a cama?
ABE: Por volta das 11 da noite.
JUDITH: Você adormece em seguida?
ABE: Em geral, não. Algumas vezes demora muito tempo.
JUDITH: E então dorme até as 7 horas da manhã?
ABE: Às vezes. Mas de vez em quando fico acordado durante um tempo até umas 3 horas da manhã.

Depois disso, pergunto a Abe se seus fins de semana são diferentes de seus dias úteis típicos. Felizmente, ele é um pouco mais ativo. Algumas vezes, assiste aos jogos do seu neto ou visita um dos seus dois filhos e a família deles. Contou-me que cerca de um ano antes aconteceu uma mudança em sua rotina. Até então, mesmo que estivesse moderadamente deprimido, ele tinha uma rotina de tomar café da manhã com dois amigos aos sábados e ia à igreja aos domingos.

A coleta de dados desta maneira orienta seu pensamento no desenvolvimento de um plano inicial de tratamento. Você também usará as informações na primeira sessão quando definir os objetivos para o tratamento e organizar o planejamento das atividades.

Respondendo à Desesperança e ao Ceticismo

Durante a avaliação, você estará alerta aos indicadores de que o cliente está indeciso quanto a se comprometer com o tratamento. À medida que Abe descreve seus sintomas atuais, ele expressa um pensamento sem esperanças. Eu uso seus pensamentos automáticos para sutilmente mostrar o modelo cognitivo, indicar como pensamentos como esses seriam um alvo do tratamento e asseguro que nossa aliança provisória não foi abalada.

> **DICAS CLÍNICAS**
>
> Quando os clientes fornecem muitas informações, você pode estruturar suas respostas para que tenha tempo de realizar o que precisa fazer. Fornecer uma diretriz pode ajudar – por exemplo: "Para as próximas perguntas, preciso apenas que responda 'sim', 'não' ou 'não tenho certeza' [ou 'em uma ou duas frases']."
>
> Quando os clientes começam a fornecer detalhes desnecessários ou tentam sair pela tangente, é importante interromper gentilmente: "Lamento interromper, mas eu preciso saber...".

ABE: Acho que tenho tantos problemas! Não sei se alguma coisa pode ajudar.
JUDITH: OK, que bom que você me disse isso. Este é um pensamento interessante: "Acho que nada pode ajudar". Como esse pensamento faz você se sentir? Triste? Sem esperança?
ABE: Os dois.
JUDITH: Este é *exatamente* o tipo de pensamento depressivo sobre o qual falaremos a partir da próxima semana. Precisaremos descobrir se esse pensamento é 100% verdadeiro, 0% verdadeiro ou se está em algum ponto intermediário. Enquanto isso, existe alguma coisa que eu tenha dito ou feito que faça você achar que *não posso* ajudá-lo, ou que este tipo de *tratamento* não poderá ajudar?
ABE: Não...
JUDITH: O que o faz pensar que ele possa não funcionar?
ABE: Não sei. Meus problemas parecem tão pesados.
JUDITH: É bom saber. E considerando a profundidade da sua depressão, não fico surpresa. Abordaremos seus problemas, um de cada vez, e faremos a solução de problemas juntos. Quero que saiba que você não está mais sozinho. Estamos na mesma equipe.

ABE: (*Suspira aliviado.*) OK, que bom.
JUDITH: Não tenho uma bola de cristal, portanto não posso lhe dar 100% de garantia. Mas não há *nada* no que você me disse que me faça pensar que *não vai* funcionar. (*pausa*) E há muitas coisas que me fazem pensar que *vai* funcionar. Posso lhe contar algumas delas?
ABE: Sim.
JUDITH: Você é obviamente inteligente e muito capaz. Conquistou muita coisa e funcionava muito bem antes de ficar deprimido. Por muitos, muitos anos, realmente se saiu bem no trabalho. Você foi promovido, orgulhava-se de fazer um bom trabalho, era produtivo e confiável. Foi um bom pai e tentou ser um bom marido. Além disso, tinha bons amigos e ajudava outras pessoas. Todos esses são bons sinais.
ABE: OK.
JUDITH: Então, o que me diz? Está disposto a tentar? Você quer voltar na próxima semana?
ABE: Sim, quero.

DICAS CLÍNICAS

Quando o cliente expressa preocupação porque o tratamento anterior não funcionou, reforce-o positivamente ("Que bom que você me disse isso") por expressar seu ceticismo e apreensões. Pergunte se ele acha que tinha uma boa relação com seus terapeutas anteriores e se, a *cada* sessão, seus terapeutas

- definiam pautas;
- descobriam com ele o que poderia fazer para ter uma semana melhor;
- garantiam que os pontos mais importantes da sessão fossem registrados para que ele revisasse diariamente em casa;
- o ensinavam como avaliar e responder ao seu pensamento;
- o motivavam com sucesso a mudar seu comportamento; e
- solicitavam *feedback* para garantir que a terapia estivesse no rumo certo.

A maioria dos clientes não teve experiência com este tipo de tratamento, e você pode dizer: "Fico feliz em saber que seus terapeutas anteriores não fizeram todas essas coisas. Parece que nosso tratamento aqui será diferente. Se fosse exatamente igual ao de suas experiências passadas, eu teria menos esperanças".

Não leve ao pé da letra os relatos do cliente se ele disser que um terapeuta anterior realizou todas essas atividades em cada sessão. Empregue mais tempo descobrindo o que aconteceu exatamente, sobretudo se o terapeuta forneceu tratamento individualizado para o cliente e seu(s) transtorno(s) específico(s), baseado nas mais recentes pesquisas e diretrizes práticas. De qualquer modo, você pode encorajá-lo a experimentar seu tratamento por quatro ou cinco sessões e indicar que você e ele podem depois disso examinar se o tratamento está funcionando bem.

Buscando Informações Adicionais

Próximo ao final da avaliação, é útil fazer duas perguntas ao cliente: "Há mais alguma coisa que seja importante que eu saiba?" e "Há alguma coisa que você está relutante em me contar? Você não tem que me contar o que é. Só preciso saber se há mais a ser dito, talvez em algum momento no futuro".

Envolvendo uma Pessoa de Confiança

Se um familiar/amigo acompanhou o cliente até o consultório, você pode agora perguntar se ele gostaria de convidar essa pessoa para a sessão (a não ser, é claro, que essa pessoa já esteja ali desde o início). Veja se existe algo que o cliente não quer que você mencione. Obtenha a concordância do cliente para você

- investigar o que o familiar/amigo acha mais importante que você saiba;
- perguntar sobre as qualidades positivas, pontos fortes e estratégias de enfrentamento úteis do cliente;
- revisar suas impressões diagnósticas iniciais; e
- apresentar seu plano de tratamento provisório e obter *feedback*.

Se o cliente não quiser que você fale sobre todos esses tópicos ou quiser que você aborde outra coisa, tome uma decisão colaborativa para fazer isso ou forneça uma justificativa de por que você acha que isso não é uma boa ideia.

PARTE 3: RELATANDO SUAS IMPRESSÕES DIAGNÓSTICAS, DEFININDO OBJETIVOS MAIS AMPLOS E RELATANDO SEU PLANO DE TRATAMENTO GERAL

Impressões Diagnósticas

Quando você não está seguro sobre o diagnóstico do cliente, explique que precisará de tempo para revisar suas anotações, os formulários que ele preencheu e relatórios anteriores. Para muitos clientes, no entanto, é apropriado fornecer sua impressão inicial do(s) diagnóstico(s) e dar esperança de que poderá ajudá-lo.

JUDITH: Abe, você certamente está deprimido. Na semana que vem, conversaremos sobre como eu sei isso. OK?
ABE: OK.
JUDITH: A boa notícia é que depressão é tratável, e a TCC demonstrou em dezenas de estudos que é efetiva para essa condição.

Definindo os Objetivos e Relatando seu Plano de Tratamento Geral

Definir objetivos costuma estimular a esperança (Snyder et al., 1999), assim como descrever um plano de tratamento que faça sentido para o cliente. É importante que ele tenha uma ideia concreta de como irá se recuperar da sua condição. Quando você relatar o plano de tratamento, não deixe de pedir *feedback*.

JUDITH: Agora eu gostaria de definir com você alguns objetivos amplos e lhe dizer como acho que você vai melhorar e então quero ouvir o que isso lhe parece.
ABE: OK.
JUDITH: (*Escreve "Objetivos" no topo de uma folha de papel e dá uma cópia a Abe no final da sessão.*) Sei que você me disse que gostaria de vencer sua depressão e ser menos ansioso, certo?
ABE: Sim.
JUDITH: Outro bom objetivo seria ajudá-lo a ter uma sensação de bem-estar?
ABE: Sim, isso é muito importante.
JUDITH: Com base no que me disse, também trabalharemos para ajudá-lo a funcionar melhor em casa e, quando você estiver pronto, começar a se reconectar com as pessoas e procurar um emprego.
ABE: Isso parece bom.
JUDITH: [para evitar que Abe fique sobrecarregado] Faremos tudo isso passo a passo para que você não se sinta sobrecarregado. (*pausa*) O que lhe parece?
ABE: (*Suspira aliviado.*) Bom.
JUDITH: Na próxima semana, vou descobrir o que é realmente importante para você e o que você quer para sua vida. Depois definiremos objetivos mais específicos para o tratamento. A cada sessão, trabalharemos em direção aos seus objetivos. Por exemplo, na semana que vem você pode dizer que quer se reconectar com um amigo ou começar a fazer mais coisas no seu apartamento. Vamos descobrir que obstáculos podem interferir e faremos solução de problemas. (*pausa*) Isso lhe parece bom?
ABE: Sim.
JUDITH: Na verdade, cerca da metade do que faremos na terapia é solução de problemas. A outra metade é lhe ensinar habilidades para mudar seu pensamento e como você age. Iremos procurar em especial pensamentos depressivos que

possam atrapalhar. Por exemplo, no começo da sessão de hoje você disse: "Não consigo fazer nada direito" e me contou o quanto se sente deprimido quando tem pensamentos como esse. Você vê como essa ideia pode afetar a sua motivação para sair do sofá? Como ela pode fazer você se sentir terrível? Como você poderia então continuar assistindo à televisão em vez de se ocupar?

ABE: Sim, isso é o que acontece.

JUDITH: Então uma coisa que faremos juntos é avaliar pensamentos como esse. Qual é a evidência de que você não consegue fazer nada direito? Alguma evidência de que isso não é verdadeiro, ou não é 100% verdadeiro? Poderia haver outro modo de olhar para essa situação? Por exemplo, talvez acabemos descobrindo que como está tão deprimido, você precisa de ajuda para resolver problemas ou se motivar. Mas precisar de ajuda não significa necessariamente que você faz tudo errado.

ABE: Hummm.

JUDITH: Estas são três coisas que faremos. Uma delas é que trabalharemos juntos para ajudá-lo a mudar seu pensamento depressivo e ansioso a fim de torná-lo mais realista. A segunda, vamos encontrar coisas para você tentar de modo que possa se aproximar mais da melhoria na sua vida e criar a vida que deseja. E a terceira coisa é que você aprenderá habilidades que poderá usar durante a semana e, na verdade, pelo resto da sua vida. *(pausa)* O que lhe parece?

ABE: Faz sentido.

JUDITH: Então este será nosso plano de tratamento geral: definir os objetivos, começar a trabalhar na direção deles, um por um, e aprender habilidades. De fato, é assim que as pessoas melhoram, fazendo pequenas mudanças em seu pensamento e comportamento todos os dias. [solicitando *feedback*] Agora me diga, existe algo no que eu acabei de dizer que *não* lhe pareceu correto?

ABE: Não, tudo faz sentido.

PARTE 4: DEFININDO O PLANO DE AÇÃO

Criar um Plano de Ação fácil com o cliente na avaliação faz ele se acostumar à ideia de que é importante que prossiga no trabalho da sessão durante a semana. Certifique-se de ter uma cópia dos Planos de Ação. Foi assim que fiz a transição do relato do plano de tratamento para a definição do Plano de Ação de Abe.

JUDITH: Bom. Vou fazer algumas anotações sobre o que acabamos de falar para que você possa examinar durante a semana [Fig. 5.1]. Como devemos denominar as coisas que você vai fazer entre as sessões? Seu Plano de Ação? Atividades de autoajuda? Alguma outra coisa?

ABE: Plano de Ação é bom.

> PLANO DE AÇÃO   6 de maio
>
> <u>Coloque este Plano de Ação ao lado da cafeteira e o leia todas as manhãs
> e novamente no fim do dia.</u>
>
> 1. <u>Anotações da Terapia</u>: Quando eu começar a me sentir mais deprimido, devo me lembrar de que o plano de terapia faz sentido. Com a ajuda de Judy, vou trabalhar em direção aos meus objetivos a cada semana, passo a passo. Vou aprender como avaliar meu pensamento, o qual pode ser 100% verdadeiro, 0% verdadeiro, ou em algum ponto intermediário. A forma como vou melhorar é fazendo pequenas mudanças no meu pensamento e comportamento todos os dias.
>
> 2. Sair com os netos para tomar sorvete.
>
> 3. <u>Dar a mim mesmo o crédito por fazer tudo o que está escrito acima e por fazer tudo o que ainda é um pouco difícil – por fazer mesmo assim.</u>

FIGURA 5.1 Plano de Ação da avaliação de Abe.

JUDITH: Você acha que poderia ler este Plano de Ação duas vezes por dia, uma pela manhã e outra mais tarde, especialmente se começar a se sentir mais deprimido?

ABE: Sim, posso fazer isso.

JUDITH: E como você vai se lembrar de ler?

ABE: Vou colocá-lo ao lado da cafeteira. Eu tomo café todas as manhãs, portanto vou vê-lo.

JUDITH: E cada vez que ler o plano, eu gostaria que você se desse o crédito.

ABE: OK.

JUDITH: Sabe, quando as pessoas estão deprimidas, é como se estivessem tentando pisar na areia movediça. Tudo é mais difícil. Você já se sentiu assim?

ABE: Sim.

JUDITH: Então, na verdade, eu gostaria que você se desse o crédito sempre que fizer alguma coisa em seu Plano de Ação e tudo o que ainda é um pouco difícil, mas que você faz mesmo assim. Você pode apenas dizer algo como: "Que bom que eu fiz isso". (*pausa*) Você poderia tentar se dar o crédito esta semana?

ABE: Sim.

JUDITH: OK, vou anotar isso, e falaremos mais sobre o crédito na próxima semana. Agora, do que você quer se lembrar se começar a se sentir sem esperança?

Então, conjuntamente, elaboramos o seguinte:

"Quando eu começar a me sentir mais deprimido, devo me lembrar de que o plano da terapia faz sentido. Com a ajuda de [minha terapeuta], vou trabalhar em direção aos meus objetivos a cada semana, passo a passo. Vou aprender como avaliar meu pensamento, o qual pode ser 100% verdadeiro, 0% verdadeiro, ou em algum ponto intermediário. A forma como vou melhorar é fazendo pequenas mudanças no meu pensamento e comportamento todos os dias."

JUDITH: Então você fará a maior parte do trabalho da terapia entre as sessões. (*pausa*) Estou pensando se há alguma coisa significativa que você poderia fazer esta semana para demonstrar a si mesmo que você pode fazer uma mudança. (*pausa*) Você poderia fazer algo que não faz há algum tempo, talvez com um familiar?

ABE: (*Pensa.*) Eu poderia levar meus netos para tomar sorvete.

JUDITH: Excelente. E quando fizer isso, você pode dizer a si mesmo que esse é um passo importante para assumir o controle da sua depressão? E dar o crédito a si mesmo?

ABE: Sim.

JUDITH: Posso anotar isso?

ABE: Sim.

PARTE 5: ESTABELECENDO EXPECTATIVAS PARA O TRATAMENTO

É importante criar nos clientes expectativas razoáveis para o tratamento (Goldstein, 1962). Fazer isso pode ajudar a reduzir a possibilidade de interrupção (Swift et al., 2012) e conduzir a melhores resultados no tratamento (Constantino et al., 2012). Você deve dar ao cliente uma noção geral de quanto tempo ele deve esperar que dure o tratamento. Costuma ser melhor sugerir uma variação, de 2 a 4 meses para muitos clientes com depressão maior evidente, embora alguns possam precisar de menos sessões (ou ser limitados por questões financeiras ou pelo seguro). Outros clientes, em particular aqueles com transtornos psiquiátricos crônicos, ou com comorbidade com uso de substância ou outros transtornos da personalidade, podem precisar de mais tratamento. Clientes com doença mental grave ou recorrente podem precisar de tratamento mais intensivo quando estiverem mais altamente sintomáticos, e de sessões de reforço por um longo tempo.

Muitos clientes fazem progresso com sessões semanais. Mas se seus sintomas forem severos ou seu funcionamento estiver em um nível muito baixo, podem precisar se encontrar com você com mais frequência, sobretudo no início. Mais próximo ao final do tratamento, você espaçará as sessões gradualmente para dar ao cliente mais oportunidades de funcionar de forma independente.

É assim que dou a Abe uma ideia de como eu esperava que a terapia prosseguisse.

JUDITH: Se estiver bem para você, Abe, vamos planejar nos encontrarmos uma vez por semana até que você esteja se sentindo significativamente melhor, e então passaremos para uma vez a cada duas semanas, depois talvez uma vez a cada três ou quatro semanas. Decidiremos juntos como espaçar a terapia. Mesmo quando decidirmos encerrar, recomendarei que você retorne para uma sessão de "reforço". (*pausa*) OK?

ABE: Sim.

JUDITH: É difícil prever agora quanto tempo você deverá estar em terapia. Meu melhor palpite, considerando a severidade da sua depressão, é algo em torno de 15 a 20 sessões. Se descobrirmos que você tem alguns problemas de longa data nos quais deseja trabalhar, a terapia pode levar mais tempo. Mais uma vez, decidiremos *juntos* o que parecer melhor. OK?

PARTE 6: RESUMINDO E OBTENDO *FEEDBACK*

No final da avaliação, você resumirá a sessão para dar ao cliente um quadro claro do que foi feito. Primeiro, relembre o de que o tratamento começará na semana seguinte. Depois investigue a reação do cliente à sessão. Eis o que digo a Abe:

JUDITH: OK, gostaria de resumir o que abordamos hoje, se estiver bem para você. Eu lhe disse que esta é uma sessão de avaliação, não uma sessão de terapia, e que realmente começaríamos a trabalhar na busca dos seus objetivos e na solução dos seus problemas na próxima semana. Certo?

ABE: Sim.

JUDITH: Eu lhe fiz muitas perguntas e lhe dei um diagnóstico provisório. Você me disse como passa seu tempo em um dia típico. Eu lhe falei um pouco sobre como seus pensamentos podem fazer com que se sinta deprimido e que, quando as pessoas estão deprimidas, seus pensamentos podem ser verdadeiros ou podem não ser verdadeiros. Certo?

ABE: Sim.

JUDITH: Também lhe falei um pouco sobre este tipo de terapia e como pensei qual deveria ser o foco do seu plano de tratamento e criamos um Plano de Ação para você na próxima semana. Depois discutimos o funcionamento do tratamento, por exemplo, a frequência com que nos encontraremos e quanto tempo ele irá durar. (*pausa*) Alguma pergunta final? Ou houve alguma coisa que você achou que eu entendi mal ou não entendi?

ABE: Não, acho que você me entendeu muito bem.

JUDITH: Ótimo. Então vejo você na próxima semana para nossa primeira sessão de terapia.

ATIVIDADES ENTRE A AVALIAÇÃO E A PRIMEIRA SESSÃO DE TRATAMENTO

Antes da primeira sessão, você fará o registro do relatório da sua avaliação e do plano de tratamento inicial. Se ainda não fez isso, obterá o consentimento e fará contato com profissionais de saúde e saúde mental anteriores para solicitar relatórios, fazer perguntas e obter informações adicionais. Você também fará contato com profissionais atuais pertinentes para discutir seus achados e coordenar o atendimento. O contato telefônico com outros profissionais frequentemente revela informações importantes que não foram documentadas por escrito. Você vai começar a elaborar uma conceituação cognitiva provisória e um plano de tratamento inicial. (Ver também Caps. 3 e 9.)

RESUMO

Em sua sessão inicial com um cliente, você conduzirá uma avaliação detalhada para coletar dados de modo que possa conceituar e diagnosticar acuradamente seu cliente e o plano de tratamento. Você procura atingir muitos objetivos, incluindo desenvolver a relação terapêutica, aumentar a esperança do cliente, familiarizá-lo com a TCC e o modelo cognitivo, abordar a desesperança e o ceticismo, definir objetivos amplos para o tratamento, relatar seu plano de tratamento geral, definir um Plano de Ação, estabelecer expectativas para o tratamento e resumir e obter *feedback*. Depois dessa sessão, você confirma o diagnóstico e, quando relevante, contata profissionais anteriores e atuais da área de saúde e saúde mental que trataram ou estão tratando o cliente. Você continuará o avaliando a cada sessão, para se assegurar de que seu diagnóstico está correto, refinar sua conceituação do cliente e monitorar o progresso.

> **PERGUNTA PARA REFLEXÃO**
>
> O que é importante realizar durante a sessão de avaliação além de coletar dados para fazer um diagnóstico?

EXERCÍCIO PRÁTICO

Crie um Resumo de Caso parcial sobre um cliente real ou imaginário (Partes Um e Dois no Apêndice B).

6

A primeira sessão de terapia

O objetivo mais importante na primeira sessão é inspirar esperança. Você faz isso fornecendo psicoeducação (p. ex., pesquisas mostram que a terapia cognitivo-comportamental [TCC] é efetiva para o problema do cliente), reiterando o plano de tratamento geral, expressando diretamente sua confiança de que você pode ajudar o cliente a se sentir melhor e identificando os valores, aspirações e objetivos dele.

Você também irá estabelecer *rapport* e confiança com os clientes, familiarizá-los com o tratamento, fazer uma verificação do humor (para que possa monitorar o progresso e a adaptação ao tratamento), coletar dados adicionais para a conceitualização, informá-los sobre o modelo cognitivo, programar atividades ou trabalho sobre uma questão, desenvolver um novo Plano de Ação e obter *feedback*. A Figura 6.1 mostra a estrutura da primeira sessão de terapia. Você aprenderá a estruturar sessões futuras no Capítulo 9.

Neste capítulo, você encontrará respostas para estas perguntas:

- Como você faz uma verificação de humor/medicação (ou outros tratamentos)?
- Como você define uma pauta inicial?
- Como você solicita uma atualização e revisa o Plano de Ação?
- Como você fornece psicoeducação sobre depressão, pensamento negativo, plano de tratamento e modelo cognitivo?
- Como você identifica os valores, aspirações e objetivos?
- Como você define um Plano de Ação?
- Como você resume a sessão e obtém *feedback*?

> Além dos elementos listados a seguir, você pode entrelaçar psicoeducação, trazendo à tona e respondendo aos pensamentos automáticos, elaborando itens para o Plano de Ação e identificando objetivos durante a sessão.
>
> **Parte Inicial da Sessão 1**
> 1. Faça uma verificação do humor (e, quando relevante, de uma medicação ou outro tratamento).
> 2. Defina a pauta.
> 3. Solicite uma atualização (desde a avaliação) e revise o Plano de Ação.
> 4. Discuta o diagnóstico do cliente e forneça psicoeducação.
>
> **Parte Intermediária da Sessão 1**
> 5. Identifique aspirações, valores e objetivos.
> 6. Faça a programação de atividades ou do trabalho sobre um problema.
> 7. Colaborativamente, defina um novo Plano de Ação; verifique a probabilidade de execução.
>
> **Final da Sessão 1**
> 8. Apresente um resumo.
> 9. Verifique o quanto é provável que o cliente execute o novo Plano de Ação.
> 10. Obtenha *feedback*.

FIGURA 6.1 Estrutura da primeira sessão de terapia.

Antes da primeira sessão, revise a avaliação na admissão do cliente e tenha em mente sua conceitualização inicial e plano de tratamento enquanto conduz a sessão. Como é importante adaptar o tratamento ao indivíduo, esteja preparado para mudar o curso se necessário. A maior parte das sessões ambulatoriais na TCC dura cerca de 45 a 50 minutos, mas a primeira em geral dura uma hora. Tente identificar um ou mais dos pensamentos automáticos do cliente em algum momento durante a sessão. Depois você pode introduzir ou reintroduzir o modelo cognitivo. Ou pode apresentar um exemplo. Além disso, procure oportunidades durante a sessão para gerar emoções positivas, por exemplo, fazendo os clientes criarem uma imagem visual nas suas mentes em que concretizam suas aspirações, tendo uma breve conversa sobre seus interesses e valores e/ou usando autoexposição.

> **DICAS CLÍNICAS**
> - Você pode escrever as palavras-chave da estrutura nas suas Notas da Sessão (Fig. 10.1, pp. 172-173) antes da sessão, para que possa se lembrar do que fazer.
> - Você fornecerá uma quantidade significativa de psicoeducação na primeira sessão. Uma brochura como *Coping with Depression* (J. S. Beck, 2020) examina conceitos importantes e pode ser sugerida como um item no Plano de Ação.

VERIFICAÇÃO DO HUMOR

No começo da sessão, cumprimente o cliente e faça uma verificação do humor. Pesquisas mostram que quando terapeutas e clientes rotineiramente acompanham o progresso e os terapeutas usam o *feedback* para aprimorar seu tratamento, os resultados são otimizados (Miller et al., 2015). Você pode usar escalas publicadas, como Inventário de Depressão de Beck-II (Beck et al., 1996), Inventário de Ansiedade de Beck (Beck & Steer, 1993a) e Escala de Desesperança de Beck (Beck & Sterr, 1993b). Ou pode usar escalas no domínio público, como Patient Health Questionnaire (PHQ-9; *www.integration.samhsa.gov/images/res/PHQ%20-%20Questions.pdf*) ou Generalized Anxiety Disorder Scale (GAD-7; *www.integration.samhsa.gov/clinical-practice/gad708.19.08cartwright.pdf*). Se o cliente não for capaz ou não estiver disposto a preencher formulários, você pode avaliar seu humor pedindo que atribua um número em uma escala (0-10) que representa como ele tem se sentido. Você pode dizer: "Se 10 significa o mais deprimido que você já se sentiu e 0 significa nem um pouco deprimido, quão forte foi a depressão na maior parte da semana passada?". Também é bom pedir que o cliente classifique seu sentimento de bem-estar em uma escala de 0 a 10, conforme ilustrado no diálogo a seguir.

É especialmente crítico verificar o nível de suicidalidade do cliente (e/ou impulsos agressivos ou homicidas). Escores elevados nos itens de suicidalidade e desesperança indicam que o cliente pode estar em risco. Neste caso, faça uma avaliação do risco (Wenzel et al., 2009) para determinar se você precisará passar a próxima parte da sessão (ou a sessão inteira) desenvolvendo um plano para manter o cliente seguro. Também pode ser importante verificar mais especificamente outros problemas, como sono, sintomas de ansiedade e comportamentos impulsivos. Essas questões podem ser importantes para a pauta. Uma vantagem de pedir que o cliente preencha *checklists* de sintomas é que você pode rapidamente identificar problemas sem ter que fazer perguntas adicionais.

Se você usar as *checklists* de sintomas, também obtenha uma descrição subjetiva ("Como você se sentiu esta semana?") do cliente e combine com seus escores no teste objetivo. Independentemente de como você mede o humor do cliente, certifique-se de que ele não esteja relatando como se sente apenas naquele dia, mas que está lhe fornecendo uma visão geral do seu humor na última semana. Avise o cliente que você gostaria de continuar verificando seu humor a cada semana. Você pode dizer:

> "Eu gostaria que você viesse para cada sessão uns minutos antes para que possa preencher estes formulários. [fornecendo uma justificativa] Eles ajudam a me dar uma ideia de como você passou a semana anterior, embora eu sempre vá querer que você também descreva com suas próprias palavras como tem passado."

Como veremos a seguir, inicio a sessão verificando o humor de Abe. Enquanto ele está falando, reviso rapidamente as escalas PHQ-9 que ele preencheu logo antes da sessão e lhe peço para avaliar seu sentimento de bem-estar. (Quero me certificar de que não estamos apenas reduzindo sua depressão, mas também o ajudando a se sentir melhor de um modo geral.)

JUDITH: Olá, Abe. Como você está hoje?
ABE: Hummm, não muito bem.
JUDITH: Não muito bem?
ABE: Não.
JUDITH: Tudo bem se eu der uma olhada nos formulários que você preencheu?
ABE: Claro.
JUDITH: Obrigada por preenchê-los. [repetindo a justificativa] Acho que mencionei na semana passada que eles nos ajudam a garantir que você está fazendo progresso com o passar do tempo. (*examina os formulários*) Vamos ver. Como acha que seu humor está, comparado com a semana passada?
ABE: Provavelmente o mesmo.
JUDITH: É assim que os formulários parecem estar também. Este, que mede a depressão (*mostra o PHQ-9*), era 18 na semana passada e nesta semana (*pausa*), e este, que mede a ansiedade (*mostra o GAD-7*), ainda é 8. (*pausa*) Você pode também me dizer o quanto sentiu bem-estar na última semana? Zero significa nenhuma sensação de bem-estar, e 10 significa a maior sensação de bem-estar que você já experimentou.
ABE: Aproximadamente 1, eu acho.

DICAS CLÍNICAS

A verificação do humor deve ser breve. Quando o cliente lhe dá detalhes demais, você pode se desculpar por interrompê-lo e então dizer uma destas duas coisas:

"Você pode resumir como se sentiu esta semana em apenas uma frase ou duas?" ou "Podemos colocar na pauta como você tem se sentido [ou o problema que você acabou de descrever] e abordar isso em alguns minutos?"

VERIFICAÇÃO DA MEDICAÇÃO/ OUTROS TRATAMENTOS

Quando os clientes tomam medicação para suas dificuldades psicológicas, você irá verificar brevemente a adesão, os problemas e os efeitos colaterais. É importante formular a questão da adesão em termos da frequência – não: "Você tomou sua medicação esta semana?", mas "Quantas vezes nesta semana você conseguiu tomar sua medicação na forma prescrita [pelo médico]?". (Ver J. S. Beck, 2001, e Sudak, 2001, para sugestões sobre como aumentar a adesão à medicação.)

Independentemente de o seu cliente estar tomando medicação ou recebendo um tipo de tratamento diferente (p. ex., eletroconvulsoterapia, estimulação magnética transcraniana ou outras terapias de estimulação cerebral), você deve obter a permissão dele e então periodicamente contatar seu médico para trocar informações. Você não irá recomendar alterações na medicação, mas pode ajudar o cliente a responder aos obstáculos que estão interferindo na sua adesão plena. Quando o cliente tem preocupações com questões como efeitos colaterais, dosagem, adição aos medicamentos ou medicações alternativas ou suplementos, ajude-o a anotar perguntas específicas para fazer ao seu médico e sugira que anote as respostas do médico. Se o cliente não estiver tomando medicação, mas você achar que uma intervenção farmacológica ou outra está indicada, você pode propor que ele faça uma consulta médica ou psiquiátrica.

> **DICAS CLÍNICAS**
>
> Se o cliente estiver hesitante em marcar uma consulta, poderá estar disposto a examinar as vantagens e desvantagens de não marcar uma consulta. É útil sugerir que ele não tem que se comprometer em tomar medicação ou em receber um tratamento adjuvante; ele pode apenas obter mais informações e depois decidir.

DEFINIÇÃO DA PAUTA INICIAL

Idealmente, você define a pauta rápido. A maioria dos clientes se sente confortável quando você lhes diz que gostaria de estruturar a sessão. Quando você explica a justificativa, deixa o processo da terapia mais compreensível para os clientes – o que ajuda a obter sua participação ativa de uma forma estruturada e produtiva.

JUDITH: [sendo colaborativa] Se estiver bem para você, o que eu gostaria de fazer agora é definir a pauta. [fornecendo uma justificativa] A razão para definirmos uma pauta é que eu possa descobrir o que é mais importante para você e então possamos descobrir juntos como usar nosso tempo. Já que esta é nossa primeira sessão, temos muito a discutir, e teremos menos tempo para falar sobre os itens da sua pauta. Teremos muito mais tempo a partir da próxima semana. (*pausa*) Tudo bem?
ABE: Sim.
JUDITH: Você também vai perceber que eu faço muitas anotações [fornecendo uma justificativa] para que possa lembrar o que é importante. Quero que me informe se isso incomodá-lo.
ABE: OK.

Em seguida, você cita os itens da sua pauta.

JUDITH: A primeira coisa que quero fazer é ter uma atualização do que aconteceu entre a última sessão e esta [fornecendo uma justificativa] para que eu possa ver se há outras coisas importantes para incluirmos hoje. Eu gostaria de ver o que você conseguiu fazer no seu Plano de Ação e depois conversar um pouco sobre seu diagnóstico.

ABE: OK.

JUDITH: Em seguida, definiremos alguns objetivos e, se tivermos tempo, falaremos sobre algumas coisas que você pode fazer esta semana como parte do seu novo Plano de Ação. Ou começaremos a trabalhar em um dos seus objetivos. (pausa) E então, no final da sessão, vou lhe pedir um *feedback*. (pausa) Isso lhe parece bom?

ABE: Sim.

JUDITH: [obtendo os itens na pauta de Abe] Mais alguma coisa que você gostaria de pautar e falar a respeito?

ABE: Não, já me parece bastante. Isso será suficiente.

Esteja alerta a questões potencialmente importantes que surjam durante a sessão. Você e o cliente podem decidir juntos se uma nova questão é mais importante do que as da pauta original. Mas seja cuidadoso, não deixe que o cliente se desvie e fale sobre um problema diferente sem chamar a atenção dele para isso. Se isso acontecer, tome uma decisão colaborativa sobre continuar a falar sobre o novo problema ou retornar ao original.

ATUALIZAÇÃO E REVISÃO DO PLANO DE AÇÃO

Na TCC tradicional, poderíamos pedir uma atualização deste modo: "O que aconteceu entre a última sessão e esta que eu deva saber?". Isso conduz a uma recontagem de experiências negativas, em especial no começo do tratamento. Então perguntaríamos: "O que aconteceu de positivo?". Como você verá a seguir, na terapia cognitiva orientada para a recuperação (CT-R) (Beck et al., no prelo), tendemos a começar por experiências positivas e ajudamos os clientes a tirarem conclusões adaptativas. A atualização frequentemente está entremeada com uma revisão do Plano de Ação.

JUDITH: Sabe, Abe, quando as pessoas estão deprimidas, elas costumam se preocupar com todos os seus problemas. [fornecendo uma justificativa] Assim, é importante focar no que realmente está indo bem. Você poderia pensar sobre a semana passada e me dizer quando esteve no seu melhor momento?

ABE: (*Pensa.*) Foi quando levei meu neto Ethan para tomar sorvete.

JUDITH: Então você *conseguiu* fazer isso?

ABE: Sim.
JUDITH: [dando reforço positivo] Isso é ótimo. Isso fazia parte do seu Plano de Ação.
ABE: Sim. Foi bom.
JUDITH: [sendo mais informal para tentar melhorar seu humor] *Você* tomou sorvete?
ABE: Sim.
JUDITH: E Ethan? Ele se divertiu?
ABE: Acho que sim.

Na sequência, faço Abe focar nessa experiência e tirar conclusões positivas sobre ela e sobre si mesmo.

JUDITH: Então, o que teve de bom em levá-lo?
ABE: Bem, sair de casa e fazer alguma coisa foi bom. Nós ficamos fora por algum tempo, mas provavelmente apenas o fato de estar com ele e dar uma volta foi a melhor parte.
JUDITH: [fazendo mais perguntas para ajudar Abe a reexperimentar o evento positivo] Sobre o que você falou com ele?
ABE: Principalmente sobre futebol, porque ele joga em um time. Então conversamos sobre como ele está se saindo e como as coisas estão indo para ele.
JUDITH: [apenas sendo informal, demonstrando interesse] Como ele está se saindo? Ele joga bem?
ABE: Olha, segundo ele, está indo muito bem. Não o tenho visto ultimamente, então não sei; acho que sim.
JUDITH: [tentando despertar uma crença nuclear positiva] Abe, o que isso lhe diz sobre você, o fato de ter conseguido levá-lo para tomar sorvete? Você me disse na semana passada que é uma coisa que não fazia há muito tempo.
ABE: Parecia ser algo que eu já deveria ter feito há muito tempo.

Reforçando o Modelo Cognitivo

Como muitos clientes, Abe expressava um pensamento automático autocrítico. Aproveito a oportunidade para estruturá-lo de acordo com o modelo cognitivo.

JUDITH: Entendo. E aposto que você gostaria de *ter feito* isso há muito tempo. [descobrindo se Abe atribuiu um significado negativo à sua evitação] Por que você acha que ficou tanto tempo sem fazer isso?
ABE: Não sei. Eu fico pensando: "Tudo é tão difícil".
JUDITH: Quando você teve o pensamento "Tudo é tão difícil", o que esse pensamento o fez sentir emocionalmente: [fornecendo uma múltipla escolha] Feliz, triste, ansioso?

ABE: Triste, muito triste.
JUDITH: E o que você geralmente acaba fazendo?
ABE: Fico apenas sentado no sofá.
JUDITH: Então, eu entendi bem? Parece que esse tipo de coisa tem acontecido muito. [resumindo na forma do modelo cognitivo] A situação é que você está decidindo se faz ou não alguma coisa, como levar seu neto para sair, e então tem o pensamento: "Tudo é tão difícil". Esse pensamento o faz se sentir mal e você geralmente acaba sentado no sofá.
ABE: Parece que você está certa.

Eu poderia então ter ajudado Abe a responder ao seu pensamento automático. Em vez disso, para permanecer no caminho, continuo com a atualização.

JUDITH: Bem, talvez retornemos a esse pensamento daqui a pouco. Voltando à atualização, aconteceu mais alguma coisa entre a última sessão e esta que eu deva saber?
ABE: Nada que eu consiga pensar. Não fiz muita coisa.

Revisando o Plano de Ação

Se você e o cliente combinaram um Plano de Ação durante a avaliação, é importante descobrir o que ele fez e em que medida isso foi útil. Começo revisando as anotações da terapia que havíamos elaborado na semana anterior.

JUDITH: Podemos examinar seu Plano de Ação e ver o que mais você conseguiu fazer? Ele está com você?
ABE: Sim.
JUDITH: Oh, ótimo. Você conseguiu colocá-lo ao lado da sua cafeteira e lê-lo todas as manhãs e depois no fim do dia?
ABE: Eu leio todas as manhãs, mas não li muitas vezes mais tarde.
JUDITH: OK. (*Faz uma anotação mental para discutir mais no final da sessão a leitura do Plano de Ação duas vezes ao dia.*) Você poderia ler as anotações da terapia agora e dizer o que pensa sobre elas?
ABE: "Quando eu começar a me sentir mais deprimido, devo me lembrar de que o plano da terapia faz sentido."
JUDITH: OK, ele ainda faz sentido para você?
ABE: Sim, ainda faz sentido.
JUDITH: O que mais a anotação diz?
ABE: "Com a ajuda de Judy, vou trabalhar em direção aos meus objetivos a cada semana, passo a passo. Vou aprender como avaliar meu pensamento, o qual pode ser 100% verdadeiro, 0% verdadeiro, ou em algum ponto intermediário."

JUDITH: O que acha disso? Como você está deprimido, seu pensamento pode nem sempre ser completamente verdadeiro.
ABE: Bem, essencialmente até agora, meu pensamento *parece* ser 100% verdadeiro.
JUDITH: (*fazendo uma anotação*) Vamos voltar a isso daqui a pouco. O que vem a seguir?
ABE: (*lendo*) "A forma como vou melhorar é fazendo pequenas mudanças no meu pensamento e comportamento todos os dias."
JUDITH: Exatamente.

Em seguida, revisamos as atividades no Plano de Ação da semana anterior.

JUDITH: Vamos ver o que tem a seguir. Você *conseguiu* levar Ethan para tomar sorvete. E quanto ao terceiro item? Você quer lê-lo?
ABE: "Dar a mim mesmo o crédito por fazer tudo o que está escrito acima, por fazer alguma outra coisa que me ajude a superar a depressão e por fazer tudo o que ainda é um pouco difícil – por fazer mesmo assim."
JUDITH: Então, você conseguiu dar o crédito a si mesmo por levar Ethan para tomar sorvete?
ABE: Não muito bem, não. E eu só devia fazer aquilo [pensamento automático].
JUDITH: Bem, daqui a alguns minutos vamos falar sobre a sua depressão e como isso tem atrapalhado. Você conseguiu dar o crédito a si mesmo por ler suas anotações da terapia todas as manhãs?
ABE: Consegui, na maior parte do tempo pelo menos.
JUDITH: Isso é bom.

Na sequência, faço um resumo para deixar o processo da terapia mais compreensível e nos manter no caminho.

"OK, já verificamos seu humor, definimos a pauta, você me deu uma atualização e revisamos o Plano de Ação. Agora eu gostaria de falar sobre seu diagnóstico."

DIAGNÓSTICO E PSICOEDUCAÇÃO SOBRE DEPRESSÃO

A maioria dos clientes quer saber seu diagnóstico geral e estabelecer que você não acha que são loucos ou estranhos ou anormais. Em geral, é melhor evitar o rótulo de um transtorno da personalidade (e algumas vezes uma condição de saúde mental grave) na primeira sessão e, em vez disso, descrever as dificuldades que o cliente experimentou, por exemplo: "Aparentemente você tem transtorno depressivo maior.

Também parece que você tem alguns problemas antigos com os relacionamentos e com o trabalho. Está certo?".

É aconselhável deixar que o cliente saiba *como* você fez o diagnóstico e oferecer alguma psicoeducação inicial sobre a condição dele; queremos que ele comece a atribuir parte dos seus problemas ao seu transtorno, e não ao seu caráter. Pensamentos como: "Tem algo de errado comigo"; "Eu sou preguiçoso"; ou "Não sou bom" afetarão seu humor de forma negativa – e provavelmente seu comportamento – e assim reduzirão sua motivação.

JUDITH: Eu gostaria de falar sobre o seu diagnóstico. Abe, você tem uma doença real. Ela é chamada de depressão. Hoje, muitas pessoas saem por aí dizendo "Estou deprimido" de tempos em tempos. Mas isso é bem diferente. Quando as pessoas dizem "Estou deprimido", em geral é como se dissessem que têm um resfriado – mas [fazendo uma analogia] o que *você* tem é como se fosse um caso muito sério de pneumonia. Você percebe como pneumonia e resfriado são bem diferentes?
ABE: Sim.
JUDITH: Você tem uma doença real chamada de depressão. Eu sei disso porque tenho um livro que me ajuda a diagnosticar os problemas que as pessoas têm quando vêm me ver. Ele é conhecido como DSM. Ele lista os sintomas da doença real chamada de depressão. (*pausa*) E, falando com você na semana passada, descobri que você realmente *tem* isso.

Depois disso, listo os sintomas que ele vem apresentando para indicar que ele tem a doença depressão.

> "Diga-me se estou certa. Você está cansado o tempo todo. Você tem se sentido muito, muito deprimido há bastante tempo. Você perdeu o interesse por quase tudo. Você raramente tem uma sensação de prazer, não tem apetite, tem dormido muito mais. Você tem problemas de concentração e para tomar decisões, e algumas vezes até pensa em morte. (*pausa*) Todos esses são sintomas do que é chamado transtorno depressivo maior; isso é uma doença real."

Depois de descrever seus sintomas, quero oferecer esperança a Abe.

JUDITH: Felizmente, pesquisas mostram que existe um tratamento de fato bom para isso: a TCC. Esse é o tipo de tratamento que eu faço. (*pausa*) Então, o que acha desta ideia – de que você *tem* uma doença real?
ABE: Acho que o que você disse faz sentido, e eu faço todas essas coisas. Isso me descreve. Não sei sobre a ideia de doença. Muito disso é como se eu não estivesse fazendo o que deveria estar fazendo.

Fazendo Analogia entre Depressão e Pneumonia

JUDITH: Se você tivesse um caso terrível de pneumonia, conseguiria fazer tudo o que deveria estar fazendo?
ABE: Não.
JUDITH: Não, porque você estaria muito cansado o tempo todo, certo?
ABE: (*concorda com um aceno de cabeça.*)
JUDITH: Você ainda poderia ter problemas de concentração se os seus sintomas fossem muito intensos. A sua depressão é igualmente tão real quanto uma pneumonia. E parte dessa doença real, Abe, é seu pensamento deprimido.

Psicoeducação sobre Depressão e Pensamento Negativo

Os clientes podem começar a se culpar por seus sintomas. Eis o que digo a Abe para evitar isso.

JUDITH: Mas não é *culpa* sua ter pensamento deprimido. Esses pensamentos simplesmente surgem de modo automático. De fato, nós os chamamos de "pensamentos automáticos". (*pausa*) E pensamentos automáticos são um sintoma de depressão, assim como o cansaço, o sono excessivo e um humor deprimido. (*pausa*) OK?
ABE: Sim.
JUDITH: Abe, quando as pessoas estão deprimidas, [usando uma metáfora] é como se estivessem usando os óculos mais escuros que existem. E elas veem toda a sua experiência através desses óculos escuros. Assim, tudo parece muito escuro e muito negativo. (*pausa*) O que você acha disso?
ABE: Acho que pode estar certo.

Psicoeducação Adicional sobre o Plano de Tratamento e Pensamento Deprimido

A seguir, para inspirar esperança, eu antecipo que vou lidar com os pensamentos depressivos dele.

JUDITH: Como você está deprimido, sabemos com certeza que alguns dos seus pensamentos automáticos não são 100% verdadeiros. Outros podem ser verdadeiros, mas eles são realmente inúteis. Vou lhe ensinar como avaliar seus pensamentos para que você possa ver por si mesmo o quanto eles são acurados ou úteis. OK?
ABE: OK.

JUDITH: Também quero fazer outra analogia. Quando as pessoas estão deprimidas... bem, é como os cavalos de corrida que usam antolhos. Por que eles têm os antolhos?
ABE: Para que não se distraiam. Para que fiquem olhando apenas para frente.
JUDITH: Exato. E quando as pessoas estão deprimidas, é como se estivessem usando antolhos também. Tudo o que conseguem ver é o que está imediatamente à sua frente. E todas essas coisas, já que elas estão de óculos escuros, parecem de fato terríveis e muito negativas. Uma das coisas que faremos, Abe, é abrir esses antolhos para que você possa ver *tudo* o que está acontecendo, e não apenas o negativo.
ABE: OK.
JUDITH: Você acha que seria útil lembrar-se disso esta semana?
ABE: Sim, provavelmente.

Na sequência, colaborativamente criamos uma anotação da terapia para Abe ler todos os dias entre as sessões.

JUDITH: Você quer anotar isso ou quer que eu escreva?
ABE: Você pode escrever.
JUDITH: OK. Talvez devêssemos começar assim: "Quando eu me criticar, lembrar...". E o que você acha que seria bom lembrar?

Pedir que Abe resuma em suas próprias palavras me permite verificar o nível de compreensão dele, o deixa mais ativo na sessão e reforça a resposta adaptativa na sua mente.

ABE: Estou só olhando para uma parte da cena.
JUDITH: Sim, "Estou só olhando para uma parte", e para que parte você está olhando?
ABE: A parte através dos meus óculos escuros.
JUDITH: Sim. "Estou só olhando para uma parte da cena, e é através dos óculos escuros."

Para deixar a resposta mais robusta, ofereço duas outras ideias.

JUDITH: E que tal "Não é minha culpa eu estar fazendo isso"?
ABE: (*Suspira.*)
JUDITH: Parece que você não acredita nisso.
ABE: Não muito.

Não quero anotar algo de que Abe discorde, portanto modifico a ideia.

JUDITH: E que tal: "*Judy* diz que não é minha culpa"?
ABE: OK.
JUDITH: Está bem assim?
ABE: Sim.
JUDITH: "Judy diz que não é minha culpa." E por que eu digo que você está fazendo isso?
ABE: Porque tenho depressão.
JUDITH: Certo. "Isso está acontecendo porque tenho depressão." (*pausa*) Você acha que isso é algo que poderia ler sozinho esta semana?
ABE: Sim, sim. Eu posso fazer isso.

Psicoeducação sobre o Modelo Cognitivo

Na parte seguinte da sessão, explico, ilustro e registro o modelo cognitivo com os próprios exemplos de Abe. Também peço que Abe coloque em suas próprias palavras o que eu havia dito para que eu possa verificar a compreensão dele.

JUDITH: A próxima coisa que eu gostaria de fazer é falar um pouco mais sobre seu pensamento deprimido. Esta é a situação que acabou de acontecer alguns minutos atrás. Nós estávamos falando sobre por que há muito tempo você não levava Ethan para tomar sorvete. Essa era a situação, e você lembra no que estava pensando? Qual era seu pensamento?
ABE: Não tenho certeza.
JUDITH: Você disse: "Tudo é tão difícil".
ABE: Ah.
JUDITH: Certo? E então, quando você teve esse pensamento: "Tudo é tão difícil", como isso o fez se sentir?
ABE: Muito deprimido.
JUDITH: E o que você geralmente acaba fazendo?
ABE: Apenas fico sentado no sofá.
JUDITH: Deixe-me fazer um diagrama que mostre isso.

Situação: Pensa sobre fazer alguma coisa, como sair com seus netos
↓
Pensamento automático: "Tudo é tão difícil."
↙ ↘
Emoção: Deprimido   Comportamento: Fica sentado no sofá

Agora, se você tivesse tido outro pensamento, será que teria se sentido de forma diferente? Por exemplo, se tivesse o pensamento: "Bem, tudo *parece* tão difícil, mas como estou deprimido isso pode não ser verdadeiro. A terapia faz sentido. Judy diz que ela pode me ajudar, e eu já fiz uma coisa boa levando Ethan para tomar sorvete". Se você tivesse tido esses pensamentos, como acha que teria se sentido?

ABE: Melhor.
JUDITH: Exato. (*Apontando para o diagrama do modelo cognitivo.*) Não é a situação diretamente que faz você se sentir cansado ou mal ou deprimido. É o que você está *pensando* nessa situação. Assim, se você teve o pensamento "Tudo é tão difícil", é claro que irá se sentir deprimido e ficar sentado no sofá. Se você tiver um pensamento como "Bem, a terapia faz sentido. Judy diz que ela pode me ajudar", então poderá se sentir um pouco melhor e será mais provável que faça alguma coisa.
ABE: Entendo.
JUDITH: Uma das coisas que será realmente importante neste tratamento é que você aprenda a identificar seus pensamentos automáticos. Isso é apenas uma habilidade, como aprender a andar de bicicleta. Vou lhe ensinar a fazer isso. E depois vamos descobrir se um pensamento é 100% verdadeiro ou 0% verdadeiro ou algo em um ponto intermediário. (*pausa*) Então, antes de levar Ethan para tomar sorvete, você estava pensando que isso seria uma coisa muito difícil de fazer?
ABE: Sim.
JUDITH: E qual foi o resultado?
ABE: Muito bom.
JUDITH: Foi tão difícil quanto esperava?
ABE: Não.
JUDITH: Então, esse é um exemplo muito bom de como você poderia ter um pensamento automático como "Isso é tão difícil" ou "Vai ser muito difícil levá-lo para sair", mas que pode acabar não sendo verdadeiro, ou não 100% verdadeiro. Está correto?
ABE: Sim.
JUDITH: Então você poderia me dizer com suas próprias palavras sobre o que estávamos falando aqui?
ABE: Bem, acho que você está dizendo que eu tenho todos esses pensamentos negativos porque estou deprimido.
JUDITH: Certo. E que efeito esses pensamentos têm sobre você?
ABE: Eles fazem eu me sentir mal e então apenas fico sentado no sofá.
JUDITH: Oh, bem, isso é excelente. Você está certo. Seu pensamento afeta como você se sente e então o que faz. De fato, se você tivesse pensado "É muito difícil levar Ethan para sair" em vez de apenas "Isso é muito difícil", o que acha que teria acontecido?
ABE: Não sei. Eu poderia nem mesmo ter telefonado para ele.

O Capítulo 12 (pp. 218-221) mostra o que fazer quando o cliente tem dificuldade para identificar pensamentos automáticos. Mas tenha o cuidado de minimizar a importância de identificar pensamentos automáticos quando surge essa dificuldade. Você não quer que o cliente ache que é incompetente.

> **DICAS CLÍNICAS**
>
> Se tiver dificuldade para identificar os pensamentos automáticos de um dos seus clientes, você pode dar um exemplo:
>
> **TERAPEUTA:** Eu gostaria de conversar por alguns minutos sobre como seu pensamento afeta a forma como você se sente e o que faz.
> **CLIENTE:** OK.
> **TERAPEUTA:** O que você pensaria se tivesse mandado uma mensagem para seu melhor amigo 8 horas atrás e ele não lhe respondesse?
> **CLIENTE:** Que talvez haja alguma coisa errada.
> **TERAPEUTA:** Como esse pensamento faria você se sentir?
> **CLIENTE:** Preocupado, eu acho.
> **TERAPEUTA:** E o que você faria?
> **CLIENTE:** Provavelmente mandaria outra mensagem e, se ainda não tivesse resposta, é provável que eu telefonasse.
> **TERAPEUTA:** OK, esse é um bom exemplo de como seu pensamento influencia como você se sente e o que faz.
>
> Então, se quiser reforçar o modelo cognitivo, você pode apresentar um pensamento automático diferente, usando a mesma situação. Por exemplo, pergunte o que o cliente sentiria e faria se tivesse o pensamento "Ele sempre faz isso comigo. Ele é tão grosseiro". Em seguida, peça-lhe que resuma o que acabou de aprender.

> **DICAS CLÍNICAS**
>
> Quando as habilidades cognitivas dos clientes estão prejudicadas ou limitadas, você pode usar recursos de aprendizagem mais concretos como personagens de quadrinhos com várias expressões para ilustrar as emoções com "balões de pensamentos" acima de suas cabeças.

Definindo um Item do Plano de Ação para Reforçar o Modelo Cognitivo

A seguir, sugiro que Abe procure pensamentos automáticos depressivos durante a semana. Peço que ele preveja um pensamento automático e lembre que eles podem ser verdadeiros ou não.

JUDITH: Isto é o que eu gostaria que você fizesse esta semana. Observe quando seu humor estiver piorando ou quando não estiver sendo produtivo. Então se pergunte: "O que estava passando pela minha mente?".
ABE: OK.
JUDITH: E se você pudesse prever, o que seria um desses pensamentos?
ABE: Poderia ser praticamente qualquer coisa. Eu poderia estar sentado no sofá e poderia pensar em fazer alguma coisa, limpar o apartamento...
JUDITH: Isso é bom. Então digamos que você esteja pensando em limpar o apartamento. Como você acha que estará se sentindo?
ABE: Provavelmente cansado. Provavelmente vou pensar: "Estou muito cansado para fazer qualquer coisa".
JUDITH: Esse é um bom exemplo. Então, a situação é que você está sentado no sofá, pensando em limpar o apartamento e pensa "Estou muito cansado para fazer qualquer coisa". Como esse pensamento o faz se sentir emocionalmente?
ABE: Deprimido.
JUDITH: E se você acreditar nesse pensamento, de que está muito cansado para fazer qualquer coisa, o que acha que fará?
ABE: Provavelmente vou continuar sentado.
JUDITH: Acho que provavelmente você está certo. (*pausa*) OK, esta semana eu gostaria que você observasse quando estiver se sentindo muito deprimido ou não sendo produtivo. Então gostaria que perguntasse a si mesmo: "O que estava passando pela minha mente?". (*pausa*) Depois gostaria que você anotasse seus pensamentos. Mas então se lembre de que eles podem não ser verdadeiros, ou pelo menos não completamente verdadeiros. OK?
ABE: Vou tentar.
JUDITH: Você pode escrever seus pensamentos automáticos nesta Folha de Exercícios Identificando Pensamentos Automáticos (pega a folha de exercícios na Fig. 6.2) ou em um papel, um caderno ou no seu telefone. O que seria melhor?
ABE: Vou tentar a folha de exercícios.
JUDITH: Bom. (*Entrega a Abe a folha de exercícios.*) Veja que ela tem as orientações bem no alto, aquelas que acabei de lhe mostrar.
ABE: OK.
JUDITH: (*Certificando-se de que Abe sabe o que fazer.*) Você poderia escrever seu pensamento automático nela – "Estou muito cansado para fazer qualquer coisa"?
ABE: OK. (*Escreve este pensamento na folha de exercícios.*)
JUDITH: Será que você vai precisar de um lembrete? Algo como uma nota adesiva, ou então passar seu relógio para o outro braço ou usar um elástico no pulso – para se lembrar de procurar seus pensamentos automáticos.
ABE: Acho que eu preciso ver alguma coisa, algum tipo de lembrete visual. Um elástico seria bom.

> Lembrete: Só porque eu penso alguma coisa, isso não quer dizer necessariamente que seja verdade. Quando eu mudar meus pensamentos inúteis ou imprecisos, provavelmente me sentirei melhor.
>
> Instruções: Quando meu humor piora ou estou me engajando em comportamento inútil, pergunto a mim mesmo: *"O que estava passando pela minha mente?"*.
> Escrevo meus pensamentos abaixo.

FIGURA 6.2 Folha de Exercícios Identificando Pensamentos Automáticos. Copyright © 2018 CBT Worksheet Packet. Beck Institute for Cognitive Behavior Therapy, Philadelphia, Pennsylvania.

JUDITH: Eu tenho um aqui. Você quer colocá-lo no pulso agora?
ABE: OK.
JUDITH: (*Entrega a Abe um elástico; ele o coloca no pulso.*) Então, cada vez que olhar para o elástico, o que você vai perguntar a si mesmo?
ABE: O que passou pela minha mente?
JUDITH: Isso mesmo, especialmente se o seu humor estiver piorando, ou se você estiver fazendo alguma coisa que não seja produtiva. E você se lembrará de que os pensamentos podem não ser verdade.
ABE: OK.

IDENTIFICANDO VALORES E ASPIRAÇÕES

Identificando Valores

A seguir, você foca na identificação dos valores dos clientes. Valores são crenças antigas sobre o que é mais importante na vida. Os valores das pessoas moldam suas escolhas e seu comportamento. Mas, quando elas percebem que não estão à altura dos seus valores, costumam ficar estressadas. Em um tom informal, você pode perguntar ao cliente: "O que é realmente importante para você na vida? Ou o que costumava ser realmente importante para você?".

> **DICAS CLÍNICAS**
>
> Se o cliente responde que nada parece importante ou se tem dificuldade para formular uma resposta, você pode dar sugestões: "O quanto _____ é importante para você?".
> Você pode lhe pedir que considere áreas como estas:
>
> - relacionamentos (família, amigos, parceiro íntimo);
> - produtividade (trabalho fora de casa, administração da casa);
> - saúde (pode também incluir forma física, alimentação, sono, uso de álcool ou substâncias);
> - autoaperfeiçoamento (educação, habilidades, cultura, aparência, autocontrole);
> - comunidade (em nível local ou mais amplamente);
> - espiritualidade;
> - recreação (entretenimento, *hobbies*, esportes);
> - criatividade;
> - natureza; e
> - relaxamento.

A reflexão do cliente sobre o que é realmente importante para ele auxilia na identificação das suas aspirações e definição dos objetivos. Essas intervenções podem inspirar esperança, motivá-lo a se engajar no tratamento, completar Planos de Ação e ajudá-lo a superar os obstáculos e problemas com que se defronta no dia a dia.

JUDITH: Abe, será que podemos nos voltar para outra coisa, falar sobre o que é realmente importante para você na vida? Quais *são* as coisas mais importantes para você na vida? Ou talvez antes de você ter ficado deprimido, o que era muito, muito importante para você?
ABE: Meus filhos.
JUDITH: Sim.
ABE: E os netos também.
JUDITH: Seus netos, OK. O que mais era realmente importante?
ABE: Bem, para mim sempre foi importante trabalhar e ser produtivo, mas eu estraguei tudo.

Eu já havia revisado o modelo cognitivo com Abe, e decido que seria melhor deixar esse pensamento automático sem ser abordado para que possamos continuar identificando os valores.

JUDITH: O que mais era importante para você?
ABE: Amigos; esportes, eu acho. Sempre gostei de esportes.
JUDITH: Oh, isso é bom. Jogando, assistindo ou os dois?
ABE: Os dois.
JUDITH: Mais alguma coisa que era realmente importante para você?
ABE: Não sei. Eu costumava ir à igreja, e fazia coisas. Eu era voluntário, ajudava as pessoas. Eu gostava de ajudar as pessoas.
JUDITH: Mais alguma coisa? E quanto à sua saúde?
ABE: Sim. Eu tinha uma alimentação saudável, fazia exercícios – coisas assim.

Identificando Aspirações

Para identificar as aspirações do cliente, faça uma ou mais perguntas como as seguintes (Beck et al., no prelo):

> "O que você quer para a sua vida?"
> "Quais são suas esperanças para o futuro?"
> "Como você quer que seja seu futuro?"
> "Quando você era criança, como queria que fosse a sua vida? O que você desejava?"

É consideravelmente fácil identificar as aspirações de Abe.

JUDITH: Sei que você tem estado deprimido há algum tempo e está infeliz com a sua vida. (*pausa*) O que você *quer* para a sua vida?
ABE: Quero que ela seja como era antes de eu ficar deprimido.
JUDITH: E como ela era?
ABE: Quero ter um emprego. Quero melhorar a relação com a minha família e meus amigos. (*Pensa.*) Quero cuidar melhor de mim mesmo. E do meu apartamento.
JUDITH: Algo mais?
ABE: (*Pensa.*) Quero me sentir bem comigo mesmo. Quero me sentir útil.

Tirando Conclusões sobre as Aspirações

O importante não são as aspirações e experiências do cliente isoladamente. É o *significado* que o cliente atribui a elas. Ajude-o a tirar conclusões sobre ter atingido seus objetivos e aspirações, especialmente em termos de melhora da sua vida, autoimagem, senso de propósito e controle, e conectividade com as outras pessoas. Faça perguntas como estas (Beck et al., no prelo):

> "O que seria especialmente bom sobre [atingir suas aspirações e objetivos]?"
> "Como você se sentiria em relação a si mesmo? O que isso diria sobre você? Como outras pessoas poderiam vê-lo ou como elas o tratariam de modo diferente?"
> "O que isso sugeriria sobre seu futuro?"
> "Como você se sentiria [emocionalmente] se tudo isso se tornasse realidade? Você consegue captar esse sentimento neste momento?"

Eu uso essas perguntas com Abe.

JUDITH: Abe, se você tivesse um bom emprego, boas relações com a sua família e seus amigos, se estivesse cuidando melhor de si mesmo e do seu apartamento, se estivesse ajudando outras pessoas, o que seria bom em relação a isso?
ABE: Eu me sentiria bem comigo mesmo. Eu seria produtivo.
JUDITH: E o que isso mostraria sobre você como pessoa?
ABE: Acho que mostraria que sou uma boa pessoa, sou responsável.
JUDITH: Isso mostraria que você é um bom trabalhador, um bom pai, um bom avô, um bom amigo?
ABE: Sim.
JUDITH: E como as outras pessoas o veriam?
ABE: Eu esperaria que me vissem como me viam antes. Que vissem que eu sou confiável, trabalhador, amigo.
JUDITH: E se todas essas coisas acontecessem, como você acha que seria seu futuro?
ABE: Muito bom, eu acho.
JUDITH: E como você se sentiria em relação a si mesmo?
ABE: Muito melhor.

Criando uma Imagem de Ter Atingido as Aspirações

O uso da imaginação pode tornar as aspirações mais concretas e levar os clientes a experimentarem emoção positiva na sessão.

JUDITH: Abe, será que você poderia imaginar um dia no futuro em que tenha se recuperado completamente da depressão, quando todas essas coisas boas se tornam realidade? Digamos que daqui a um ano. Onde acha que irá se acordar?
ABE: Se eu estivesse trabalhando e tivesse mais dinheiro, talvez em um apartamento diferente.

JUDITH: Você consegue se imaginar abrindo os olhos? Como é o quarto?
ABE: Hummm, daqui a um ano? Meu quarto seria maior. Haveria muita luz no quarto. Ele estaria limpo e bem organizado.
JUDITH: E como você está se sentindo quando se acorda?
ABE: Muito bem.
JUDITH: Com boa expectativa para aquele dia?
ABE: Se eu tivesse um bom emprego? Então sim.
JUDITH: Você consegue se ver saindo da cama? Em que está pensando?
ABE: Provavelmente apenas sobre o que vou fazer naquele dia.
JUDITH: E como você está se sentindo?
ABE: Muito bem.
JUDITH: O que você acha que faria a seguir?

Continuo a treinar Abe para imaginar em detalhes esse dia no futuro. Enquanto ele fala, vejo seu afeto começar a se iluminar um pouco.

DEFININDO OBJETIVOS (PARTE 1)

Depois de identificar os valores e aspirações dos clientes, você colaborativamente define os objetivos e os registra. Esses objetivos são mais específicos do que os amplos que vocês discutiram durante a sessão de avaliação. Clientes com depressão se beneficiam da identificação dos objetivos em uma variedade de áreas (Ritschel & Sheppard, 2018). Você pode sugerir que eles pensem sobre objetivos relacionados às mesmas áreas que foram descritas nas páginas 102-103. Na sequência, Abe e eu definimos alguns objetivos. Então abordamos um pensamento automático que interfere, antes de retornarmos à definição dos objetivos.

JUDITH: Abe, podemos falar sobre alguns objetivos específicos que você poderia ter? Como gostaria que sua vida fosse diferente?
ABE: Gostaria de ser como eu era antes, fazer todas aquelas coisas [sobre as quais acabamos de falar].
JUDITH: Então você passaria mais tempo com seus filhos e netos?
ABE: Sim.
JUDITH: (*anotando*) Esse é um bom objetivo. O que mais?
ABE: Bem, ter um bom emprego. Mas não sei como vou conseguir fazer essas coisas. Não fui capaz de fazer até agora.

Abordando Pensamentos Automáticos que Interferem na Definição dos Objetivos

Conceitualizei que em vez de continuar a definir os objetivos, seria importante responder aos pensamentos automáticos de Abe. Uso nossa discussão para reforçar que

- seu pensamento pode ser enviesado e impreciso;
- trabalharemos juntos como uma equipe;
- tenho boas razões para esperar que o tratamento ajude; e
- vir para o tratamento é um sinal de força.

Também peço que Abe se comprometa a fazer uma mudança na semana seguinte, mesmo que tenha pensamentos interferindo.

JUDITH: Sim, a depressão dificultou muito essas coisas. Então, o que é diferente agora?
ABE: Não sei.
JUDITH: Ei, Abe, eu *estou* aqui. Você sente que eu posso ajudar?
ABE: Acho que talvez você possa.
JUDITH: [tentando desenvolver confiança] Abe, tenho que lhe dizer que não há *nada* sobre você que me faça pensar que você *não* irá superar essa depressão. Eu realmente acho que você vai. Quer que eu lhe diga por que penso assim?
ABE: Sim.
JUDITH: OK. Então, a primeira coisa é que você se dispôs a vir para uma avaliação na semana passada, mesmo que estivesse cético sobre o tratamento. Mas você fez um bom trabalho na avaliação. Conseguiu responder a todas as minhas perguntas, foi capaz de montar um Plano de Ação e especialmente de levar seu neto para tomar sorvete. Você conseguiu fazer isso, mesmo tendo achado que seria muito difícil. Por isso, vejo que está disposto a experimentar este tratamento. E tudo bem se *ainda* estiver cético acerca do tratamento. (*pausa*) Você precisará constatar por si mesmo que está funcionando. OK?
ABE: Sim.
JUDITH: Você não está sozinho nisso. Iremos trabalhar como uma equipe para que você melhore; iremos trabalhar nos objetivos, passo a passo, portanto isso não parecerá uma sobrecarga. E há habilidades que você precisa aprender, como responder aos seus pensamentos automáticos. Você ainda não sabe como fazer isso – vou precisar lhe ensinar.
ABE: Mas sempre achei que eu deveria resolver meus problemas sozinho.
JUDITH: OK. Voltemos à analogia da pneumonia. Se você tivesse uma pneumonia bacteriana, tentaria se curar sozinho?

ABE: Não. Eu teria que ir ao médico.

JUDITH: E o médico o ajudaria. (*pausa*) Eu também vou ajudá-lo. Mas, em vez de lhe dar um remédio, vou lhe ensinar as habilidades para superar a depressão. Habilidades que as pesquisas mostram que ajudam as pessoas a melhorarem. (*pausa*) OK?

ABE: Acho que sim.

JUDITH: Sabe, acho que é um sinal de força você estar disposto a fazer alguma coisa que vai no sentido contrário.

ABE: Talvez eu esteja vendo tudo através dos óculos escuros.

JUDITH: Sim, acho que está. E o que temos que fazer juntos – observe que eu disse "juntos" – é raspar e retirar a tinta preta para que você possa vencer a depressão. (*pausa*) Podemos voltar à definição dos objetivos?

ABE: OK.

DEFININDO OBJETIVOS (PARTE 2)

Depois de ter respondido ao pensamento disfuncional de Abe, retornamos à definição dos objetivos. Tenho o cuidado de evitar sobrecarregar Abe com muitos objetivos, e limito nossa discussão para que tenhamos tempo de elaborar a programação das atividades.

JUDITH: OK. Você tem outros objetivos?

ABE: Eu deveria ver meus amigos com mais frequência. Mas eles podem ficar incomodados comigo, então não sei se isso vai funcionar [pensamento automático]. Não entro em contato com eles há algum tempo.

Conceitualizo que é mais importante continuar definindo objetivos do que responder ao seu pensamento automático.

JUDITH: Devemos marcar isso com um ponto de interrogação?

ABE: Sim.

JUDITH: Mais alguma coisa?

ABE: Bem, seria bom limpar o apartamento.

JUDITH: E quanto à sua saúde física?

ABE: Sim. Seria bom começar a comer melhor e fazer exercício.

JUDITH: Acho que essa é uma lista *realmente* boa. Escrevi seus objetivos aqui na parte inferior do seu Plano de Ação. Você estaria disposto a olhar essa lista durante a semana para ver se há algum objetivo que queira riscar, acrescentar ou mudar? Estou pensando que talvez você queira ter um objetivo de se divertir mais, fazer mais coisas prazerosas, mas isso é com você.

Lista de Objetivos   13 de maio

- Conseguir um bom emprego
- Ver os amigos com mais frequência?
- Limpar o apartamento
- Comer melhor
- Fazer exercícios

Dificuldades na Definição dos Objetivos

São três as dificuldades que algumas vezes surgem quando você está tentando definir os objetivos:

1. O cliente tem dificuldade para elaborar os objetivos.
2. O cliente define objetivos muito amplos.
3. O cliente define objetivos para outras pessoas.

Quando o cliente responde "Eu não sei" às suas perguntas para definição dos objetivos, você pode, em vez disso, tentar a pergunta do "milagre". A terapia breve focada na solução (de Shazer, 1988) sugere que você faça uma pergunta como a seguinte: "Se acontecesse um milagre e você não estivesse deprimido quando acordasse amanhã, o que seria diferente? Como alguém saberia que você não está mais deprimido?". Ou você pode descobrir se o cliente acha que há desvantagens em definir objetivos.

Algumas vezes, o cliente expressa objetivos que são muito amplos (p. ex., "Não quero mais ficar deprimido" ou "Quero ser mais feliz" ou "Só quero que tudo melhore"). Para ajudá-lo a ser mais específico, você pode perguntar: "Se [você não estivesse mais deprimido/se estivesse mais feliz/se tudo estivesse melhor], o que estaria fazendo de diferente?".

Ocasionalmente o cliente indica um objetivo sobre o qual não tem controle direto: "Eu gostaria que meu parceiro fosse mais agradável comigo"; "Quero que meu chefe pare de me pressionar tanto"; "Quero que meus filhos me deem ouvidos". Neste caso, é importante ajudá-lo a expressar o objetivo de forma que seja algo sobre o que ele tenha controle.

"Não quero lhe prometer que vamos conseguir fazer diretamente com que sua irmã seja mais gentil com você. O que você acha de expressar deste modo: 'Aprender novas maneiras de falar com Erica'? É possível que, se *você* assuma o controle e mudar o que *você* está fazendo, isso tenha algum impacto nela."

Uma discussão mais ampla do que fazer quando os clientes definem objetivos para outras pessoas pode ser encontrada em J. S. Beck (2005).

> **DICAS CLÍNICAS**
>
> Acrescente novos objetivos à medida que surgirem em sessões posteriores. Observe que os objetivos são a outra face dos problemas. Por exemplo, se o cliente diz: "Não sei o que fazer com meu filho adolescente", você pode dizer: "Você quer ter um objetivo de decidir o que fazer?". Se ele disser: "É tão difícil conseguir fazer as coisas", você pode dizer: "Você quer ter um objetivo de descobrir se consegue fazer alguma coisa para que se torne mais fácil?".

PROGRAMANDO ATIVIDADES

Se houver tempo na primeira sessão, uma boa ideia é ajudar os clientes mais deprimidos a programarem atividades para a semana seguinte e lhes dar o crédito por se engajarem nessas atividades. Ou então, se houver um problema urgente que precisa de atenção imediata, você pode trabalhar nisso. Como Abe tem estado muito inativo e como não apresentou um problema mais urgente, sugiro a programação das atividades para a semana seguinte. No próximo capítulo, você lerá a respeito do que fizemos.

RESUMO FINAL DA SESSÃO

O resumo final estabelece ligações entre os diferentes momentos da sessão e reforça pontos importantes. Inicialmente, é provável que você faça o resumo. Quando achar que o cliente é capaz de apresentar um bom resumo, você lhe pedirá que o faça.

No fim da primeira sessão, você pode dizer algo como: "Eu gostaria de resumir o que examinamos hoje, para que fique bem claro para nós dois. Falamos sobre o diagnóstico e como seus pensamentos influenciam como você se sente e o que faz. Identificamos o que é realmente importante para você e o que quer para a sua vida.

Depois definimos objetivos e elaboramos algumas atividades para você fazer esta semana".

O resumo também inclui uma revisão do que o cliente concordou em fazer para seu Plano de Ação e uma avaliação da probabilidade de executá-lo. Você lerá a respeito disso no Capítulo 8 (pp. 132-135). A Figura 6.3 apresenta o Plano de Ação da primeira sessão de Abe. Certifique-se de que os clientes tenham recebido o Plano de Ação por escrito e outras folhas de exercícios de que irão precisar.

FEEDBACK

O elemento final da primeira sessão é o *feedback*. Próximo ao final dessa sessão, a maioria dos clientes se sente positiva em relação ao terapeuta e à terapia. Solicitar *feedback* fortalece ainda mais o *rapport*, transmitindo a mensagem de que você se importa com o que o cliente pensa. Também dá aos clientes a chance de se expressarem, e a você a chance de resolver eventuais mal-entendidos. Os clientes ocasionalmente podem fazer uma interpretação idiossincrática (negativa) de alguma coisa que você disse ou fez. Perguntar se houve alguma coisa que os aborreceu lhes dá a oportunidade de expressarem e então testarem suas conclusões. Além do *feedback* verbal, uma boa ideia é pedir que o cliente preencha um Formulário de *Feedback* (Fig. 6.4).

JUDITH: Abe, você pode me dar um *feedback* sobre esta sessão, [dando uma justificativa] para que eu possa fazer alterações para a nossa próxima sessão, caso seja preciso? (*pausa*) O que achou da sessão? Houve alguma coisa que o aborreceu ou algo que você achou que eu não entendi?
ABE: Não, ela foi boa.
JUDITH: Há alguma coisa que você acha que deveríamos fazer de forma diferente da próxima vez?
ABE: Não, acho que não.
JUDITH: Se você realmente tivesse um *feedback* negativo, acha que poderia me dizer?
ABE: Acho que sim.
JUDITH: Se você tiver, a primeira coisa que vou dizer é: "Que bom que você me disse isso". Se houver algo que eu esteja fazendo que não esteja correto, quero saber para poder consertá-lo. Na verdade, você terá outra chance de me dizer. Posso lhe dar este Formulário de *Feedback* para que você o preencha na área da recepção? Você pode deixá-lo com o [recepcionista] e ele me entrega. Isso o ajudará a refletir sobre a sessão e se existe alguma coisa que eu deva saber.
ABE: OK.
JUDITH: Isso é bom. Bem, estou muito feliz que você tenha vindo hoje. Este horário está bem para você na próxima semana?
ABE: Sim.
JUDITH: Então vou lhe esperar.

> Plano de Ação   13 de maio
> Ler este Plano de Ação e o da semana passada duas vezes por dia.
> Continuar a dar o crédito a mim mesmo.
>
> Como meus pensamentos afetam a minha reação
>   Situação: Pensar em fazer alguma coisa, como levar meus netos para passear
>   ↓
>   Pensamentos automáticos: "Tudo é tão difícil."
>   ↙   ↘
>   Emoção: Deprimido   Comportamento: Ficar sentado no sofá
>
> Quando eu me criticar, lembrar que só estou olhando para parte da cena, e que faço isso através de óculos escuros. Judy diz que não é minha culpa eu estar fazendo isso. Está acontecendo porque tenho depressão.
>
> Quando eu notar que meu humor está piorando ou que estou fazendo alguma coisa improdutiva, perguntar a mim mesmo: "O que está passando pela minha mente neste momento?" e anotar meus pensamentos na Folha de Exercícios Identificando Pensamentos Automáticos.
> Usar um elástico para me lembrar de fazer isso.
>
> Lembrar: óculos escuros → 🕶
>
> Se estiver me sentindo muito cansado e tiver vontade de ficar deitado no sofá em vez de sair – ou de fazer outra coisa – lembrar-me de que tenho que voltar a fazer parte do mundo. É importante sair. Se eu não sair, provavelmente continuarei deprimido. Quero voltar a fazer parte do mundo para que possa ser produtivo, ser melhor para a minha família. Vou me sentir mais útil e competente e no controle. Sair pode ou não afetar meu humor imediatamente. Posso precisar acionar a caixa de surpresas.
>
> Afazeres:
> 1. Levar Ethan para tomar sorvete.
> 2. Sair quatro vezes por semana. Por exemplo, dar uma caminhada de 5 minutos, ir ao mercado ou ir à loja de ferragens. Mostrar a mim mesmo que posso assumir o controle e fazer coisas.
> 3. Olhar a lista de objetivos. Quero acrescentar, riscar ou alterar algum deles?

FIGURA 6.3 Plano de Ação da primeira sessão de Abe.

Nome _____   Data _____

O que você quer recordar da sessão de terapia de hoje?

Houve alguma coisa que o aborreceu em relação ao terapeuta ou sobre a terapia? Em caso afirmativo, o que foi?

Qual a probabilidade de você executar o novo Plano de Ação? Como ele está relacionado às suas aspirações e valores? Se executá-lo, o que isso irá lhe mostrar (especialmente em relação a si mesmo)?

O que você quer garantir que seja abordado na próxima sessão?

FIGURA 6.4 Formulário de *Feedback*. Copyright © 2018 CBT Worksheet. Beck Institute for Cognitive Behavior Therapy, Philadelphia, Pennsylvania.

PERGUNTA PARA REFLEXÃO
Por que é importante ajudar o cliente a identificar seus valores, aspirações e objetivos?

EXERCÍCIO PRÁTICO

Faça a si mesmo as perguntas relevantes neste capítulo para identificar seus próprios valores e aspirações. Depois identifique pelo menos um objetivo e anote um ou dois passos que você pode dar esta semana para atingi-lo.

7
Programação das atividades

Um dos passos iniciais mais importantes para clientes deprimidos é programar as atividades (Cuijpers et al., 2007). A maioria se afastou e está ativamente evitando pelo menos algumas atividades que antes lhes proporcionavam um sentimento de realização, controle, prazer e conexão – e que melhoravam seu humor. Muitos param de seguir sua rotina diária e têm menos cuidado consigo mesmos. Como Abe, eles não comem muito bem, exercitam-se com menos frequência (se é que se exercitam) e dormem demais ou muito pouco. Frequentemente aumentam determinados comportamentos como permanecer na cama, assistir à televisão, jogar *videogame*, dar uma olhada nas mídias sociais ou navegar na internet. Essa mudança nas atividades ajuda a manter ou a aumentar sua atual disforia e o sentimento de que estão no mínimo um pouco fora do controle. Nós transmitimos as seguintes mensagens:

"É importante agir de acordo com os seus *valores*, com o que é realmente importante para você, e não com o que você *gostaria* de fazer – pois a depressão o deixa cansado e então você vai querer evitar. Mas a evitação só deixa a depressão pior. Não espere até que se sinta com energia ou motivado para iniciar uma atividade ou tarefa. Faça-a primeiro. Você provavelmente descobrirá que se sente com mais energia e motivação em algum momento *depois* que começa."

"Quando estiver engajado em uma atividade, esteja atento a pensamentos negativos que podem reduzir seu sentimento de competência, propósito e conexão com os outros. Como você está deprimido, ao menos alguns desses pensamentos provavelmente serão incorretos, ou pelo menos parcialmente incorretos. Depois que você tiver terminado a tarefa ou atividade, não deixe de dar o crédito a si mesmo – você pode dizer apenas algo como: 'bom'.

Reconheça que esforçar-se para fazer alguma coisa significa que você está assumindo o controle, mesmo que em pequena escala, da sua depressão."

Os clientes com frequência acham que não podem mudar a forma como se sentem emocionalmente. Ajudá-los a se tornarem mais ativos e dar-lhes o crédito por seus esforços são partes essenciais do tratamento. Fazer isso melhora seu humor e fortalece seu sentimento de autoeficácia – eles demonstram a si mesmos que podem ter controle do seu humor e comportamento mais do que achavam previamente. Em geral, começamos a programar as atividades colaborativamente na primeira ou segunda sessão de terapia.

Neste capítulo, você encontrará respostas para estas perguntas:

> **Como você conceitualiza inatividade?**
> **Como você conceitualiza falta de domínio e prazer?**
> **Como você programa atividades com os clientes?**
> **Como você usa um Quadro de Atividades?**
> **Como você ajuda os clientes a acompanharem e avaliarem suas atividades?**
> **Em que tipos de atividades os clientes deprimidos devem se engajar?**
> **Como você usa um Quadro de Atividades para avaliar as previsões?**

CONCEITUALIZAÇÃO DE INATIVIDADE

Ao considerar o engajamento em atividades, os pensamentos automáticos dos clientes deprimidos frequentemente se colocam no caminho.

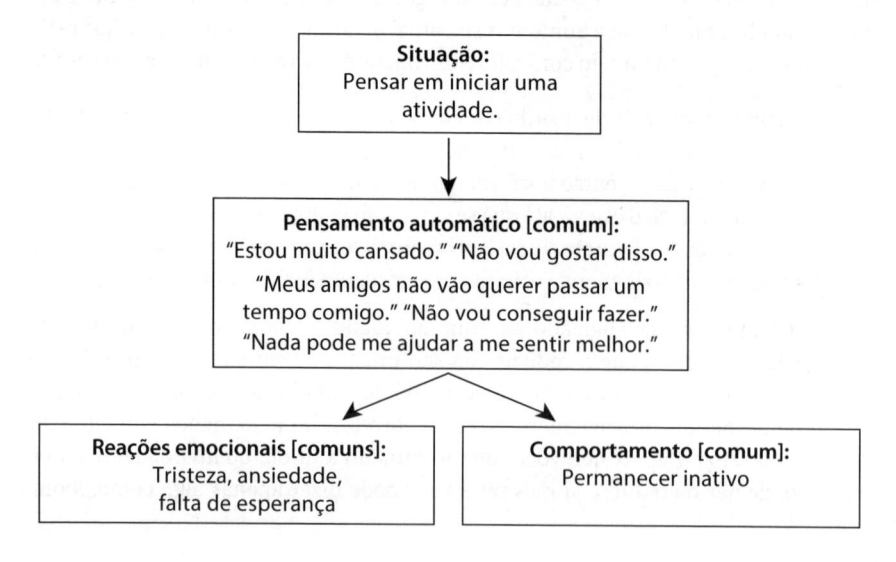

```
┌──────────────────────────┐
│       Situação:          │
│  Pensar em iniciar uma   │
│       atividade.         │
└──────────────────────────┘
             │
             ▼
┌──────────────────────────────────────────┐
│     Pensamento automático [comum]:       │
│ "Estou muito cansado." "Não vou gostar   │
│ disso." "Meus amigos não vão querer      │
│ passar um tempo comigo." "Não vou        │
│ conseguir fazer." "Nada pode me ajudar   │
│ a me sentir melhor."                     │
└──────────────────────────────────────────┘
         │                    │
         ▼                    ▼
┌──────────────────────┐  ┌──────────────────────┐
│ Reações emocionais   │  │ Comportamento        │
│ [comuns]:            │  │ [comum]:             │
│ Tristeza, ansiedade, │  │ Permanecer inativo   │
│ falta de esperança   │  │                      │
└──────────────────────┘  └──────────────────────┘
```

A inatividade relativa do cliente então contribui para seu humor deprimido, pois ele tem uma escassez de oportunidades para adquirir um senso de domínio, prazer ou conexão, o que leva a mais pensamento negativo, que conduz a maior disforia e inatividade, em um círculo vicioso.

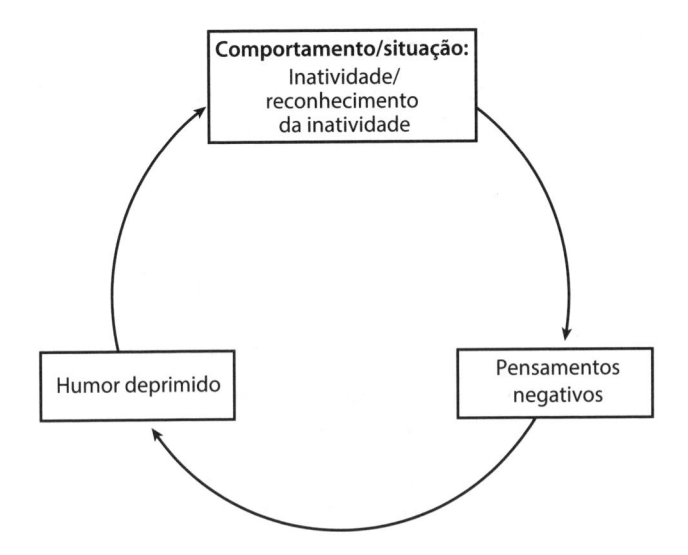

```
        Comportamento/situação:
         Inatividade/
         reconhecimento
         da inatividade
              ↓
Humor deprimido ← Pensamentos negativos
```

Por outro lado, tornar-se mais ativo e reconhecer que merece o crédito em geral melhora o humor do cliente e facilita para que ele continue sendo mais ativo.

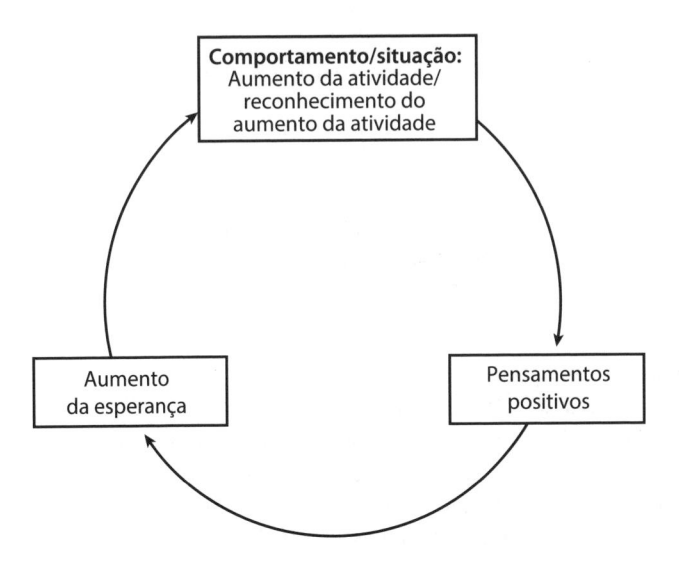

```
        Comportamento/situação:
         Aumento da atividade/
         reconhecimento do
         aumento da atividade
              ↓
Aumento       ← Pensamentos
da esperança     positivos
```

Se achar útil, você pode desenhar esses diagramas para o cliente e acrescentá-los ao seu Plano de Ação para que ele os revise em casa.

CONCEITUALIZAÇÃO DA FALTA DE DOMÍNIO OU PRAZER

Mesmo quando os clientes se engajam em várias atividades, eles costumam obter baixos níveis de satisfação e prazer devido aos seus pensamentos automáticos autocríticos.

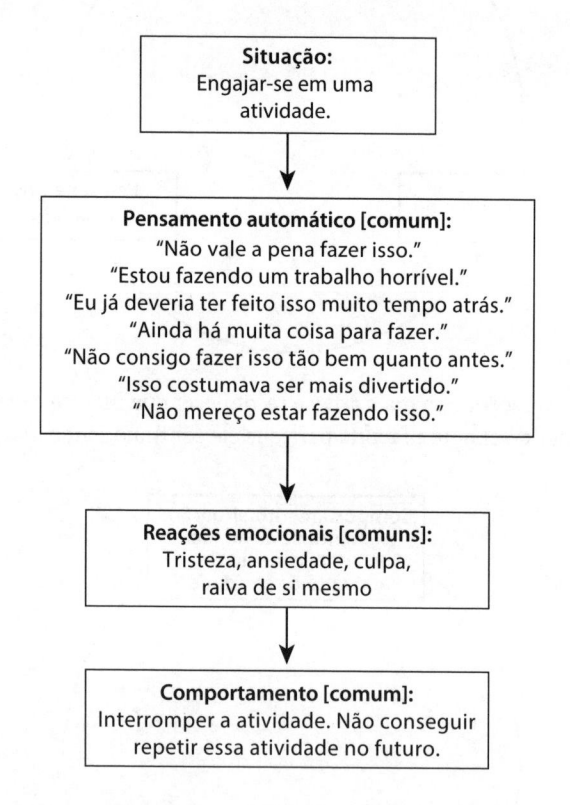

```
┌─────────────────────────┐
│      Situação:          │
│   Engajar-se em uma     │
│       atividade.        │
└─────────────────────────┘
            │
            ▼
┌─────────────────────────────────────────────┐
│     Pensamento automático [comum]:          │
│        "Não vale a pena fazer isso."        │
│      "Estou fazendo um trabalho horrível."  │
│   "Eu já deveria ter feito isso muito tempo atrás." │
│         "Ainda há muita coisa para fazer."  │
│    "Não consigo fazer isso tão bem quanto antes." │
│        "Isso costumava ser mais divertido." │
│         "Não mereço estar fazendo isso."    │
└─────────────────────────────────────────────┘
            │
            ▼
┌─────────────────────────────────────────────┐
│     Reações emocionais [comuns]:            │
│       Tristeza, ansiedade, culpa,           │
│           raiva de si mesmo                 │
└─────────────────────────────────────────────┘
            │
            ▼
┌─────────────────────────────────────────────┐
│         Comportamento [comum]:              │
│   Interromper a atividade. Não conseguir    │
│      repetir essa atividade no futuro.      │
└─────────────────────────────────────────────┘
```

O cliente também pode ter pensamentos negativos semelhantes *depois* de se engajar em uma atividade ("Eu deveria ter feito isso melhor"; "Fazer isso foi só uma gota no oceano"). Assim sendo, ao programar as atividades, é importante prever pensamentos negativos que possam interferir no início ou na continuidade das atividades, bem como pensamentos que poderiam diminuir seu sentimento de prazer, realização ou conexão durante ou depois da atividade.

PROGRAMANDO AS ATIVIDADES

A maioria dos clientes deprimidos alterou suas atividades diárias ou semanais em certa medida. É importante ajudá-los a se reengajarem mais plenamente na vida. Alguns terapeutas pedem que os clientes deprimidos preencham um Quadro de Atividades (Fig. 7.1) no começo do tratamento, anotando as atividades que realizam a cada hora e, caso estejam dispostos, avaliando seu sentimento de domínio e prazer.

Então eles usam as informações para orientá-los na programação das atividades. Mas nem todos os clientes estão dispostos a preencher o quadro. E eu prefiro fazê-los programarem atividades na própria avaliação. É por isso que lhes peço que descrevam suas atividades em um dia típico, o que me fornece informações suficientes para descobrir que tipos de atividades eles estão evitando. Idealmente, você já teve tempo suficiente na avaliação e na primeira sessão para identificar atividades potenciais do cliente. Se não houver tempo suficiente, pode sugerir atividades que estejam em consonância com as aspirações e valores do seu cliente. Em sessões posteriores, você pode fazer uma combinação de sugestão e investigação de outras ideias.

Isto é o que discuto com Abe em nossa primeira sessão de terapia.

JUDITH: [sendo colaborativa] Poderíamos falar sobre como você tem passado o tempo? Você ainda tem se se sentando no sofá, assistido à TV ou usado muito o computador?
ABE: Sim, demais.
JUDITH: [colhendo dados para motivar Abe] Como costuma ficar seu humor depois que você faz isso por algumas horas?
ABE: (*Pensa.*) Muito ruim, eu acho. Sempre penso que deveria ter feito alguma coisa mais produtiva.
JUDITH: Podemos falar sobre algumas outras coisas que você conseguiu fazer esta semana? Acho que isso será um passo importante para assumir o controle.
ABE: OK.
JUDITH: [apresentando uma justificativa] Primeiramente, você deve saber que pesquisas mostram que se você quer vencer a depressão, precisa se tornar mais ativo. Não temos muito tempo hoje, mas acho que você pode pensar em algumas coisas que poderia fazer esta semana.
ABE: Não tenho certeza. [expressando um pensamento automático que poderia ser um obstáculo] Estou muito cansado na maior parte do tempo.
JUDITH: Você estaria disposto a tentar algumas coisas como um experimento? Para ver se está realmente cansado *demais*?
ABE: Sim.
JUDITH: Por exemplo, o que você acha de tentar sair de casa, mesmo que por apenas alguns minutos, na maioria dos dias esta semana?

Quadro de Atividades, Lado Um

Nome: _Eric L._   Data: _24 de outubro_

Aspirações, valores ou objetivos: _Ser um melhor pai e marido. Trabalhar na incústria da música. Cuidar melhor da minha saúde física e mental. Encontrar um lugar onde eu me sinta em casa. Me envolver na comunidade._

Olhe no verso da folha para escalas de avaliação opcionais.

		SEG.	TER.	QUA.	QUI.	SEX.	SÁB.	DOM.
Manhã	6:00–7:00	Dormir						
	7:00–8:00							
	8:00–9:00							
	9:00–10:00	Tirar cochilos – 2						
	10:00–11:00	Levantar/ tomar banho/ vestir-se – 3						
	11:00–12:00	Café da manhã/limpar cozinha (10 min) – 3						
Tarde	12:00–13:00	TV/ computador/ videogame – 2						
	13:00–14:00	TV/ computador/ videogame – 2						
	14:00–15:00	Cochilo – 2						

15:00–16:00	Almoço/ limpar cozinha (10 min) – 3					
16:00–17:00	Ligar para Natasha - 6 Lavanderia (10 min) – 4					
17:00–18:00	Afazeres ou dar uma caminhada – 5					
18:00–19:00	TV/ computador/ videogame – 2 Lavanderia (10 min) – 3					
19:00–20:00	Jantar/ limpar cozinha (10 min) – 3					
20:00–21:00	Andar pelo *shopping* – 4					
21:00–22:00	TV/ computador/ *videogame* – 2					
22:00–23:00	TV/ computador/ *videogame* – 2					
23:00–00:00	Ir para a cama, tentar dormir – 2					
00:00–1:00	Dormir					

Noite

FIGURA 7.1 Quadro de Atividades parcialmente preenchido, lado 1: Acompanhando e avaliando as atividades. Avaliação geral do humor em uma escala de 0-10.

ABE: Acho que eu poderia fazer isso.
JUDITH: Você poderia dar uma caminhada de 5 minutos. Ou poderia ir a algum lugar de carro.
ABE: OK.
JUDITH: [tornando o passo mais específico] Aonde você poderia ir?
ABE: (*Pensa, suspira.*) Bem, tenho que ir ao mercado hoje.
JUDITH: Isso é bom. E quanto aos outros dias?
ABE: Acho que eu poderia ir à loja de ferragens. Tenho que comprar algumas lâmpadas.
JUDITH: Isso parece bom. Você poderia ir a outros lugares, mesmo que não precise de alguma coisa? O importante é demonstrar a si mesmo que você pode começar a assumir mais o controle da sua vida, que – mesmo que esteja cansado – pode começar a voltar a se engajar no mundo.
ABE: Sim, eu entendo.

A seguir, quero me certificar de que Abe está preparado para a possibilidade de que sair não o faça se sentir melhor. Também reforço o modelo cognitivo.

JUDITH: Mas não sei se sair irá afetar seu humor ou não. Isso dependerá do que você estiver pensando. Se você pensar: "De que adianta fazer isso?" ou "Isso é apenas uma gota no oceano", como acha que vai se sentir?
ABE: Deprimido.
JUDITH: Acho que você está certo. E se você pensar: "Ei, isso é muito bom. Mesmo estando cansado, estou assumindo o controle. Este é um passo muito importante", então como acha que se sentiria?
ABE: Melhor.
JUDITH: OK. Mas não quero lhe prometer que sair com certeza vai melhorar o seu humor. Algumas pessoas *de fato* se sentem melhor imediatamente. Mas para outras é como uma caixa de surpresas; você sabe, aquele brinquedo em que você dá corda (*faz um movimento circular com a mão*) e o palhaço salta da caixa?
ABE: Sim. Meus filhos tinham um.
JUDITH: Algumas pessoas podem girar a manivela apenas uma vez e o palhaço já salta – e elas se sentem melhor. Outras pessoas precisam girar a manivela várias vezes. Pode demorar semanas até que o palhaço salte e elas se sintam melhor. Mas você tem que começar por algum lugar.
ABE: Eu devo sair de casa todos os dias?

Não quero definir um item no Plano de Ação com o qual Abe possa ter dificuldades (e depois me culpar), e por isso proponho uma variação.

JUDITH: Talvez devêssemos definir quatro vezes esta semana? Então, quatro vezes é ótimo, e se você fizer mais do que isso, melhor ainda.

ABE: OK.
JUDITH: Devo anotar isso, ou você quer fazer?
ABE: Você pode fazer.
JUDITH: (*Anota no Plano de Ação de Abe.*)

Depois disso, investigo a justificativa de Abe e o ajudo a responder aos pensamentos automáticos que poderiam representar um obstáculo a esses passos, associando essas atividades a suas aspirações e valores.

JUDITH: Agora vamos anotar *por que* seria bom fazer isso.
ABE: Você disse que esse é um primeiro passo para assumir o controle.
JUDITH: Exatamente. (*Anota; depois procura obstáculos potenciais.*) E então, o que poderia atrapalhar?
ABE: (*Suspira.*) Se eu estiver muito cansado.
JUDITH: Você poderia estar realmente muito cansado. E o que você diria a si mesmo se estivesse se sentindo muito cansado? [Faço essa pergunta porque percebo que Abe teria uma boa resposta. Com outros clientes, o questionamento socrático teria sido importante.]
ABE: Acho que "Vá mesmo assim"?
JUDITH: Bom. Vá mesmo assim porque...
ABE: Porque preciso voltar a fazer parte do mundo.
JUDITH: O quanto é importante para você voltar a fazer parte do mundo?
ABE: Muito importante.
JUDITH: [identificando seus valores e aspirações] Por que é importante?
ABE: Para que eu possa voltar ao trabalho. Então me sentirei útil. Então posso ser produtivo.
JUDITH: Mais alguma coisa?
ABE: Sim. Para que eu possa ser um pai e avô melhor.
JUDITH: Devemos escrever alguma coisa sobre isso também? 'Se eu estiver me sentindo muito cansado e tiver vontade de ficar no sofá em vez de sair – ou, suponho, fazer alguma outra coisa – devo me lembrar...
ABE: Tenho que voltar a fazer parte do mundo. É importante sair. Se eu não sair, provavelmente continuarei deprimido.
JUDITH: E você quer voltar a fazer parte do mundo para que possa...
ABE: Ser produtivo, ser melhor para a minha família.
JUDITH: Quando você estiver de volta ao mundo, se sentirá mais útil e competente? No controle? Terá um senso de propósito?
ABE: Sim, todas essas coisas.
JUDITH: Isso é bom. Deixe-me anotar isso no seu Plano de Ação (*pausa*). E devo acrescentar que sair pode ou não afetar seu humor imediatamente? E se não afetar, isso apenas significa que você precisa dar mais corda na caixa de surpresas?

ABE: Sim.
JUDITH: (*Escreve isso.*) E agora, qual é a probabilidade de sair de casa – mesmo que para uma caminhada de apenas 5 minutos ou uma ida rápida a uma loja – pelo menos quatro vezes esta semana?
ABE: Com certeza farei isso.
JUDITH: OK! Mas se você achar que não consegue, tudo bem. Isso apenas significa que provavelmente precisamos começar com algo mais fácil. Mas procure continuar monitorando os pensamentos que possam interferir.
ABE: OK.
JUDITH: Vou acrescentar isso ao Plano de Ação também. (*Faz isso.*)

> **DICAS CLÍNICAS**
>
> Se tal discussão não for persuasiva, você pode tentar o seguinte, como fiz com Maria.

Quando o Cliente Resiste em Programar as Atividades

Quando tentei programar as atividades com Maria na primeira sessão, ela não quis se comprometer com nada específico. Achei que insistir nesse ponto prejudicaria a relação terapêutica, então combinamos que ela tentaria ficar mais ativa em geral. Durante nossa revisão do Plano de Ação na sessão seguinte, o resultado foi que Maria não tinha sido capaz de ser mais ativa, portanto acrescentamos esse objetivo à pauta. Inicio lembrando-a da justificativa para programar as atividades.

JUDITH: Tudo bem se conversarmos sobre algumas atividades esta semana?
MARIA: OK.
JUDITH: Você se lembra do que falamos na semana passada sobre por que isso é importante?
MARIA: Não inteiramente.
JUDITH: Em primeiro lugar, as pesquisas mostram que uma parte essencial da superação da depressão é tornar-se mais ativo. Em segundo lugar, não parece que atualmente haja muita coisa que lhe traga prazer ou a ajude a se sentir competente, efetiva e no controle, não é?
MARIA: Acho que não.
JUDITH: Sabe, a maioria das pessoas deprimidas acha que vai se sentir melhor se ficar na cama. Posso lhe perguntar isso? Você já experimentou ficar na cama realmente por meses e meses? Isso a ajudou a se recuperar da depressão? [fazendo referência às aspirações de Maria] Isso a ajudou a chegar aonde você quer estar na vida – ter mais amigos, trabalhar e ganhar dinheiro, ter um apartamento melhor, encontrar um relacionamento romântico...?
MARIA: Não.

JUDITH: E se você continuar na cama, acha que de repente isso vai funcionar?
MARIA: Acho que não.
JUDITH: Você gostaria de tentar um experimento diferente esta semana?
MARIA: (*Suspira.*) Acho que sim.
JUDITH: Podemos falar sobre atividades que você acha que poderia fazer e que seriam ou significativas ou fáceis. O que seria melhor?
MARIA: Talvez as duas?
JUDITH: Boa ideia. OK, estas são algumas categorias: autocuidado, como tomar banho, vestir-se, comer bem e fazer exercício. Outra categoria é conectar-se com as pessoas. Uma terceira categoria é organizar-se melhor em casa. Uma quarta categoria é recreação ou entretenimento. Então as categorias são autocuidado, conexão com as pessoas, organizar-se melhor e recreação/entretenimento. (*pausa*) Qual dessas categorias você acha que seria fácil e também significativa?
MARIA: Não vejo como programar as atividades vai ajudar. (*um pouco irritada*) Minha *vida* inteira é um desastre.
JUDITH: Que bom que você me disse isso. Eu provavelmente deveria ter explicado um pouco mais. Você está absolutamente certa. Você tem grandes problemas e precisa de ajuda para resolvê-los. Mas veja o que descobri: quando as pessoas estão tão deprimidas quanto você, tentar resolver problemas muito grandes vira uma sobrecarga. E por isso é melhor começar com coisas pequenas e construir confiança, mostrando que você pode assumir o controle de partes da sua vida e que você pode ser eficaz. É por isso que os pequenos passos são importantes.
MARIA: (*Suspira.*) Oh.

Na sequência, lembro Maria sobre suas aspirações e como o fato de concretizá-las faria com que ela se sentisse bem e mudasse sua visão de si mesma e a forma como os outros a veem. Também fizemos um quadro mostrando como suas ações poderiam deixar seu humor melhor ou pior:

Coisas que fazem eu me sentir melhor	Coisas que fazem eu me sentir pior
Encontrar os amigos Procurar coisas para fazer com os amigos (shows, etc.) Cozinhar Olhar fotografias Trabalhar no meu álbum de recortes Ter o apartamento limpo Telefonar para Hillary Fazer um projeto de artesanato Planejar uma viagem	Ficar na cama Tirar longos cochilos Assistir demais à TV Ficar sentada (não ser produtiva) Ficar no telefone com minha mãe quando ela está irritada Ruminar o passado Beber demais Ouvir músicas tristes

Então ela está mais motivada para continuar com a programação das atividades.

JUDITH: Posso revisar as quatro categorias novamente? Autocuidado, conexão com os outros, organizar-se em casa e diversão. Você quer escolher uma categoria?
MARIA: Acho que me organizar melhor em casa.
JUDITH: Bom. Quais são as coisas que você poderia fazer esta semana que seriam relevantes e relativamente fáceis?
MARIA: Não tenho certeza. Não sei se tenho energia para fazer mais do que já estou fazendo.
JUDITH: Você estaria disposta a tentar algumas coisas como um experimento? Para ver se você possivelmente tem mais energia do que prevê?
MARIA: É, acho que sim.
JUDITH: OK, então três coisas que não seriam exageradamente cansativas?
MARIA: Eu poderia jogar fora os jornais e retirar o lixo.
JUDITH: Bom. O que mais?
MARIA: Mudar os lençóis da cama.
JUDITH: Bom. O que mais?
MARIA: (*Pensa.*) Jogar fora alguma comida da geladeira.
JUDITH: Todas essas são coisas boas. O que significaria se você conseguisse fazer essas coisas?
MARIA: Não sei dizer.
JUDITH: Poderia significar que você consegue fazer coisas mesmo se estiver cansada? Que pode começar a assumir o controle da sua vida? Que pode dar os passos para ter uma vida melhor?
MARIA: Sim. Acho que sim.
JUDITH: Podemos escrever isso no seu Plano de Ação?

Depois disso, Maria e eu conversamos sobre obstáculos que poderiam interferir ou que poderiam impedir que ela se sentisse bem ao realizar essas atividades. Discutimos pensamentos inúteis que ela poderia ter antes, durante e depois das atividades. Revimos a importância de se dar o crédito e de preparar um sistema como lembrete. Também discutimos como ela se sentiria quando realizasse essas tarefas e o que isso significaria sobre si mesma e sobre seu futuro. Por último, fazemos disso uma proposição sem perdas: Ou ela faria as atividades ou monitoraria os pensamentos ou problemas práticos que se colocassem no caminho.

USANDO UM QUADRO DE ATIVIDADES

Alguns clientes, como Abe, provavelmente executarão as atividades com que se comprometeram na sessão sem discutir precisamente quando realizá-las. Outros clientes se beneficiam do comprometimento com determinadas atividades em determinados dias e em determinados horários. Você e o cliente podem programar essas atividades colaborativamente em seu Plano de Ação ou usando um Quadro de Atividades (Fig. 7.1). Auxilie o cliente a listar suas aspirações no alto do quadro para ajudar a motivá-lo.

É válido para alguns clientes usar o Quadro de Atividades a fim de planejar colaborativamente um dia inteiro, hora a hora. O cliente pode usar essa programação como modelo, elaborando uma programação mais específica a cada manhã ou na noite anterior. Certifique-se de que a programação esteja no lado fácil, sobretudo quando o cliente estiver mais severamente deprimido. Não é razoável esperar que ele saia de um estado quase completamente inativo para um estado ativo todas as horas do dia. Ele pode precisar programar períodos de inatividade relativa entremeados com atividades que requerem mais esforço.

AVALIANDO AS ATIVIDADES

Quando o cliente usa o Quadro de Atividades para programar as atividades, ele pode posteriormente usar o mesmo quadro para circular ou assinalar quais atividades ele de fato completou. Alguns clientes estão dispostos a preencher o Quadro de Atividades com *todas* as suas atividades, pré-programadas ou não. Você coletará muitos dados importantes se o cliente estiver disposto a avaliar o quanto de sensação de prazer e/ou domínio obteve de cada atividade. Ou ele pode apenas classificar seu humor geral durante a atividade em uma escala de 0-10. O cliente pode criar escalas com exemplos de suas próprias atividades em pontos de ancoragem como 1, 5 e 10 ou 2, 5 e 8. (Ver Fig. 7.2 para dois tipos de escalas de avaliação.)

Quando as pessoas estão deprimidas, suas memórias costumam ser mais negativas do que a experiência real. O cliente pode achar que um dia ou uma semana inteira foi ruim. Fazer as avaliações imediatamente após uma atividade (ou na hora do almoço, do jantar ou de dormir) o ajuda a reconhecer as partes que foram melhores. E permite que, juntos, vocês descubram se ele precisa programar mais atividades de prazer, domínio, sociais ou de autocuidado – e se deve reduzir outras atividades.

Mas há uma ressalva: alguns clientes não gostam de escalas de avaliação. Outros podem não ter motivação para monitorar suas experiências. Certifique-se de que o cliente tem alta probabilidade de avaliar suas atividades – em caso negativo, poderá ser melhor deixar as avaliações como opcionais. Por outro lado, clientes que tendem a ser organizados e orientados para detalhes podem estar dispostos a monitorar todas as suas atividades durante a semana *e* avaliá-las.

Escalas de Avaliação para o Quadro de Atividades		
Nome: Eric L.		Data: 24 de outubro

Orientações (opcional): Use a primeira ou a segunda escala e preencha as atividades.

	PRAZER	DOMÍNIO
0	Discutir com o parceiro.	Pensar sobre a dívida no meu cartão de crédito.
5	Assistir a um jogo de hóquei na TV.	Varrer as folhas do chão.
10	Ficar sabendo da minha promoção.	Terminar a corrida de 5 km.

	ESCALA DE AVALIAÇÃO GERAL	
0	Muito estressado/deprimido	Quando minha namorada rompeu comigo
5	Humor neutro	Realizando tarefas
10	Sentindo-se ótimo	Ir a um jogo de futebol

FIGURA 7.2 Quadro de Atividades, lado 2: Escalas de avaliação.

TIPOS DE ATIVIDADES

Se você não sabe quais atividades sugerir ao cliente, pode revisar seu dia típico (pp. 119-121). Então faça a si mesmo estas perguntas:

> "Considerando as aspirações do meu cliente...
> Que atividades o cliente está fazendo demais?
> Que atividades ele está fazendo de menos ou evitando completamente?
> Ele tem um bom equilíbrio entre domínio, prazer, autocuidado e experiências sociais?
> O que ele pode fazer que seja significativo e levará a emoção positiva, conexão e empoderamento?
> O que ele pode fazer que o ajude a tirar conclusões positivas, especialmente sobre si mesmo?"

Pergunte-se também: "Em que novas atividades o cliente tem mais probabilidade de se engajar?".

Quando relevante, você pode sugerir que o cliente procure *on-line* atividades prazerosas ou *hobbies* ou que converse com outras pessoas para descobrir o que elas fazem. Quando apropriado, pode sugerir que se engaje em algumas atividades com familiares, amigos, vizinhos ou outras pessoas na comunidade. Em qualquer um dos casos, ao revisar seus Planos de Ação em sessões posteriores, ajude o cliente a tirar conclusões sobre essas experiências e especialmente o que o fato de ter feito essas coisas diz a respeito dele. No próximo capítulo, você lerá mais a respeito da definição e revisão de Planos de Ação e o que fazer quando o cliente tem dificuldades de executá-los.

> **DICAS CLÍNICAS**
>
> *Quando o cliente tem comportamento ou hábito problemático*
> Clientes com compulsão alimentar, tabagismo, uso de substâncias, gastos excessivos, problemas com jogos de azar ou que agem de forma raivosa ou agressiva podem registrar todas as suas atividades para investigar padrões de ocorrência, ou podem apenas registrar a ocorrência de comportamentos mal-adaptativos.

USANDO O QUADRO DE ATIVIDADES PARA AVALIAR PREVISÕES

Quando o cliente não acredita que a programação das atividades possa ajudar, você pode lhe pedir que *preveja* os níveis de domínio, prazer e conexão ou como será seu humor geral em um Quadro de Atividades e depois registre suas avaliações *reais*. Essas comparações podem ser uma fonte útil de dados. Se ele achar que suas previsões são imprecisas, em geral ficará mais motivado para continuar programando atividades. Se as previsões do cliente se revelarem acuradas, você fará perguntas para conceitualizar o problema, e então provavelmente fará resolução de problemas e responderá ao pensamento inútil.

JUDITH: Podemos dar uma olhada em suas previsões no Quadro de Atividades e o que realmente *aconteceu*?
MARIA: (*Acena afirmativamente com a cabeça.*)
JUDITH: (*Olha para o primeiro quadro.*) Vamos ver... Parece que você previu escores muito baixos, predominantemente 0 e 1, para as três vezes em que programou se encontrar com seus amigos, mas na verdade você avaliou o prazer e o sentimento de conexão como 4 e 5. (*pausa*) O que você conclui disso?
MARIA: Acho que eu estava errada. Achei que não ia me divertir, mas me diverti, pelo menos um pouco.
JUDITH: O que acha que isso diz sobre você – o fato de estar disposta a se encontrar com seus amigos mesmo tendo previsto que não iria se divertir?
MARIA: Acho que mostra que estou disposta a experimentar as coisas.
JUDITH: Com certeza! Esse é um bom sinal. (*pausa*) Você gostaria de programar mais atividades sociais para a próxima semana?
MARIA: Sim.

JUDITH: Bom. Você vê o que poderia ter acontecido – e, de fato, o que estava acontecendo antes de vir para a terapia? Você ficava prevendo que não iria se divertir com seus amigos, e então não fazia planos. Na verdade, você não aceitava os convites que eles lhe faziam. Parece que este Plano de Ação a ajudou a testar suas ideias. Você descobriu que estava enganada ao achar que não iria se divertir, e agora parece que está mais disposta a programar mais. É isso mesmo?
MARIA: Sim, mas isso me faz lembrar de uma coisa: eu queria falar mais sobre uma previsão que na verdade se revelou pior.
JUDITH: OK, quando foi isso?
MARIA: Eu previ que teria um 5 em prazer quando fui ao parque no fim de semana. Mas foi um 2.
JUDITH: Você tem alguma ideia do por quê?
MARIA: Na verdade, não.
JUDITH: Como você estava se sentindo lá?
MARIA: Meio triste.
JUDITH: O que estava passando pela sua mente?
MARIA: Não sei. Quero dizer, ir ao parque era uma das coisas que eu mais gostava de fazer. Mas não gostei, só me senti cansada.
JUDITH: Você teve pensamentos assim – "Ir ao parque era uma das coisas que eu mais gostava de fazer. Não estou gostando disso. Estou tão cansada"?
MARIA: Sim, acho que sim.
JUDITH: Mais alguma coisa passou pela sua mente?
MARIA: Lembro-me da vez em que fui lá com meu ex-namorado. Foi logo depois que nos conhecemos. Eu estava cheia de expectativas com nosso relacionamento.
JUDITH: Você teve uma imagem daquela ocasião na sua mente?
MARIA: Sim, nós estávamos passeando, de mãos dadas. Eu estava lhe dizendo os nomes de todas as flores que conhecia. Mas ele acabou rompendo comigo.
JUDITH: OK, deixe-me ver se eu entendi. [resumindo] Aqui no meu consultório você achou que teria um senso de prazer moderado quando fosse ao parque. Mas, em vez disso, teve muito pouco prazer. É como se estivesse pensando em como as coisas eram e então teve alguns pensamentos negativos como "Ir ao parque era uma das coisas que eu mais gostava de fazer; não estou gostando disso; estou muito cansada". E também teve uma imagem na sua mente de um momento específico em que foi lá pela primeira vez com Roger, mas então se lembrou de que ele rompeu com você. E esses pensamentos e a lembrança fizeram com que você se sentisse triste. (*pausa*) Está correto?
MARIA: Sim.

Nessa última parte, uso o Quadro de Atividades para identificar pensamentos automáticos que estão impedindo que Maria desfrute de uma atividade. A seguir, encontramos respostas a esses pensamentos e à lembrança para que ela possa aproveitar mais o parque no futuro.

> **DICAS CLÍNICAS**
>
> *Quando o cliente não está no momento*
> É importante que o cliente dê total atenção à atividade em que está engajado. Caso se engaje em ruminação depressiva ou em pensamento obsessivo, *mindfulness* (Cap. 16) pode ajudá-lo a permitir que os pensamentos venham e vão enquanto ele foca sua atenção na sua experiência imediata.

RESUMO

Programar atividades é essencial para a maioria dos clientes deprimidos. Muitos precisam de uma justificativa, um lembrete das suas aspirações, orientação na seleção e programação das atividades, instrução sobre como focar sua atenção integralmente na experiência (e como trazer seu foco de volta para a experiência quando sua mente se dispersa) e respostas aos pensamentos automáticos previstos que podem impedir que comecem atividades ou interferir na obtenção de uma sensação de prazer, domínio ou conexão. Os terapeutas muitas vezes precisam ser gentilmente persistentes na tarefa de ajudar os clientes a se tornarem mais ativos. Clientes que são relativamente inativos no começo são beneficiados ao aprender a criar e aderir a uma programação diária com graus crescentes de atividade. Clientes que são céticos em relação à programação das atividades podem se beneficiar da realização de experimentos comportamentais para testar suas ideias e/ou checar a acurácia de seus pensamentos automáticos, comparando suas previsões com o que ocorre na realidade.

> **PERGUNTAS PARA REFLEXÃO**
>
> Por que programar atividades é tão importante para a maioria dos clientes com depressão? Como você pode conceitualizar a inatividade relativa e a falta de domínio ou prazer de um cliente?

EXERCÍCIO PRÁTICO

Usando um Quadro de Atividades, programe para a próxima semana algumas atividades relevantes que estejam em consonância com suas aspirações, e com as quais você pode ter dificuldade de se comprometer. Crie escalas para prever a sensação de prazer, domínio e/ou conexão que você obterá ao realizar cada atividade. Use as mesmas escalas para anotar suas avaliações reais depois de se engajar nessas atividades.

8
Planos de ação

Os Planos de Ação (tradicionalmente chamados de "tarefa de casa") devem ser considerados uma parte integrante, não opcional, da terapia cognitivo-comportamental (TCC) (Beck et al., 1979; Kazantzis et al., 2018; Tompkins, 2004). Lembre-se do que dizemos aos clientes na avaliação ou na primeira sessão:

> A forma como as pessoas melhoram é fazendo pequenas mudanças no seu comportamento e pensamento todos os dias.

Em cada sessão, os clientes precisam aprender novas formas de pensar e agir, as quais irão praticar em casa. Pesquisadores descobriram que os clientes de TCC que executam Planos de Ação progridem significativamente melhor na terapia do que aqueles que não executam (ver, p. ex., Callan et al., 2019; Kazantzis et al., 2016).

É muito importante que o cliente experimente (e reconheça seu) sucesso e aprenda com cada item do Plano de Ação. Quando faz isso, a terapia progride mais rápido e ele tem um crescente sentimento de esperança, domínio, autoeficácia e controle, e seu humor e sintomas melhoram. Quando não tem sucesso, ele frequentemente se torna autocrítico ou sem esperança. Neste capítulo, você encontrará respostas para as seguintes perguntas:

> **Como você define Planos de Ação?**
> **Quais são os vários tipos de itens no Plano de Ação?**
> **Como você encoraja os clientes a definirem seus próprios Planos de Ação?**
> **Como você aumenta a probabilidade de os clientes executarem com sucesso seus Planos de Ação?**

Como você pode prever e evitar problemas na adesão?
Como você pode preparar os clientes para um potencial desfecho negativo?
Como você revisa os Planos de Ação na sessão seguinte?
Como você conceitualiza e resolve problemas na realização dos Planos de Ação?
Que tipos de crenças podem interferir na realização dos Planos de Ação?
Que cognições inúteis os terapeutas podem ter?

DEFININDO PLANOS DE AÇÃO

Não existe uma fórmula estabelecida para determinar Planos de Ação. Como você e o cliente decidem o que seria bom que o cliente fizesse? Isso depende da sua conceitualização, das aspirações do cliente, do que vocês discutiram na sessão (que é influenciado pelo seu plano de tratamento global e pelos objetivos dele), do que você e o cliente pensam que ajudará mais e, acima de tudo, do que o cliente está disposto e é capaz de fazer. Quanto mais deprimido o cliente estiver se sentindo no começo do tratamento, mais seus Planos de Ação devem inicialmente enfatizar a mudança do comportamento (p. ex., por meio da programação das atividades). O trabalho cognitivo inicial costuma envolver a modificação de pensamentos automáticos que poderiam interferir na execução dos Planos de Ação comportamentais ou na aquisição de um sentimento de realização, prazer ou conexão por se engajar nas atividades planejadas. À medida que os sintomas melhorarem, você acrescentará uma ênfase na mudança cognitiva.

Bons Planos de Ação oferecem ao cliente oportunidades de

- tirar conclusões positivas sobre suas experiências e sobre si mesmo;
- educar-se (p. ex., por meio de biblioterapia);
- coletar dados (p. ex., pelo monitoramento de seus pensamentos, sentimentos e comportamento);
- avaliar e modificar (ou desprender-se de) suas cognições;
- praticar habilidades cognitivas e comportamentais; e
- experimentar novos comportamentos.

TIPOS DE ITENS NO PLANO DE AÇÃO

Além de programar atividades, muitos Planos de Ação contêm as seguintes atividades continuadas:

1. *Ler as anotações da terapia.* Depois de discutir uma questão ou problema, você pedirá que o cliente resuma ou relate o que pensa que seja mais importante de lembrar

e fazer (pp. 258-261). Você geralmente vai sugerir ideias adicionais para deixar as anotações da terapia mais robustas.

2. *Monitorar os pensamentos automáticos.* Desde a primeira sessão, você irá encorajar o cliente a se perguntar: "O que está passando pela minha mente neste momento?" quando notar que seu humor está mudando ou que está se engajando em comportamento inútil. Você lhe pedirá para se lembrar de que seu pensamento pode ser verdadeiro ou não verdadeiro ou não completamente verdadeiro. Ele pode anotar seus pensamentos (em seu telefone, computador ou simplesmente no papel, em um caderno, um cartão de fichário ou uma folha de exercícios).

3. *Avaliar e responder aos pensamentos automáticos.* Em virtualmente todas as sessões, você ajudará o cliente a modificar seus pensamentos incorretos ou inúteis, sobretudo aqueles que interferem na execução dos seus Planos de Ação. Você também o ensinará a avaliar seu pensamento por conta própria.

4. *Realizar experimentos comportamentais.* Para testar a validade das previsões negativas, em geral é importante planejar colaborativamente experimentos que o cliente possa conduzir entre as sessões (ou na sessão). Usar o questionamento socrático primeiro é muitas vezes útil, mas na verdade refutar previsões no mundo externo através da experiência pessoal costuma resultar em mudança cognitiva e emocional significativamente maior (Bennett-Levy et al., 2004).

5. *Desprender-se de pensamentos* que fazem parte de um processo de pensamento inútil (autocrítica, ruminação, pensamento obsessivo ou pensamentos intrusivos frequentes). Você pode ensinar ao cliente técnicas de *mindfulness* para praticar entre as sessões.

6. *Implementar passos em direção aos objetivos.* Você perguntará ao cliente sobre seus objetivos para cada sessão e decidirá colaborativamente os passos que ele deseja dar na semana seguinte. Também identificará obstáculos para que esses passos sejam dados e fará reestruturação cognitiva para cognições que podem vir a interferir, e/ou solução de problemas, e/ou treinamento de habilidades.

7. *Engajar-se em atividades para melhorar o afeto.* Essas atividades costumam estar intimamente associadas às aspirações, valores e objetivos do cliente e muitas vezes promovem autocuidado, interação social, melhor organização (em casa e/ou no trabalho) e/ou um sentimento de prazer, domínio ou propósito.

8. *Listar os créditos.* Idealmente, o cliente se elogia mentalmente e mantém por escrito uma lista contínua durante o dia de qualquer coisa que faça e que seja um pouco difícil, mas que ele faz mesmo assim. Essa tarefa é de especial importância quando o cliente é autocrítico ou tem crenças nucleares de incompetência ou impotência. Uma

boa justificativa para a tarefa é que ela ajuda as pessoas a recuperarem a confiança em si mesmas e a se verem de forma mais realista. Se você der crédito a si mesmo durante o dia (como eu faço), poderá usar a autoexposição para motivar o cliente a fazer o mesmo.

9. **Praticar habilidades comportamentais.** Para efetivamente resolver seus problemas, o cliente pode precisar aprender novas habilidades, as quais irá praticar como parte do seu Plano de Ação. Por exemplo, você pode ensinar *mindfulness* ou relaxamento, regulação emocional, comunicação ou habilidades organizacionais ou de administração do tempo ou de planejamento do orçamento.

10. **Engajar-se em biblioterapia.** Você pode reforçar conceitos importantes que foram discutidos na sessão quando o cliente lê sobre eles entre as sessões. Muitos clientes se beneficiam da leitura de algumas páginas sobre depressão em um livro (*www.abct. org/SHBooks*) ou um folheto (J. S. Beck, 2020) de TCC para leigos. Esses materiais podem reforçar ideias importantes que vocês examinaram na sessão. Peça que o cliente faça anotações mentais ou por escrito enquanto lê: Com o que concorda? Do que discorda? Que perguntas ele tem? No entanto, seja cuidadoso ao sugerir este item no Plano de Ação. Leve em consideração o nível de concentração e a motivação do cliente ao sugerir o quê e o quanto ler. Se ele tentar ler e não conseguir compreender o material, poderá ser autocrítico ou temer a sua crítica.

11. **Preparar-se para a próxima sessão de terapia.** A parte inicial de cada sessão de terapia pode ser muito acelerada se o cliente refletir sobre o que será importante lhe dizer antes que entre no consultório. A Folha de Exercícios de Preparação para a Terapia (Fig. 10.3, p. 174) pode ajudar a prepará-lo.

ENCORAJANDO O CLIENTE A DEFINIR PLANOS DE AÇÃO

No começo do tratamento, você pode precisar sugerir itens para o Plano de Ação; em geral os clientes não sabem o que seria benéfico que fizessem. À medida que a terapia progride, encoraje-os a definir seus próprios Planos de Ação.

> "O que você gostaria de fazer esta semana [sobre o problema ou sobre como se aproximar mais do seu objetivo]?"
> "O que você poderia fazer se começar a ficar desconfortavelmente ansioso?"
> "Como você vai manejar [esse obstáculo] caso ele surja?"

Clientes que rotineiramente definem seus Planos de Ação têm maior probabilidade de continuar fazendo isso depois que o tratamento tiver terminado.

AUMENTANDO A ADESÃO AO PLANO DE AÇÃO

Muitos clientes fazem Planos de Ação com boa vontade e facilmente; outros, não. Mesmo os terapeutas mais experientes por vezes encontram dificuldades com algum cliente. No entanto, inicialmente você deve partir do princípio de que todos os clientes (a não ser que tenham um nível de funcionamento muito baixo) *irão* criar Planos de Ação se você prepará-los apropriadamente. Estas são algumas diretrizes a serem seguidas:

- Adapte os Planos de Ação ao indivíduo.
- Forneça ou identifique a justificativa.
- Defina Planos de Ação colaborativamente; busque a contribuição e concordância do cliente.
- Torne os Planos de Ação mais fáceis, e não mais difíceis.
- Forneça instruções explícitas.
- Defina um sistema como lembrete.
- Dê início ao Plano de Ação (quando possível) na sessão.
- Peça que o cliente se imagine concluindo um Plano de Ação.

Adapte os Planos de Ação ao Indivíduo

Os Planos de Ação não devem ser uniformizados. Você e seu cliente decidirão colaborativamente o que deve ser um item no Plano de Ação. Ao sugerir uma tarefa, leve em consideração as características individuais do seu cliente:

- Suas aspirações, objetivos, pontos fortes e recursos pessoais
- Suas habilidades de leitura, escrita e intelectuais
- Suas preferências
- Seu nível de motivação
- Seu nível atual de estresse, sintomas, funcionamento executivo e funcionamento geral (cognitivo, emocional, comportamental e social)
- Restrições práticas (p. ex., tempo, oportunidade, falta de cooperação dos familiares)

Abe, na maior parte das vezes, era um cliente motivado que estava disposto a trabalhar duro para vencer sua depressão. No começo, ele conquistou muito mais entre as sessões do que Maria, que se mostrava altamente cética de que a terapia pudesse ajudar e estava funcionando em um nível mais baixo.

Um Plano de Ação razoável para um cliente pode ser desproporcionado para outro. Muitos clientes, como Abe, são capazes de identificar seus pensamentos automáticos na primeira ou segunda sessão e você pode sugerir que eles tentem fazer o mesmo entre as sessões. Maria, no entanto, não entendeu o modelo cognitivo na primeira sessão e, de fato, ficou um pouco irritada quando tentei lhe explicar de outro modo. Ela disse: "Você não entende; eu não *sei* o que estava passando pela minha mente. Tudo o que sei é que eu estava muito incomodada!". Um Plano de Ação para monitorar seus pensamentos automáticos teria sido inapropriado nessa sessão.

Forneça ou Identifique a Justificativa

Os clientes têm maior probabilidade de executar Planos de Ação quando você fornece uma justificativa, pois assim eles podem ver como e por que isso os ajudaria. Você pode dizer, por exemplo, "Pesquisas mostram que o exercício frequentemente ajuda as pessoas a ficarem menos deprimidas. O que acha de fazer mais exercícios algumas vezes esta semana?".

Fazer perguntas para associar os Planos de Ação a suas aspirações, objetivos e valores pode motivar o cliente. Estes são alguns exemplos:

> "Por que se dar ao trabalho de controlar seu comportamento quando você está com raiva?"
> "Qual seria o problema de perguntar às pessoas se elas podem lhe ajudar?"
> "Por que conseguir um trabalho é importante para você?"
> "Você consegue ver como fazer-se ouvir no trabalho pode ajudá-lo a se sentir mais autoconfiante?"
> "Se você conseguisse ajudar seus vizinhos, o que isso diria a seu respeito?"

Defina Planos de Ação Colaborativamente

Tome cuidado para não indicar unilateralmente os itens para o Plano de Ação. Busque a contribuição e concordância do cliente. Por exemplo, você pode dizer:

> "O que você acha de [pedir que seu chefe mude seu horário de trabalho]?"
> "Você acha que ajudaria se [você lesse este cartão de enfrentamento antes de sair de casa]?"
> "Você quer praticar [uma técnica particular] esta semana?"
> "Acho que se você [entrar no chuveiro assim que acordar], isso demonstrará a si mesmo que [você pode assumir mais controle do seu dia]. O que acha? Isso é algo que queira tentar?"

Opte pelo Lado Fácil

Um erro típico cometido por terapeutas inexperientes é sugerir Planos de Ação que são difíceis demais para clientes deprimidos, por exemplo, fazendo-os preencher um registro de pensamentos diário imediatamente depois de dar início ao modelo cognitivo. Lembre-se, eles em geral não têm energia e motivação. Suas habilidades de concentração e funcionamento executivo podem estar prejudicadas. Quando aplicável, divida uma tarefa grande em partes mais administráveis. Por exemplo, você pode sugerir que o cliente leia um capítulo de um livro de TCC para leigos, passe 10 minutos ocupado com documentos e papéis, ou lave uma carga de roupas.

Forneça Instruções Explícitas

Durante boa parte do tempo, você orientará o cliente a decidir quando, onde e por quanto tempo (e algumas vezes com quem) deve executar itens do Plano de Ação. Abe e eu combinamos, por exemplo, que ele iria ao banco imediatamente após uma de nossas sessões de terapia e solicitar um formulário para pedido de empréstimo. Ele então passaria 15 minutos preenchendo o formulário assim que chegasse em casa.

Defina um Sistema como Lembrete

É vital registrar – ou pedir que o cliente registre – seus Planos de Ação todas as semanas, começando pela primeira sessão. Se o Plano de Ação for registrado por escrito, pergunte-lhe onde irá guardá-lo e como se lembrará de olhá-lo. Ele pode

- associar um Plano de Ação a outra atividade diária (p. ex., "Que tal anotar o crédito que você merece na hora das refeições e um pouco antes de ir para a cama?");
- colar notas adesivas na geladeira, no espelho do banheiro, no computador ou no painel do seu carro;
- usar sua agenda, dispositivo móvel, *timer* ou computador para alertá-lo (você pode sugerir que ele configure um alarme no seu telefone celular enquanto está no consultório com você); e/ou
- pedir que outra pessoa o lembre.

Você também pode perguntar como ele costuma se lembrar de fazer outras atividades regularmente programadas, como tomar vitaminas ou remédios. Para as atividades que você quer que ele se lembre durante o dia (como monitorar seus pensamentos automáticos ou dar o crédito a si mesmo), ele pode colar notas adesivas ou configurar alarmes em seu telefone. Ou você pode sugerir que ele use um elástico no pulso, troque o relógio para o outro braço ou use uma pulseira que não está acostumado a usar. Cada vez que observar seu pulso, poderá se lembrar do Plano de Ação.

Dê Início ao Plano de Ação na Sessão

Quando aplicável, sugira que o cliente inicie o Plano de Ação ali mesmo, na própria sessão de terapia. Isso lhe dá oportunidade de avaliar a sua capacidade. Se você deseja que o cliente preencha folhas de exercícios, por exemplo, primeiro certifique-se na sessão de que ele consegue fazê-lo; se não conseguir preencher uma com você, é bastante improvável que faça isso fora da sessão. Dar início a um Plano de Ação na sessão também aumenta a probabilidade de que o cliente dê prosseguimento a ele em casa. Continuar um Plano de Ação é muito mais fácil do que iniciar um. Isso é especialmente crucial, pois os clientes com frequência descrevem a parte mais difícil de realizar Planos de Ação como sendo o período *um pouco antes* de começarem.

Peça que o Cliente se Imagine Concluindo um Item do Plano de Ação

O cliente tem maior probabilidade de concluir seus Planos de Ação se visualizar um desfecho positivo. Sugira que ele imagine um momento específico na próxima semana em que acabou de concluir uma tarefa ou atividade. Peça que imagine que está dando o crédito a si mesmo. Você pode discutir várias maneiras de fazer isso (p. ex., "Que bom que eu fiz isso"; "Eu mereço o crédito [por fazer isso]"; "Isso é bom"; "Este é um passo importante para mim"; "Isso vai me ajudar a atingir meu objetivo").

Também é aconselhável que ele visualize e verbalize o que foi bom na experiência, o que a experiência significou para ele e o que ela disse sobre ele, e como se sentiu emocionalmente. Veja se ele consegue experimentar parte da mesma emoção positiva ali mesmo na sessão com você (Beck et al., no prelo).

PREVENDO E EVITANDO PROBLEMAS

É muito importante prever os tipos de obstáculos que os clientes podem enfrentar na execução dos Planos de Ação. Para aumentar a probabilidade de fazerem isso, há várias coisas que você pode fazer:

- Verifique a probabilidade de realização.
- Preveja os obstáculos; faça um ensaio encoberto quando indicado.
- Esteja alerta às reações negativas do cliente.
- Examine as vantagens e desvantagens.
- Modifique o Plano de Ação.
- Faça dos Planos de Ação uma proposição sem perdas inicialmente.

Verifique a Probabilidade de Realização

É importante prever obstáculos potenciais ao definir os Planos de Ação. Reflita sobre os pensamentos automáticos ou problemas práticos que podem se colocar no caminho. A pergunta mais importante a ser feita ao cliente para avaliar a probabilidade de concluir seu Plano de Ação é esta:

> "Qual é a probabilidade de você fazer isso, de 0 a 100%?"

Identifique Obstáculos e Faça um Ensaio Encoberto

Quando o cliente diz que tem menos de 90% de certeza de que colocará seu Plano de Ação em prática, você precisará descobrir o que poderia atrapalhar. Em uma ocasião, Maria tinha apenas 75% de certeza. Eu lhe perguntei:

> "Qual é a parte dos 25% que acha que você não fará isso?"

Você também pode perguntar:

> "Por que você tem 75% de certeza e não 50% de certeza?"
> "O que poderíamos fazer para que você passe de 75% para 95%?"
> "Quais são as vantagens e desvantagens de executar o Plano de Ação?"

Dependendo das respostas do seu cliente, você pode

> - resolver problemas;
> - treinar habilidades;
> - ajudar a responder aos pensamentos automáticos que interferem; e/ou
> - tornar o Plano de Ação mais fácil ou opcional.

Com Maria, uso diversas técnicas para aumentar a probabilidade de ela executar um item do Plano de Ação. Primeiramente, pergunto sobre os obstáculos. Depois peço que se comprometa com quando executaria o item. A seguir, uso o *ensaio encoberto*. Peço-lhe que se visualize executando o Plano de Ação e a ajudo a responder a um pensamento que interfere. Peço-lhe que imagine que está lendo a resposta. Por fim, conversamos sobre o que ela gostaria de se lembrar para responder a outro pensamento automático.

JUDITH: Você acha que alguma coisa poderia impedi-la de pedir ajuda a Randy?
MARIA: Não tenho certeza.
JUDITH: [ajudando-a a especificar e se comprometer com um horário] Quando seria um bom horário para telefonar para ela?

MARIA: Acho que sábado de manhã, porque ela não estará no trabalho.
JUDITH: Você pode imaginar que neste momento seja sábado de manhã? Consegue visualizar? Que horas são? Onde você está?
MARIA: Por volta de 10 horas, acho. Estou na cozinha. Acabei de tomar o café da manhã.
JUDITH: Você consegue se imaginar dizendo a si mesma: "Eu deveria ligar para Randy"?
MARIA: Sim.
JUDITH: Como está se sentindo?
MARIA: Um pouco nervosa, acho.
JUDITH: O que está passando pela sua mente?
MARIA: Não quero telefonar para ela [pensamento automático]. Talvez eu deva tentar descobrir sozinha como organizar as minhas coisas.
JUDITH: Bem, você *poderia* fazer isso. Você acha que teria sucesso?
MARIA: (*Pensa.*) Não, acho que não. Já tentei e não sei o que fazer. Mas ela poderia dizer que está muito ocupada ou algo parecido [pensamento automático na forma de uma previsão].
JUDITH: Realmente, ela poderia. Você quer se lembrar do que acabamos de conversar? Telefonar para ela é como um experimento. Que nós não saberemos o que vai acontecer, a menos que você ligue? Que se ela não for prestativa, juntas iremos elaborar um Plano B? (*pausa*) Ajudaria colocar isso no seu Plano de Ação para que você possa ler algumas vezes desde agora até sábado de manhã?
MARIA: Provavelmente.
JUDITH: OK. Agora você consegue imaginar que está na cozinha? Você está pensando: "Vou tentar organizar as minhas coisas eu mesma". O que acontece agora?
MARIA: Não quero telefonar para ela. Acho que eu deveria ler o Plano de Ação.
JUDITH: Boa ideia. Onde ele está?
MARIA: Na gaveta de cima da minha cômoda.
JUDITH: Você consegue se ver indo buscar o Plano? Ou seria melhor deixá-lo na cozinha?
MARIA: Naquele lugar está bom. Se alguém chegar, não quero que o veja.
JUDITH: OK. Você consegue se imaginar pegando o Plano de Ação e o lendo?
MARIA: Sim.
JUDITH: E agora, o que acontece?
MARIA: Provavelmente me lembro de por que eu *deveria* ligar para ela, mas ainda não quero. Então em vez disso faço outra coisa.
JUDITH: Que lembrete você poderia fazer a si mesma nesse momento?
MARIA: Que eu posso ligar para ela e superar isso. Que talvez ela *vá* me ajudar. Que se eu não ligar nesse momento, pode ser que acabe não ligando mais e vou perder essa possível ajuda.
JUDITH: Bom. Então o que acontece?

MARIA: Eu ligo para ela.
JUDITH: E depois?
MARIA: Bem, ou ela dirá que vai me ajudar ou dirá que não pode.
JUDITH: E se ela não puder, podemos imaginar o que fazer na próxima semana. (*pausa*) O que você acha que devemos escrever no seu Plano de Ação?

Este tipo de ensaio encoberto usando o imaginário ajuda você a descobrir obstáculos práticos e cognições disfuncionais que podem atrapalhar a execução dos Planos de Ação.

Esteja Alerta às Reações Negativas do Cliente

Quando o cliente tem uma reação negativa enquanto vocês estão definindo os Planos de Ação, primeiro o reforce positivamente por lhe deixar saber. Depois especifique o problema e estabeleça seu significado para ele. A seguir, interfira (ou, se não houver tempo suficiente, assinale o problema para intervenção na sessão seguinte). Em uma sessão inicial, Maria e eu havíamos acabado de discutir um Plano de Ação. Noto que ela parece mais angustiada.

JUDITH: Maria, você está se sentindo um pouco mais incomodada agora? O que estava passando pela sua mente?
MARIA: Não sei... Não estou certa de que essa terapia é para mim.
JUDITH: Você não acha que ela vai ajudar?
MARIA: Não, na verdade não. Você sabe, eu tenho problemas na vida real. *Não* é apenas o meu pensamento.
JUDITH: Que bom que você me contou. Isso me dá a oportunidade de dizer que eu *realmente* acredito que você tem problemas na vida real. Não tive a intenção de sugerir que não. Os problemas com sua mãe e sua irmã e seus sentimentos de solidão... É claro, todos esses são problemas reais, problemas em que trabalharemos juntas para resolver. Eu *não* acho que tudo o que precisamos fazer é olhar para seus pensamentos. Lamento se lhe dei essa impressão.
MARIA: Tudo bem... É só que... bem, eu me sinto tão sobrecarregada. Não sei o que fazer.
JUDITH: Você está disposta a voltar na próxima semana para que possamos trabalhar juntas nos sentimentos de sobrecarga?
MARIA: Sim, acho que sim.
JUDITH: O Plano de Ação está contribuindo para o sentimento de sobrecarga, também?
MARIA: (*pausa*) Talvez.
JUDITH: Como você gostaria de deixá-lo? Poderíamos tornar o Plano de Ação opcional, ou parte dele opcional, se quiser.

MARIA: (*suspiro de alívio*) Sim, assim seria melhor.
JUDITH: O que parece ser mais difícil de fazer?
MARIA: Tentar monitorar meus pensamentos.
JUDITH: OK, vamos escrever "opcional" ao lado deste item. Ou devo simplesmente riscá-lo?
MARIA: Não, você pode escrever "opcional".
JUDITH: (*Faz isso.*) O que mais parece ser difícil?
MARIA: Talvez ligar para meus amigos. Não sei se estou pronta para isso.
JUDITH: OK, devo escrever "opcional" ou riscar?
MARIA: Talvez riscar.
JUDITH: OK. (*Faz isso.*) Há algo mais lhe incomodando?

Quando Maria me dá *feedback* negativo, reconheço que preciso fortalecer a aliança terapêutica. O que teria acontecido se eu não pedisse *feedback* ou fosse menos apta para lidar com seu *feedback* negativo? É possível que Maria não tivesse executado o Plano de Ação. (Também é possível que não retornasse para outra sessão.)

Uso essa dificuldade como uma oportunidade para refinar minha conceitualização. Minha flexibilidade quanto ao Plano de Ação ajuda Maria a reexaminar suas apreensões em relação à adequação da TCC. Ao responder ao *feedback* e fazer ajustes razoáveis, demonstro compreensão e empatia por Maria, o que facilita a colaboração e a confiança. No futuro, certifico-me de que ela não se sinta sobrecarregada pelos Planos de Ação. E no começo da sessão seguinte, reforço a importância do nosso trabalho como uma equipe a fim de adaptar o tratamento e o Plano de Ação de forma que esteja bom para ela.

Examine as Vantagens e Desvantagens

Quando o cliente não tem certeza de que irá executar um item do Plano de Ação, vocês podem colaborativamente decidir examinar as vantagens e desvantagens de fazê-lo *versus* as vantagens e desvantagens de não fazê-lo (ver Cap. 19, pp. 324-326). Depois disso, você pede que o cliente pese os itens para decidir sobre o que é mais importante para ele. Ao trazer à tona as vantagens, descubra se ele prevê que sentiria alívio ao não realizar a atividade ou tarefa. Em caso afirmativo, você poderá precisar ajudá-lo a examinar o quadro mais amplo.

JUDITH: Como estava o seu humor quando você decidiu ficar na cama até o meio-dia?
MARIA: (*Suspira.*) Bem, primeiro eu me senti melhor.
JUDITH: E como se sentiu quando se levantou ao meio-dia?
MARIA: Muito mal. Eu não tinha feito nada dessas coisas que falamos em fazer.
JUDITH: Então, o que você conclui?

MARIA: Eu sempre acho que vou me sentir melhor quando fico na cama, mas geralmente não é assim, não mais do que alguns minutos.
JUDITH: E ficar na cama lhe deixa mais próxima dos seus objetivos de longo prazo ou mais distante?
MARIA: (*Suspira*.) Mais distante.

> **DICAS CLÍNICAS**
>
> Algumas vezes, o cliente revela ambivalência quanto à utilidade de um Plano de Ação. Nesse caso, você deve reconhecer que não sabe qual será o resultado: "Não sei com certeza se fazer isso *irá* ajudar". Depois considere formular perguntas como estas:
>
> "O que você tem a perder se não funcionar?"
> "Qual seria o ganho potencial no longo prazo se funcionar?"
>
> Com alguns itens do Plano de Ação, você pode dizer: "Você já experimentou [*não* se levantar e se vestir antes do almoço]? O que costuma acontecer? Então, você gostaria de tentar alguma coisa diferente?".

Modifique o Plano de Ação

Se você julgar que um item do Plano de Ação é inapropriado ou se o cliente ainda não estiver certo de que irá executá-lo, talvez seja necessário modificá-lo. É muito melhor substituir um item mais fácil do Plano de Ação que o cliente provavelmente não realizará do que fazer com que ele estabeleça o hábito de não fazer o que combinaram na sessão: "Não tenho certeza se você está pronto para fazer isso. [ou 'não tenho certeza se este Plano de Ação é apropriado'] O que acha? Você quer seguir em frente e tentar ou prefere esperar mais um pouco?".

Conforme ilustrado antes neste capítulo, você também pode decidir colaborativamente tornar determinados Planos de Ação opcionais ou reduzir a dificuldade, frequência ou duração de um item do Plano de Ação.

Faça do Plano de Ação uma Proposição sem Perdas (Inicialmente)

Ao criar Planos de Ação na primeira ou segunda sessão, é importante enfatizar que podem ser obtidos dados úteis mesmo que os clientes não executem seu Plano de Ação. Assim, aqueles que não executam seu Plano de Ação têm menos probabilidade de se rotular como um fracasso. Você pode dizer: "Se você executar este Plano de Ação, isso é bom. Mas se tiver dificuldades com ele, tudo bem – apenas veja se consegue descobrir que pensamentos estão se intrometendo no seu caminho, e falaremos sobre eles na próxima vez. OK?".

Algumas vezes, o cliente não consegue realizar uma parte significativa do seu Plano de Ação por duas semanas seguidas, ou o realiza imediatamente antes da sessão de terapia em vez de todos os dias. Nesses casos, você deve investigar as cognições e/ou os obstáculos práticos que interferiram e enfatizar o quanto é essencial executar o Plano de Ação diariamente, em vez de continuar a fazer dele uma proposição sem perdas.

PREPARANDO PARA UM POSSÍVEL DESFECHO NEGATIVO

Há momentos em que você e o cliente simplesmente não podem prever o grau em que um Plano de Ação será bem-sucedido. É conveniente ter anotações da terapia no Plano de Ação para que os clientes leiam se ele não funcionar da forma desejada. Abe, por exemplo, teme que, se visitar sua mãe, ela será crítica com ele. Mas ele decide ir assim mesmo. Nós definimos a visita como um experimento comportamental e conjuntamente redigimos a seguinte anotação da terapia para que ele a leia caso a atitude dela seja negativa.

> Se a visita à minha mãe não correr bem, devo me lembrar:
>
> "Eu não sabia se ela seria crítica ou não, mas valeu a pena tentar, e mereço o crédito por visitá-la. Não preciso levar suas críticas a sério. Ela é crítica com todos, não apenas comigo. E ela não sabia da minha depressão, de modo que suas críticas provavelmente não eram justificadas. Eu gostaria que ela fosse diferente, mas a realidade é que ela provavelmente não vai mudar. Na próxima vez em que a visitar, posso lhe dizer com antecedência que será apenas por curto tempo, e posso inventar alguma atividade que possamos fazer juntos para tentar direcionar o foco dela para outra coisa."

REVISANDO OS PLANOS DE AÇÃO

Antes de cada sessão, prepare-se revisando as anotações e o Plano de Ação da sessão anterior. Revise o Plano de Ação com o cliente no começo da sessão. Fazer isso dá ao cliente a ideia de que os Planos de Ação são importantes. Mesmo que um cliente esteja em crise, ainda será útil gastar alguns minutos discutindo os Planos de Ação mais tarde na sessão ou, em um caso diferente, combinar colaborativamente que o Plano de Ação da sessão anterior não se aplica no momento.

Decidir quanto tempo empregar na revisão dos Planos de Ação e discutir se o cliente quer dar continuidade a um determinado Plano de Ação faz parte da arte da terapia. Você empregará mais tempo nos Planos de Ação quando

> - eles abrangerem um problema em curso importante ou o objetivo exigir discussão adicional;
> - o cliente não tiver executado uma tarefa; e/ou
> - o cliente tiver dificuldade para tirar conclusões a partir do preenchimento bem-sucedido de seus Planos de Ação ou quando for crítico consigo mesmo por não ter feito um trabalho suficientemente bom.

Você com frequência pedirá que o cliente leia suas anotações da terapia em voz alta (ou você mesmo pode lê-las se ele relutar). Então pergunte: "O quanto você acredita nisso?". Se ele não endossar fortemente suas anotações da terapia, pergunte: "Em que parte não acredita?" ou "Com o que você não concorda?".

Quando o cliente concluiu com sucesso uma atividade ou tarefa no seu Plano de Ação, há várias perguntas que você pode fazer para ajudá-lo a encontrar significados positivos e fortalecer crenças positivas sobre si mesmo (Beck et al., no prelo):

> "Você conseguiu se dar o crédito por ter feito isso?"
> "O que foi bom em relação à experiência [p. ex., 'Ajudei outra pessoa'; 'Minha família está feliz'; 'Consegui terminar o trabalho']?"
> "Que emoções você experimentou [p. ex., 'Me senti bem'; 'Fiquei satisfeito'; 'Senti orgulho']?" (Você pode fornecer uma lista de emoções positivas (p. 225) para ajudá-lo a identificar emoções positivas adicionais que ele possa ter experimentado.)
> "O que a experiência significou para você [p. ex., 'Isso mostra _____'; 'Vale a pena o esforço'; 'As pessoas parecem gostar de mim']?"
> "O que a experiência mostrou sobre você [p. ex., 'Consigo fazer coisas difíceis'; 'Consigo assumir o controle'; 'Sou mais forte do que pensava'; 'Sou uma boa pessoa'; 'Sou agradável'; 'Sou eficaz/competente/capaz'; 'Sou capaz de me proteger'; 'Sou capaz de tomar boas decisões']?"

Você mesmo pode reforçar positivamente o cliente dizendo algo como: "Que ótimo que você _____. Isso mostra _____ [sobre você]".

Quando relevante, pergunte se o cliente quer continuar esse item do Plano de Ação na semana seguinte.

CONCEITUALIZANDO AS DIFICULDADES

Quando o cliente tem dificuldade em executar seu Plano de Ação, conceitualize por que surgiu o problema. O obstáculo estava relacionado a

- um problema prático?
- uma cognição que interferiu?
- uma cognição que interferiu disfarçada de um problema prático?
- um problema relacionado às suas cognições?

Problemas Práticos

A maioria dos problemas práticos pode ser evitada se você criar, de forma cuidadosa e colaborativa, Planos de Ação e preparar o cliente para executá-los. O ensaio encoberto também pode ajudá-lo a identificar obstáculos potenciais. A maior parte dos problemas práticos pode ser resolvida por solução de problemas e/ou treinamento de habilidades.

Três problemas práticos comuns que não incluem necessariamente cognições inúteis são:

1. esquecimento da justificativa para um Plano de Ação;
2. desorganização ou falta de controle; e
3. dificuldade com um item.

Esses obstáculos são discutidos a seguir.

Esquecimento da Justificativa

Ocasionalmente, os clientes negligenciam um Plano de Ação pois não se lembram de *por que* ele é importante ou como está associado a suas aspirações, valores ou objetivos. Tal problema pode ser evitado fazendo os clientes (que já demonstraram esta dificuldade) registrarem a justificativa ao lado de um Plano de Ação.

MARIA: Não fiz o Plano de Ação porque estava me sentindo bem esta semana.
JUDITH: Você se recorda do que dissemos algumas semanas atrás – por que é importante praticar o exercício de *mindfulness* por 5 minutos todas as manhãs, independentemente de como estiver se sentindo?
MARIA: Não tenho certeza.
JUDITH: Bem, digamos que você não pratique o exercício de *mindfulness* por duas semanas. Então você tem uma semana estressante e descobre que está se preocupando muito novamente. O quanto suas habilidades estarão aguçadas então?
MARIA: Não muito, eu acho.

JUDITH: E o quanto lhe parece importante administrar seu estresse para que possa se sentir mais relaxada quando estiver com outras pessoas?
MARIA: Ainda é muito importante.
JUDITH: O que você acha de praticar *mindfulness* esta semana, mesmo que não esteja estressada?
MARIA: Acho que eu deveria.
JUDITH: Talvez você também possa anotar por que praticar é importante para você. Que outras razões existem para reduzir seu estresse? (*pausa*) Algum outro problema que possa atrapalhar?

Se a justificativa não parecer suficientemente forte, você pode ver se o cliente está disposto a examinar as vantagens e desvantagens de executar o Plano de Ação, comparando com as vantagens e desvantagens de não executá-lo.

Desorganização ou Falta de Controle

Alguns clientes têm maior probabilidade de executar seus Planos de Ação quando precisam fazer marcações em uma *checklist* diária. Você ou o cliente pode desenhar um diagrama simples (Fig. 8.1) na sessão, e ele pode preenchê-lo todas as noites. Esta técnica ajuda o cliente a se lembrar de executar seus Planos de Ação e também o deixa consciente do que *não* está fazendo. Ou então o cliente pode anotar seus Planos de Ação em um calendário diário, uma agenda ou no telefone. (Façam o primeiro juntos no consultório, e peça que o cliente escreva o restante depois da sessão.) Mais tarde, depois de completar os Planos de Ação, o cliente pode fazer uma marcação ao lado deles ou riscá-los.

> **DICAS CLÍNICAS**
>
> Quando há chance de que a adesão do cliente seja baixa, você pode sugerir que ele ligue para seu consultório e deixe uma mensagem depois que tiver executado um item do Plano de Ação. Saber que você espera uma mensagem pode motivar o cliente a executá-lo. Como com qualquer intervenção, você deve sugerir essas possibilidades com uma justificativa e certificar-se de que o cliente concorda.

Dificuldades com um Item do Plano de Ação

Se perceber em uma sessão posterior que um item do Plano de Ação foi muito difícil ou mal definido (problemas comuns com terapeutas iniciantes), assuma a responsabilidade. Caso contrário, o cliente pode injustamente criticar a si mesmo. Você pode dizer:

"Agora que falamos sobre isso, vejo que não expliquei o Plano de Ação suficientemente bem. [ou 'Posso ver que isso foi realmente muito difícil.'] Lamento por isso; o que passou pela sua mente quando você não conseguiu realizar [ou não realizou]?"

	Seg.	Ter.	Qua.	Qui.	Sex.	Sáb.	Dom.
Ler as anotações da terapia.							
Fazer uma lista de créditos.							
Fazer um Registro de Pensamentos quando estiver incomodada.							
Organizar o quarto por 10 minutos por dia.							

FIGURA 8.1 Amostra da *checklist* diária de Maria.

Aqui você tem a oportunidade de (1) mostrar que você pode cometer e admitir erros, (2) construir *rapport*, (3) demonstrar que você está preocupado em adaptar a terapia – e os Planos de Ação – ao cliente e (4) ajudá-lo a ver uma explicação alternativa para sua falta de sucesso.

Cognições que Interferem

Se o cliente teve um problema prático que representou um obstáculo à realização dos seus Planos de Ação, sua dificuldade pode envolver cognições inúteis. Alguns clientes precisam responder aos pensamentos e crenças mal-adaptativos antes que sejam capazes de executar seus Planos de Ação. Eles podem achar que:

"Ter que fazer Planos de Ação significa que sou defeituoso."
"Se eu tentar executar o Plano de Ação, vou fracassar."
"Eu não deveria ter que me esforçar tanto para me sentir melhor."
"Meu terapeuta deveria me curar sem que eu tivesse que mudar."
"Planos de Ação são pouco importantes e não vão me fazer melhorar."
"[Meu terapeuta] está tentando me controlar."
"Se eu pensar nos meus problemas, vou me sentir pior."
"Se eu fizer os Planos de Ação e melhorar, a minha vida vai piorar."

Na sequência, apresentamos algumas estratégias que você pode usar para vários tipos de cognições disfuncionais.

Previsões Negativas

Quando os clientes estão em estresse psicológico, e particularmente quando estão deprimidos, eles tendem a presumir desfechos negativos – como Abe faz quando considera se preenche ou não um formulário para se candidatar a um emprego. Essas previsões podem interferir no começo ou na conclusão de um Plano de Ação. Quando você descobrir que o cliente não completou um Plano de Ação, pergunte-lhe se ainda acha que o Plano de Ação é uma boa ideia e então peça que preveja os obstáculos para a sua execução na semana seguinte.

ABE: Não preenchi o formulário para o emprego esta semana.
JUDITH: Você ainda acha que isso é uma boa ideia?
ABE: (*Suspira.*) Sim. Eu realmente preciso voltar a trabalhar.
JUDITH: O que atrapalhou na semana passada? Houve algum problema prático? Você teve tempo suficiente?
ABE: Eu tive tempo de sobra, mas não sei bem por que não consegui fazer.

Então fiz uma forma de ensaio encoberto. Garanta que você ou o cliente registre no novo Plano de Ação as afirmações que parecerem úteis para ele.

JUDITH: Você acha que teria o mesmo problema para preencher o formulário de emprego nesta próxima semana?
ABE: Sim, provavelmente.
JUDITH: Você consegue se imaginar fazendo isso? Como está se sentindo?
ABE: Para baixo, meio cansado.
JUDITH: O que está passando pela sua mente?
ABE: Eu posso cometer erros no formulário. Então eles não vão me dar o emprego.
JUDITH: Não é de admirar que você esteja tendo problemas em começar. De fato, talvez você devesse começar a preenchê-lo aqui na sessão. Podemos examinar este pensamento – de que você poderia cometer erros? O que você quer ser capaz de dizer a si mesmo esta semana se tiver o mesmo pensamento?

Então fiz sugestões para deixar sua resposta mais robusta. A seguir, combinamos que Abe passará 10 minutos preenchendo o formulário assim que chegar em casa após sua consulta de terapia. (Ele pode levar mais tempo se quiser, mas não precisa.) E ele vai continuar a trabalhar nisso 10 minutos por dia até que esteja terminado. Depois registramos o Plano de Ação, como ele irá realizá-lo e o que ele pode dizer a si mesmo se tiver pensamentos interferindo.

Com frequência o cliente pode testar previsões negativas (tais como "Minha colega de quarto não vai querer ir [àquele evento] comigo"; "Não vou entender as instruções mesmo que peça ajuda"; ou "Executar Planos de Ação fará com que eu me sinta pior") por meio de experimentos comportamentais. Você pode ajudar o cliente a avaliar outros pensamentos, como "Não vale a pena o esforço" ou "Fazer isso não vai adiantar" com o questionamento socrático tradicional.

Superestimação das Demandas de um Plano de Ação

As previsões negativas de alguns clientes são superestimações do quanto o Plano de Ação será inconveniente ou difícil. Ou então não percebem que a execução de um Plano de Ação terá um tempo limitado. Uma boa ideia é perguntar ao cliente quanto tempo ele acha que será preciso para executar um item do Plano de Ação.

JUDITH: O que poderia lhe atrapalhar ao fazer um Registro de Pensamentos algumas vezes esta semana?
MARIA: Não sei se vou encontrar tempo. [pensamento automático]
JUDITH: Quanto tempo você acha que levaria?
MARIA: Não sei. Meia hora? Ando muito ocupada por esses dias, você sabe. Tenho milhões de coisas para fazer.
JUDITH: Que bom que você me disse isso. Na verdade, eu quero que você gaste apenas 10 minutos fazendo um registro de pensamentos. Isso parece mais fácil?
MARIA: Não tenho certeza.
JUDITH: Talvez não seja importante para você encontrar tempo. Você acha que no longo prazo isso irá melhorar a sua vida, ajudá-la a ter uma vida melhor?
MARIA: (*Suspira.*) Acho que sim.

Você pode então fazer uma solução de problema simples para encontrar brechas de tempo possíveis. Ou então pode propor uma analogia sobre priorização e/ou estresse de que a inconveniência de realizar Planos de Ação é temporária:

JUDITH: Isso certamente é verdade; você *está* muito ocupada por esses dias. O exemplo que vou lhe dar é extremo, eu sei, mas o que você faria se tivesse que reservar um tempo todos os dias para fazer alguma coisa que salvaria sua vida [ou a de uma pessoa amada]? O que aconteceria, por exemplo, se você precisasse de uma transfusão de sangue todos os dias?
MARIA: Bem, é claro que eu encontraria tempo.

JUDITH: Então veja, obviamente não será uma ameaça à sua vida se você não fizer Registros de Pensamentos, mas o princípio é o mesmo. Logo em seguida poderemos falar especificamente sobre como você poderia fazer algum corte em outra área, mas primeiro é importante lembrar que isso *não* é para o resto da sua vida. Precisamos apenas que reorganize algumas coisas por algum tempo até que esteja se sentindo melhor.

O cliente que superestima a *energia* que um Plano de Ação demanda se beneficia de perguntas semelhantes. No próximo exemplo, Maria tem uma imagem disfuncional (e distorcida) do preenchimento de um Plano de Ação.

JUDITH: O que a impediu de ir ao *shopping center* esta semana?
MARIA: (*Suspira.*) Não tive energia.
JUDITH: O que você imagina que teria acontecido se tivesse ido?
MARIA: Bem, eu teria que ir me arrastando de loja em loja.
JUDITH: Veja, nós conversamos sobre você ir por apenas 15 minutos. Em quantas lojas você na verdade entraria em 15 minutos? E se você estivesse imaginando que seria mais difícil do que planejamos?

Em uma situação diferente, Maria se recordou corretamente do Plano de Ação, porém mais uma vez superestimou a energia que isso exigiria dela. Em primeiro lugar, ajudei a *especificar o problema,* fazendo uma versão curta e modificada do ensaio encoberto, e lhe fiz uma pergunta para associar o Plano de Ação a um de seus valores importantes.

MARIA: Eu não estava certa de que teria energia para levar Caleb ao parque.
JUDITH: O problema era principalmente sair de casa, ir ao parque ou o que você teria que fazer *no* parque?
MARIA: Sair de casa. Tenho que juntar muitas coisas para levar – a bolsa de fraldas dele, o carrinho, um lanche, casaco e botas...
JUDITH: Ir ao parque está associado a alguma coisa importante?
MARIA: (*Pensa.*) Sim. Eu realmente quero ser uma boa tia. Não foi tão bom deixá-lo dentro de casa o dia inteiro.

Na sequência, resolvemos o problema; uma solução é que Maria reúna todos os itens necessários mais cedo, quando estiver se sentindo com mais energia e menos sobrecarregada naquele dia.

> **DICAS CLÍNICAS**
>
> Outro problema pode surgir quando o cliente tenta executar seus Planos de Ação com perfeição. Ele pode se beneficiar de um simples lembrete, como o seguinte:
>
> "Aprender a identificar seus pensamentos automáticos é uma habilidade, como aprender a usar o computador. Com a prática, você ficará melhor. Portanto, se tiver algum problema novamente esta semana, não se preocupe. Resolveremos isso em conjunto em nossa próxima sessão."
>
> Outros clientes com um forte pressuposto subjacente sobre a necessidade de ser perfeitos podem se beneficiar de Planos de Ação que *incluam* erros:
>
> **TERAPEUTA:** Parece que sua ideia sobre precisar ser perfeito está atrapalhando a execução do seu Plano de Ação.
> **CLIENTE:** É, acho que está.
> **TERAPEUTA:** E se esta semana combinarmos que você faça um Registro de Pensamentos que seja *deliberadamente* imperfeito? Você poderia fazê-lo com uma caligrafia confusa ou não completá-lo ou cometer erros de ortografia. E que tal se estabelecermos para o registro um limite de tempo de 10 minutos?

Procrastinação e Evitação

Clientes deprimidos costumam ter dificuldade para dar início ao seu Plano de Ação. Antes, neste capítulo, você leu a respeito de diversas técnicas que pode usar. Frequentemente é útil dizer:

> "Você acha que poderia se concentrar em como está se sentindo no momento, e não em como irá se sentir quando terminá-lo? Também ajudaria se você se lembrasse do objetivo que está tentando alcançar e por quê?"

Além disso, também pode ajudar se você disser ao cliente o que *você* faz quando percebe que está procrastinando. Por exemplo, você ocasionalmente tem dificuldade para iniciar uma tarefa (começar a trabalhar em um artigo, pagar os impostos ou começar a se exercitar)? O que você faz para conseguir começar? Usar autoexposição pode normalizar a experiência e fornecer um exemplo do que ele pode fazer.

JUDITH: Lamento que tenha sido difícil para você [preencher os formulários do seguro]. Posso lhe dizer como eu consigo fazer alguma coisa que estou evitando?
ABE: Sim.
JUDITH: Quando estou evitando alguma coisa, acho que os poucos minutos logo antes de começar são os mais importantes. Depois que eu realmente começo a fazer, quase sempre me sinto melhor. No fim de semana passado, eu precisava

examinar a correspondência sobre a minha mesa. Foi difícil começar, mas eu disse a mim mesma que poderia parar depois de 10 minutos e que era muito provável que aquilo ficasse mais fácil depois de alguns instantes. E de fato ficou. (*pausa*) Isso já aconteceu com você?

Abe reconhece que frequentemente tem a mesma experiência. Ele se compromete com um experimento comportamental para ver o que irá acontecer no final da tarde quando se sentar para preencher os formulários.

Execução dos Planos de Ação no Último Minuto

Idealmente, os clientes realizam o trabalho da sessão de terapia *durante a semana*. Por exemplo, é mais útil que o cliente identifique e registre seus pensamentos automáticos no momento em que percebe que seu humor está mudando ou que está se engajando em comportamento inútil. Então ele pode responder a esses pensamentos mentalmente ou por escrito. Alguns clientes evitam pensar na terapia entre as sessões. Com frequência, essa evitação faz parte de um problema maior, e você pode ter que primeiro ajudar o cliente a identificar e modificar determinadas crenças (p. ex., "Se eu focar em um problema em vez de me distrair, só vou me sentir pior" ou "Não consigo mudar, então por que tentar?"). Outros clientes, no entanto, precisam apenas de um lembrete gentil para olhar seu Plano de Ação diariamente.

Cognições que Interferem Disfarçadas de Problemas Práticos

Alguns clientes justificam que problemas práticos como falta de tempo, energia ou oportunidade os impediram de executar um Plano de Ação. Se você acha que um pensamento ou crença também está interferindo, deve investigar essa possibilidade *antes* de discutir o problema prático:

TERAPEUTA: OK. Você não conseguiu realizar o Plano de Ação porque não teve tempo. Vamos fazer de conta por um momento que esse problema magicamente desaparece. Digamos que você tem um dia inteiro livre. *Agora*, qual a sua probabilidade de executar o Plano de Ação? Alguma outra coisa iria interferir? Algum outro pensamento atrapalharia?

Problemas Relacionados às Cognições do *Terapeuta*

Por fim, você deve avaliar se algum dos *seus* pensamentos ou crenças o impedem de ser gentilmente assertivo quanto à realização dos Planos de Ação. Os pressupostos disfuncionais típicos dos terapeutas incluem os seguintes:

> "Vou magoá-lo se descobrir por que ele não executou o Plano de Ação."
> "Ela vai ficar irritada se eu [gentilmente] questioná-la."
> "Ele ficará ofendido se eu sugerir que peça ajuda para realizar o Plano de Ação."
> "Ela realmente não precisa executar um Plano de Ação para melhorar."
> "Ele está muito sobrecarregado com outras coisas no momento."
> "Ela é muito passivo-agressiva para executar Planos de Ação."
> "Ele é muito frágil para se expor a uma situação ansiosa."

Pergunte-se o que passa pela *sua* mente quando você pensa em estabelecer Planos de Ação ou explorar por que um cliente não executou um Plano de Ação. Se estiver tendo pensamentos disfuncionais, você pode fazer Registros de Pensamentos ou experimentos comportamentais ou consultar um supervisor ou um colega. Lembre-se de que você não estará fazendo nenhum favor ao cliente se permitir que ele deixe de executar os Planos de Ação (os quais são importantes, conforme mostram as pesquisas) e se não fizer um esforço suficientemente grande para obter a adesão.

RESUMO

Em suma, tanto você quanto o cliente deve encarar os Planos de Ação como uma parte essencial do tratamento. Os Planos de Ação devem ser estabelecidos para um cliente específico e definidos colaborativamente. Várias técnicas podem ser usadas para motivar o cliente a executar seus Planos de Ação, incluindo a previsão e prevenção de problemas. Quando surgirem dificuldades, é importante conceitualizar o problema e planejar uma estratégia para superá-lo. Os Planos de Ação, se estabelecidos e executados de forma apropriada, aceleram o progresso e permitem que os clientes pratiquem as técnicas da terapia das quais irão precisar depois que o tratamento tiver terminado.

> **PERGUNTAS PARA REFLEXÃO**
>
> Pense sobre uma atividade que você evitou. Que problemas práticos ou cognições atrapalharam? O que você fez ou poderia ter feito para superar a evitação?

EXERCÍCIO PRÁTICO

Defina um Plano de Ação moderadamente difícil para si mesmo na próxima semana, o qual, se você executar, enriquecerá sua aprendizagem da TCC. Preveja um problema que possa surgir, conceitualize a dificuldade e planeje uma estratégia para superá-lo.

9
Planejamento do tratamento

É importante encarar a terapia como uma viagem, e a conceitualização como o mapa da estrada. Você discute as aspirações e objetivos do cliente, o destino final. Há inúmeras maneiras de chegar a esse destino: por exemplo, pelas principais autoestradas ou por estradas secundárias. Algumas vezes, desvios mudam o plano original. À medida que ficar mais experiente e melhor na conceitualização, você preencherá os detalhes relevantes no mapa, e sua eficiência e eficácia irão melhorar. No começo, entretanto, é razoável assumir que você pode não realizar a terapia da forma mais efetiva e eficiente possível. Uma conceitualização cognitiva acurada o ajuda a determinar quais são as principais autoestradas e qual a melhor delas para viajar. Neste capítulo, você aprenderá a criar um plano de tratamento para um cliente com depressão. (Você precisará consultar textos especializados para clientes que têm um transtorno diferente ou uma condição comórbida.)

Neste capítulo, você encontrará respostas para estas perguntas:

> Quais são (e como você atinge) os objetivos terapêuticos amplos?
> Como você planeja o tratamento ao longo das sessões?
> Como você cria um plano de tratamento?
> Como você planeja o tratamento para atingir um objetivo específico?
> Como você planeja as sessões individuais?
> Como você decide se foca em um objetivo ou problema particular?
> Como você ajuda os clientes que têm dificuldade para identificar um problema?

ATINGINDO OS OBJETIVOS TERAPÊUTICOS

O planejamento efetivo do tratamento requer um diagnóstico robusto, uma formulação de caso sólida e a consideração das características do cliente e suas aspirações, valores, senso de propósito e objetivos. O tratamento é adaptado ao indivíduo; você desenvolve uma estratégia geral e também um plano específico para cada sessão. Também considera a sua conceitualização do cliente; o estágio do tratamento; os valores, o estado mental e o nível de motivação dele; e a natureza e força da aliança terapêutica.

No nível mais amplo, seus objetivos são facilitar uma remissão do transtorno do cliente; melhorar significativamente seu humor, funcionamento e resiliência; e prevenir recaída. Você organiza experiências significativas para o cliente (dentro e fora das sessões) que aumentem o otimismo, a esperança e a motivação juntamente com seu sentimento de controle, valor, empoderamento, propósito, conectividade e bem-estar. Você o ajuda a aumentar a flexibilidade de como pensa e age. Meus objetivos com Abe, levando em conta seus valores e aspirações, são ajudá-lo a se ver como um bom homem de família e um bom profissional, alguém que tem coragem e é qualificado, que consegue resolver problemas e vencer desafios, que ajuda outras pessoas e que confia que dispõe do que é preciso para levar uma vida produtiva e satisfatória.

Para alcançar seus objetivos terapêuticos, você irá:

- desenvolver uma aliança terapêutica sólida com o cliente;
- tornar explícita a estrutura e o processo da terapia;
- monitorar o progresso semanalmente e modificar o plano de tratamento quando necessário;
- ensinar ao cliente o modelo cognitivo e compartilhar sua conceitualização com ele;
- aliviar seu sofrimento por meio de uma variedade de intervenções, incluindo reestruturação cognitiva, solução de problemas e treinamento de habilidades;
- aumentar o afeto positivo criando oportunidades para experiências significativas, prazerosas, fortalecedoras do domínio e/ou sociais;
- desenvolver e fortalecer crenças adaptativas (positivas) do cliente sobre si mesmo, sobre os outros, sobre o mundo e sobre seu futuro, ajudando-o a tirar conclusões sobre suas experiências negativas; e
- ensinar o cliente a usar a terapia cognitivo-comportamental (TCC) e outras técnicas, generalizar o uso das técnicas e motivá-lo a usá-las no futuro.

PLANEJANDO O TRATAMENTO AO LONGO DAS SESSÕES

A terapia pode ser vista em três fases. Na fase inicial do tratamento, você

- constrói uma aliança terapêutica forte;
- identifica e especifica as aspirações e valores do cliente e seus objetivos para a terapia;
- identifica os passos para atingir cada objetivo ou resolver cada problema;
- resolve os obstáculos (pensamentos automáticos e problemas) que interferem na execução dos passos para atingir os objetivos;
- familiariza o cliente com o processo da terapia (p. ex., definir colaborativamente pautas com você, dar *feedback* e executar os Planos de Ação);
- informa o cliente sobre o modelo cognitivo, seu transtorno e as várias estratégias úteis de enfrentamento;
- enfatiza os pontos fortes, recursos e crenças positivas do cliente;
- ensina o cliente a identificar, avaliar e responder aos seus pensamentos automáticos;
- ajuda o cliente a tirar conclusões positivas sobre suas experiências, incluindo o que essas experiências dizem sobre ele;
- ensina ao cliente as habilidades necessárias; e
- ajuda o cliente a programar as atividades (especialmente se estiver deprimido e evitativo).

É de particular importância facilitar um decréscimo nos sintomas do cliente e uma melhora em seu funcionamento *no começo do tratamento*. Isso está associado a uma redução no abandono precoce do tratamento e a melhores resultados (King & Boswell, 2019). Também é importante aumentar a emoção positiva durante o tratamento (Dunn, 2012).

Na fase intermediária da terapia, além de continuar trabalhando em direção a esses objetivos, você também passa a enfatizar o fortalecimento de crenças adaptativas mais positivas do cliente, identificando, avaliando e modificando mais diretamente as crenças disfuncionais dele, usando técnicas "intelectuais" e também "emocionais". Na fase final da terapia, você aumenta a ênfase na preparação para o término, continuando a trabalhar em direção aos objetivos, aumentando um sentimento de bem-estar, melhorando a resiliência e prevenindo recaída. A essa altura, o cliente já se tornou muito mais ativo na terapia, assumindo a liderança na definição da pauta, identificando soluções para os obstáculos, respondendo a pensamentos inúteis, fazendo anotações sobre a terapia e criando Planos de Ação.

CRIANDO UM PLANO DE TRATAMENTO

Você desenvolve um plano de tratamento com base

- em sua avaliação diagnóstica e sua formulação cognitiva do(s) transtorno(s);
- nos princípios do tratamento e estratégias gerais de tratamento para esse transtorno;
- em sua conceitualização do cliente;
- nas aspirações, pontos fortes, valores e senso de propósito do cliente; e
- nos obstáculos que ele enfrenta aos dar os passos para atingir seus objetivos.

Você adapta seu plano de tratamento ao indivíduo, considerando suas características e preferências, cultura e idade, orientação religiosa ou espiritual, etnia, *status* socioeconômico, deficiências, gênero e orientação sexual. Depois de formulado um plano geral do tratamento, você adere a ele em maior ou menor grau, revisando-o quando necessário. A análise dos resultados para dar os passos necessários a fim de atingir os objetivos do cliente impele você a conceitualizar em detalhes as dificuldades do cliente e formular um plano de tratamento individualizado para superá-las. Fazer isso também o ajuda a focar em cada sessão, a entender o fluxo da terapia de uma sessão até a seguinte e a estar mais consciente do progresso.

Você encontrará o plano inicial do tratamento que elaborei para Abe na Figura 9.1.

PLANEJANDO O TRATAMENTO PARA ATINGIR UM OBJETIVO ESPECÍFICO

É importante identificar os passos necessários para ajudar o cliente a atingir um objetivo ou resolver um problema específico. A Figura 9.2 apresenta um exemplo. Você verá que ela descreve os passos necessários e especifica os obstáculos para cada passo (problemas práticos, cognições que interferem e/ou déficits nas habilidades) e um plano para superá-los.

PLANO GERAL DE TRATAMENTO

- Reduzir a depressão, a falta de esperança e a ansiedade; aumentar o otimismo e a esperança
- Melhorar o funcionamento, as interações sociais e o autocuidado
- Aumentar o afeto positivo
- Melhorar a autoimagem e a confiança
- Prevenir recaída

VALORES, ASPIRAÇÕES E OBJETIVOS

- *Valores:* Família, ser uma boa pessoa, responsável, útil
- *Aspirações:* Ter "meu antigo eu de volta"; estar no controle, ser produtivo, útil para os outros, mentalmente saudável, um "bom pai e avô"
- *Objetivos:* Conseguir um emprego, passar mais tempo com os filhos e netos, restabelecer contato com amigos, colocar o apartamento em ordem, ter melhor relacionamento com a ex-mulher (se possível), cuidar melhor de si (exercícios, sono, alimentação)

OBSTÁCULOS POTENCIAIS

- Pessimismo, desesperança, ansiedade sobre o futuro
- Baixa motivação, falta de energia, desejo de evitar, inatividade
- Autoimagem negativa, autocrítica, ruminação
- Conflito com a ex-mulher

INTERVENÇÕES POTENCIAIS

- Fornecer psicoeducação sobre depressão, ansiedade, modelo cognitivo e processamento da informação, evolução do modo depressivo para o adaptativo, importância da programação de atividades, estrutura das sessões
- Aumentar as emoções positivas por meio da criação de experiências positivas; programar atividades (autocuidado, interpessoais, organização em casa, procura de trabalho; mistura de atividades de domínio, prazer e interpessoais)
- Aumentar a atenção a essas experiências e tirar conclusões positivas sobre elas
- Restabelecer contato com família e amigos
- Reduzir o tempo na cama e no sofá; reduzir atividades passivas como assistir à televisão, navegar na internet
- Dividir grandes tarefas em componentes menores
- Dar crédito a si mesmo
- Examinar vantagens e desvantagens ao tomar uma decisão (p. ex., como se aproximar da ex-mulher, que tipo de trabalho procurar)
- Avaliar e responder aos pensamentos e crenças disfuncionais usando descoberta guiada, questionamento socrático e experimentos comportamentais
- Ensinar habilidades de *mindfulness* para reduzir a ruminação
- Solucionar problemas (especialmente obstáculos que possam surgir na semana seguinte)
- Ensinar habilidades de comunicação (p. ex., dramatizar interações com ex-mulher e entrevistador para o emprego)

FIGURA 9.1 Plano inicial de tratamento de Abe.

Objetivo: Conseguir um emprego

Identificar os passos e os obstáculos potenciais; criar um plano para abordar os obstáculos.

Passo 1: Atualizar o currículo.

Obstáculos potenciais

- Pensamentos automáticos: "Não vou fazer isso direito"; "Não vou ser contratado de qualquer forma"
- Déficit de habilidades: como descrever experiência de trabalho prévia

Plano para superar os obstáculos

- Questionamento socrático para avaliar os pensamentos automáticos; fazer resumo para as anotações da terapia
- Buscar exemplos de currículos *on-line*
- Pedir ajuda ao filho; avaliar pensamentos automáticos que poderiam criar obstáculos (p. ex., "Eu não deveria ter que pedir ajuda"); fazer resumo para as anotações da terapia
- Dar-se crédito por seguir esses passos
- Definir um Plano de Ação específico para a busca *on-line* e perguntar ao filho; avaliar a probabilidade de conclusão; se indicado, procurar obstáculos adicionais ou modificar o Plano de Ação

Passo 2: Identificar empregos potenciais e candidatar-se a eles.

Obstáculos potenciais

- Pensamentos automáticos: "Se eu buscar *on-line*, não vou conseguir encontrar nada na minha área"; "Se eu fizer uma rede de contatos, as pessoas vão descobrir que estou desempregado e vão me menosprezar"
- Problema/déficit de habilidades: não sabe onde buscar *on-line*

Plano para superar os obstáculos

- Questionamento socrático para avaliar os pensamentos automáticos; fazer resumo para as anotações da terapia
- Pedir ajuda ao filho para encontrar oportunidades de emprego *on-line*

Passo 3: Ir às entrevistas.

Obstáculos potenciais

- Pensamentos automáticos: "Vou passar uma impressão ruim"; "Vou estragar tudo"

Plano para superar os obstáculos

- Dramatização
- Trabalhar para fazer bom contato visual; dar aperto de mão firme, sorrir, agir como se estivesse confiante

FIGURA 9.2 Amostra de plano para um objetivo específico.

PLANEJANDO AS SESSÕES INDIVIDUAIS

Ao planejar uma sessão, lembre-se de que a forma como as pessoas melhoram é fazendo pequenas mudanças no seu pensamento e comportamento todos os dias. Antes e durante uma sessão, faça a si mesmo as perguntas para formular um plano geral para a sessão e para guiá-lo enquanto conduz a sessão de terapia. No nível mais geral, pergunte-se:

> "O que estou tentando obter, e como posso fazer isso com mais eficiência?"

Os terapeutas experientes automaticamente refletem sobre muitas questões específicas. Se você for um terapeuta iniciante, a lista a seguir pode parecer assustadora. Porém, é importante lê-la agora e revisá-la de tempos em tempos, em especial um pouco antes das sessões. Ela vai ajudá-lo a tomar melhores decisões sobre como proceder dentro da sessão. Contemplar conscientemente as perguntas *durante* uma sessão sem dúvida iria interferir no processo terapêutico.

1. Quando revisar suas notas da sessão passada *antes da sessão*, pergunte-se:
   "O que preciso fazer hoje para fortalecer nossa aliança, se é que preciso fazer algo?"
   "Qual é a formulação cognitiva [cognições mais importantes, estratégias de enfrentamento e fatores de manutenção] para o transtorno do cliente? Qual é a minha conceitualização do cliente?"
   "Preciso modificar o tratamento para acomodar as características individuais do cliente?"
   "O que aconteceu nas últimas sessões de terapia? Que progresso foi feito em direção aos objetivos do cliente e para ajudá-lo a atingir um nível de funcionamento melhor e uma sensação de bem-estar? Que obstáculos interferiram?"
   "Como posso desenvolver os pontos fortes, recursos e atributos do cliente e como posso ajudá-lo a experimentar afeto positivo na sessão?"
   "Em que estágio da terapia estamos [inicial, intermediário ou final], e quantas sessões ainda nos restam [se houver um limite]?"
   "Em que nível *cognitivo* temos trabalhado preponderantemente: pensamentos automáticos, crenças intermediárias, crenças nucleares ou uma mistura de todos? Em quais mudanças *comportamentais* temos trabalhado? Que habilidades preciso reforçar ou introduzir?"
   "Qual era o Plano de Ação do cliente? O que combinei fazer [p. ex., ligar para o médico do cliente ou encontrar biblioterapia pertinente]?"

2. Quando começar a sessão de terapia e verificar o *humor* do cliente, pergunte-se:
   "Como o cliente tem se sentido desde nossa última sessão comparado com antes no tratamento? Que estados de humor predominam?"
   "Os escores objetivos combinam com a descrição subjetiva do cliente? Em caso negativo, por que não?"
   "Há alguma coisa em relação ao humor do cliente que devemos colocar na pauta para discutirmos mais detalhadamente?"
3. Quando o cliente fornecer uma *breve revisão da semana*, pergunte-se:
   "Como foi esta semana comparada às semanas anteriores? Quando o cliente esteve na sua melhor condição em geral?"
   "Quais são os sinais de progresso? Que experiências positivas o cliente teve? A que conclusões o cliente chegou sobre essas experiências e sobre si mesmo?"
   "Aconteceu alguma coisa esta semana [positiva ou negativa] que devemos colocar na pauta para discutirmos mais detalhadamente?"
4. Quando verificar o *uso de álcool, drogas e medicação* do cliente (se aplicável), pergunte-se:
   "Existe um problema em alguma dessas áreas? Em caso afirmativo, devemos colocá-lo na pauta para discutirmos mais detalhadamente? E/ou o cliente tem um objetivo em alguma dessas áreas?"
5. Quando você e o cliente *definirem a pauta*, pergunte-se:
   "Em qual(is) objetivo(s) o cliente quer trabalhar esta semana? Para a solução de que problema(s) o cliente quer minha ajuda?"
6. Quando você e o cliente *priorizarem itens na pauta*, pergunte-se:
   "Que item na pauta é mais importante de discutir primeiro?"
   "Quanto tempo levará a discussão de cada item da pauta? Quantos itens poderemos discutir?"
   "Há algum outro objetivo ou problema que o cliente poderia resolver sozinho ou com outra pessoa, ou trazer em outra sessão?"
7. Quando você e o cliente *revisarem o Plano de Ação*, pergunte-se:
   "Quando o cliente esteve nas suas melhores condições em relação a seu(s) objetivo(s) na semana passada?"
   "Quanto do Plano de Ação o cliente executou? Que obstáculos ou desafios, se houver, interferiram?"
   "O Plano de Ação foi útil? Em caso negativo, por que não?"
   "O que o cliente aprendeu com o Plano de Ação? O que o cliente concluiu sobre suas experiências e sobre si mesmo?"
   "O quanto o cliente concorda com as anotações da terapia da semana passada [e das semanas anteriores, se ainda relevantes]?"

"Quais itens do Plano de Ação [se houver] seria bom que o cliente continuasse na próxima semana?"

"Como devemos modificar, se for preciso, o Plano de Ação que criamos hoje para torná-lo mais efetivo?"

8. Quando você e o cliente discutirem o *primeiro item da pauta*, faça a si mesmo perguntas em quatro áreas:

Definindo o problema ou objetivo

"Qual é o problema ou objetivo específico em que o cliente deseja trabalhar?"

"Como esse problema ou objetivo se encaixa na minha conceitualização geral do cliente?"

Planejando uma estratégia

"O que o cliente já fez para tentar resolver o problema ou atingir o objetivo?"

"O que *eu* faria se *eu* estivesse na posição do cliente e tivesse esse problema ou objetivo?"

"Precisamos fazer solução de problemas? Que cognições podem interferir na solução do problema, na elaboração de uma solução ou para fazer progresso em direção ao objetivo?"

Escolhendo as técnicas

"O que especificamente estou tentando atingir quando discutimos este item da pauta?"

"Que técnicas funcionaram bem para este cliente [ou para clientes semelhantes] no passado?"

"Que técnica devo tentar primeiro?"

"Como vou avaliar sua eficácia?"

"Vou empregar a técnica ou devo empregá-la e ensiná-la ao cliente?"

Monitorando o processo

"Até que ponto estamos trabalhando juntos como uma equipe?"

"O cliente está tendo pensamentos automáticos que interferem a respeito de si mesmo, sobre esta intervenção, sobre nossa terapia, sobre mim, sobre o futuro?"

"O humor do cliente está melhorando? Quão bem esta técnica está funcionando? Devo tentar alguma outra coisa?"

"Terminaremos em tempo a discussão deste item da pauta? Em caso negativo, devo sugerir a continuação deste item e abreviar ou eliminar a discussão de outro item?"

"Que Plano de Ação seria benéfico?"

"O que devemos registrar para o cliente revisar em casa?"

9. *Depois da discussão do primeiro item da pauta*, pergunte-se:
   "Como o cliente está se sentindo agora?"
   "Preciso fazer alguma coisa para restabelecer o *rapport*?"
   "Quanto tempo resta na sessão? Temos tempo para outro item da pauta? O que devemos fazer a seguir?"

10. *Antes de encerrar a sessão*, pergunte-se:
    "Fizemos progresso? O cliente está se sentindo melhor?"
    "O cliente está comprometido e há chances de que ele execute o Plano de Ação que combinamos?"
    "Além de pedir *feedback*, preciso sondar alguma reação negativa [que o cliente não tenha expressado]? Se houver *feedback* negativo, como devo abordá-lo?"

11. *Depois da sessão*, pergunte-se:
    "Como devo refinar minha conceitualização?"
    "Preciso melhorar nosso relacionamento?"
    "Como eu me classificaria em cada item da Cognitive Therapy Rating Scale [*beckinstitute.org/CBTresources*]? Se eu pudesse realizar a sessão novamente, o que faria diferente?"
    "O que quero me lembrar de tratar na próxima sessão? Em sessões futuras?"
    [Você pode anotar essas coisas nas suas Notas da Sessão anterior ou próxima ou colocar uma nota adesiva no prontuário do cliente.]

DECIDINDO ENTRE FOCAR EM UM PROBLEMA OU EM UM OBJETIVO

Uma decisão crítica em cada sessão de terapia é definir como utilizar o tempo. Embora você colabore com o cliente na tomada dessa decisão, pergunte-se:

> "Em que problema(s) ou objetivos podemos trabalhar que ajudarão o cliente a se sentir melhor no final da sessão e ter uma semana melhor?"

Você gentilmente afasta o cliente da discussão de problemas

- que ele pode resolver sozinho;
- que são incidentes isolados com pouca probabilidade de recorrência;
- que não são particularmente estressantes ou associados a comportamento disfuncional; e/ou
- nos quais ele tem pouca chance de fazer progresso enquanto questões mais urgentes precisam ser tratadas.

Você também evita problemas ou objetivos nos quais o cliente não quer trabalhar, a não ser que você conceitualize que é muito importante fazer isso na sessão. Mesmo assim, a princípio você tenta conceitualizar por que ele não quer discuti-los. Responder ao que ele vê como desvantagem pode aumentar a sua disponibilidade. Ainda que não esteja disposto a discuti-los plenamente, o cliente pode se dispor a gastar alguns minutos com eles. Mas, em última análise, você precisa respeitar a decisão dele.

JUDITH: Maria, você acha que devemos falar sobre o próximo feriado com a sua família?
MARIA: Não, realmente não.
JUDITH: Estou preocupada que o que aconteceu no mês passado possa vir a se repetir. Tudo bem se apenas dermos uma olhada nas desvantagens de discutir isso? E então talvez possamos examinar as possíveis vantagens.

Depois de identificado e especificado um problema ou objetivo, você precisa decidir (colaborativamente com o cliente) quanto tempo e esforço devem dedicar a isso. Você deve reunir mais dados (se necessário), revisar suas opções, refletir sobre considerações práticas e usar o estágio da terapia como um guia.

Quando os clientes trazem um problema pela primeira vez, seja durante a definição da pauta ou posteriormente na sessão, você avalia a natureza do problema e o transforma em um objetivo. Por exemplo, Abe acrescentou um novo problema à pauta: a empresa de sua prima está em dificuldades, e Abe se sente mal por ela. Pergunto qual é seu objetivo em relação a esse problema para que possamos avaliar o quanto será útil dedicarmos a isso uma parte significativa do tempo da terapia.

JUDITH: OK, você disse que queria trazer alguma coisa sobre a sua prima?
ABE: Sim. A empresa dela está em dificuldades já há algum tempo, mas agora parece que pode ir à falência. Estou muito triste por ela.
JUDITH: Qual seria seu objetivo ao falar sobre isso? Você quer ajudá-la de alguma maneira?
ABE: Não, não acho que haja alguma coisa que eu possa fazer.
JUDITH: Quão triste você está? Acha que está sentindo uma tristeza "normal" a esse respeito? Ou acha que isso está lhe afetando *muito* fortemente?
ABE: Acho que estou tendo uma reação normal.
JUDITH: [tendo avaliado que não se justifica um trabalho adicional sobre este problema] Mais alguma coisa sobre isso?
ABE: Não, acho que não.
JUDITH: OK. Lamento que isso tenha acontecido à sua prima. (*pausa*) Vamos nos voltar para o próximo item na sua pauta?

Abe não parece estar tendo pensamentos distorcidos sobre essa questão, ele não está catastrofizando; o problema parece ter duração limitada e, mais importante, ele está tendo uma reação emocional normal a isso. Portanto, colaborativamente decidimos começar a falar sobre outro item na pauta, o objetivo de Abe de procurar um apartamento, o que *realmente* justifica intervenção.

JUDITH: Você queria falar sobre talvez mudar-se para um novo apartamento?
ABE: Sim. Mas só de pensar nisso já fico muito nervoso. Não sei por onde começar.

Ao contrário do problema com sua prima, estava claro que investigar a possibilidade de se mudar era um objetivo razoável e que tínhamos tempo suficiente na sessão para discutirmos o que poderia atrapalhar e ainda teríamos tempo para outros problemas ou objetivos importantes. Procuramos obstáculos que poderiam interferir, e faço algumas combinações de ajudar Abe a responder às cognições que poderiam atrapalhá-lo, resolvendo problemas e ensinando as habilidades necessárias.

AJUDANDO O CLIENTE A IDENTIFICAR UMA SITUAÇÃO PROBLEMÁTICA

Algumas vezes, o cliente reconhece que está angustiado, mas não consegue identificar uma *situação* ou problema particular que está associado a esse estresse (ou qual parte de uma situação é a mais perturbadora). Quando isso acontece, você pode ajudá-lo a identificar a situação mais problemática propondo diversos problemas potencialmente angustiantes, pedindo-lhe que hipoteticamente resolva o problema e determinando o quanto de alívio ele sente. Depois que uma situação específica foi identificada, os pensamentos automáticos são mais facilmente desvendados.

JUDITH: [resumindo] Então, parece que você tem estado abalada nos últimos dias, não tem certeza do motivo e vem tendo problemas para identificar seus pensamentos – você apenas se sente abalada na maior parte do tempo. Está correto?
MARIA: Sim. Simplesmente não sei por que me sinto tão mal.
JUDITH: Que tipos de coisas você tem pensado?
MARIA: Bem, ainda estou brigando com a minha mãe. E além disso minha irmã está furiosa comigo. Ainda não consegui encontrar um emprego, meu apartamento está uma bagunça e, não sei, tudo.
JUDITH: Mais alguma coisa?
MARIA: Não tenho me sentido muito bem. Tenho medo de estar ficando doente.
JUDITH: Quais dessas situações a incomodam mais? Sua mãe, sua irmã, não ter um emprego, seu apartamento, ou ficar doente?
MARIA: Oh, não sei. Todas elas são muito ruins.

JUDITH: Digamos hipoteticamente que pudéssemos eliminar por completo o problema de ficar doente. Digamos que agora você se sente fisicamente bem; o quanto está abalada agora?
MARIA: Quase a mesma coisa.
JUDITH: OK. Digamos, hipoteticamente, que sua mãe e sua irmã telefonem e se desculpem e digam que querem ter um relacionamento melhor com você. Como se sente agora?
MARIA: Um pouco melhor.
JUDITH: OK. Digamos que você descobre que afinal conseguiu o emprego para o qual foi entrevistada. Agora como se sente?
MARIA: Muito melhor. Isso seria um grande alívio.
JUDITH: Então parece que o emprego é a situação mais angustiante.
MARIA: Sim. Acho que sim.
JUDITH: Daqui a pouco falaremos mais sobre conseguir um emprego, mas primeiro eu gostaria de examinar como foi que descobrimos isso para que você possa fazer o mesmo sozinha no futuro.
MARIA: Bem, você me fez listar todas as coisas que me preocupavam e imaginar que as resolvia uma por uma.
JUDITH: E então você conseguiu ver qual delas lhe daria mais alívio se tivesse sido resolvida.
MARIA: Sim.

O mesmo processo pode ser usado para ajudar o cliente a determinar qual *parte* de um problema aparentemente pesado é a mais angustiante.

> **DICAS CLÍNICAS**
>
> Algumas vezes, você não consegue avaliar facilmente o quanto um objetivo será difícil de alcançar ou qual a chance de uma discussão desencadear uma crença nuclear dolorosa. Nesses casos, *inicialmente* você pode focar em um objetivo, mas colaborativamente decidir mudar para outro objetivo quando perceber que suas intervenções não têm sucesso e/ou o cliente está experimentando maior estresse (não intencional), como você verá na seguinte interação que tive em uma sessão inicial com Maria.
>
> **JUDITH:** OK. Próximo na pauta. Você disse que gostaria de conhecer mais pessoas. (*Discutimos esse objetivo mais especificamente.*) Bem, como você poderia conhecer novas pessoas esta semana?
> **MARIA:** (*com voz suave*) Acho que eu poderia falar com as pessoas no meu prédio.
> **JUDITH:** (*notando que Maria repentinamente parece triste*) O que está passando pela sua mente agora?
> **MARIA:** É inútil. Jamais vou conseguir fazer isso. Já tentei isso antes. (*Parece irritada.*) Todos os meus outros terapeutas tentaram isso também. Mas estou lhe dizendo, simplesmente não consigo fazer! Não vai funcionar!

> Levanto a hipótese, a partir da repentina mudança no afeto negativo de Maria, de que uma crença nuclear foi ativada. Reconheço que continuar na mesma linha nesse momento provavelmente seria contraproducente. Em vez de retomar o foco no objetivo, decido reparar a aliança terapêutica reforçando positivamente seu *feedback* ("Que bom que você me disse isso"). Então lhe dei a opção de voltar ou não a esse item da pauta ("Você gostaria de falar um pouco mais sobre conhecer pessoas novas, ou devemos voltar a isso em outro momento [em outra sessão] e seguir adiante com o problema que você está tendo com sua mãe?").

RESUMO

Os objetivos abrangentes do tratamento são facilitar a remissão dos transtornos do cliente; aumentar seu senso de propósito, significado, conectividade e bem-estar; construir resiliência; e prevenir recaída. Para atingir esses objetivos, você precisa ter um entendimento sólido dos sintomas atuais e do funcionamento do cliente; suas aspirações, objetivos e valores; e problemas presentes, eventos precipitantes, história e diagnóstico. O plano de tratamento deve estar baseado na sua conceitualização em progresso, e você deve compartilhar seu plano de tratamento com o cliente e obter *feedback*. É importante planejar o tratamento tanto para sessões individuais quanto para todo o curso do tratamento.

> **PERGUNTAS PARA REFLEXÃO**
>
> Dê um exemplo de um problema ou objetivo em que seria útil trabalhar em uma sessão de terapia com um cliente. Por que ele seria útil? Dê um exemplo de um problema ou objetivo em que não seria útil trabalhar. Por que ele não seria útil?

EXERCÍCIO PRÁTICO

Digamos que seu objetivo é tornar-se mais proficiente em TCC no próximo ano. Crie um plano para atingir esse objetivo. A Figura 9.2 pode ser usada como guia.

10

Estruturação das sessões

Como você tem muito a abordar na Sessão 1, ela tem um formato diferente do restante das sessões. Consideramos que o formato descrito neste capítulo seja a forma mais eficiente e efetiva de conduzir o tratamento. Dito isso, é importante evitar essa estrutura se achar que o cliente está desconfortável com ela. Neste capítulo, você lerá trechos da quinta sessão de Abe e encontrará respostas para estas perguntas:

> **Como você determina o conteúdo das sessões?**
>
> **O que acontece em cada parte de uma sessão de terapia (verificação de humor/ medicação/outros tratamentos, definição da pauta inicial, obtenção de uma atualização e revisão do Plano de Ação, discussão dos itens da pauta, resumos periódicos, resumo da sessão, revisão final do novo Plano de Ação e *feedback*)?**

Esses elementos da sessão podem ser vistos no vídeo da Sessão 10 com Abe (*https://beckinstitute.org/cbtresources/*, em inglês). Você aprenderá sobre os problemas típicos que surgem na estruturação das sessões no Capítulo 11.

CONTEÚDO DAS SESSÕES

O conteúdo das sessões varia de acordo com os problemas e objetivos do cliente e os seus objetivos terapêuticos. Ao planejar uma sessão individual, você tem em mente o estágio da terapia e continua a usar sua conceitualização do cliente para guiar o tratamento. Quando o cliente relatar seu estado de humor, revise rapidamente a semana e especifique os tópicos da pauta e pense em como integrar seus objetivos terapêuticos aos itens da pauta dele.

Por exemplo, na Sessão 5, meu plano era continuar ensinando Abe (embora não necessariamente todos os clientes deprimidos) a avaliar seus pensamentos automáticos e continuar a programar as atividades. Também abordamos os objetivos que colocamos na pauta. Se você for novo na terapia cognitivo-comportamental (TCC), poderá ter tempo para discutir em profundidade apenas um ou dois problemas ou objetivos durante uma sessão. Terapeutas experientes em geral conseguem abordar mais.

A Figura 10.1 apresenta as Notas da Sessão da minha quinta sessão de tratamento com Abe. É importante tomar notas durante a sessão de terapia

- para acompanhar o que está sendo discutido;
- para refinar a sua conceitualização; e
- para planejar sessões futuras.

Enquanto faz anotações, você mantém ao máximo o contato visual. É importante às vezes, sobretudo quando o cliente está revelando material emocionalmente doloroso, *não* tomar notas para que você possa estar mais inteiramente presente com ele.

Formato de uma Sessão Típica

A Figura 10.2 lista as partes das sessões. É importante apresentar justificativas para cada parte nas duas primeiras sessões de terapia. Também é importante fazer resumos periódicos durante cada sessão. No estágio inicial do tratamento, você continuará a familiarizar o cliente com a TCC: seguindo o formato da sessão, trabalhando colaborativamente, dando *feedback* e começando a ver a experiência em andamento (e muitas vezes passada) à luz do modelo cognitivo. Se o cliente estiver se sentindo um pouco melhor, você também começará a prevenção de recaída (Cap. 21). Acima de tudo, você está preocupado em inspirar esperança, fortalecer ou manter a aliança terapêutica e ajudá-lo a se sentir melhor e a se tornar mais funcional.

PARTE INICIAL DA SESSÃO

Os objetivos específicos da parte introdutória da sessão, descritos a seguir, são:

- restabelecer o *rapport*;
- coletar dados para descobrir quais problemas/objetivos será importante abordar na sessão; e
- tirar conclusões sobre o que o cliente conquistou como um seguimento da sessão prévia.

Notas preparatórias: Continuar a programação das atividades e avaliar pensamentos automáticos; verificar a lista de créditos.

NOME DO CLIENTE: Abe K. **DATA:** 10/6

SESSÃO Nº: 5 **DIAG./CÓDIGO:** F 32.3

AVALIAÇÃO DO HUMOR/MEDIDAS OBJETIVAS (ESPECIFICAR): Sentindo-se "um pouco melhor". PHQ-9 = 15; GAD-7 = 6; Bem-estar = 3

MEDICAÇÕES/alterações/efeitos colaterais/outro tratamento: Nenhum.

AVALIAÇÃO DE RISCO – suicida/autolesão/ideação suicida: Não tem mais pensamentos de morte; baixo risco.

ATUALIZAÇÃO/REVISÃO DO PLANO DE AÇÃO/CONCLUSÕES TIRADAS: Fazer mais coisas no apartamento/mudar o pensamento e o comportamento afetam o humor/demonstra ter mais controle; sai do apartamento todos os dias/vê que está começando a ter "um pouco mais de controle"; sente-se melhor em shows/mostra que valoriza a família/vale a pena se esforçar; lê as anotações da terapia diariamente; saiu todos os dias; cuidou das netas; jantar com filho e família/é bom sair/é bom estar com eles/merece crédito; identificou pensamentos automáticos (PAs); deu crédito a si mesmo.

ITENS DA PAUTA: "Coisas difíceis" no apartamento, ~~voluntariado/cansaço~~, trabalhar para Charlie, avaliar pensamentos automáticos, programar atividades.

ITEM 1 DA PAUTA – PROBLEMA OU OBJETIVO: Trabalhar para Charlie

CONCEITUALIZAÇÃO – pensamentos automáticos/(significado/crenças, se identificadas)/emoções/comportamentos: Situação: Pensar sobre trabalhar o dia inteiro → PA: "Não tenho energia." → Emoção: "Preocupado" → Comportamento: Evitou ligar de volta para Charlie.

INTERVENÇÕES OU RESUMO DO TERAPEUTA: (1) Ensinei a pergunta "O que me faz pensar...?" para avaliar "Não tenho energia..."; (2) Evidências significativas de que o PA é verdadeiro; (3) Opções avaliadas ao falar com Charlie; (4) Dramatizamos o que dizer a Charlie.

PLANO DE AÇÃO: Pedir a Charlie para tê-lo em mente para um trabalho futuro. Lembrar-se de que a energia irá melhorar conforme a depressão melhorar.

ITEM 2 DA PAUTA – PROBLEMA OU OBJETIVO: Triagem da correspondência, contas a pagar, preenchimento de formulários

CONCEITUALIZAÇÃO – pensamentos automáticos/(significado/crenças, se identificadas)/emoções/comportamentos: Situação: Pensar em começar → PA: "É muito difícil." → Emoção: "Deprimido" → Comportamento: Evitou a correspondência.

INTERVENÇÕES: (1) Treinamento de habilidades (classificar a correspondência em (quatro categorias); 2) Avaliou o PA (Resposta: "Não tenho que fazer tudo. O primeiro passo é apenas classificar. Eu devo ser capaz de fazer a classificação. Se inseguro, imediatamente colocar os itens na pilha para 'dúvida' e discutir na próxima sessão; (3) Ensaio encoberto; (4) Imaginar conclusão da tarefa;

(continua)

(5) Resposta ao PA ("Eu deveria ter feito isso mais rápido"): "A depressão atrapalhou"; (6) Configurar o alarme no telefone para amanhã de manhã.

PLANO DE AÇÃO: Ler as anotações da terapia relevantes, imaginar a conclusão da tarefa, classificar a correspondência amanhã de manhã.

OUTROS ITENS NO PLANO DE AÇÃO: Manter lista de créditos; sair do apartamento todos os dias; visitar a família, levar os netos ao jogo de beisebol; identificar pensamentos automáticos e perguntar: "O que me faz achar que este pensamento é verdadeiro? O que me faz achar que o pensamento não é verdadeiro, ou não completamente verdadeiro?"

RESUMO/*FEEDBACK* DO CLIENTE: Sentindo-se melhor associado à mudança no pensamento, no comportamento e por dar o crédito a si mesmo; importância de assumir o controle; muito provavelmente concluirá o Plano de Ação. Feedback – "bom."

ASSINATURA DO TERAPEUTA: Judith S. Beck, PhD

NOTAS PARA A PRÓXIMA SESSÃO: Discutir voluntariado? Aumentar a energia? Avaliar a autocrítica; continuar programação de atividades e ensinar avaliação dos pensamentos automáticos.

FIGURA 10.1 Notas da sessão. Copyright © 2018 CBT Worksheet Packet. Beck Institute for Cognitive Behavior Therapy, Philadelphia, Pennsylvania.

Parte Inicial da Sessão

1. Conduzir uma verificação do humor/medicação/outro tratamento.
2. Definir a pauta.
3. Pedir uma atualização (aspectos positivos e negativos) e revisar Plano de Ação da semana anterior.
4. Priorizar a pauta.

Parte Intermediária da Sessão

5. Trabalhar mais no item 1 da pauta, resumir, fazer intervenção(ões), avaliar a necessidade de intervenções adicionais e discutir itens no Plano de Ação.
6. Trabalhar nos itens 2 e 3 da pauta (se houver tempo).

Final da Sessão

7. Resumir a sessão.
8. Revisar o Plano de Ação para a próxima semana.
9. Obter *feedback*.

FIGURA 10.2 Estrutura das sessões.

> 1. Sobre o que falamos na sessão passada que era importante? O quanto acredito nas minhas anotações da terapia?
> 2. Como estava o meu humor, comparado a outras semanas?
> 3. Que experiências positivas eu tive esta semana? O que aprendi? O que essas experiências dizem sobre mim?
> 4. O que mais aconteceu esta semana que é importante que meu terapeuta saiba?
> 5. Quais são meus objetivos para esta sessão? Pensar em um breve título para cada um (p. ex., ter mais contato com as pessoas, fazer mais coisas em casa e me concentrar melhor no trabalho).
> 6. O que fiz no meu Plano de Ação? (Se não executei um item, o que atrapalhou?) O que aprendi?

FIGURA 10.3 Folha de Exercícios de Preparação para a Terapia. Copyright © 2018 CBT Worksheet Packet. Beck Institute for Cognitive Behavior Therapy, Philadelphia, Pennsylvania.

Para atingir esses objetivos, você irá (1) fazer uma verificação do humor/medicação; (2) definir uma pauta inicial; (3) pedir uma atualização e revisar o Plano de Ação; e (4) priorizar a pauta. Os terapeutas cognitivo-comportamentais experientes tendem a mesclar esses quatro elementos, mas os separei neste capítulo por uma questão de clareza. Você poderá achar que o início de cada sessão prossegue mais rápido se pedir que o cliente revise (mentalmente ou por escrito) a Folha de Exercícios de Preparação para a Terapia (Fig. 10.3) antes da sessão. Você pode manter essas folhas de exercícios na área da recepção ou pode mandá-las para casa com o cliente até que ele esteja familiarizado para lhe apresentar um relatório conciso da semana anterior sem que precise deste estímulo.

Verificação do Humor

A verificação breve do humor cria várias oportunidades:

> - Você demonstra que se preocupou com seu cliente na semana anterior.
> - Você e ele podem monitorar como ele tem progredido no curso do tratamento.
> - Você pode identificar (e então reforçar ou modificar) a explicação dele para o progresso ou a falta deste.
> - Você pode reforçar o modelo cognitivo: que seus pensamentos e atividades influenciaram seu humor.
> - Você pode verificar ideação suicida, falta de esperança ou impulsos agressivos ou homicidas que precisarão ser abordados na sessão, geralmente como o primeiro item da pauta.

De acordo com o diagnóstico e a sintomatologia do cliente, você também pode pedir informações adicionais, por exemplo, o número e a severidade dos ataques de pânico, o tempo passado realizando rituais, compulsões, uso de substâncias, explosões de raiva, autolesão ou comportamento agressivo ou destrutivo. É assim que começa minha quinta sessão com Abe:

JUDITH: Olá, Abe. Como vai?
ABE: Bem (*entregando as escalas que preencheu*).
JUDITH: Você está se sentindo mais ou menos da mesma forma? Melhor? Pior?
ABE: Um pouco melhor. Bem, houve uma vez esta semana em que me senti muito pior, mas na maior parte do tempo foi melhor.
JUDITH: Quando definirmos a pauta, eu gostaria que me contasse sobre essa vez. Mas estou muito feliz que você teve outra semana melhor. (*pausa*) Como foi seu sentimento de bem-estar?
ABE: Acho que um 3.
JUDITH: Parece que seu humor tem melhorado pouco a pouco. (*pausa*) Também lhe parece?
ABE: É, acho que sim.
JUDITH: (*olhando para suas escalas*) Parece que você está tendo um pouco mais de energia? E está aproveitando as coisas um pouco mais?
ABE: Sim, isso mesmo.

É importante obter a avaliação do cliente para uma melhora no humor. Queremos ajudá-lo a ver que mudanças positivas em seu pensamento e comportamento estão associadas a sentir-se melhor.

JUDITH: Isso é bom. Por que você acha que seu humor melhorou esta semana?
ABE: Acho que tenho sentido um pouco mais de esperança, talvez a terapia esteja ajudando.
JUDITH: [sutilmente reforçando o modelo cognitivo] Então você pensou: "Talvez a terapia esteja ajudando", e esse pensamento o fez se sentir um pouco mais esperançoso, menos deprimido?
ABE: Sim... e fiz uma quantidade razoável de coisas em meu apartamento esta semana. E passei um tempo com meus filhos.
JUDITH: OK, então mudar seu pensamento e mudar seu comportamento está realmente afetando seu humor.
ABE: É, acho que sim.
JUDITH: Você quer continuar a fazer essas coisas esta semana?
ABE: Quero.

Na sequência, ajudo Abe a tirar conclusões sobre seu comportamento.

JUDITH: O que *significa* o fato de ter conseguido fazer essas coisas? Você não conseguia fazer isso algumas semanas atrás.
ABE: Acho que estou assumindo mais o controle.
JUDITH: [dando reforço positivo] Com certeza.

> **DICAS CLÍNICAS**
> - Algumas vezes, o cliente não tem certeza de por que está se sentindo melhor. Se esse for o caso, pergunte: "Você notou alguma mudança no seu pensamento ou no que tem feito?".
> - Se houver uma discrepância entre a descrição narrativa do cliente do seu humor na semana anterior e as escalas que ele preencheu, você pode dizer: "Então você tem se sentido pior, mas o escore neste questionário de depressão na verdade está mais baixo do que na semana passada. Como você interpreta isso?".

Três dificuldades comuns podem surgir durante a verificação do humor (você lerá a respeito delas no próximo capítulo): quando o cliente atribui as mudanças positivas no seu humor a fatores externos, quando ele dá uma descrição muito detalhada do seu humor e quando ele experimentou uma piora no humor.

Verificação da Medicação/Outros Tratamentos

Já falamos sobre a verificação da medicação antes (pp. 89-90). Como um lembrete, quando pertinente, você irá perguntar ao cliente sobre a adesão à sua medicação prescrita (e as dificuldades com efeitos colaterais) e outros tratamentos. E, quando relevante, você o ajudará a criar uma lista de perguntas a serem feitas ao seu médico.

Definição de uma Pauta Inicial

O propósito deste segmento relativamente *breve* é definir uma pauta inicial. Isto é o que deve ser feito:

> - Pergunte ao cliente sobre seu(s) objetivo(s) para a sessão e descubra (em seguida ou quando priorizar a pauta) se há alguma coisa ainda mais importante para discutir. (*Nota*: Na TCC tradicional, seria mais adequado começar perguntando: "Para a solução de que problemas você quer minha ajuda?" ou "No que quer trabalhar hoje?")
> - Interrompa o cliente de forma gentil quando necessário para *nomear* o objetivo ou problema, em vez de descrevê-lo longamente.
> - Verifique suas notas da sessão anterior e investigue sobre os itens que não tiveram tempo de abordar.
> - Proponha tópicos que *você* gostaria de abordar.

Durante a primeira parte da sessão, você também deve

- perguntar se o cliente prevê algum outro problema importante na próxima semana; e
- estar alerta a outros itens importantes na pauta, como experiências negativas da semana anterior que têm chance de recorrer na semana seguinte.

Quase no fim da parte inicial da sessão, você também ajudará o cliente a priorizar tópicos para abordar no restante da sessão.

JUDITH: Vamos definir a pauta, se estiver bem para você, para que possamos descobrir sobre o que é mais importante falar. Qual é seu objetivo para a sessão de hoje?
ABE: Bem, eu fiz algum progresso no meu apartamento, mas ainda há muita coisa para limpar. Algumas das coisas são realmente difíceis e...
JUDITH: (*interrompendo gentilmente*). OK (*anotando o objetivo*), "Limpar coisas difíceis no apartamento". Mais alguma coisa?
ABE: Não sei se estou em forma suficiente para ser voluntário de novo... Não sei; estou muito cansado [obstáculo potencial] e...
JUDITH: (*interrompendo gentilmente*) Você gostaria de discutir isso também? (*pausa*)
ABE: Sim, se tivermos tempo.
JUDITH: OK, "Voluntariado e cansaço". Mais alguma coisa?
ABE: Nada que eu me recorde agora.

Em vez de Abe fornecer uma descrição completa desses tópicos, eu o interrompo gentilmente e nomeio o objetivo/problema. Se tivesse permitido que ele fizesse uma descrição extensa desses problemas, *eu o teria privado da oportunidade de refletir sobre o que ele* mais *queria falar durante a sessão* – o que pode ou não ser a primeira questão que ele levantou. Também faço uma sondagem quanto a tópicos adicionais.

JUDITH: Você mencionou que se sentiu muito pior uma vez nesta semana. Devemos falar sobre isso?
ABE: Não tenho certeza. Eu tive uma conversa por telefone ruim com minha ex-mulher. Ela estava gritando comigo porque ainda estou sem trabalho e não posso pagar a pensão. Eu me senti muito mal por algum tempo. Mas naquele dia levei minhas netas a um *show*, e quando voltei já me sentia melhor.
JUDITH: Devemos colocar sua ex-mulher na pauta?

ABE: Sim, em algum momento, mas não hoje, acho que não. Ela provavelmente não vai me ligar de novo por alguns meses.
JUDITH: OK, há mais alguma coisa que vai acontecer esta semana que eu deveria saber?
ABE: (*Pensa.*) Oh, sim. Meu amigo Charlie disse que tinha um trabalho na construção para mim. Mas não sei se estou pronto para isso.
JUDITH: Devemos examinar as vantagens e desvantagens de trabalhar para ele?
ABE: Sim, seria bom.

Para clientes que têm dificuldade em descobrir o que querem colocar na pauta, veja as páginas 196-199. A seguir, proponho meus tópicos para a pauta.

JUDITH: Durante o processo, eu gostaria de lhe falar um pouco mais sobre a avaliação dos seus pensamentos e a programação de atividades novamente – se estiver bem para você.
ABE: OK.

Atualização e Revisão do Plano de Ação

Na sequência, você constrói uma ponte entre a sessão anterior e a atual. Com frequência, você combinará uma revisão do Plano de Ação com a atualização. Você continuará alerta a problemas e objetivos que possam ser importantes para a pauta. Tradicionalmente, começávamos a atualização perguntando ao cliente: "O que aconteceu na semana passada que é importante que eu saiba?". Quando você faz essa pergunta, em particular no começo do tratamento, descobrirá que o cliente em geral relata experiências negativas. Neste caso, é importante perguntar-lhe sobre experiências positivas ou pelas vezes em que se sentiu até um pouco melhor. Em uma orientação para a recuperação, temos a tendência a começar pelo positivo fazendo uma pergunta (ou perguntas) como

> "O que aconteceu de bom esta semana?"
> "O que você fez de bom esta semana?"
> "Quando você esteve melhor esta semana?"
> "Qual foi a melhor parte da semana?"

Enfatizar o positivo ajuda o cliente a ver a realidade de maneira mais clara, já que a depressão sem dúvida o levou a focar quase exclusivamente no negativo. Isso o ajuda a reconhecer que ele não sentiu a mesma severidade implacável da angústia durante a semana inteira. Nomear as experiências positivas também dá a você a oportunidade de

- elogiar o cliente por se engajar em atividades sociais, produtivas, prazerosas ou de autocuidado significativas;
- ajudar o cliente a tirar conclusões úteis sobre as atividades, incluindo as coisas positivas que elas indicam a respeito dele;
- evocar emoção positiva na sessão, colocando o cliente em uma melhor estrutura mental e tornando-o mais receptivo no restante da sessão;
- discutir se o cliente acha que é uma boa ideia se engajar em atividades semelhantes na semana seguinte; e
- fortalecer a relação terapêutica tornando-se brevemente informal, talvez usando um pouco de autoexposição.

JUDITH: Quando você esteve melhor esta semana?
ABE: (*Pensa.*) Quando vi minhas netas. Eu as levei a um *show* infantil. Elas gostam muito daquele cantor – esqueci o nome dele; ele toca violão e canta canções para crianças.
JUDITH: [usando autoexposição para fortalecer o vínculo terapêutico] Eu me lembro de ter levado meus filhos a eventos como esse. Eu realmente deveria pensar em levar meus netos a um *show*.
ABE: Acho que esse cara vai fazer outro *show* no próximo fim de semana.
JUDITH: Ah, obrigada. (*pausa*) Levar seus netos para sair foi incomum para você?
ABE: Sim, eu costumava fazer isso, mas não faço nada parecido há muito tempo.
JUDITH: [buscando conclusões positivas] O que foi bom na experiência?
ABE: Elas ficaram muito animadas. E também ficaram muito felizes por eu tê-las levado.
JUDITH: Bem, estou feliz que tenha conseguido fazer isso. (*pausa*) O que você aprendeu?
ABE: Acho que valeu a pena me esforçar. Eu estava muito cansado e não estava com vontade de ir, mas não quis decepcioná-las. Eu devia fazer coisas assim com mais frequência.
JUDITH: Isso é bom. [tentando obter uma crença nuclear adaptativa] E o que isso diz sobre *você*, que mesmo estando tão deprimido e cansado conseguiu se deixar levar?
ABE: Não tenho certeza.
JUDITH: Isso não mostra que você realmente valoriza sua família, que estava disposto a se esforçar, que talvez consiga ter mais controle do seu humor do que pensava?
ABE: Acho que isso é verdade.
JUDITH: Houve outras coisas que aconteceram esta semana?
ABE: Essa foi a melhor coisa. Também consegui fazer muito do meu Plano de Ação.
JUDITH: Bom. Vamos ver isso daqui a pouco.

Tome nota dos dados positivos. Você pode usar essas informações posteriormente na sessão ou em sessões futuras, em especial ao planejar atividades positivas para o cliente se engajar ou quando o ajudar a avaliar pensamentos automáticos e crenças relevantes. A seguir, indague acerca de outras partes da semana do cliente.

JUDITH: Aconteceu mais alguma coisa esta semana que seja importante que eu saiba?
ABE: (*Pensa.*) Hummm. (*Suspira.*) Sim, acho que meu irmão mais moço está chateado comigo porque eu lhe disse que não achava uma boa ideia que ele deixasse o emprego dele.
JUDITH: [sondando para ver se isso é suficientemente importante para acrescentar à pauta] E deveríamos falar sobre isso hoje?
ABE: Não, acho que não. Isso vai passar.
JUDITH: OK, mais algum coisa?
ABE: Nada que eu me lembre.
JUDITH: Na próxima semana vai acontecer alguma coisa que eu deva saber?
ABE: Como eu disse antes, você sabe, sobre Charlie, e talvez o voluntariado.
JUDITH: OK.

Na sequência, você vai continuar averiguando o que o cliente realizou dos seus Planos de Ação.

JUDITH: Podemos falar sobre seu Plano de Ação? Trouxe a sua cópia?
ABE: Sim. (*pega o plano; Judith pega sua cópia também.*)
JUDITH: Você conseguiu ler suas anotações da terapia duas vezes por dia?
ABE: Talvez 90% das vezes.
JUDITH: Isso é bom.

A seguir, peço que Abe leia as anotações da terapia em voz alta e me diga o quanto concorda com elas. Então verifico se ele se deu reforço positivo, e continuamos com a revisão do Plano de Ação.

JUDITH: Você deu o crédito a si mesmo quando leu as anotações da terapia?
ABE: Sim.
JUDITH: Bom. (*examinando o Plano de Ação*) Vamos ver... você saiu todos os dias?
ABE: Aham. Também fui à casa da minha filha e cuidei dos meus netos no sábado à noite.
JUDITH: Sua filha gostou disso?
ABE: Sim, e o marido dela também. A babá deles cancelou no último minuto.
JUDITH: Isso é uma coisa que você poderia se oferecer para fazer outra vez?
ABE: Sim, provavelmente.

JUDITH: Devemos colocar isso no seu Plano de Ação?
ABE: Talvez coloque como opcional.
JUDITH: OK. (*pausa*) E você se deu o crédito?
ABE: Sim. Foi bom ter feito aquilo. Isso os ajudou e foi melhor do que ficar sentado em casa sem fazer nada.

Continuamos a revisar o Plano de Ação de Abe. Eu lhe dou reforço positivo, pergunto sobre o significado de suas experiências positivas e discuto se continuamos um determinado item do Plano na próxima semana. Ele se compromete a continuar a sair do seu apartamento diariamente. Durante nossa discussão, também estou alerta para novos itens na pauta que possam assumir prioridade sobre os objetivos e problemas que já identificamos.

Priorização da Pauta

Na sequência, você lista os problemas ou objetivos na pauta. Se houver muitos itens, você e o cliente irão priorizá-los colaborativamente e combinam passar a discussão dos itens menos importantes para uma sessão futura. Você também pode descobrir se ele quer passar uma quantidade de tempo igual em cada item ou falar principalmente sobre um tópico da pauta.

JUDITH: OK, podemos priorizar a pauta agora? Você mencionou que tem um objetivo de fazer coisas difíceis em seu apartamento, talvez fazer algum trabalho para Charlie e decidir ser voluntário, mesmo estando cansado. Por qual deles quer começar?
ABE: Charlie.
JUDITH: Bom. (*pausa*) Devemos deixar um tempo para falar sobre fazer as coisas e o voluntariado?
ABE: Com certeza sobre fazer as coisas em casa. Tudo bem se não conseguirmos falar sobre voluntariado esta semana.
JUDITH: Devemos dividir o tempo com mais ou menos metade para Charlie e metade para seu apartamento?
ABE: Assim parece ótimo.

PARTE INTERMEDIÁRIA DA SESSÃO

Na sequência, você trabalhará no problema ou objetivo que é da maior importância para o cliente. Algumas vezes, no entanto, você pode tomar a iniciativa sugerindo o item da pauta por onde devem começar, especialmente quando julgar que um problema *particular* deve ter preferência: "Tudo bem se começarmos com _____?".

Na TCC tradicional, você em geral coleta dados sobre um problema que já ocorreu e conceitualiza as dificuldades do cliente de acordo com o modelo cognitivo. Na abordagem orientada para a recuperação, é mais provável que você pergunte ao cliente sobre os passos que ele quer dar na semana seguinte em direção a um objetivo (o outro lado de um problema) e usará o modelo cognitivo para conceitualizar obstáculos que possam impedir que esses passos sejam dados (Beck et al., no prelo). Em ambas as abordagens, vocês decidirão colaborativamente em qual parte do modelo cognitivo começarão a trabalhar

> - a situação que já ocorreu ou um obstáculo potencial que impeça os passos em direção a um objetivo;
> - os pensamentos automáticos associados à situação/obstáculo; e/ou
> - a reação (emocional, comportamental, fisiológica) associada aos pensamentos automáticos.

Você escolherá uma intervenção, apresentará uma justificativa, obterá a concordância do cliente, implementará a intervenção e medirá a sua eficácia. No contexto da discussão dos problemas ou objetivos na pauta, ensinará habilidades ao cliente e definirá novos Planos de Ação. Você também fará resumos periódicos que irão ajudá-lo e ao cliente a recordar o que vocês fizeram nesta parte da sessão. Ao discutir o primeiro problema (e problemas posteriores), você irá incluir seus objetivos na terapia quando apropriado.

Abe e eu discutimos se ele deveria aceitar a oferta de Charlie para fazer um trabalho na área da construção. Pergunto a Abe sobre suas preocupações. Seu pensamento automático é: "Não vou ter energia suficiente para um dia inteiro de trabalho". Eu lhe ensino duas perguntas para avaliar seu pensamento: "O que me faz pensar que este pensamento é verdadeiro? O que me faz pensar que ele não é verdadeiro ou que não é completamente verdadeiro?". A avaliação mostrou que Abe provavelmente estava certo. Discutimos suas opções: perguntar a Charlie se ele poderia trabalhar em meio expediente ou se Charlie poderia ter Abe em mente para um trabalho futuro na construção. Abe escolhe a última opção e dramatizamos o que ele pode dizer a Charlie.

Então discutimos o segundo objetivo de Abe e procedemos da mesma maneira. As "coisas difíceis" estavam relacionadas principalmente a organizar uma grande pilha de correspondência, contas a pagar e preencher formulários do seguro. Para abordar os obstáculos que poderiam atrapalhar na semana seguinte, seguimos estes passos:

1. Coleto dados sobre o problema e pergunto a Abe sobre pensamentos que ele acredita que poderiam interferir na realização dessas tarefas.
2. Faço um resumo da sua dificuldade na forma do modelo cognitivo, avalio seus pensamentos automáticos e registro boas respostas a eles.
3. Fazemos solução de problemas (decidimos apenas organizar a correspondência esta semana) e treinamento de habilidades (organizar a correspondência em quatro pilhas).
4. Colaborativamente definimos um item no Plano de Ação.
5. Combinamos que Abe irá configurar um alarme, enquanto estiver sentado no escritório, para lembrá-lo de começar com a correspondência na manhã seguinte.
6. Fazemos ensaio encoberto, pois Abe ainda não sabe se será capaz de dar início à tarefa.
7. Peço que Abe imagine ter concluído a tarefa.

JUDITH: Abe, você consegue imaginar isso amanhã, um pouco antes do almoço? Você foi corajoso, enfrentou a pilha de correspondência e terminou. Você está sentado à mesa, olhando para as quatro pilhas em que organizou a correspondência: a pilha para "guardar", a pilha para "fazer alguma coisa", a pilha para "jogar fora" e a pilha para "dúvida sobre o que fazer". (*pausa*) Como se sente enquanto está sentado ali?
ABE: Aliviado. Nervoso sobre a pilha para "fazer alguma coisa" e a pilha para "dúvida sobre o que fazer", mas você disse que poderíamos falar mais sobre elas na próxima semana.
JUDITH: E o que você está dizendo para se dar o crédito?
ABE: Que é bom que eu finalmente tenha feito isso.
JUDITH: Você está orgulhoso de si mesmo?
ABE: Sim... mas eu deveria ter feito isso antes [pensamento automático].
JUDITH: Como gostaria de responder a esse pensamento automático?
ABE: Como você disse. A depressão atrapalhou.
JUDITH: Exatamente. O que isso diz sobre você, que mesmo ainda estando muito deprimido conseguiu organizar a correspondência?
ABE: Acho que consigo fazer algumas coisas que pensava que não conseguia.
JUDITH: Oh, isso é importante. Podemos escrever isso nas suas anotações da terapia?

Resumos Periódicos

Você fará resumos de três maneiras durante as sessões. Uma delas é com o conteúdo. O cliente costuma descrever um problema com muitos detalhes. Você irá resumir o que ele disse na forma do modelo cognitivo para se certificar de que identificou corretamente o que é mais importante para ele e o apresentará de forma mais clara e mais concisa. Você usará o máximo possível as próprias palavras do cliente, tanto para transmitir uma compreensão acurada quanto para manter a dificuldade ou objetivo principal ativada na mente dele:

> "Deixe-me ver se entendi, Abe. Quando você pensou em organizar a correspondência esta semana, pensou: 'não consigo enfrentar essa tarefa' e se sentiu muito deprimido e então evitou esse trabalho. (*pausa*) Está correto? (*pausa*) Você sentiu alguma outra emoção ou teve algum outro pensamento automático?"

Faço o resumo usando as palavras reais de Abe. Se eu tivesse parafraseado, poderia ter feito de maneira incorreta e provavelmente reduziria a intensidade do pensamento automático e da emoção. Então nossa avaliação posterior do pensamento poderia ter sido menos efetiva. E quando você substitui as palavras dele, o cliente pode interpretar que elas não foram bem entendidas. Com frequência você pedirá que o cliente faça um segundo tipo de resumo depois que vocês terminaram de discutir um problema ou objetivo, para verificar a compreensão dele e reforçar a aprendizagem importante – por exemplo: "Você pode resumir o que acabamos de falar? [ou 'O que você quer ter certeza de se lembrar?']".

Quando o cliente faz um bom trabalho de resumo, você ou ele deve registrar esse resumo para que ele possa lê-lo diariamente como parte do seu Plano de Ação. Você fará um terceiro tipo de resumo quando tiver terminado uma parte de uma sessão para que o cliente tenha uma compreensão clara do que acabou de ser realizado e o que vem na sequência: "OK, até agora falamos sobre _____ e _____. A seguir, devemos falar sobre _____?".

RESUMO FINAL, VERIFICAÇÃO DO PLANO DE AÇÃO E *FEEDBACK*

Resumo Final

O objetivo do resumo final é focar a atenção do cliente nos pontos mais importantes da sessão de uma forma positiva. Você também vê se parece haver algum problema com o cumprimento do Plano de Ação. Nas primeiras sessões, geralmente será você quem fará o resumo.

JUDITH: Bem, temos apenas alguns minutos antes de terminar. Eu gostaria de resumir o que abordamos hoje, e depois vou lhe perguntar sobre a sua reação à sessão.
ABE: OK.

JUDITH: Parece que você se sentiu um pouco melhor esta semana, e isso parece se dever à leitura das suas anotações da terapia, reconhecendo que parte do seu pensamento depressivo não é verdadeiro, sendo mais ativo e dando o crédito a si mesmo. Você fez muitas coisas para assumir o controle da sua vida, suas atividades e seu humor. Também está começando a questionar seus pensamentos automáticos e a não acreditar neles imediatamente. *(pausa)* Está correto?
ABE: Sim.
JUDITH: Mais alguma coisa para acrescentar a isso?
ABE: Não, acho que não.

> **DICAS CLÍNICAS**
>
> À medida que o cliente progride, você pode pedir que *ele* resuma os pontos mais importantes. O resumo é obtido com muito mais facilidade se ele fez boas anotações durante a sessão. Você pode dizer: "Temos apenas alguns minutos antes de terminar". Então pode perguntar:
>
> "O que você acha que foi mais importante na sessão de hoje?" ou "O que acha que será mais importante para você recordar esta semana? Você pode examinar suas anotações."
> "O que você aprendeu?"

Verificação do Plano de Ação

Em seguida, revisei o que discutimos que Abe faria antes da nossa próxima sessão. Primeiro listei os itens em que ele já vinha trabalhando nas últimas semanas. Mas acrescentamos mais alguns itens nesta sessão, e quero me assegurar de que seja altamente provável que ele os execute e não se sinta sobrecarregado.

JUDITH: OK, podemos examinar seu Plano de Ação? Qual é a probabilidade de, todos os dias, você ler suas anotações da terapia, sair do seu apartamento e manter sua lista de créditos?
ABE: 100%.
JUDITH: E quanto a falar com Charlie? Isso é algo a ser feito uma única vez.
ABE: 100%.
JUDITH: E a organização da correspondência? Você pode fazer tudo de uma só vez ou fazer por partes.
ABE: Acho que consigo fazer.
JUDITH: Se não tiver certeza, devemos deixar isso como opcional? Ou definir um prazo para isso, digamos, 10 minutos?

ABE: Não, não, eu vou fazer.
JUDITH: E comprar os ingressos e levar seus netos a um jogo de beisebol? Essa é outra coisa para fazer uma única vez.
ABE: Sim, eu vou fazer.
JUDITH: 100%?
ABE: Sim.
JUDITH: E por último, quando você reconhecer um pensamento automático, qual a chance de se perguntar: "O que me faz achar que este pensamento é verdadeiro?". E também "O que me faz achar que este pensamento não é verdadeiro, ou não é completamente verdadeiro?".
ABE: Eu consigo fazer isso. O elástico no pulso vai me ajudar a lembrar.
JUDITH: Isso tudo não parece ser muita coisa a fazer?
ABE: (*Pensa.*) Não, já estou fazendo muitas dessas coisas.

Feedback

Depois do resumo final, você irá solicitar *feedback*. Nesta fase em nosso tratamento, eu tinha certeza de que Abe me daria *feedback* negativo, caso tivesse algum. Então fiz apenas uma pergunta: "O que você achou da sessão hoje?". Nas primeiras sessões, acrescentei estas perguntas: "Eu disse alguma coisa que incomodou você?"; "Alguma coisa que acha que entendi errado?"; "Alguma coisa que quer fazer diferente na próxima vez?". Abe já estava familiarizado com o preenchimento de um Formulário de *Feedback* na área da recepção, então não precisei lembrá-lo de fazer isso.

RESUMO

A estrutura descrita neste capítulo fornece um meio eficiente de realizar o trabalho da sessão. Embora vários elementos tenham sido separados por questão de clareza, muitos terapeutas cognitivo-comportamentais os entrelaçam. Os terapeutas também inserem seus próprios itens da pauta quando eles são pertinentes aos itens da pauta do cliente. O próximo capítulo discute problemas na instauração da estrutura e a forma como a estrutura pode precisar ser modificada para um determinado cliente.

> **PERGUNTAS PARA REFLEXÃO**
>
> Que parte você acha que será a mais difícil na estruturação de uma sessão? Por quê?
> Quais os três tipos de resumos periódicos que são importantes nas sessões, e por que cada um é importante?

EXERCÍCIO PRÁTICO

Peça que um colega, amigo ou familiar faça uma dramatização com você. Prepare um Plano de Ação que você irá revisar antes de iniciar a sessão. Faça o seguinte:

1. Conduza uma verificação do humor (0-10).
2. Defina uma pauta inicial.
3. Solicite uma atualização e revise o Plano de Ação da semana anterior.
4. Discuta o item 1 da pauta.
5. Peça que o cliente resuma o que vocês discutiram e escreva as anotações da terapia.
6. Colaborativamente defina itens adicionais para o Plano de Ação, se relevante.
7. Obtenha um resumo final e *feedback*.

11

Problemas na estruturação das sessões

Muitos clientes se familiarizam facilmente com a estrutura usual das sessões. Informar o cliente sobre a estrutura e apresentar uma justificativa pode ser suficiente. Mas com certeza há ocasiões em que você *não deve seguir a estrutura usual*. Neste capítulo, você encontrará respostas para as seguintes perguntas:

> Como você conceitualiza as dificuldades na estruturação das sessões?
>
> Quais são os problemas comuns de cada segmento de uma sessão de terapia típica?
>
> Como você pode resolver esses problemas?
>
> Quando você deve se desviar da pauta?
>
> O que você pode fazer quando o cliente está angustiado perto do final de uma sessão?

DIFICULDADES GERAIS NA ESTRUTURAÇÃO

Quando você tomar consciência de um problema, pergunte-se:

> "Qual é o problema específico? O que o cliente está dizendo ou não dizendo que é um problema? Ou o que o cliente está fazendo ou não fazendo?"
> "Tenho alguma responsabilidade por esse problema?"
> "Como conceitualizo por que esse problema surgiu?"
> "O que devo fazer a respeito?"

Se você diagnosticou o cliente corretamente e desenvolveu um plano de tratamento sólido, mas ainda tem dificuldades na estruturação das sessões, verifique o seguinte:

- Você interrompeu o cliente gentilmente para direcionar a sessão?
- Você familiarizou o cliente com a estrutura e o processo do tratamento?
- O cliente está suficientemente engajado no tratamento?
- A relação terapêutica é suficientemente forte?

Cognições do Terapeuta

Seja você um terapeuta iniciante ou experiente em uma modalidade menos diretiva, poderá ter cognições interferindo quanto a interromper o cliente gentilmente e implementar a estrutura-padrão. Monitore seu desconforto e identifique seus pensamentos automáticos durante e entre as sessões. Estes são alguns pensamentos típicos:

> "Não consigo estruturar a sessão."
> "[Meu cliente] não vai gostar da estrutura."
> "Ela não consegue se expressar de maneira concisa."
> "Ele vai ficar irritado se eu for muito diretivo."
> "Vou deixar passar alguma coisa importante."
> "Não devo interrompê-la."
> "Ele não vai executar os Planos de Ação."
> "Ela vai se sentir invalidada."

Se estiver tendo dificuldades, avalie e responda aos seus pensamentos para que consiga experimentar a implementação da estrutura-padrão na próxima sessão. Recomendo fortemente que você pratique a estruturação das sessões em dramatizações. Depois disso, você poderá estruturar a sessão de um cliente como um experimento comportamental para ver se seus pensamentos são acurados.

Interrompendo o Cliente

Para que a terapia prossiga com mais eficiência, você precisa usar a interrupção gentil. Em uma de nossas sessões, Maria começa falando sobre seus planos para o feriado e então traz outros problemas.

MARIA: E então, eu não podia acreditar, mas minha irmã me disse – me ordenou! – que eu tinha que ir ajudar minha mãe. Ela sabe que eu não posso fazer isso. Quero dizer, minha mãe e eu nunca nos demos bem. Se eu for até lá, ela vai me

bombardear com coisas para fazer. E ela vai me criticar. Não posso receber mais críticas. Já recebo o dia inteiro no trabalho e...
JUDITH: Posso interromper por um minuto? Quero me certificar de que entendi o que está acontecendo. Começamos falando sobre seus planos para o feriado e o que você poderia fazer, e então você descreveu alguns outros problemas. Em qual deles acha que seria mais importante trabalharmos? Planos para o feriado, sua irmã, mãe ou o trabalho?

Algumas vezes, o cliente fica incomodado quando você interrompe. Quando isso acontecer, reforce-o positivamente por lhe dizer. Depois peça desculpas pelo erro. (Você superestimou o quanto de interrupção seu cliente poderia tolerar.) Na sequência, negocie com ele, como faço com Maria a seguir.

JUDITH: [interrompendo Maria pela terceira vez] Desculpe interromper. Como você se sentiu quando ele fez isso?
MARIA: (*em um tom de voz irritado*) Você me interrompeu de novo.
JUDITH: Oh, que bom que você me disse isso. Você está certa. Lamento. Eu *tenho* interrompido demais. (*pausa*) O que acha? Você me diz tudo o que achar importante que eu saiba durante os próximos 10 minutos, e não vou interromper de modo algum. Depois eu gostaria de resumir o que você disse, pois é crucial para mim que eu a entenda corretamente. (*pausa*) Então talvez possamos escolher um problema no qual focar a seguir.

Clientes como Maria costumam lhe dizer espontaneamente que você está interrompendo demais. Outros podem dizer só depois que você nota uma mudança no afeto e lhes pergunta o que está passando pelas suas mentes. Quando suspeitar que o cliente teve uma reação negativa às interrupções, mas está relutante em lhe dizer, você pode apresentar uma hipótese: "Eu estava me perguntando se você achou que eu interrompi demais".

Familiarizando o Cliente

Uma segunda dificuldade comum em manter a estrutura prescrita pode surgir se você não familiarizar o cliente adequadamente. Clientes que são novos na terapia cognitivo-comportamental ainda não sabem que você gostaria que eles relatassem *brevemente* a semana, descrevessem seu humor e nomeassem itens para a pauta. Pedir que o cliente pense sobre os itens na Folha de Exercícios de Preparação para a Terapia (Fig. 10.3, p. 174) deve ajudar.

O cliente também não sabe que você irá lhe pedir que resuma pontos importantes das suas discussões, forneça *feedback* durante e no final das sessões, lembre do conteúdo da sessão e consistentemente execute os Planos de Ação todos os dias. Além disso, você está essencialmente ensinando ao cliente determinadas habilidades –

e também uma nova forma de se relacionar com você (para aqueles que estiveram em outro tipo de terapia) – ou uma nova forma de se relacionar com suas dificuldades para que ele possa adotar uma orientação mais objetiva para a solução de problemas. Na primeira sessão de terapia, descreva cada elemento da sessão e então forneça uma justificativa e monitore com *feedback* corretivo e gentil.

Engajando o Cliente

Uma terceira dificuldade comum surge quando o cliente tem crenças disfuncionais que interferem na sua habilidade de se comprometer com o trabalho no tratamento. Ele pode não ter objetivos claros que de fato queira atingir. Ele pode ter esperanças irrealistas de que, de alguma maneira, se sentirá melhor simplesmente comparecendo às sessões de terapia, sem precisar realizar o trabalho da terapia. Ele pode se sentir sem esperanças em relação à sua capacidade de resolver problemas, afetar sua vida ou mudar. Ele pode até mesmo temer que, se melhorar, sua vida irá piorar em algum aspecto (p. ex., ele vai perder você como terapeuta ou terá que retornar ao trabalho). Você precisa estar atento às mudanças no afeto do cliente durante a sessão para que possa lhe perguntar sobre suas cognições. Então você o ajudará a responder ao seu pensamento inútil para que ele seja mais receptivo à estrutura e às tarefas do tratamento.

Abordando Cognições Disfuncionais

Uma quarta dificuldade comum envolve a relutância do cliente em se adequar à estrutura prescrita devido às suas percepções e crenças disfuncionais sobre si mesmo, sobre a terapia ou sobre você. Observo uma mudança negativa no afeto quando descrevo a estrutura da sessão para Maria em nossa primeira consulta da terapia.

JUDITH: O que passou pela sua mente quando descrevi como seriam nossas sessões?
MARIA: Não sei se me sinto confortável com isso. Meu antigo terapeuta apenas me deixava falar sobre o que estivesse na minha mente.
JUDITH: Você sentiu que isso a ajudou a vencer sua depressão?
MARIA: (*Pensa.*) Bem, na verdade não. É por isso que parei de vê-lo depois de alguns anos.
JUDITH: Esta é a minha preocupação. Se eu fizer exatamente o que ele fez, acho que vamos ter o mesmo resultado. (*pausa*) Como se sentiria se tentasse de uma forma diferente? Você poderia descobrir que na verdade isso é muito melhor para você. E, se não for, sempre podemos mudar o que estamos fazendo.
MARIA: (*com hesitação*) Acho que tudo bem.
JUDITH: Bom. Vamos experimentar, e vou me assegurar de lhe perguntar no meio do caminho e no final o que você acha.

No outro extremo do espectro, você pode permitir que o cliente domine e controle o fluxo da sessão – inicialmente. Com a maioria dos clientes, você irá negociar um comprometimento satisfatório para vocês dois e, com o tempo, tentará encaminhar o cliente para a estrutura-padrão.

> **DICAS CLÍNICAS**
>
> Como você determina se a dificuldade na adesão à estrutura da sessão se deve à familiarização insuficiente ou à relutância em aderir? Em primeiro lugar, você intervém familiarizando mais o cliente com a estrutura habitual e monitorando suas respostas verbais e não verbais. Se for um problema simples na familiarização, as respostas do cliente serão bem neutras (ou talvez levemente autocríticas), e a adesão subsequente será boa.
>
> **JUDITH:** Posso interromper um momento? Podemos voltar ao que aconteceu quando você ligou para o seu amigo?
> **ABE:** Oh, claro.
>
> Quando o cliente reage negativamente, ele sem dúvida percebeu a sua solicitação de uma forma negativa, e você precisa mudar a abordagem.
>
> **MARIA:** Isso me faz lembrar. Esqueci de lhe contar o que minha mãe disse que eu deveria fazer.
> **JUDITH:** Podemos terminar de falar sobre David primeiro?
> **MARIA:** (*irritada*) Mas essa coisa com a minha mãe é realmente perturbadora.
> **JUDITH:** OK. Podemos falar sobre sua mãe. Só quero me assegurar de que está tudo bem se não tivermos tempo de voltar a falar sobre David hoje.
> **MARIA:** Sim, a coisa com David pode esperar.

Também podem surgir problemas se você impuser a estrutura de uma forma controladora ou exigente. Se o cliente estiver relutante em lhe dar um *feedback* honesto, você poderá não saber que cometeu esse erro. Será importante que você revise um registro da sessão – e, melhor ainda, se um colega ou supervisor revisá-la também. Então você pode demonstrar desculpando-se e remediando o problema na sessão seguinte. Você pode dizer: "Acho que eu peguei muito pesado na semana passada; sinto muito, quero me certificar de que você concorda com a forma como a sessão se desenrola".

PROBLEMAS COMUNS EM PARTES ESTRUTURAIS DAS SESSÕES

Você pode se deparar com dificuldades para cada parte da sessão, incluindo

- a verificação do humor;
- a definição da pauta;
- a obtenção de uma atualização;
- a revisão do Plano de Ação;
- a discussão dos itens da pauta; e/ou
- o encerramento da sessão.

Os problemas mais comuns em cada uma dessas áreas são descritos a seguir.

Dificuldades na Verificação do Humor

Os problemas comuns envolvem o não preenchimento dos formulários pelo cliente, o incômodo com os formulários ou a dificuldade de expressar subjetivamente (de forma concisa) seu estado de humor geral durante a semana. Se a dificuldade for apenas familiarização insuficiente relacionada ao preenchimento dos formulários, você pode perguntar ao cliente se ele se recorda e concorda com a justificativa para preenchê-los e determinar se existe uma dificuldade prática que precisa ser resolvida (p. ex., tempo escasso, esquecimento ou um problema de escolaridade).

Reações Negativas aos Formulários

Quando o cliente fica incomodado com a solicitação para preencher os formulários, você pode perguntar sobre seus pensamentos automáticos quando pensa em preenchê-los ou quando realmente os preenche, ou pode perguntar sobre a relevância da situação:

"Qual é a pior parte de preenchê-los?" ou
"O que *significa* para você o fato de eu ter lhe pedido para preencher estes formulários?"

Você pode então responder empaticamente às preocupações do cliente, ajudá-lo a avaliar pensamentos e crenças relevantes e/ou solucionar problemas. Essas respostas são fornecidas nos três exemplos a seguir.

CLIENTE 1: Estes formulários não parecem se aplicar muito a mim. Metade das perguntas são irrelevantes.
TERAPEUTA: Sim, eu sei. Mas, na verdade, eles são úteis para mim – posso examiná-los rápido e ter uma visão geral, sem ter que incomodá-lo com inúmeras perguntas. Você estaria disposto a preenchê-los novamente na próxima semana, e poderemos falar mais sobre eles se ainda o aborrecerem?

No próximo exemplo, o cliente expressa claramente seu incômodo por meio da sua escolha das palavras, tom de voz e linguagem corporal.

CLIENTE 2: Estes formulários são uma perda de tempo. Metade das perguntas são irrelevantes.
TERAPEUTA: Qual é a pior parte de preenchê-los?
CLIENTE 2: Sou uma pessoa muito ocupada. Tenho muitas coisas para fazer. Se a minha vida se encher de tarefas sem importância, não vou conseguir fazer mais nada.
TERAPEUTA: Posso ver que você está muito irritado. Quanto tempo leva para preenchê-los?
CLIENTE 2: ... Não sei. Alguns minutos, eu acho.
TERAPEUTA: Sei que alguns dos itens não se aplicam, mas na verdade eles economizam tempo em nossas sessões, pois não terei que lhe fazer inúmeras perguntas. Podemos tentar resolver o problema e ver onde você poderia encaixar um tempo para preenchê-los?
CLIENTE 2: (*Suspira.*) Acho que isso não é assim tão complicado. Vou fazer.

Aqui eu evito avaliar diretamente a acurácia dos pensamentos automáticos do cliente, pois ele está incomodado e sinto que irá perceber esse questionamento de forma negativa. Em vez disso, apresento uma justificativa e o ajudo a perceber que a tarefa não é tão demorada quanto ele imaginava. Em um terceiro caso, a minha avaliação é que mais persuasão para preencher os formulários poderá afetar negativamente nossa tênue aliança terapêutica.

CLIENTE 3: (*com uma voz irritada*) Odeio estes formulários. Eles não se aplicam a mim. Sei que você quer que eu os preencha, mas estou lhe dizendo, eles são inúteis.
TERAPEUTA: Vamos saltá-los, então, pelo menos por enquanto. Mas eu *gostaria* de ter uma ideia clara de como você tem se sentido durante a semana. Talvez você possa apenas avaliar sua depressão em uma escala de 0 a 100, onde 0 é não se sentindo nem um pouco deprimido e 100 é o mais deprimido que você já se sentiu. Assim estaria bem?

Dificuldade para Expressar o Humor

Um problema diferente envolve a dificuldade do cliente para expressar subjetivamente seu humor, seja porque ele não o faz de maneira concisa ou porque tem dificuldade para nomear seus estados de humor. Você pode interromper gentilmente e fazer perguntas específicas ou então demonstrar como responder.

Se o cliente se expressa em detalhes e longamente sobre seu humor, familiarize-o para dar uma descrição concisa.

TERAPEUTA: Posso interrompê-lo um momento? Eu *realmente* quero ouvir mais sobre _____ daqui a alguns minutos, mas primeiro preciso saber se você de um modo geral se sentiu melhor, pior ou igual em comparação com a semana passada.
CLIENTE: Pior.
TERAPEUTA: Mais ansioso? Mais triste? Com mais raiva?
CLIENTE: Com raiva, eu acho.

Quando o cliente tem dificuldade em nomear seus estados de humor, você pode responder de modo diferente: "Parece que é difícil definir como você tem se sentido. Talvez devêssemos colocar na pauta 'identificar sentimentos'". Durante a sessão, você pode usar as técnicas descritas no Capítulo 13 para ensinar o cliente a especificar seu humor.

Atribuição de Mudança no Humor a Fatores Externos

Algumas vezes, os clientes atribuem as mudanças positivas no seu humor a fatores externos. Por exemplo, um cliente pode dizer: "Eu me sinto melhor porque a medicação começou a agir/meu chefe estava em licença de saúde/meu parceiro foi mais gentil comigo". Você pode então sugerir: "Estou certo de que isso ajudou, mas você também se descobriu *pensando* de modo diferente ou *fazendo* alguma coisa diferente?".

Piora do Humor

Investigue também as atribuições do cliente quando seu humor piorou: "Por que você acha que está se sentindo pior esta semana? Isso pode ter alguma coisa a ver com o seu pensamento ou com as coisas que você fez ou não fez?". Desse modo, você sutilmente reforça o modelo cognitivo e sugere que o cliente pode assumir algum controle sobre a forma como se sente.

> **DICAS CLÍNICAS**
>
> Você pode ter clientes que dizem: "Nada pode melhorar meu humor". Pode ser útil criar um quadro como o do Capítulo 7, página 128. Reconhecer que existem coisas que fazem com que o cliente se sinta melhor ou pior pode ajudar a reforçar a noção de que ele pode afetar o próprio humor. Por meio da descoberta guiada, você pode ajudá-lo a ver que a evitação, o isolamento e a inatividade em geral aumentam sua disforia (ou pelo menos não a melhoram), ao passo que o engajamento em certas atividades (que em geral envolvem interação interpessoal ou que têm potencial para prazer ou domínio) pode levar a uma melhora em seu humor, mesmo que inicialmente a mudança seja pequena.

Dificuldades na Definição da Pauta

Dificuldades típicas na definição da pauta surgem quando o cliente

- divaga;
- não contribui; e/ou
- se sente sem esperança ou sobrecarregado.

Divagando ao Contribuir para a Pauta

Algumas vezes, o cliente divaga ou é prolixo. Uma interrupção gentil e resumida pode ajudar: "Posso interromper um momento? Parece que seus objetivos esta semana giram em torno do seu pai e do trabalho. Há alguma coisa mais importante do que essas duas coisas?".

Não Contribuindo para a Pauta

Alguns clientes não nomeiam os problemas ou objetivos para a pauta porque eles na verdade não sabem o que dizer, porque estão se saindo muito bem ou não estão adequadamente familiarizados. Se o cliente não está certo do que deveria entrar na pauta, você pode fazer uma ou mais das seguintes perguntas:

(*pegando uma cópia dos objetivos do cliente*) "Há alguma coisa nesta lista sobre a qual você gostaria de falar?"
"Em quais aspectos você gostaria que os próximos dias fossem melhores?"
"Como você quer se sentir na próxima semana quando estiver de volta? O que você precisará fazer esta semana para se sentir assim?"
"Você quer falar sobre [um objetivo] ou [um problema específico]?"
"Em que momento a semana passada foi mais difícil para você?"

Você também pode examinar as escalas de sintomas que o cliente preencheu naquele dia e ver quais estão elevados.

Se ele não precisar de ajuda adicional para trabalhar em direção aos seus objetivos, você pode focar na prevenção de recaída (Cap. 21).

Na sequência, ilustramos duas ocasiões, nas Sessões 2 e 3, em que tenho alguma dificuldade para definir uma pauta com Maria.

JUDITH: Qual você gostaria que fosse o objetivo para esta sessão?
MARIA: ... Não sei.
JUDITH: Há algum objetivo particular em que gostaria de trabalhar? Em quais aspectos você gostaria que sua vida fosse melhor esta semana?

MARIA: (*Suspira.*) Não sei.
JUDITH: Você está se sentindo meio sem esperança?
MARIA: Sim. A semana passada foi muito ruim.
JUDITH: [fornecendo uma múltipla escolha] Você acha que, de um modo geral, se sentiu pior pela manhã, à tarde ou à noite?
MARIA: Nas manhãs, eu acho.
JUDITH: OK, podemos colocar "manhãs" na pauta para ver se há alguma coisa que possamos fazer para deixá-las um pouco melhores?
MARIA: Tudo bem.

No final da sessão, vou pedir que Maria acrescente um item à sua lista no Plano de Ação: pensar para quais problemas ou objetivos ela quer ajuda na próxima sessão.

Algumas vezes, o cliente não contribui para a definição da pauta porque atribui um *significado* negativo especial à contribuição. Você pode perguntar sobre seus pensamentos automáticos ou sobre o que significa para ele que você tenha pedido que nomeasse itens na pauta. Quando Maria retorna para nossa terceira sessão, sua atualização sugere que existem problemas importantes para examinarmos. Mas ela não os coloca na pauta.

JUDITH: Você conseguiu pensar em quais objetivos deseja trabalhar?
MARIA: (*em um tom de voz levemente incomodado*) Pensei sobre isso. Mas não encontrei nada.
JUDITH: Como você estava se sentindo enquanto pensava sobre isso? Incomodada?
MARIA: Talvez um pouco.
JUDITH: O que estava passando pela sua mente?
MARIA: Não sei se essa terapia é adequada para mim.
JUDITH: [reforçando Maria positivamente] Que bom que você me falou isso. Você tem uma ideia do que poderia ajudá-la mais?
MARIA: Algumas vezes, eu só preciso falar para desabafar.
JUDITH: Então quando lhe peço para definir a pauta, você se sente meio limitada?
MARIA: É, acho que sim.
JUDITH: Vamos descobrir juntas como melhorar isso. Você gostaria de pular a definição da pauta no começo das nossas sessões? Que tal se você entrasse e falássemos sobre qualquer coisa que estivesse na sua mente nos primeiros minutos? Depois disso, podemos escolher o que parecer mais importante para você trabalhar na parte seguinte da sessão. (*pausa*) Isso parece bom?
MARIA: Parece melhor assim.
JUDITH: Há mais alguma coisa que a incomoda sobre esta terapia?
MARIA: Não, acho que não.
JUDITH: Você poderia me dizer caso pense em alguma coisa?
MARIA: OK.

A resposta de Maria é incomum. A maioria dos clientes é mais facilmente familiarizada na definição da pauta. Mas, neste caso, reconheci que pressioná-la mais a afastaria, então demonstrei meu desejo de colaborativamente "consertar" o problema. Ela precisa de mais flexibilidade na estrutura da sessão no início, mas assim que possível eu a direciono para uma estrutura mais padrão.

Os clientes que divagam durante a definição da pauta ou se lançam em um relato detalhado de um problema em vez de nomeá-lo em geral requerem apenas maior familiarização.

JUDITH: (*interrompendo gentilmente*) Posso interromper um momento? Devemos chamar este objetivo de "reconectando-se com seu irmão"?
ABE: Sim.
JUDITH: Bom. Você pode me dizer o nome de algum outro problema ou objetivo no qual gostaria de trabalhar?

Ocasionalmente, na sessão seguinte, o cliente continua *descrevendo* problemas em vez de apenas *nomeá-los* durante a definição da pauta. Caso isso aconteça, você pode lhe pedir para anotar seus tópicos na pauta como parte do seu Plano de Ação.

Sentindo-se sem Esperança e Sobrecarregado

Um terceiro problema na definição da pauta surge quando o cliente se sente sem esperança e sobrecarregado. Aqui tento colocar Maria no modo de solução de problemas.

JUDITH: Maria, em que objetivos você quer trabalhar hoje?
MARIA: (*Suspira.*) Não sei... Estou muito sobrecarregada. Acho que nada disso vai ajudar.
JUDITH: Você acha que falar aqui sobre seus problemas e objetivos não vai ajudar?
MARIA: Não. De que adianta? Quero dizer, você não pode resolver o fato de que eu tenho uma dívida enorme e estou tão cansada que não consigo nem mesmo sair da cama na maioria dos dias – sem mencionar o fato de que meu apartamento está um caos.
JUDITH: Bem, é verdade que não podemos consertar tudo imediatamente. E você de fato tem problemas reais em que precisamos trabalhar juntas. Agora, se tivermos tempo para trabalhar em apenas *uma* coisa hoje, qual delas acha que ajudaria mais do que as outras?
MARIA: Não sei... o cansaço, talvez. Se eu conseguisse dormir melhor, talvez pudesse fazer mais coisas.

Neste caso, transmito a Maria a mensagem de que seus problemas são reais, que eles podem ser trabalhados um por um, e que ela não precisa trabalhar neles sozinha. Pedir que ela faça uma escolha forçada a ajuda a escolher um problema e ficar orientada para a solução do problema. Caso Maria tivesse se recusado a fazer uma escolha, eu teria tentado uma tática diferente:

> "Parece que você está se sentindo sem muita esperança. Não sei ao certo se trabalharmos juntas fará diferença, mas eu gostaria de tentar. (*pausa*) Você estaria disposta a tentar? Podemos falar sobre o cansaço por alguns minutos e ver o que acontece?"

Reconhecer a falta de esperança dela e a minha incapacidade de garantir o sucesso aumenta a disposição de Maria para experimentar a solução de problemas.

Dificuldades na Obtenção de uma Atualização

Uma dificuldade comum surge quando o cliente fornece um relato muito detalhado da sua semana ou fala por longo tempo de uma maneira não focada. Depois de algumas frases assim, você deve interromper gentilmente:

> "Posso interromper um pouco? Neste momento, só preciso ter um quadro geral de como você tem se sentido; seria possível me falar sobre a sua semana em apenas duas ou três frases? De um modo geral, foi uma boa semana? Uma semana ruim? Ou ela teve altos e baixos?"

Se o cliente continua dando detalhes em vez do quadro mais amplo, você pode demonstrar o que está procurando:

> "Para mim parece que você está dizendo: 'Tive uma semana muito difícil. Briguei com uma amiga, fiquei muito ansiosa em relação a sair de casa e tive problemas de concentração no trabalho'. Está correto?"

Alguns clientes na verdade entendem e são capazes de fornecer uma revisão sucinta, mas *optam* por não fazê-lo. Se você tiver dados que sugerem que questionar o cliente sobre sua relutância em aderir poderia prejudicar a relação, pode inicialmente permitir que ele controle a parte da sessão com a atualização. Tais dados podem incluir reações verbais e/ou não verbais às suas tentativas prévias de estruturação, afirmações diretas de fortes preferências no processo terapêutico ou relatos de uma reação forte no passado quando sua percepção foi de que outras pessoas estavam controlando ou dominando. No entanto, reações à estruturação não são comuns. Em geral, você pode identificar de maneira objetiva as razões para a relutância do cliente e então resolver o problema. Depois de pedir que ele revise sua semana de forma mais concisa e observar uma mudança negativa no afeto, você pode dizer: "Quando lhe pedi para me dar o quadro mais amplo, o que passou pela sua mente?". Tendo identificado os pensamentos automáticos do cliente, você pode então

- ajudá-lo a avaliar a validade dos seus pensamentos;
- usar a técnica da seta descendente (ver p. 289) para descobrir o significado dos seus pensamentos; e/ou
- fazer uma afirmação empática e ir direto para a solução de problemas, conforme descrito a seguir:

"Lamento que você tenha achado que eu a cortei novamente. Posso ver que você tem muitas coisas na sua mente e *gostaria* de ouvir a respeito. (*pausa*) Você quer continuar com a atualização agora, ou devemos colocar a 'atualização da semana' na pauta? Só quero garantir que saberei quais são os problemas sobre os quais você quer falar hoje."

Esta última opção costuma ser melhor do que ajudar o cliente a avaliar seus pensamentos no momento se ele estiver particularmente incomodado. Expressando sua preocupação e disposição em se comprometer, em geral é possível modificar a percepção do cliente de que você está sendo muito controlador.

Dificuldades na Revisão do Plano de Ação

Um problema típico surge quando o terapeuta, em sua ânsia de obter itens para a pauta do cliente, não lhe pergunta sobre seu Plano de Ação. Você terá mais chances de se lembrar de perguntar sobre o Plano de Ação se mantiver isso como um item-padrão na pauta e se revisar suas anotações da terapia da sessão anterior antes que o cliente entre no seu consultório. O problema oposto surge algumas vezes quando o terapeuta revisa os Planos de Ação (não relacionados à angústia do cliente naquele dia) em muitos detalhes antes de se voltar para os tópicos na pauta do cliente.

Dificuldades na Discussão dos Itens da Pauta

Aqui, os problemas típicos incluem

- discussão não focada ou tangencial;
- ritmo ineficiente;
- não fazer uma intervenção terapêutica; e/ou
- dificuldades em saber como resolver o problema de um cliente.

Discussão Não Focada

Esse problema costuma surgir quando você não consegue estruturar a discussão apropriadamente por meio de interrupções gentis (guiando o cliente de volta para o problema em questão); quando você não enfatiza pensamentos automáticos *essenciais*; e quando você não faz resumos com frequência. Na sequência, faço o resumo de muitas coisas que Abe me contou em apenas algumas palavras e o redireciono para identificar seus pensamentos automáticos.

JUDITH: Deixe-me ver se entendi. Sua mãe lhe disse algumas coisas rudes ao telefone. Isso o fez recordar de outras interações que teve com ela, e você foi ficando cada vez mais incomodado. Na noite passada, ligou para ela novamente e ela começou a criticá-lo por não estar cumprindo com as suas responsabilidades. Correto?

ABE: Sim.

JUDITH: O que passou pela sua mente quando ela disse: "Você não está cumprindo com as suas responsabilidades"?

Ritmo Ineficiente

O *ritmo* costuma ser um problema quando você leva tempo demais ou de menos discutindo um item da pauta. Alguns terapeutas superestimam quantos problemas ou objetivos podem ser discutidos durante uma sessão de terapia. É preferível priorizar e então especificar dois itens (ou possivelmente um terceiro) para discutir durante uma sessão, sobretudo se você for um terapeuta cognitivo-comportamental iniciante. Juntos, você e o cliente devem monitorar o tempo e decidir colaborativamente o que fazer se o tempo estiver se esgotando. Em termos práticos, é aconselhável ter dois relógios (um para cada, para que possam consultar facilmente) a fim de encorajar o cliente a monitorar a passagem de tempo junto com você. Você pode dizer:

> "Só nos restam 10 minutos antes de termos que encerrar. Você gostaria de continuar falando sobre este problema com seu vizinho? Ou podemos terminar em um ou dois minutos para que tenhamos tempo de discutir como você vai arrumar mais coisas no seu apartamento?"

Como alternativa, você pode sugerir como ocupar o tempo e ver se o cliente concorda:

> "Só nos restam 10 minutos antes de termos que encerrar. Acho que o que estamos falando é realmente importante. Tudo bem se deixarmos para falar sobre _____ em nossa próxima sessão?"

Não Fazer uma Intervenção Terapêutica

Muitas vezes, a mera descrição de um problema ou objetivo ou a identificação de pensamentos ou crenças disfuncionais *não* farão com que o cliente se sinta melhor. Você deve estar atento para ajudá-lo (durante a sessão) a responder às suas cognições disfuncionais, resolver um problema (ou pelo menos parcialmente) ou abordar um obstáculo frente a um objetivo, e definir um Plano de Ação. Durante a sessão, você deve se perguntar:

"Como posso ajudar o cliente a se sentir melhor até o final da sessão?"
"Como posso ajudar o cliente a ter uma semana melhor?"

Dificuldades com a Solução de Problemas

Você pode se deparar com situações em que não sabe como ajudar o cliente a solucionar um problema ou resolver um obstáculo. Há várias coisas que você pode fazer:

- Descubra o que o cliente já tentou fazer e conceitualize por que não funcionou. Você pode conseguir modificar a solução ou modificar pensamentos que se colocaram no caminho.
- Use a si mesmo como modelo. Pergunte-se: "Se eu tivesse esse problema ou objetivo, o que eu faria?".
- Peça que o cliente cite outra pessoa (em geral um amigo ou familiar) que poderia ter o mesmo tipo de problema ou objetivo. Que conselho o cliente daria a ele? Veja se esse conselho se aplicaria ao cliente.
- Pergunte ao cliente se ele conhece alguém que poderia ajudar com o problema ou objetivo.

Se você estiver empacado, adie a discussão: "Eu gostaria de pensar mais sobre esse problema durante esta semana. Podemos colocá-lo na pauta para falarmos mais a respeito dele na próxima semana?".

DESVIANDO-SE DA PAUTA

Há momentos em que você *não deve* seguir a pauta que você e seu cliente definiram colaborativamente no começo da sessão:

- Se descobrir que o cliente está em risco ou que está colocando os outros em risco, você precisará abordar esses problemas imediatamente. As situações de risco podem envolver a vida, a saúde, a subsistência, o emprego, a situação de vida, etc. do cliente (ou de outra pessoa).
- Se identificar que o cliente está tão angustiado com um problema que não consegue focar no que vocês estão discutindo atualmente, você pode precisar falar sobre o problema angustiante.
- Se avaliar que o cumprimento da pauta irá prejudicar a relação terapêutica, você precisará colaborativamente retomar o caminho com o cliente.
- Se surgir um problema que seja mais urgente do que os itens da pauta (ou determinados itens da pauta se revelam relativamente sem importância ou não forem premente), você precisará abordar um problema ou objetivo diferente.

Os clientes em geral seguem a estrutura que você propõe. Mas, de vez em quando, eles fazem objeções, especialmente se

- você não apresentou uma justificativa suficientemente forte;
- você se mostra muito controlador e não colaborativo;
- eles acham que discutir o passado no início do tratamento é essencial; e/ou
- eles fazem questão de falar livremente sobre o que passar pela sua mente durante a sessão.

O que fazer? Acima de tudo, você precisa comprometer o cliente para que ele retorne ao tratamento na próxima sessão. Poderá ser necessário passar algum tempo falando sobre o que ele acha que ajudará mais. Se você julgar que tentar persuadir o cliente a aderir à sua pauta colocará em risco seu engajamento no tratamento, em especial no começo, pode sugerir dividir o tempo da terapia. Se ele protestar, você pode passar a sessão fazendo o que ele quiser. Na sessão seguinte, você descobrirá se fazer isso o ajudou a se sentir significativamente melhor durante a semana. Se não ajudou, ele poderá estar mais motivado a passar pelo menos parte da sessão discutindo o que você acha ser importante para ajudá-lo a se sentir melhor.

QUANDO O CLIENTE ESTÁ ANGUSTIADO PERTO DO FINAL DA SESSÃO

Quando o cliente está perturbado perto do final de uma sessão porque vocês não tiveram tempo suficiente para discutir plenamente um assunto, você pode mudar a conversa para algo mais positivo.

JUDITH: Maria, vejo que você ainda está incomodada com isso. Podemos falar mais sobre isso em nossa próxima sessão? Não quero que você saia da sessão se sentindo assim.
MARIA: OK.
JUDITH: Tudo bem se falarmos sobre alguma coisa mais leve? Conte-me sobre seu sobrinho. Em que ele está interessado ultimamente?

Conforme discutimos no Capítulo 4, certifique-se de reforçar o cliente positivamente sempre que ele lhe der *feedback* negativo; depois conceitualize e planeje uma estratégia.

JUDITH: O que você achou da sessão de hoje? Houve alguma coisa que eu entendi errado? Ou eu disse algo que a incomodou?
MARIA: Acho que você não percebe o quanto é difícil para mim organizar as coisas; eu tenho tantas responsabilidades e tantos problemas. Para *você* é fácil dizer que eu devo me concentrar no que está correndo bem na minha vida e me esquecer de tudo o que está acontecendo com a minha mãe.
JUDITH: Oh, que bom que você me disse isso – e lamento que tenha tido essa impressão. O que eu *pretendia* expressar era que eu percebo que você está muito angustiada pelo problema com a sua mãe. Eu gostaria que tivéssemos tempo para falar sobre isso agora. (*pausa*) Mas, enquanto isso, houve alguma coisa que eu disse ou fiz que a levou a achar que eu estava sugerindo que você simplesmente *esquecesse* tudo a esse respeito?

Esclareci o mal-entendido e concordamos em colocar o problema com a mãe de Maria na pauta para nossa próxima sessão.

RESUMO

Terapeutas em todos os níveis de experiência encontram dificuldades na estruturação das sessões com determinados clientes. É importante especificar o problema e então conceitualizar por que o problema está acontecendo. A revisão cuidadosa das gravações da sua sessão pode ser valiosa na identificação e na posterior solução desses problemas. Um relato mais extenso de como conceitualizar e modificar problemas que os clientes apresentam na sessão, juntamente com vídeos de sessões de terapia, pode ser encontrado em um curso *on-line* sobre transtornos da personalidade (*https://beckinstitute.org/cbtresources*).

PERGUNTAS PARA REFLEXÃO

Por que às vezes é importante interromper o cliente? Que pensamentos automáticos você pode ter que poderiam impedi-lo de interromper gentilmente seu cliente? Como você pode responder a esses pensamentos?

EXERCÍCIO PRÁTICO

Faça uma dramatização (ou crie uma transcrição) em que um cliente fica irritado quando você o interrompe.

12

Identificação de pensamentos automáticos

Revisando, o modelo cognitivo sugere que a interpretação de uma situação (em vez da situação em si) – expressa em pensamentos automáticos ou imagens – influencia nossa emoção, comportamento e resposta fisiológica. É importante ajudar os clientes a responderem a seus pensamentos inúteis ou imprecisos.

Determinados acontecimentos são quase universalmente perturbadores, como, por exemplo, uma agressão pessoal ou rejeição. No entanto, pessoas com transtornos psicológicos exibem um pensamento enviesado. Elas costumam ver as situações como muito mais negativas do que de fato são. Elas podem interpretar mal situações neutras ou mesmo positivas. Ao examinar criticamente e responder a seus pensamentos, elas em geral se sentem melhor. Queremos abordar sobretudo os pensamentos automáticos que criam obstáculos à realização dos objetivos.

O restante deste capítulo trata dos pensamentos automáticos negativos e das respostas a estas perguntas:

> Quais são as características dos pensamentos automáticos?
>
> Como você pode explicar pensamentos automáticos para os clientes?
>
> Como você obtém e especifica pensamentos automáticos?
>
> Como é um modelo cognitivo estendido?
>
> Quais são as diferentes formas dos pensamentos automáticos? O que você pode fazer quando os clientes têm dificuldades para identificar seus pensamentos automáticos?
>
> Como você ensina os clientes a identificarem seus pensamentos automáticos de forma independente?

CARACTERÍSTICAS DOS PENSAMENTOS AUTOMÁTICOS

Os pensamentos automáticos são um fluxo de pensamentos que coexiste com um fluxo de pensamentos mais manifestos (Beck, 1964). Esses pensamentos não são característicos apenas de indivíduos em sofrimento psicológico; são uma experiência comum a todos nós. Na maior parte do tempo, quase não temos conhecimento desses pensamentos, embora com apenas um pouco de treinamento possamos facilmente trazê-los à consciência. Quando tomamos consciência de nossos pensamentos, podemos automaticamente fazer uma verificação da realidade para ver se não estamos sofrendo de disfunção psicológica. Este tipo de teste automático da realidade e resposta aos pensamentos negativos é uma experiência comum. Pessoas que estão em sofrimento em geral não se engajam nesse tipo de exame crítico. A terapia cognitivo-comportamental (TCC) ensina ao cliente ferramentas para avaliar seus pensamentos de forma estruturada e consciente, sobretudo quando ele está abalado ou engajado em comportamento inútil.

Abe, por exemplo, tem que ficar em casa para consertar um vazamento embaixo da pia, então não pode assistir ao jogo de futebol do seu neto. Ele pensa: "Ethan vai ficar muito desapontado". Seu pensamento então fica mais extremo: "Eu *sempre* o decepciono". Ele aceita esses pensamentos como verdadeiros e se sente muito triste. No entanto, depois de aprender as ferramentas da TCC, ele é capaz de usar sua emoção negativa como uma pista para identificar, avaliar e responder de modo adaptativo a seus pensamentos. Em outra situação, Abe foi capaz de responder a um pensamento automático semelhante desta maneira: "Um momento, os pais dela vão estar lá [no recital de dança]. Ela pode ficar um pouco desapontada por eu não estar presente. E não é verdade que eu sempre a decepciono. Já fui a muitas das suas apresentações".

Você procura identificar pensamentos automáticos que são disfuncionais – isto é, aqueles que

- distorcem a realidade;
- estão associados a uma reação emocional e/ou fisiológica inútil;
- originam um comportamento inútil; e/ou
- interferem no sentimento de bem-estar do cliente e na habilidade de dar os passos para atingir seus objetivos.

Conforme discutimos em capítulos anteriores, é vital estar alerta a pistas verbais e não verbais do cliente para que você possa identificar as cognições mais importantes (ou "quentes") – ou seja, pensamentos automáticos e imagens relevantes que surgem na própria sessão de terapia. Essas cognições podem ser sobre o assunto em discussão ("Não é justo que eu tenha tanta coisa para fazer"), mas podem ser sobre o cliente ("Não consigo fazer nada direito"), o terapeuta ("Você não me entende") ou o processo da terapia ("Não gosto de dar *feedback*"). E elas podem minar a motivação, o senso de adequação ou valor ou a concentração do cliente. Por fim, os pensamentos automáticos podem interferir na relação terapêutica. Identificar pensamentos automáticos na hora dá ao cliente a oportunidade de testar e responder aos seus pensamentos imediatamente, o que facilita o trabalho no restante da sessão.

Os pensamentos automáticos disfuncionais são quase sempre negativos, a menos que

---

- o cliente seja maníaco ou hipomaníaco ("É uma ótima ideia ver como meu carro pode andar rápido");
- o cliente tenha traços narcisistas ("Sou superior a todos"); e/ou
- o cliente esteja se dando permissão para se engajar em comportamento mal-adaptativo ("Tudo bem beber demais porque todos os meus amigos estão fazendo a mesma coisa").

Os pensamentos automáticos em geral são muito breves, e o cliente costuma ter mais consciência da *emoção* que ele sente como resultado dos seus pensamentos do que dos pensamentos propriamente. Sentado na sessão, por exemplo, o cliente pode estar consciente de se sentir ansioso, triste, irritado ou envergonhado, mas pode não ter consciência dos seus pensamentos automáticos até que você os evoque. As emoções que o cliente sente estão logicamente associadas ao *conteúdo* dos seus pensamentos automáticos. Por exemplo, Abe pensa: "Isso tudo está uma grande bagunça. Eu sou muito preguiçoso" – e se sente triste. Em outro momento, ele pensa: "Eu deveria visitar minha mãe com mais frequência" – e se sente culpado. Quando tem o pensamento: "E se eu ficar sem dinheiro?", ele se sente ansioso.

Algumas vezes, o cliente tem mais consciência do seu *comportamento* inútil do que dos pensamentos automáticos que precedem sua ação. Abe, por exemplo, reconhece que tem evitado entrar em contato com seus amigos e realizar tarefas em seu apartamento. Esse comportamento está logicamente associado ao conteúdo de seus pensamentos automáticos. Quando lhe pergunto o que estava passando pela sua mente na primeira situação, ele responde: "Eles podem me criticar pelo fato de eu não estar trabalhando". Na segunda situação, ele pensou: "Eu simplesmente vou estragar qualquer coisa que eu tentar fazer".

O cliente também pode estar mais consciente da sua *resposta fisiológica* do que de seus pensamentos. Maria, por exemplo, notou sensações de tensão, mais do que seus pensamentos automáticos, quando estava ansiosa.

A maioria dos pensamentos automáticos está associada a situações externas (p. ex., falar com um amigo) ou a um fluxo de pensamentos (p. ex., pensar em um acontecimento futuro ou passado). Mas uma ampla gama de estímulos externos e internos pode dar origem a pensamentos automáticos. O cliente pode ter pensamentos sobre alguma parte do modelo cognitivo:

> - Suas cognições (pensamentos, imagens, crenças, devaneios, sonhos, lembranças ou *flashbacks*);
> - Sua emoção;
> - Seu comportamento; ou
> - Suas experiências fisiológicas ou mentais (p. ex., ideias estranhas ou uma sensação de que seus pensamentos estão acelerados).

Qualquer um desses estímulos pode originar um pensamento automático (ou séries de pensamentos automáticos), seguido por uma reação emocional, comportamental e/ou fisiológica. Estes são alguns exemplos de Abe:

> - Quando Abe pensou: "Eu gostaria de nunca mais ter que falar com minha ex-mulher", ele teve um pensamento automático sobre este pensamento: "Eu não deveria pensar coisas como essa".
> - Quando Abe pensou: "Estou muito cansado. Não quero ir ao jogo de futebol de Max", ele então pensou: "Sou um avô ruim por não querer ir".
> - Quando Abe teve pensamentos automáticos na forma de lembranças sobre seu casamento, ele pensou: "Eu gostaria de não me lembrar sempre das piores partes da nossa vida juntos".
> - Quando Abe se deu conta do quanto estava sem esperança e se sentindo triste, ele pensou: "Vou me sentir assim para sempre".
> - Quando Abe evitou sair para realizar alguns afazeres, ele pensou: "Como sou preguiçoso!".
> - Quando Abe ficou ansioso por estar atrasado, seu coração começou a acelerar e ele pensou: "O que há de errado comigo?".

Na TCC tradicional, temos tendência a focar em situações problemáticas da semana anterior, determinando em que ponto o cliente estava *mais* angustiado e quais eram seus pensamentos automáticos. Em uma orientação para a recuperação, tendemos a focar mais nos pensamentos que o cliente prevê que, na semana seguinte, irão criar um obstáculo aos passos para atingir seu objetivo.

O cliente pode ter pensamentos automáticos estressantes ou inúteis

> - *antes* de uma situação, como previsão do que pode acontecer ("E se ele ficar chateado comigo?");
> - *durante* uma situação ("Ela está pensando no quanto eu estou fazendo isso mal"); e/ou
> - *depois* de uma situação, refletindo sobre o que aconteceu ("Eu nunca deveria ter ligado para ele").

EXPLICANDO OS PENSAMENTOS AUTOMÁTICOS AO CLIENTE

É aconselhável explicar os pensamentos automáticos usando exemplos do próprio cliente. No contexto da discussão de um problema específico com um cliente, você irá identificar os pensamentos automáticos associados e então fornecer psicoeducação.

JUDITH: [passando para o primeiro tópico da pauta] Maria, devemos falar sobre seu objetivo de se relacionar melhor com sua irmã?
MARIA: Sim.
JUDITH: O que você quer fazer esta semana?
MARIA: (*Suspira*.) Na verdade, deveria perguntar se ela quer sair para almoçar.
JUDITH: Como você está se sentindo?
MARIA: Não sei. Triste, deprimida.
JUDITH: O que está passando pela sua mente?
MARIA: Ela tem tanta sorte. Jamais vou conseguir ter uma vida como a dela.
JUDITH: Não é de admirar que você esteja se sentindo triste. [fornecendo psicoeducação] Você acabou de identificar o que chamamos de *pensamento automático*: Jamais vou conseguir ter uma vida como a dela. Todos nós temos esses tipos de pensamentos. Eles parecem simplesmente surgir em nossas mentes, mesmo quando estamos tentando pensar em outra coisa. É por isso que os chamamos de *automáticos*. (*pausa*) Na maior parte do tempo, eles são muito rápidos e temos muito mais consciência da emoção – neste caso, você se sente triste – do que dos nossos pensamentos. (*pausa*) Quando as pessoas estão deprimidas como você está, ocorre que com frequência os pensamentos não são verdadeiros, ou não completamente verdadeiros. Mas reagimos *como se* fossem verdadeiros.
MARIA: Oh.
JUDITH: [verificando sua compreensão] Você pode me falar sobre pensamentos automáticos em suas próprias palavras?
MARIA: Acho que o que você está dizendo é que eu tenho esses pensamentos rápidos, e como estou deprimida eles podem não ser verdadeiros.
JUDITH: Exatamente.

Na parte seguinte da sessão, tomo nota do modelo cognitivo para esse pensamento automático.

> **Situação:** Pensando sobre a irmã
> ↓
> **Pensamento automático:** *"Jamais vou conseguir ter uma vida como a dela."*
> ↓
> **Emoção:** Triste

JUDITH: Vamos registrar isso no papel. Quando teve o pensamento: "Jamais vou conseguir ter uma vida como a dela", você se sentiu triste. Percebe como o que você estava pensando influenciou como se sentiu?

MARIA: Aham.

JUDITH: Vou lhe ensinar a identificar seus pensamentos automáticos quando você perceber que seu humor está mudando ou quando estiver fazendo alguma coisa que não seja útil. Esse é o primeiro passo. Vamos continuar praticando-o até que seja fácil. E você também aprenderá como *avaliar* seus pensamentos e mudar seu modo de pensar se ele não for completamente correto.

IDENTIFICANDO PENSAMENTOS AUTOMÁTICOS

A habilidade de identificar pensamentos automáticos é análoga à aprendizagem de qualquer outra habilidade. Alguns clientes (e terapeutas) entendem isso muito facilmente e rápido. Outros precisam de muito mais orientação e prática. As perguntas básicas que você faz ao cliente são:

> "O que [está/estava/estará] passando pela sua mente?"
> "O que você [está/estava/estará] pensando?"

Você vai fazer uma dessas perguntas

> - quando o cliente descrever uma situação, emoção, comportamento ou reação fisiológica problemática que ele teve (frequentemente na semana anterior) ou espera ter (em geral na semana seguinte); e/ou
> - quando o cliente experimentar uma mudança negativa no afeto ou exibir um comportamento inútil dentro da própria sessão de terapia.

Identificando Pensamentos Automáticos Adicionais

Continue questionando o cliente, mesmo depois que ele relatar um pensamento automático inicial, para descobrir se ele teve outros pensamentos importantes.

JUDITH: [resumindo] Então quando acordou ontem pela manhã de ressaca, você pensou: "Eu não devia ter bebido tanto na noite passada". O que mais passou pela sua mente?
MARIA: Não acredito que fiz isso de novo.
JUDITH: E então?
MARIA: Fiquei pensando: "De que adianta tentar? Nada vai mudar mesmo".

Quando o cliente expressa um pensamento automático e uma emoção, também é importante ver se ele experimentou emoções adicionais. Em caso afirmativo, ele sem dúvida teve outro pensamento ou fluxo de pensamentos.

JUDITH: [resumindo] Então você se sentiu triste quando pensou: "Já gastei a maior parte das minhas economias". Você sentiu alguma outra emoção?
ABE: Acho que me senti ansioso.
JUDITH: O que estava passando pela sua mente que o fez se sentir ansioso?
ABE: Eu estava pensando: "O que vai acontecer comigo? E se eu não conseguir pagar o aluguel? Vou acabar na rua?".

UM MODELO COGNITIVO ESTENDIDO

Os clientes algumas vezes têm uma série de pensamentos automáticos e reações sobre um determinado problema, especialmente se o cliente acaba se comportando de uma forma inútil, como, por exemplo, usando um comportamento impulsivo. É importante registrar os muitos passos, desde o desencadeante inicial até a reação final (o que pode levar segundos até horas). A Figura 12.1 demonstra como Maria experimentou uma situação inicial perturbadora e então acabou bebendo demais.

Depois que você e seu cliente mapearam o cenário estendido, você pode mostrar todos os lugares onde ele pode aprender a intervir *antes* de se engajar no comportamento disfuncional. Isso costuma deixar o cliente com mais esperança quanto à solução do problema.

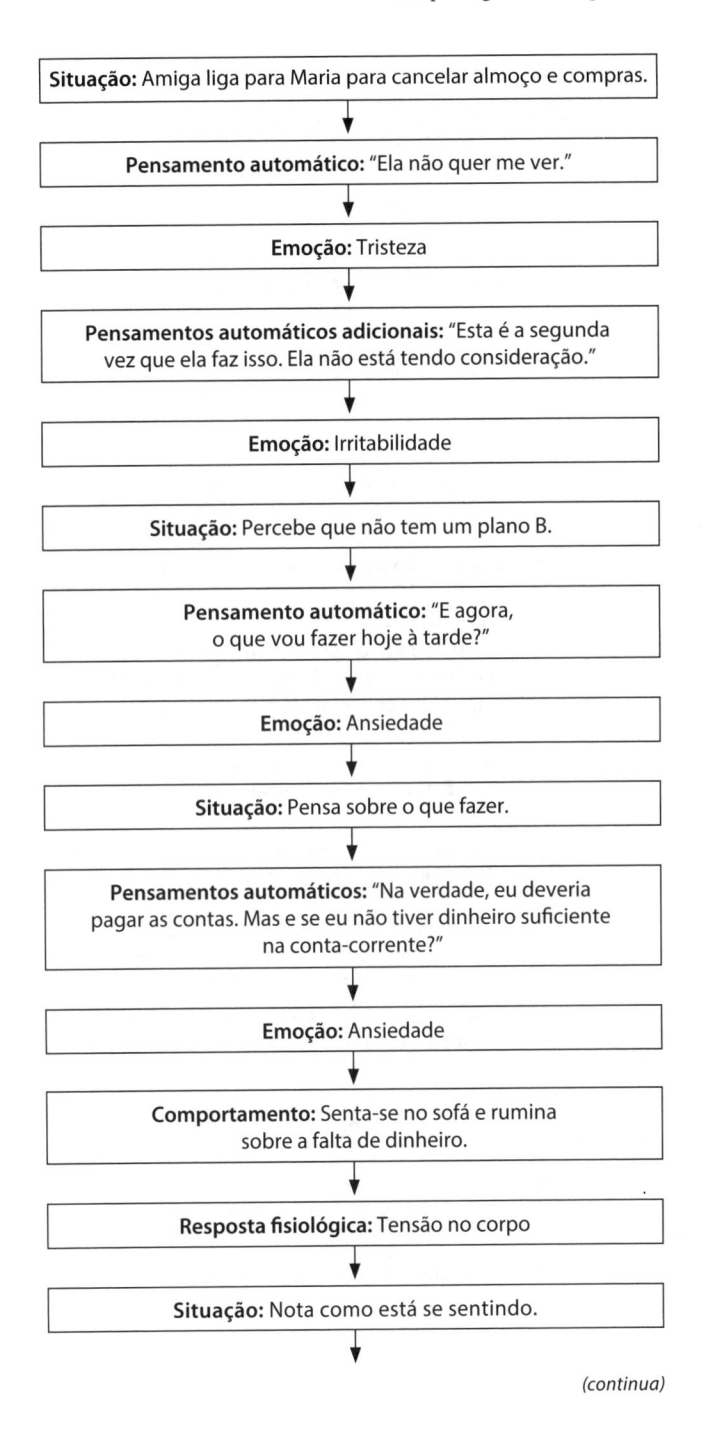

Situação: Amiga liga para Maria para cancelar almoço e compras.
↓
Pensamento automático: "Ela não quer me ver."
↓
Emoção: Tristeza
↓
Pensamentos automáticos adicionais: "Esta é a segunda vez que ela faz isso. Ela não está tendo consideração."
↓
Emoção: Irritabilidade
↓
Situação: Percebe que não tem um plano B.
↓
Pensamento automático: "E agora, o que vou fazer hoje à tarde?"
↓
Emoção: Ansiedade
↓
Situação: Pensa sobre o que fazer.
↓
Pensamentos automáticos: "Na verdade, eu deveria pagar as contas. Mas e se eu não tiver dinheiro suficiente na conta-corrente?"
↓
Emoção: Ansiedade
↓
Comportamento: Senta-se no sofá e rumina sobre a falta de dinheiro.
↓
Resposta fisiológica: Tensão no corpo
↓
Situação: Nota como está se sentindo.
↓

(continua)

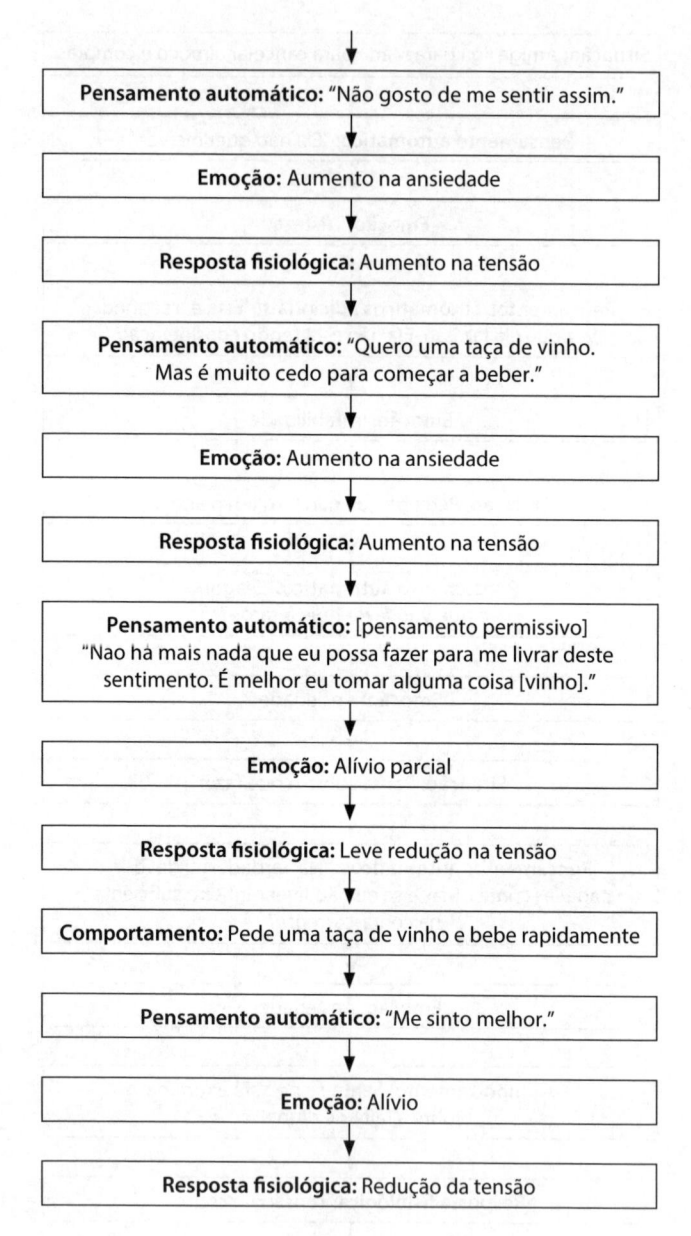

```
            ↓
┌─────────────────────────────────────────────────┐
│ Pensamento automático: "Não gosto de me sentir assim." │
└─────────────────────────────────────────────────┘
            ↓
┌─────────────────────────────────────────────────┐
│ Emoção: Aumento na ansiedade                    │
└─────────────────────────────────────────────────┘
            ↓
┌─────────────────────────────────────────────────┐
│ Resposta fisiológica: Aumento na tensão         │
└─────────────────────────────────────────────────┘
            ↓
┌─────────────────────────────────────────────────┐
│ Pensamento automático: "Quero uma taça de vinho.│
│ Mas é muito cedo para começar a beber."         │
└─────────────────────────────────────────────────┘
            ↓
┌─────────────────────────────────────────────────┐
│ Emoção: Aumento na ansiedade                    │
└─────────────────────────────────────────────────┘
            ↓
┌─────────────────────────────────────────────────┐
│ Resposta fisiológica: Aumento na tensão         │
└─────────────────────────────────────────────────┘
            ↓
┌─────────────────────────────────────────────────┐
│ Pensamento automático: [pensamento permissivo]  │
│ "Nao há mais nada que eu possa fazer para me livrar deste │
│ sentimento. É melhor eu tomar alguma coisa [vinho]." │
└─────────────────────────────────────────────────┘
            ↓
┌─────────────────────────────────────────────────┐
│ Emoção: Alívio parcial                          │
└─────────────────────────────────────────────────┘
            ↓
┌─────────────────────────────────────────────────┐
│ Resposta fisiológica: Leve redução na tensão    │
└─────────────────────────────────────────────────┘
            ↓
┌─────────────────────────────────────────────────┐
│ Comportamento: Pede uma taça de vinho e bebe rapidamente │
└─────────────────────────────────────────────────┘
            ↓
┌─────────────────────────────────────────────────┐
│ Pensamento automático: "Me sinto melhor."       │
└─────────────────────────────────────────────────┘
            ↓
┌─────────────────────────────────────────────────┐
│ Emoção: Alívio                                  │
└─────────────────────────────────────────────────┘
            ↓
┌─────────────────────────────────────────────────┐
│ Resposta fisiológica: Redução da tensão         │
└─────────────────────────────────────────────────┘
```

FIGURA 12.1 Exemplo de um modelo cognitivo estendido.

FORMAS DE PENSAMENTOS AUTOMÁTICOS

Os pensamentos automáticos costumam se apresentar mais na forma verbal. Algumas vezes, no entanto, estão na forma de imagens (Cap. 20). E algumas vezes o cliente não declara seus pensamentos automáticos completamente. Ele pode

- lhe contar suas interpretações das suas experiências;
- incluir seus pensamentos automáticos no discurso;
- expressar frases curtas; e/ou
- relatar pensamentos automáticos como perguntas.

Se este for o caso, você precisa guiar o cliente para mudar suas verbalizações de modo que elas estejam em uma forma que possa ser avaliada.

Diferenciando Pensamentos Automáticos de Interpretações

Quando você pergunta sobre os pensamentos automáticos do cliente, está procurando as palavras ou imagens *reais* que passam pela mente dele. Até que tenham aprendido a reconhecer esses pensamentos, alguns clientes relatam *interpretações* (como Maria faz a seguir), as quais podem ou não ter sido seus pensamentos reais.

JUDITH: Quando você viu a recepcionista, o que passou pela sua mente?
MARIA: Acho que eu estava negando meus sentimentos reais.
JUDITH: No que você estava realmente pensando?
MARIA: Acho que não entendi o que você quer dizer.

Nessa interação, Maria relatou uma *interpretação* do que estava sentindo e pensando. Na sequência, tento novamente, focando e aumentando sua emoção.

JUDITH: Que sentimentos você estava negando?
MARIA: Não sei ao certo.
JUDITH: [fornecendo uma emoção oposta à esperada para ativar sua memória] Quando você a viu, sentiu-se feliz? Animada?
MARIA: Com certeza não.
JUDITH: Você consegue relembrar quando entrou no consultório e a viu? Consegue ter essa imagem na sua mente?
MARIA: Aham.
JUDITH: (*falando no tempo presente*) O que você está sentindo?

MARIA: Não sei.
JUDITH: Quando olha para ela, o que está passando pela sua mente?
MARIA: [relatando uma emoção e uma reação fisiológica, em vez de um pensamento automático] Eu me sinto muito ansiosa, meu coração está acelerado e me sinto toda trêmula.
JUDITH: O que você está pensando?
MARIA: E se ela me chamar a atenção de novo por não ter preenchido os formulários? [pensamento automático]
JUDITH: Mais alguma coisa?
MARIA: Acho que eu estava pensando: "Se ela me chamar a atenção, vou ter que ir embora".

Especificando Pensamentos Automáticos Implícitos no Discurso

Os clientes precisam aprender a especificar as palavras reais que passam pelas suas mentes para avaliá-las efetivamente. A seguir, apresentamos alguns exemplos de pensamentos implícitos *versus* palavras reais:

Expressões implícitas	Pensamentos automáticos reais
"Acho que eu estava preocupada com o que ela ia me dizer."	"Ela vai me criticar."
"Não sei se ir falar com o chefe não seria uma perda de tempo."	"Provavelmente vai ser uma perda de tempo se eu for."
"Não consegui começar a ler."	"Não consigo fazer isso."

Mais uma vez, você gentilmente guia o cliente para identificar as palavras *reais* que passaram pela mente dele.

JUDITH: Então, quando você ruborizou, o que passou pela sua mente?
MARIA: Acho que eu estava me perguntando se ele achou que eu era uma pessoa assim tão estranha.
JUDITH: Você consegue se recordar das palavras exatas que estava pensando?
MARIA: (*confusa*) Acho que não entendi o que você quer dizer.
JUDITH: Você estava pensando: "Acho que eu estava me perguntando se ele achou que eu era uma pessoa assim tão estranha", ou você estava pensando algo como: "Ele provavelmente acha que eu sou muito estranha"?
MARIA: Ah, entendi; a segunda.

Mudando a Forma dos Pensamentos Telegráficos ou em Forma de Perguntas

Os clientes podem relatar pensamentos que não são completamente especificados. É difícil avaliar pensamentos telegráficos, e você deve estimular o cliente a expressar o pensamento de forma mais integral, perguntando o *significado* do pensamento. Por exemplo, quando Abe teve o pensamento: "Oh, não!", o significado para ele era: "Minha ex-mulher vai ficar furiosa com isso". "Droga!" foi a expressão da ideia de Maria de que "Deixar meu telefone em casa foi uma idiotice". Esta técnica é ilustrada a seguir.

JUDITH: O que passou pela sua mente quando você ouviu falar da reunião de família?
ABE: "Oh-oh". Eu só pensei: "Oh-oh".
JUDITH: Você consegue especificar mais o pensamento? "Oh-oh" significa...
ABE: E se a minha ex-mulher estiver lá? Ela pode ser muito desagradável.

Se o cliente não conseguir especificar seu pensamento, você pode tentar apresentar um pensamento oposto: "'Oh-oh' significou 'Isso é muito bom'?". Pode ser uma boa ideia apresentar o pensamento oposto em vez do seu palpite sobre o pensamento real, pois o cliente pode concordar com a sua hipótese, mesmo que ela não seja exatamente o que passou pela sua mente.

Os pensamentos automáticos são algumas vezes expressos na forma de perguntas, as quais também não são propícias a uma avaliação. Quando isso acontece, oriente o cliente a expressar seus pensamentos na forma de uma afirmação antes de ajudá-los a avaliá-la.

JUDITH: Então você pensou: "E se eu não conseguir o emprego?".
ABE: Sim.
JUDITH: O que poderia acontecer se você não conseguir o emprego?
ABE: Provavelmente ninguém vai me contratar.
JUDITH: Podemos dar uma olhada nesse pensamento? De que se você não conseguir esse emprego, provavelmente ninguém irá contratá-lo?

Estes são alguns exemplos de como reexpressar pensamentos automáticos dos clientes que estavam na forma de perguntas, indagando com o que estavam preocupados (ou o que mais temiam que pudesse acontecer) caso se deparassem com uma situação difícil:

Pergunta	Afirmação
"Será que vou conseguir lidar com isso?"	"Não vou conseguir lidar com isso."
"Vou aguentar se ela for embora?"	"Não vou aguentar se ela for embora."
"E se eu não conseguir fazer?"	"Vou perder meu emprego se não conseguir fazer."
"Como vou resolver isso?"	"Não vou conseguir resolver isso."
"E se eu não conseguir mudar?"	"Vou ser infeliz para sempre se não conseguir mudar."
"Por que isso aconteceu comigo?"	"Isso não deveria ter acontecido comigo."

DIFICULDADES NA IDENTIFICAÇÃO DOS PENSAMENTOS AUTOMÁTICOS

Algumas vezes, o cliente simplesmente não sabe a resposta para "O que está passando pela sua mente?". Você pode usar várias técnicas para ajudá-lo quando ele tiver dificuldades (1) para identificar seus pensamentos automáticos de uma situação passada; (2) para prever seus pensamentos automáticos em uma situação futura; ou (3) para identificar pensamentos que surgem na própria sessão. Então experimente uma ou mais das técnicas a seguir:

- Intensifique a resposta do cliente.
- Faça com que o cliente visualize a situação estressante.
- Se a situação envolver outra pessoa, sugira que o cliente a recrie em uma dramatização com você.
- Investigue as imagens.
- Ofereça pensamentos que você acredita que provavelmente são *opostos* aos pensamentos do cliente.
- Pergunte sobre o significado da situação.

Essas técnicas são ilustradas a seguir.

Intensificando Respostas Emocionais e Fisiológicas

Para ajudar os clientes a obterem maior acesso aos seus pensamentos, tente aumentar sua excitação emocional e fisiológica.

JUDITH: Abe, quando chegar a hora de ir tomar o café da manhã com seus amigos no domingo, o que você acha que estará passando pela sua mente?

ABE: Não tenho certeza.
JUDITH: Como acha que estará se sentindo?
ABE: Provavelmente ansioso.
JUDITH: Onde acha que sentirá a ansiedade?
ABE: Aqui (*colocando a mão sobre o abdome*), no estômago.
JUDITH: Você consegue ter a mesma sensação agora?
ABE: (*Concorda com a cabeça.*)
JUDITH: (*falando no tempo presente*) Então você está em casa, está pensando em sair... Está se sentindo ansioso; você pode sentir isso em seu estômago... O que está passando pela sua mente?
ABE: E se eles na verdade não quiserem ir até lá? E se eles na verdade não quiserem me ver?

Visualizando a Situação

Às vezes, pode ser útil quando os clientes descrevem a situação em detalhes e então a visualizam mentalmente.

JUDITH: OK, você estava na casa do seu filho no começo desta semana e começou a se sentir muito abalado?
ABE: Sim.
JUDITH: O que estava passando pela sua mente?
ABE: Não sei. Eu só estava me sentindo muito mal.
JUDITH: Você pode descrever a cena para mim? Que horas eram? O que estava fazendo?
ABE: Eram quase 6 horas. Meu filho ainda não tinha chegado do trabalho. Minha nora estava na cozinha e eu estava sentando sozinho na sala.
JUDITH: Onde estavam seus netos?
ABE: Estavam no andar de cima, no quarto deles.
JUDITH: Bem, você consegue ver a cena como se estivesse acontecendo neste momento? Você está na sala. Está sentado em uma cadeira ou no sofá? Como é a sua postura?
ABE: Estou no sofá, meio atirado.
JUDITH: Seu filho ainda não está em casa. Sua nora está na cozinha – você consegue ouvi-la em seus afazeres? Você sabe que seus netos estão no andar de cima, mas está sentado sozinho, totalmente sozinho, e está pensando...
ABE: [expressando seus pensamentos automáticos] Eu tinha uma vida tão boa. Agora *nada* é bom na minha vida.

Recriando uma Situação Interpessoal por Meio de Dramatização

Nessa recriação, no início os clientes descrevem verbalmente quem disse o quê; depois fazem o próprio papel enquanto você faz o papel da outra pessoa na interação.

JUDITH: Então, você estava se sentindo deprimido enquanto conversava com seu vizinho?
ABE: Sim.
JUDITH: O que estava passando pela sua mente enquanto falava com ele?
ABE: (*Faz uma pausa.*) ... Não sei. Eu só estava muito deprimido.
JUDITH: Você pode me contar o que disse a ele e o que ele lhe disse?
ABE: (*Descreve a interação verbal.*)
JUDITH: Podemos tentar uma dramatização? Eu serei seu vizinho e você será você.
ABE: OK.
JUDITH: Enquanto estivermos fazendo a dramatização, veja se consegue descobrir o que está passando pela sua mente.
ABE: (*Concorda, acenando com a cabeça.*)
JUDITH: OK, você começa. O que você diz primeiro?
ABE: Hummm, posso lhe fazer uma pergunta?
JUDITH: Claro.
ABE: Eu preciso muito de um emprego. Você acha que poderia perguntar ao seu chefe se ele está precisando de alguém?
JUDITH: Não sei... Você já tentou no *shopping center*? Uma das lojas pode estar contratando.
ABE: Não sei se quero trabalhar no varejo.
JUDITH: Eu gostaria de poder ajudá-lo, mas... OK, fora do papel agora. Você tinha consciência do que estava passando pela sua mente?
ABE: Sim. Eu estava pensando que ele não quer me ajudar. Ele deve achar que eu iria fazer um trabalho ruim.

Investigando as Imagens

Se você tiver consciência de uma imagem em sua própria mente enquanto o cliente está descrevendo uma situação, utilize-a como um estímulo para que se lembre de pedir-lhe que experimente uma imagem: "Algumas vezes é difícil identificar seus pensamentos automáticos. Deixe-me perguntar: Quando você pensou que poderia ver sua ex-mulher na festa de aniversário do seu filho, teve uma imagem na sua mente de como ela estaria?".

Sugerindo um Pensamento Oposto

É interessante observar que os clientes algumas vezes têm maior acesso aos seus pensamentos quando você lhes apresenta um pensamento que acredita ser o *oposto* dos seus pensamentos reais.

ABE: Não sei o que provavelmente passará pela minha mente enquanto me arrumo para a entrevista de emprego. Tudo o que sei é que vou estar muito ansioso.
JUDITH: [resumindo] Eu imagino que você não estará pensando no quanto provavelmente a entrevista será ótima.
ABE: Com certeza não! Provavelmente vou estar pensando que vou estragar tudo.

Identificando o Significado da Situação

Quando os clientes têm dificuldade para acessar seus pensamentos, você pode perguntar o que a situação *significou* para eles.

JUDITH: O que significou para você o fato de não ter conseguido o emprego?
ABE: Que não sou bom o suficiente. Provavelmente jamais vou conseguir um emprego.

Seja cuidadoso quanto ao uso excessivo de técnicas quando o cliente tiver dificuldades para imaginar seus pensamentos. Ele pode se sentir interrogado ou achar que fracassou. Minimize a importância de identificar *esses* pensamentos específicos. "Bem, algumas vezes esses pensamentos são difíceis de captar. Isso não é um grande problema; que tal se passarmos para _____?"

ENSINANDO O CLIENTE A IDENTIFICAR PENSAMENTOS AUTOMÁTICOS

Conforme descrito no Capítulo 6, você pode começar a ensinar ao cliente a habilidade de identificar pensamentos automáticos mesmo durante a primeira sessão. Aqui, demonstrei o modelo cognitivo, usando exemplos de Maria.

JUDITH: Maria, na próxima semana, quando notar que seu humor está piorando ou que está fazendo alguma coisa que não é útil, você poderia parar e se perguntar: "O que está passando pela minha mente neste momento?".
MARIA: Sim.
JUDITH: Será que você poderia anotar alguns desses pensamentos no papel ou no seu telefone?
MARIA: OK.

JUDITH: Mas não se preocupe se tiver algum problema em identificar o que está pensando. Esta é uma habilidade, e você vai melhorar nesse aspecto com o tempo.

Em sessões posteriores, você também pode ensinar explicitamente outras técnicas, caso a pergunta básica ("O que está passando pela minha mente agora?") não seja efetiva. O folheto na Figura 12.2 pode ser útil.

"Se você ainda tiver problemas para identificar o que está passando pela sua mente, este folheto pode ajudar. (*Examina o folheto com o cliente.*) Que tal experimentar algumas dessas perguntas esta semana caso não consiga identificar o que está pensando?"

---

1. O que está passando pela minha mente? ou O que estou pensando?
2. O que definitivamente NÃO estou pensando? (Identificando um pensamento oposto que pode ajudar a estimulá-lo a reconhecer o pensamento real.)
3. O que a situação *significa* para mim?
4. Estou fazendo uma previsão? Ou lembrando de alguma coisa?

LEMBRETE: SÓ PORQUE PENSO EM ALGUMA COISA, ISSO NÃO SIGNIFICA NECESSARIAMENTE QUE ELA SEJA VERDADEIRA.

FIGURA 12.2 Perguntas para Identificar Pensamentos Automáticos. Copyright © 2018 Worksheet Packet. Beck Institute for Cognitive Behavior Therapy, Philadelphia, Pennsylvania.

RESUMO

Os pensamentos automáticos coexistem com um fluxo de pensamentos mais manifestos, surgem espontaneamente e não estão baseados em reflexão ou deliberação. As pessoas em geral têm mais consciência da sua emoção ou do comportamento associados. No entanto, com um pouco de treinamento, elas podem tomar conhecimento do que está passando pelas suas mentes. Os pensamentos automáticos estão associados a emoções *específicas*, dependendo do seu conteúdo e significado. Eles são com frequência breves e fugazes e podem ocorrer na forma verbal e/ou imaginária. As pessoas costumam aceitar seus pensamentos automáticos como verdadeiros, sem reflexão ou avaliação. Identificar, avaliar e responder aos pensamentos automáticos (de forma mais adaptativa) geralmente produz uma mudança adaptativa no afeto e/ou comportamento.

O próximo capítulo esclarece a diferença entre pensamentos automáticos e emoções.

PERGUNTAS PARA REFLEXÃO

Quais são algumas formas pelas quais você pode ajudar os clientes a identificarem seus pensamentos automáticos? Como você pode evitar que os clientes sejam autocríticos se tiverem dificuldades?

EXERCÍCIO PRÁTICO

Faça uma dramatização com um cliente que está tendo dificuldades para identificar seus pensamentos automáticos.

13

Emoções

As emoções são de importância fundamental na terapia cognitivo-comportamental (TCC). Afinal, o objetivo principal do tratamento é ajudar os clientes a se sentirem melhor reduzindo a emoção negativa e aumentando a emoção positiva. A emoção negativa intensa é dolorosa e pode ser disfuncional se interferir na capacidade do cliente de pensar com clareza, resolver problemas, agir com eficiência ou obter satisfação – tudo isso podendo servir como obstáculo para atingir seus objetivos. Clientes com um transtorno psiquiátrico em geral vivenciam uma intensidade de emoções que pode parecer excessiva ou inadequada à situação. Abe, por exemplo, sentiu uma enorme culpa e depois tristeza quando esqueceu de ir a um jantar na casa de sua filha. Ele também se sentiu muito ansioso ao ligar para o banco para retificar um erro. No entanto, a intensidade e a qualidade das emoções de Abe fizeram sentido quando reconheci o quanto ele acreditava fortemente em seus pensamentos automáticos e crenças e o quanto mantinha firmemente certos valores.

Além disso, é importante reconhecer as funções *positivas* da emoção negativa. A tristeza pode ser um sinal para suprir o que você percebe que está faltando na vida. A culpa pode motivá-lo a fazer o que é verdadeiramente importante para você. A ansiedade pode lhe dar ânimo para lidar com um desafio. A raiva pode fornecer energia para fazer a coisa certa na forma certa a serviço dos seus valores.

Este capítulo responde as seguintes perguntas:

    Como você identifica e fortalece emoções positivas?
    Como você ajuda o cliente a nomear suas emoções negativas?
    Como você orienta o cliente a avaliar a intensidade das suas emoções?
    Em que aspectos os pensamentos automáticos são diferentes das emoções?
    Como o conteúdo dos pensamentos automáticos se encaixa na emoção?

Quando é aconselhável intensificar a emoção negativa?
Como você pode identificar e ajudar o cliente a testar suas crenças sobre emoções negativas?
Que técnicas são úteis na regulação emocional?

IDENTIFICANDO E FORTALECENDO EMOÇÕES POSITIVAS

As emoções positivas promovem uma sensação de bem-estar (tanto em termos psicológicos quanto físicos) e resiliência, ambas importantes durante o tratamento e depois que o tratamento terminou. Quando o cliente tem uma emoção negativa, ele frequentemente restringe sua atenção e experimenta excitação autonômica. Emoções positivas ampliam sua atenção, cognições e tendências comportamentais e diminuem sua excitação (Fredrickson, 2001). Recordar lembranças positivas de como lidou com dificuldades no passado permite que o cliente enfrente melhor o presente (Tugade et al., 2004).

Você trabalhará ativamente para identificar e aumentar as emoções positivas do cliente na sessão e durante a semana

- discutindo seus interesses, acontecimentos positivos que ocorreram durante a semana e lembranças positivas;
- criando Planos de Ação que visam à intensificação das emoções positivas, por exemplo, engajando-se em atividades sociais, prazerosas, significativas e produtivas e dando o crédito a si mesmo; e
- ajudando o cliente a tirar conclusões adaptativas sobre suas experiências, por exemplo, perguntando:
"O que essa experiência lhe mostra?"
"O que diz a seu respeito o fato de você ter [feito _____]?"
"Como você acha que _____ o vê [como resultado dessa experiência positiva]?"
"Acho que esta [experiência] indica _____ sobre você. Será que estou certo?"

Também é útil fazer o cliente especificar suas emoções positivas perguntando:

"Como você se sentiu quando fez _____ [ou quando _____ aconteceu]?"
"Como você se sentiu depois disso?"

Muitos clientes têm um vocabulário limitado para as emoções positivas. Pedir-lhes que identifiquem todas as emoções positivas que experimentaram em uma situação pode aumentar sua habilidade de nomear essas emoções e também melhorar seu humor, sobretudo se você lhe der a lista mostrada na Figura 13.1. Caso a lista seja uma sobrecarga para o cliente, reduza-a ou apresente uma múltipla escolha: "Quando seu amigo finalmente ligou, você se sentiu feliz? Aliviado? Grato?"; "Quando viu seu neto marcar um gol, você se sentiu feliz? Orgulhoso? Entusiasmado?". Para aumentar a força das suas emoções positivas na sessão, peça que o cliente imagine a situação como se ela estivesse acontecendo agora, e veja se ele consegue vivenciar novamente essas emoções.

NOMEANDO EMOÇÕES NEGATIVAS

Quando o cliente tem dificuldade para identificar suas emoções negativas, você pode lhe oferecer uma múltipla escolha curta ("Você estava se sentindo feliz, triste, ansioso, com raiva...?"). Ele também pode consultar uma lista de emoções negativas (Fig. 13.2). Se o cliente ainda tiver dificuldade para diferenciar suas emoções negativas, você pode ajudá-lo a criar um quadro (Fig. 13.3). Você pedirá que o cliente liste situações atuais ou prévias em que ele sentiu uma emoção particular.

Reconhecido, ousado, afetuoso, aceito, agradável, impressionado, divertido, compreensivo, maravilhoso, benevolente, abençoado, corajoso, calmo, capaz, centrado, animado, confiante, contente, criativo, curioso, encantado, dinâmico, empolgado, eufórico, empoderado, energizado, entusiasmado, excitado, afortunado, livre, amigável, realizado, generoso, grato, feliz, útil, esperançoso, respeitoso, no controle, perspicaz, inspirado, inteligente, interessado, alegre, bondoso, leve, amoroso, motivado, aberto, otimista, apaixonado, pacífico, brincalhão, agradavelmente surpreso, radiante, orgulhoso, tranquilizado, aliviado, resiliente, respeitado, reverente, seguro, satisfeito, protegido, sereno, sincero, estimulado, apoiado, carinhoso, agradecido, emocionado, tranquilo, compreendido, valioso, vibrante, virtuoso, importante, sensato, merecedor, jovial, engraçado.

FIGURA 13.1 Lista de emoções positivas.

• Triste, abatido, solitário, infeliz, deprimido • Ansioso, preocupado, receoso, assustado, tenso, com medo, desconfiado, estressado, inseguro, em pânico • Com raiva, furioso, irritado, incomodado, frustrado, incompreendido, ressentido, enganado	• Envergonhado, embaraçado, humilhado • Desapontado, desencorajado, sem esperança • Ciumento, invejoso • Culpado • Magoado • Desconfiado

FIGURA 13.2 Lista parcial de emoções negativas.

JUDITH: Eu gostaria de usar alguns minutos para falarmos sobre diferentes emoções para que possamos entender melhor como você se sente em diferentes situações. OK?
MARIA: Sim.
JUDITH: Você consegue se lembrar de alguma vez em que sentiu raiva?
MARIA: Hummm, sim... Quando minha amiga cancelou os planos para irmos àquele *show*; agora não me recordo qual era, mas eu realmente queria ir. De qualquer maneira, em vez disso, ela me disse que ia sair com uns outros amigos.
JUDITH: E o que estava passando pela sua mente?
MARIA: Quem ela pensa que é? Eu não faria isso com ela. Ela deveria me tratar melhor.
JUDITH: E você se sentiu...
MARIA: Furiosa.

Orientações: Para cada emoção abaixo, preencha três situações em que você sentiu essa emoção.

Furiosa	Triste	Ansiosa
Amiga cancela planos comigo	Planos para a noite fracassam	Ver o quanto meu saldo bancário está baixo
Vizinho não devolve minha mala	Sem dinheiro suficiente para sair de férias	Ouvir falar que pode haver um furacão
Motorista toca música em volume muito alto	Nada para fazer o fim de semana todo	Encontrar um caroço no meu pescoço

FIGURA 13.3 Amostra do quadro de emoções de Maria.

Aqui fiz Maria recordar um acontecimento *específico* em que ela sentiu uma determinada emoção. Segundo a descrição, parecia que ela havia identificado sua emoção corretamente. Como eu queria me assegurar, pedi que ela identificasse seus pensamentos automáticos. O conteúdo dos pensamentos automáticos realmente combinava com sua emoção declarada. Em seguida, pedi que Maria preenchesse um quadro com outras situações em que ela se lembrava de ter ficado furiosa, triste e ansiosa. Pedi que consultasse o quadro durante a sessão e em casa sempre que estivesse tendo dificuldades para dar nome ao que estava sentindo.

CLASSIFICANDO OS GRAUS DE EMOÇÃO

Algumas vezes, você pedirá que o cliente não somente *identifique* sua emoção, mas também *quantifique* o grau da emoção que está experimentando. Por exemplo, avaliar a intensidade com que o cliente sente uma determinada emoção antes e depois de uma intervenção terapêutica o ajuda a decidir se usa intervenções adicionais, de modo que você pode evitar passar prematuramente para outra cognição ou problema. Ou pode ocorrer o oposto – você continua a discutir uma cognição ou problema, não percebendo que o cliente não está mais angustiado com ele. Por fim, avaliar a intensidade de uma emoção em uma situação particular ajuda você e o cliente a determinarem se tal situação justifica uma análise mais aprofundada. Pode ser menos útil discutir uma situação menos carregada emocionalmente do que uma mais angustiante para o cliente, quando crenças importantes podem ter sido ativadas. A maioria dos clientes aprende a julgar a intensidade de uma emoção com relativa facilidade.

JUDITH: Como você se sentiu quando sua amiga disse: "Desculpe, mas eu não tenho tempo agora"?
MARIA: Muito triste, eu acho.
JUDITH: Se 10 for o mais triste que você já se sentiu e 0 for completamente *não* triste, o quanto você se sentiu triste quando ela disse: "Desculpe, mas eu não tenho tempo agora"?
MARIA: Uns 7 ou 8.

Alguns clientes têm dificuldade ou não gostam de atribuir um número específico para a intensidade da emoção. Você pode então pedir que eles classifiquem se experimentaram a emoção "levemente", "moderadamente" ou "intensamente". Se mesmo assim for difícil, desenhar uma escala poderá ajudar.

Um pouco	Uma quantidade média	Muito	Completamente
1 2	3 4 5 6	7 8	9 10

JUDITH: Como você se sentiu quando sua irmã lhe disse que não viria visitá-la no final das contas?
MARIA: Triste.
JUDITH: O quanto você se sentiu triste, de 0 a 10?
MARIA: Não tenho certeza. Não sou muito boa com números.
JUDITH: Você acha que se sentiu um pouco triste? Moderadamente triste? Intensamente triste?

MARIA: Quais eram as opções mesmo?
JUDITH: Aqui, deixe-me desenhar uma escala. Em relação à sua tristeza – você diria (*apontando para a escala*) que estava só um pouco triste, meio triste, muito triste ou completamente triste?
MARIA: Oh, muito triste; acho que 8.
JUDIT: OK, temos nossa escala agora. Vamos ver o quanto ela é útil. Você ficou triste alguma outra vez esta semana?
MARIA: Sim, ontem à noite, quando Tanisha não retornou a minha ligação.
JUDITH: Você pode usar esta escala como um guia? O quanto se sentiu triste?
MARIA: Uma quantidade média – talvez 6.
JUDITH: Bom. Agora, você acha que poderia usar esta escala como um guia sempre que estiver tentando identificar o quanto está angustiada?
MARIA: Sim, posso fazer isso.

DIFERENCIANDO PENSAMENTOS AUTOMÁTICOS DE EMOÇÕES

É importante que os clientes reconheçam (e nomeiem) suas emoções negativas, sobretudo quando elas representam um obstáculo para dar os passos necessários em direção aos seus objetivos. Não queremos *eliminar* a emoção negativa. As emoções negativas fazem parte de uma função tanto quanto uma dor física, frequentemente nos alertando para problemas potenciais aos quais precisamos dar atenção.

Mas queremos reduzir a emoção negativa *excessiva*. Não avaliamos, desafiamos ou contestamos as emoções do cliente. Em vez disso, reconhecemos, empatizamos e validamos suas emoções e então colaborativamente decidimos se avaliamos as *cognições* que originaram seu sofrimento – ou se intervimos de outra maneira, como com a solução de problemas, voltando a atenção para outra coisa, aceitando a emoção negativa ou usando outras técnicas de regulação emocional.

Você não vai discutir *todas* as situações em que o cliente se sentir disfórico – mas usará a sua conceitualização do cliente para colaborativamente decidir que situações são mais importantes de abordar, em que objetivos trabalhar e que obstáculos podem se colocar no caminho. Com frequência, os maiores obstáculos estão associados a altos níveis de estresse ou disfunção.

No começo do tratamento, muitos clientes não entendem claramente a diferença entre seus pensamentos e suas emoções. Você, de forma contínua e sutil, ajuda o cliente a ver suas experiências através do modelo cognitivo. Quando o cliente descreve um problema ou obstáculo, faça perguntas para organizar o material em categorias do modelo cognitivo: situação, pensamento automático e reação (emoção, comportamento e resposta fisiológica).

Uma razão para que os clientes confundam pensamentos e emoções é que eles algumas vezes usam a palavra "sentir" para indicar uma emoção ("Eu me sinto ansioso"). Outras vezes, usam a palavra "sentir" quando relatam uma cognição ("Senti como se não pudesse fazer isso"; "Me senti um fracasso"; ou "Me senti sem valor"). Nesses momentos, com base no fluxo da sessão, de seus objetivos e da força da colaboração, você pode decidir

- ignorar a confusão;
- abordá-la na hora (de forma sutil ou explícita); ou
- abordá-la posteriormente.

Na maior parte do tempo, nomear um pensamento como um sentimento não tem muita importância em um determinado contexto, e você pode fazer uma correção sutil.

JUDITH: Você mencionou, quando definimos a pauta, que queria falar sobre a conversa ao telefone que teve com seu irmão, certo?
ABE: Sim. Eu liguei para ele algumas noites atrás e ele me pareceu um pouco distante.
JUDITH: Quando ele pareceu distante, como você se sentiu?
ABE: Eu senti que ele não queria conversar, como se na verdade ele não se importasse se eu telefonasse ou não.
JUDITH: Então quando você teve os pensamentos: "Ele na verdade não quer conversar. Ele não se importa que eu tenha telefonado", como se sentiu emocionalmente? Triste? Irritado? Ansioso? Alguma outra coisa?

Em outra sessão, considerei importante a confusão, pois eu queria ensinar a Abe como avaliar seu pensamento usando um Registro de Pensamentos (pp. 264-265). Deliberadamente decidi distinguir pensamentos de emoções. Eu não queria que ele achasse que eu estava questionando o que ele via como uma emoção. Também julguei que a interrupção não afetaria indevidamente o fluxo da sessão e que ele não se esqueceria de dados importantes.

JUDITH: Houve alguma vez esta semana em que você pensou em ir ao cinema?
ABE: Sim, algumas vezes.
JUDITH: Você consegue se lembrar de uma, especificamente?
ABE: Ontem depois do almoço, eu estava fazendo a limpeza... Não sei.
JUDITH: Como você estava se sentindo emocionalmente?
ABE: [expressando pensamentos] Oh, eu estava sentindo que não adianta nada, que assistir a um filme provavelmente não vai ajudar.

JUDITH: Esses são pensamentos importantes. Vamos voltar a avaliá-los em um minuto, mas primeiro eu gostaria de revisar a diferença entre pensamentos e sentimentos. OK?
ABE: Certo.
JUDITH: Sentimentos são o que você sente *emocionalmente* – em geral eles são uma palavra, como tristeza, raiva, ansiedade, etc. (*pausa*) Pensamentos são *ideias* que você tem; você pensa em palavras ou em quadros ou imagens, como: "Não adianta nada. Isso provavelmente não vai ajudar". (*pausa*) Entende o que eu quero dizer?
ABE: Acho que sim.
JUDITH: Então vamos voltar a ontem quando você pensou em sair para uma caminhada. Que emoção estava sentindo?
ABE: Triste, eu acho.
JUDITH: E seus pensamentos eram: "Isso não adianta nada. Nunca vou melhorar"?
ABE: Sim.

No exemplo anterior, Abe inicialmente nomeou pensamentos como sentimentos. Às vezes, os clientes fazem o inverso: isto é, nomeiam uma emoção como um pensamento.

JUDITH: Quando você entrou no seu apartamento vazio, Maria, o que passou pela sua mente?
MARIA: Eu estava triste, solitária e muito deprimida.
JUDITH: Então você se sentiu triste, solitária e deprimida. Que pensamento ou imagem a fez se sentir assim?

COMBINANDO O CONTEÚDO DOS PENSAMENTOS AUTOMÁTICOS COM AS EMOÇÕES

Você continuamente conceitualiza os problemas do cliente e os obstáculos que interferem na realização dos objetivos. Você tenta entender sua experiência e ponto de vista e como suas crenças subjacentes dão origem a pensamentos automáticos específicos em uma situação específica, influenciando suas emoções e comportamento. A conexão entre os pensamentos, a emoção e o comportamento do cliente deve fazer sentido. Você irá investigar quando ele relatar uma emoção *que não parece combinar* com o conteúdo de seus pensamentos automáticos.

JUDITH: Como você se sentiu quando percebeu que não recebeu um retorno do seu antigo chefe?

ABE: Fiquei triste.
JUDITH: E o que estava passando pela sua mente?
ABE: Eu estava pensando: "E se ele não quiser me dar uma boa recomendação? E se eu não conseguir o emprego?".
JUDITH: E você se sentiu triste?
ABE: Sim.
JUDITH: Estou um pouco confusa, pois esses se parecem mais com pensamentos ansiosos. Havia mais alguma coisa passando pela sua mente?
ABE: Não tenho certeza.
JUDITH: E que tal se fizermos você imaginar a cena? [ajudando Abe a recordar vividamente a cena na forma imaginária] Você disse que estava em casa, procurando possibilidades de emprego *on-line*. Consegue se ver? Onde você está?
ABE: Na minha escrivaninha.
JUDITH: E você está pensando: "E se ele não me der uma boa recomendação? E se eu não conseguir o emprego?" Você está se sentindo...
ABE: Nervoso, eu acho.
JUDITH: O que mais está passando pela sua mente?
ABE: Acho que estava me lembrando de quando meu chefe me disse que eu estava sendo demitido. Eu estava me sentindo um fracasso.
JUDITH: E como você estava se sentindo emocionalmente?
ABE: Triste. Muito triste.

Esta interação começou com uma discrepância. Eu estava alerta e por isso fui capaz de identificar uma inconsistência entre o *conteúdo* do pensamento automático de Abe e a *emoção* associada a ele. Então pude ajudá-lo a recuperar uma imagem importante (uma lembrança) e um pensamento automático essencial usando a recordação do imaginário. Se eu tivesse optado por focar nos pensamentos ansiosos, teria deixado passar uma cognição importante.

AUMENTANDO A EMOÇÃO NEGATIVA

Algumas técnicas são na verdade concebidas para aumentar o afeto negativo. Isso é importante quando os clientes precisam

- obter maior acesso aos seus pensamentos;
- mudar suas cognições no nível emocional;
- aprender que emoções não são perigosas; e/ou
- examinar as desvantagens ou consequências de algum comportamento mal-adaptativo.

Você pode usar o imaginário, exposição ou foco nas sensações somáticas para aumentar a intensidade da emoção negativa do cliente.

TESTANDO CRENÇAS SOBRE EMOÇÕES NEGATIVAS

Alguns clientes possuem crenças disfuncionais sobre a experiência de uma emoção (Greenberg, 2002; Hofmann, 2016; Linehan, 2015), conforme ilustrado com Maria, a seguir.

MARIA: Acabei não telefonando para minha mãe neste fim de semana.
JUDITH: O que [obstáculo] atrapalhou?
MARIA: Não sei. Acho que fiquei nervosa.
JUDITH: Você fez uma previsão sobre o que aconteceria caso ligasse?
MARIA: Só pensei que eu ficaria muito incomodada.
JUDITH: E então o que poderia acontecer?
MARIA: Tive medo de não conseguir aguentar. Se ela me deixasse perturbada, eu poderia começar a chorar e não pararia mais.

Como Maria, alguns clientes acreditam que emoções negativas são perigosas: "Se eu ficar perturbada, _____", por exemplo, "tudo vai ficar cada vez pior e não vou conseguir suportar, vou perder o controle, isso nunca vai passar, ou vou acabar no hospital". Esses tipos de crenças podem interferir no trabalho em busca dos seus objetivos. O cliente pode evitar situações em que prevê que ficará abalado. Ele pode evitar falar a respeito ou até mesmo pensar em problemas estressantes. Quando o cliente tem cognições disfuncionais sobre experimentar emoção negativa, ele pode não fazer muito progresso no tratamento. Você pode usar as técnicas-padrão de reestruturação cognitiva para ajudar o cliente a avaliar suas crenças. Realizar um experimento comportamental usando *mindfulness* (pp. 275-276) é especialmente efetivo. Quando o cliente consegue se desligar de um processo de pensamento como preocupação, você pode guiá-lo na mudança das suas cognições de "A preocupação é incontrolável" para "Posso escolher me desligar da preocupação quando eu notar que ela começou".

TÉCNICAS PARA REGULAR A EMOÇÃO

Ao longo deste livro, você aprenderá técnicas para ajudar os clientes a regularem suas emoções. Por exemplo:

• Solucionando problemas • Avaliando e respondendo aos pensamentos negativos • Engajando-se em (e estando plenamente consciente das) atividades sociais, prazerosas ou produtivas • Exercitando-se • Aceitando a emoção negativa sem críticas • Usando *mindfulness* (para se desligar de pensamentos perturbadores)	• Fazendo relaxamento, imaginação guiada ou exercícios respiratórios • Engajando-se em atividades tranquilizadoras (caminhar na natureza, tomar um banho, abraçar outra pessoa ou um animal de estimação, ouvir música suave) • Focando nos próprios pontos fortes e qualidades positivas, e dando o crédito a si mesmo

Em Linehan (2015), você pode encontrar uma extensa descrição das técnicas de regulação emocional e tolerância ao estresse. Mais técnicas e metáforas úteis para ajudar o cliente a aceitar a emoção negativa podem ser encontradas em Hayes e colaboradores (1999).

RESUMO

As reações emocionais sempre fazem sentido, considerando-se o que o indivíduo está pensando. Você irá procurar promover emoções positivas dentro e fora das sessões. Quando os clientes expressam emoção negativa significativa, você irá conceitualizar de acordo com o modelo cognitivo e frequentemente abordará as cognições associadas. Alguns clientes precisam modificar crenças disfuncionais sobre experimentar emoção negativa. É importante que o cliente diferencie entre seus pensamentos e suas emoções e entre as diferentes emoções. Somos empáticos com as emoções do cliente e não as avaliamos. Quando é preciso, o ajudamos a aceitar suas emoções negativas sem críticas. Inúmeras técnicas ajudam o cliente a regular suas emoções negativas e, quando necessário, desenvolvemos maior tolerância a elas.

PERGUNTA PARA REFLEXÃO

Que papel as emoções desempenham no tratamento com TCC?

EXERCÍCIO PRÁTICO

Faça uma dramatização em que você identifica uma crença disfuncional do cliente sobre experimentar emoção negativa. Além disso, ajude o mesmo cliente a experimentar emoção positiva na sessão.

14

Avaliação de pensamentos automáticos

Os clientes têm centenas ou milhares de pensamentos por dia, alguns disfuncionais, alguns não, alguns relevantes para o tratamento, outros não. Parte da arte da terapia é conceitualizar quais pensamentos são mais importantes de abordar e como abordá-los. Neste capítulo, você encontrará respostas para as seguintes perguntas:

- **Que tipos de pensamentos você aborda no tratamento?**
- **Como você seleciona os pensamentos mais importantes nos quais trabalhar?**
- **Como você usa o questionamento socrático para avaliar os pensamentos?**
- **Como você analisa o resultado do processo de avaliação?**
- **Como você conceitualiza por que a avaliação pode ser ineficaz?**
- **Quais são os métodos alternativos para abordar os pensamentos?**
- **O que você faz quando os pensamentos são verdadeiros?**

TIPOS DE PENSAMENTOS AUTOMÁTICOS

Três tipos de pensamentos são relevantes para a terapia:

1. Pensamentos imprecisos que levam a angústia e/ou comportamento mal-adaptativo (sobretudo aqueles que apresentam obstáculos para a realização dos objetivos). Você em geral irá avaliá-los verbalmente ou testá-los por meio de experimentos comportamentais.

2. Pensamentos acurados, mas inúteis. Você pode resolver problemas, avaliar uma conclusão imprecisa proveniente do pensamento e/ou trabalhar a aceitação de um problema insolúvel e mudar o foco da atenção.
3. Pensamentos que fazem parte de um processo de pensamento disfuncional, como ruminação, obsessão ou autocrítica. Você com frequência avaliará crenças sobre o processo de pensamento, usará técnicas de *mindfulness* e enfatizará a ação de valor.

Posteriormente neste capítulo, você aprenderá uma variedade de outras técnicas para abordar esses três tipos de pensamentos.

SELECIONANDO OS PRINCIPAIS PENSAMENTOS AUTOMÁTICOS

Você já identificou um pensamento automático. O cliente pode ter

- feito uma declaração espontânea durante uma sessão (p. ex., "Simplesmente acho que nada pode me ajudar");
- relatado um pensamento automático, em geral da semana anterior, ou
- feito uma previsão de um pensamento inútil que ele pode ter no futuro.

Na sequência, você conceitualiza se esse é um pensamento importante no qual focar; ou seja, ele é no momento significativamente angustiante ou inútil ou tem chance de recorrer? Ele constitui um obstáculo a um objetivo? Se foi um pensamento automático da semana anterior, você pode perguntar:

"Em que situação você teve esse pensamento?" [se o cliente relatou um pensamento e não a situação]

"O quanto você acreditou nele no momento? O quanto acredita nele agora?" [Os clientes podem usar uma escala de 0 a 10 ou 0 a 100, ou palavras como "um pouco", "uma quantidade média/moderada", "muito" e "completamente."]

"Como esse pensamento fez você se sentir emocionalmente? Quão intensa foi a emoção? Quão intensa ela é agora?"

"O que você fez?"

Você também se perguntará se o cliente provavelmente terá esse tipo de pensamento de novo e se ficará angustiado por causa dele. Em caso negativo, pode não ser uma cognição importante o suficiente à qual se deva dedicar tempo.

Por que os clientes trazem problemas e pensamentos automáticos que não são importantes? Na maior parte do tempo, isso ocorre porque não estão suficientemente familiarizados com o tratamento. Ou algumas vezes eles trazem problemas que ocorreram um pouco antes da sessão de terapia.

Você irá variar suas perguntas um pouco se o cliente expressar o pensamento de forma espontânea e/ou se ele estiver prevendo um pensamento que provavelmente terá mais tarde. Você também deve descobrir se pensamentos adicionais eram mais centrais ou angustiantes:

> "O que mais passou pela sua mente [nesta situação]? Você teve algum outro pensamento ou imagem?"
>
> "Você sentiu alguma outra emoção?" [Em caso afirmativo,] "Que pensamentos/imagens a acompanharam?"
>
> "Que pensamento/imagem foi mais perturbador?"

No entanto, mesmo que os clientes relatem um pensamento automático importante, você pode colaborativamente decidir não focar nele, sobretudo se

> - ele puder prejudicar a relação terapêutica (p. ex., você percebe que os clientes estão se sentindo invalidados);
> - o nível de estresse deles estiver muito alto para avaliar seu pensamento;
> - não houver tempo suficiente na sessão para ajudá-los a responderem efetivamente ao pensamento;
> - parecer ser mais importante trabalhar em outro elemento do modelo cognitivo (p. ex., você pode focar em vez disso na solução de problemas, ensinando aos clientes técnicas de regulação emocional, discutindo respostas comportamentais mais adaptativas ou abordando a resposta fisiológica deles);
> - você decidir que deve trabalhar em uma crença disfuncional subjacente ao pensamento automático; ou
> - você achar que é mais importante discutir outra coisa completamente diferente.

QUESTIONANDO PARA AVALIAR UM PENSAMENTO AUTOMÁTICO

Depois de identificar um pensamento automático, determinar que ele é importante e angustiante e identificar as reações que o acompanham (emocionais, fisiológicas e comportamentais), você pode – colaborativamente com o cliente – decidir avaliá-lo. Entretanto, *você não desafiará diretamente o pensamento automático*, por várias razões:

- Você em geral não sabe de antemão o grau em que um determinado pensamento automático está distorcido (p. ex., o pensamento de Abe de que iria ficar sem dinheiro poderia ser válido).
- Uma contestação direta pode levar o cliente a se sentir invalidado (p. ex., Maria pode pensar: "[Minha terapeuta] está me dizendo que estou errada").
- Contestar uma cognição viola um princípio fundamental da terapia cognitivo-comportamental, o do empirismo colaborativo: Você e o cliente examinam juntos o pensamento automático, testam sua validade e/ou utilidade e desenvolvem uma resposta mais adaptativa.

Também é essencial ter em mente que pensamentos automáticos raras vezes são completamente errôneos. Em geral, eles contêm pelo menos um fundo de verdade (o que é importante reconhecer).

Em vez de contestar ou desafiar pensamentos automáticos, costumamos usar um processo delicado de questionamento socrático. Inicialmente, você pode precisar ter uma folha de perguntas sumárias na sua frente (Fig. 14.1 ou 14.2), cuja cópia você pode dar ao cliente. (Essas perguntas são derivadas das folhas de exercícios, sobre as quais você lerá no próximo capítulo.) Por fim, você aprenderá tão bem as perguntas que não precisará mais da folha. Nesse ponto, se bem feito, o estilo da investigação parece quase informal. Pesquisas mostram que o método socrático é de modo geral superior aos métodos didáticos. (Na verdade, "socrático" é com frequência uma denominação errônea; o método do questionamento socrático, derivado do filósofo Sócrates, envolve uma discussão dialética.) Se feito apropriadamente, o questionamento socrático provoca a mudança do sintoma (Braun et al., 2015). Os clientes preferem esse método; eles o acham mais útil e respeitoso e têm mais chances de se engajar em reestruturação cognitiva (Heiniger et al., 2018). Em Overholser (2018), você encontra uma discussão extensa do método socrático de psicoterapia.

Quais são as evidências de que o pensamento automático é verdadeiro? Não verdadeiro?
Existe uma explicação alternativa?
Qual é a pior coisa que poderia acontecer, e como eu poderia lidar com isso?
Qual é a melhor coisa que poderia acontecer? Qual é o resultado mais realista?
Qual é o efeito da minha crença sobre o pensamento automático? Qual poderia ser o efeito de mudar meu pensamento?
Se _____ [nome de um amigo] estivesse na mesma situação e tivesse este pensamento, o que eu diria a ele?
O que devo fazer a respeito?

FIGURA 14.1 Perguntas para avaliar pensamentos automáticos 1 (do Registro de Pensamentos).

> Qual é a situação?
> O que estou pensando ou imaginando?
> O que me faz achar que o pensamento é verdadeiro?
> O que me faz achar que o pensamento não é verdadeiro ou não completamente verdadeiro?
> De que outra forma posso olhar para isso?
> Qual é a pior coisa que poderia acontecer? O que eu poderia fazer nesse caso?
> Qual é a melhor coisa que poderia acontecer?
> O que provavelmente vai acontecer?
> O que irá acontecer se eu continuar me dizendo o mesmo pensamento?
> O que poderia acontecer se eu mudasse meu pensamento?
> O que eu diria ao meu amigo [pense em uma pessoa específica] se isso acontecesse com ele?
> O que devo fazer agora?

FIGURA 14.2 Perguntas para avaliar pensamentos automáticos 2 (da Folha de Exercícios Testando seus Pensamentos).

Por outro lado, métodos comportamentais (se você ajuda o cliente a tirar conclusões adaptativas de suas experiências) podem ser mais poderosos do que o questionamento socrático. Os experimentos comportamentais são apropriados para quase todos os clientes (e são necessários para alguns, incluindo crianças pequenas e indivíduos com doença mental grave, lesão cerebral, deficiências intelectuais ou autismo).

Você pode usar o questionamento desde a primeira sessão para avaliar um pensamento automático específico. Em uma sessão posterior, você começará a explicar o processo mais explicitamente para que o cliente possa aprender a avaliar seu pensamento entre as sessões:

JUDITH: (*Resume a parte passada da sessão; escreve os pensamentos automáticos no papel para os dois lerem.*) Então, quando considerou ligar para Charlie, você pensou: "Ele provavelmente não quer ouvir falar de mim", e esse pensamento o fez se sentir triste?
ABE: Sim.
JUDITH: E o quanto você acreditou nesse pensamento naquele momento?
ABE: Oh, muito, cerca de 90%.

JUDITH: E quão triste você se sentiu?
ABE: Talvez 80%.
JUDITH: Você se lembra do que conversamos? Algumas vezes pensamentos automáticos como estes são verdadeiros, algumas vezes se revelam não verdadeiros e algumas vezes eles têm um fundo de verdade. Podemos examinar esse pensamento sobre Charlie para ver o quanto ele parece acurado?
ABE: OK.
JUDITH: Eu gostaria de lhe mostrar uma lista de perguntas que poderiam ser úteis.

É útil que o cliente use uma das listas (Fig. 14.1 ou 14.2) para avaliar seus pensamentos verbalmente com você na sessão. Se ele for bem-sucedido, você pode sugerir que use a lista entre as sessões como parte do seu Plano de Ação quando identificar um pensamento automático. Ele pode então pensar nas suas respostas ou escrevê-las. Mas certifique-se de que é apropriado lhe dar a lista. Alguns clientes se sentem sobrecarregados pelo número de perguntas. Quando você prevê que este é o caso, ensine ao cliente apenas uma ou duas perguntas que você ou ele pode registrar. Ou circule algumas perguntas em uma das listas. Mas antes de sugerir que ele use as perguntas em casa, certifique-se de que

- ele entende que avaliar seu pensamento pode ajudá-lo a se sentir melhor;
- ele acha que será capaz de usar as perguntas efetivamente; e
- ele entende que nem todas as perguntas se aplicam a todos os pensamentos automáticos.

Você também deve guiá-lo para que ele saiba quando e como usar as perguntas.

JUDITH: Abe, acho que vai ser muito pesado você usar estas perguntas para *cada* pensamento automático que tiver durante a semana. Portanto, quando notar que seu humor está piorando ou que está fazendo alguma coisa que não seja útil, tente captar seus pensamentos automáticos e então reflita: "Será que eu tenho anotações da terapia que incluem isto?". OK?
ABE: Sim.
JUDITH: Se este for um pensamento *novo*, você com certeza vai querer pegar a lista pelo menos em algum momento. Agora, idealmente, você não só faria as perguntas, mas também *anotaria* suas respostas, se possível. O que lhe parece?
ABE: Bom.

> **DICAS CLÍNICAS**
>
> A avaliação dos pensamentos do cliente deve ser imparcial. Não queremos que ele ignore evidências que apoiam um pensamento automático, encontre uma explicação alternativa improvável ou adote uma visão irrealisticamente positiva do que pode acontecer. Informe ao cliente que nem todas as perguntas na lista são relevantes para cada pensamento automático. E usar todas as perguntas, mesmo que se apliquem logicamente, pode ser muito incômodo e demorado. O cliente pode não avaliar seus pensamentos se considerar o processo muito trabalhoso.

Você pode usar um conjunto de perguntas para ajudar o cliente a avaliar seu pensamento, mas as listas podem ser úteis, pois orientam você e o cliente a

- examinar a validade do pensamento automático;
- explorar a possibilidade de outras interpretações ou pontos de vista;
- descatastrofizar a situação-problema;
- reconhecer o impacto de acreditar no pensamento automático;
- ganhar distância do pensamento; e
- dar os passos para resolver o problema.

Cada pergunta é descrita a seguir.

Perguntas sobre "Evidências"

Como os pensamentos automáticos costumam conter um fundo de verdade, os clientes geralmente têm algumas evidências que apoiam a exatidão deles (as quais você os ajudará a identificar primeiro), mas com frequência não reconhecem evidências em contrário (as quais você os ajudará a identificar a seguir):

JUDITH: O que o faz pensar que Charlie não vai querer falar com você? [ou "Quais são as evidências de que _____?"]
ABE: Bem, já faz pelo menos um mês desde a última vez que falei com ele.
JUDITH: Mais alguma coisa?
ABE: Bem, na última vez em que nos encontramos, não foi muito divertido.
JUDITH: Mais alguma coisa?
ABE: (*Pensa.*) Não. Acho que não.
JUDITH: OK, agora o que o faz pensar que o fato de que talvez ele *queira* falar com você pode não ser verdadeiro ou não completamente verdadeiro? [ou "Quais são as evidências em contrário?"]

ABE: Não sei. Nós éramos bons amigos, mas não o tenho visto muito nos últimos meses.
JUDITH: Mais alguma coisa?
ABE: Quando cancelei os planos com ele no mês passado, ele pareceu desapontado.
JUDITH: O que ele disse?
ABE: Que lamentava que eu não estivesse me sentindo bem. Que esperava que eu melhorasse logo.
JUDITH: OK. [resumindo] Então, por um lado, você não tem notícias de Charlie há mais de um mês e não o tem visto com a mesma frequência ultimamente. Também acha que, na última vez em que se encontraram, vocês não se divertiram muito. Por outro lado, vocês são amigos há muito tempo, ele pareceu desapontado por não se encontrar com você e pareceu solidário. Está correto?
ABE: Sim.

Perguntas para "Explicação Alternativa"

Na sequência, ajudo Abe a *encontrar uma explicação alternativa razoável* para o que aconteceu.

JUDITH: Bom. Agora, vamos examinar a situação novamente. Há alguma outra maneira de olhar para isso? [ou "Poderia haver uma explicação alternativa para o fato de você não ter notícias dele há um mês – que não seja que ele não queira falar com você?"]
ABE: Não sei.
JUDITH: Por que outro motivo ele poderia ter ficado sem contato?
ABE: Não tenho certeza. Algumas vezes ele fica muito ocupado no trabalho. Algumas vezes a esposa dele quer que ele fique em casa o fim de semana inteiro. Acho que é possível que ele ande muito ocupado.

Perguntas para "Descatastrofizar"

Muitos clientes preveem o pior cenário possível. Pergunte como eles enfrentariam a situação se o pior realmente acontecesse.

JUDITH: OK. Agora, se o pior realmente acontecer e ele não quiser saber de você, o que faria? [ou "Como você poderia lidar com isso?"]
ABE: Bem, eu não ficaria feliz com isso.
JUDITH: [fazendo perguntas importantes para ajudá-lo a desenvolver uma resposta robusta] Você tem outros amigos com quem poderia entrar em contato?
ABE: Já faz algum tempo. Mas suponho que eu poderia contatá-los.
JUDITH: E você ainda tem seus filhos e netos?

ABE: Sim.
JUDITH: Então você ficaria bem?
ABE: É, acho que sim.

Os piores medos dos clientes frequentemente são irrealistas. Seu objetivo é ajudá-los a pensarem em desfechos mais realistas, porém muitos clientes têm dificuldade para fazer isso. Você pode ajudá-los a ampliarem seu pensamento perguntando sobre o *melhor* resultado.

JUDITH: Agora que é improvável que o pior aconteça, o que de *melhor* poderia acontecer?
ABE: Que eu ligue para ele e ele queira se encontrar comigo.
JUDITH: Fico pensando se o melhor possível não seria se *ele* ligasse para *você* hoje e se desculpasse por andar afastado e fizesse planos para encontrá-lo imediatamente.
ABE: Acho que isso seria o melhor.
JUDITH: E o que acha que provavelmente irá acontecer? [ou "Qual é o *desfecho mais realista?*"]
ABE: É possível que ele esteja apenas um pouco chateado comigo ou que tenha andado ocupado e talvez queira se encontrar comigo.

> **DICAS CLÍNICAS**
>
> Quando os piores medos do cliente são de que possa morrer, você obviamente não irá fazer a pergunta "Como lidaria com isso?". Em vez disso, você pode perguntar pelos desfechos melhores e mais realistas. Você também pode decidir perguntar qual seria a pior parte de morrer: medo do processo de morte, medo do que ele imagina que seja a vida após a morte ou medo do que aconteceria com as pessoas amadas depois da sua morte.

Perguntas sobre o "Impacto do Pensamento Automático"

A seguir, ajudo Abe a *avaliar as consequências de responder e de não responder* ao seu pensamento distorcido.

JUDITH: E o que vai acontecer se você continuar dizendo a si mesmo que Charlie não quer saber de você? [Ou "Qual é o *efeito do seu pensamento* de que ele não quer saber de você?"]
ABE: Isso me deixa triste. E eu acabo não ligando para ele.
JUDITH: E o que poderia acontecer se você mudasse seu pensamento? [ou "Qual poderia ser o *efeito de mudar seu pensamento?*"]
ABE: Eu me sentiria melhor. Seria mais provável que eu ligasse.

Perguntas para "Distanciamento"

Os clientes frequentemente se beneficiam ao ganhar alguma distância dos seus pensamentos imaginando o que diriam a um amigo próximo ou familiar em uma situação parecida.

JUDITH: Abe, digamos que seu filho tivesse um amigo com quem estivesse sem contato há um mês. Se ele pensasse: "Meu amigo não quer saber de mim", o que você lhe diria?
ABE: Acho que eu diria a ele que um mês não é tanto tempo assim. Que deve haver uma boa razão para que ele não tenha feito contato. Que vale a pena entrar em contato com seu amigo.
JUDITH: E isso se aplica a você?
ABE: Sim, acho que sim.

Perguntas para "Solução de Problemas"

A resposta para "O que seria bom fazer agora?" pode ser de natureza cognitiva e/ou comportamental. Alguns clientes podem se lembrar de alguma coisa que vocês acabaram de discutir – por exemplo: "Acho que se eu pensar _____, preciso me lembrar de que _____". Abe disse: "Acho que se eu pensar que ele não quer saber de mim, preciso me lembrar de que provavelmente estou errado. É provável que ele ande ocupado". Abe e eu também elaboramos um plano comportamental.

JUDITH: E o que você gostaria de *fazer* sobre esta situação?
ABE: Ahn... Acho que eu deveria seguir em frente e mandar uma mensagem para ele.

Então eu perguntaria qual a probabilidade de Abe mandar a mensagem e responder aos obstáculos que pudessem interferir. Se eu não confiasse nas habilidades sociais de Abe, poderia ter perguntado: "O que você acha que deveria dizer no texto?". Se Abe achasse útil, poderíamos dramatizar o que dizer ao seu amigo quando eles se encontrassem. Poderíamos avaliar os prós e contras de revelar a sua depressão. Poderíamos fazer um *brainstorm* de coisas sobre as quais falar para aliviar o estado de humor. Eu poderia perguntar a Abe se ele quer mandar a mensagem para Charlie ali mesmo no meu consultório.

ANALISANDO O DESFECHO DO PROCESSO DE AVALIAÇÃO

Na última parte desta discussão, avalio o quanto Abe acredita agora no pensamento automático original e como ele se sente emocionalmente para que eu possa decidir o que fazer na próxima sessão.

JUDITH: Bom. Agora, o quanto você acredita neste pensamento: "Charlie não quer saber de mim"?
ABE: Não tanto assim. Talvez 30%.
JUDITH: OK. E quão triste você se sente?
ABE: Não muito, também.
JUDITH: Bom. Parece que este exercício foi útil. Vamos voltar e ver o que nós fizemos que ajudou.

Você e o cliente não irão usar todas as perguntas nas listas para cada pensamento automático que avaliarem. Algumas vezes, nenhuma das perguntas parece útil, e vocês podem ir por uma direção completamente diferente. Além disso, não espere que a crença do cliente no pensamento automático caia para 0% ou que seu humor negativo desapareça por inteiro.

CONCEITUALIZANDO QUANDO A REESTRUTURAÇÃO COGNITIVA É INEFICAZ

Quando o humor e/ou o comportamento não melhora, você precisa conceitualizar por que essa tentativa inicial de reestruturação cognitiva não foi suficientemente efetiva. As razões comuns a considerar incluem as seguintes:

1. Há mais pensamentos automáticos centrais e/ou imagens que você ainda não identificou ou avaliou.
2. A avaliação do pensamento automático é implausível, superficial ou inadequada.
3. O cliente não expressou suficientemente as evidências que parecem apoiar o pensamento automático.
4. O pensamento automático em si também é uma cognição ampla, exagerada: uma crença nuclear (como "Sou incapaz/Sou alguém impossível de ser amado/Não tenho valor").
5. O cliente entende intelectualmente que o pensamento automático é distorcido, mas não em um nível emocional.
6. O pensamento automático faz parte de um padrão de pensamento disfuncional.

Meu supervisionado, Andrew, era um terapeuta iniciante. Ele cometeu alguns erros enquanto estava tratando Margaret, uma mulher com ansiedade social. Na primeira situação, *a cliente não verbalizou o pensamento automático ou a imagem mais central*. Margaret tinha vários pensamentos automáticos, mas verbalizou apenas um. Entretanto, quando Andrew a ajudou a avaliar esse pensamento automático, ela experimentou apenas um leve decréscimo na intensidade da sua ansiedade. Ele deveria ter questionado mais cuidadosamente antes de se apressar em avaliar o primeiro pensamento que ela expressou.

Em uma segunda situação, *a cliente respondeu a um pensamento automático superficialmente*. Margaret pensou: "Meu colega pode me criticar". Em vez de avaliar o pensamento cuidadosamente, ela apenas respondeu: "Ele provavelmente não vai". Essa resposta foi insuficiente, e sua ansiedade não diminuiu.

Em uma terceira situação, *o terapeuta não investigou minuciosamente e, assim, a cliente não expressou plenamente as evidências de que o pensamento automático era verdadeiro*, resultando em uma resposta adaptativa ineficaz, conforme visto aqui:

TERAPEUTA: OK, Margaret, que evidências você tem de que sua amiga não se importa com você?
MARGARET: Bem, ela quase nunca me liga. Eu sempre ligo para ela.
TERAPEUTA: OK, alguma coisa em contrário? Que ela realmente se importa com você, que ela quer ter uma boa relação com você?

Se Andrew tivesse feito perguntas adicionais, teria desvendado outras evidências que Margaret tem que apoiam seu pensamento automático: que sua amiga recusou diversos convites para passar um tempo com ela, que pareceu impaciente ao telefone nas últimas vezes em que ela ligou e que não havia enviado a Margaret um cartão de aniversário. Se tivesse obtido esses dados adicionais, Andrew poderia ter ajudado Margaret a pesar as evidências mais efetivamente.

Em uma quarta situação, *a cliente identificou um pensamento automático que também era uma crença nuclear*. Margaret com frequência pensa: "Tem alguma coisa errada comigo". Ela acredita nesta ideia tão fortemente que uma única avaliação não altera sua percepção ou o afeto associado. No início de uma sessão, ela lista muitas situações em que se sente ansiosa e então relata essa cognição para Andrew. Andrew começa a ajudá-la a avaliar, mas ele deveria ter focado em uma situação *específica* em que ela teve esse pensamento – por exemplo: "Podemos falar sobre a festa à qual você foi no fim de semana em que ninguém se aproximou de você e você pensou: 'Tem alguma coisa errada comigo?'. Poderia haver outra razão para que ninguém tenha se aproximado de você?". Andrew precisará usar muitas técnicas com o tempo para alterar a crença nuclear generalizada da cliente (ver Cap. 18).

Em uma quinta situação, *a cliente indicou que acredita em uma resposta adaptativa "intelectualmente", na sua mente, mas não "emocionalmente", em seu coração ou no íntimo*. Ela ignora a resposta adaptativa. Neste caso, Andrew e Margaret deveriam ter explorado uma crença não expressa que está *por trás* do pensamento automático:

TERAPEUTA: O quanto você acredita que Christina provavelmente tem outras razões para não a colocar na sua equipe de trabalho?
MARGARET: Bem, posso entender isso intelectualmente.
TERAPEUTA: Mas...?
MARGARET: Ainda acho que se ela gostasse de mim de verdade, teria me incluído.
TERAPEUTA: Então o que significa o fato de ela não incluir você?
MARGARET: Significa que não sou boa o suficiente.

Aqui, Andrew descobre que Margaret não acredita realmente na resposta adaptativa por causa da sua crença "Se as pessoas não me incluem, significa que não sou boa o suficiente".

Para resumir, depois de avaliar um pensamento automático, peça que o cliente avalie o quanto ele acredita na resposta adaptativa e como se sente emocionalmente. Se a sua crença for baixa e ainda estiver angustiado, conceitualize por que o exame do pensamento não aliviou sua angústia e planeje uma estratégia para o que fazer a seguir.

MÉTODOS ALTERNATIVOS PARA ABORDAR PENSAMENTOS AUTOMÁTICOS

Há muitas outras técnicas para ajudar os clientes a avaliarem seu pensamento (Dobson & Dobson, 2018; Leahy, 2018; Tolin, 2016). Citando apenas alguns, você pode

- variar suas perguntas;
- identificar a distorção cognitiva;
- planejar um experimento comportamental;
- usar autoexposição; e/ou
- pedir que o cliente elabore uma resposta útil.

Essas estratégias são descritas a seguir.

Usando Perguntas Alternativas

Quando você prevê que as perguntas-padrão não serão suficientemente efetivas, varie sua linha de questionamento.

JUDITH: [resumindo] Então você ligou para sua ex-mulher para pedir que ela assinasse os papéis. O que passou pela sua mente quando ela ficou irritada?
ABE: Eu deveria saber que ela ficaria irritada. Eu deveria ter esperado para telefonar.
JUDITH: O que o faz pensar que não deveria ter telefonado?
ABE: Bem, ela em geral está de mau humor nas noites de domingo.
JUDITH: Isso já tinha acontecido com você?
ABE: Bem, sim, mas eu queria dizer à minha filha imediatamente que ela podia contar conosco para ajudá-la com o financiamento do carro. Ela realmente precisava saber.
JUDITH: Então, na verdade, você tinha uma razão para ligar quando fez isso, e parece que sabia que seria arriscado, mas queria muito que Kaitlyn soubesse assim que possível?
ABE: Sim.
JUDITH: E é razoável ser assim tão duro com você por correr o risco?
ABE: Não...
JUDITH: Você não parece convencido. O quanto é ruim de qualquer maneira, no esquema das coisas, que sua ex-mulher tenha ficado irritada com você?

Acrescentei outras perguntas a essas: "Quão razoável foi discutir isso com sua ex-mulher? Quão razoável foi ela ter ficado irritada? Como ela provavelmente se sente agora? É possível para você sempre evitar que ela se irrite? É possível fazer o que é bom para você e seus filhos e netos sem irritá-la?".

Essas perguntas não padronizadas ajudaram Abe a adotar uma perspectiva mais funcional. Embora eu tenha começado questionando a *validade* do pensamento, mudei a ênfase para a *crença subjacente implícita* (que havíamos discutido previamente em outros contextos): "Eu deveria conseguir evitar que os outros fiquem aborrecidos comigo". No final, fiz a Abe uma pergunta aberta ("Como você vê a situação agora?") para ver se ele precisava de mais ajuda para responder aos seus pensamentos. Observe que muitas perguntas que fiz eram uma variação da pergunta socrática: "Existe uma explicação alternativa [para você ter telefonado naquele momento e sua ex-mulher ter ficado irritada, que não seja você ser culpado]?".

Identificando Distorções Cognitivas

Os clientes tendem a cometer erros consistentes em seu pensamento. Frequentemente existe um viés negativo sistemático no processamento cognitivo de clientes que padecem de um transtorno psiquiátrico (Beck, 1976). Os erros mais comuns são apresentados na Figura 14.3 (ver também Burns, 1980). Algumas vezes, é útil rotular as distorções e ensinar o cliente a fazer o mesmo. Certifique-se de lhe dizer que as categorias se sobrepõem e que ele pode achar que alguns pensamentos automáticos contêm mais de uma distorção. Antes de fornecer a lista ao cliente, você pode começar fazendo anotações mentais das suas distorções mais comuns e depois assinalar uma distorção específica quando identificar um padrão:

> "Abe, essa ideia de que você ou é um sucesso total ou um fracasso é o que chamamos de pensamento do tipo tudo ou nada. Isso parece familiar? Eu me recordo que você também teve a ideia de que o fato de não ter conseguido cumprir todas as suas responsabilidades no trabalho significava que você tinha fracassado completamente. E que se não estiver fazendo tudo o que pode por seus netos, então é um fracasso como avô. Você acha que poderia ser útil estar alerta a esse tipo de pensamento?"

A identificação de distorções pode ajudar o cliente a ganhar distanciamento dos seus pensamentos. Mas, como com todas as técnicas, certifique-se de que isso é útil para o cliente, que ele entende a justificativa e que não se sente sobrecarregado pela lista. Vejo isso como uma estratégia útil para muitos clientes, mas ela não é essencial. É especialmente importante revisar a lista na sessão para que você possa se assegurar de que o cliente entende como usá-la antes de lhe pedir para nomear suas distorções como parte do seu Plano de Ação.

Em nossa sessão seguinte, dei a lista a Abe e juntos identificamos seus pensamentos automáticos típicos e as distorções que eles representavam. Por exemplo:

> *Catastrofização*: "Jamais vou conseguir outro emprego."
>
> *Pensamento do tipo tudo ou nada*: "Como meu apartamento está bagunçado, isso significa que está completamente fora do controle."
>
> *Leitura mental*: "Meu amigo não quer se aproximar de mim."
>
> *Raciocínio emocional*: "Eu me sinto um fracasso; eu *devo* ser um fracasso."

Circulei essas quatro distorções na lista e sugeri que Abe visse se algum dos seus pensamentos automáticos na semana seguinte continha um ou mais desses erros. Abe deixou essa lista à mão e a consultou quando estava avaliando seus pensamentos automáticos. Fazer isso o ajudou a acreditar com mais convicção que talvez um pensamento automático não fosse verdadeiro, ou não completamente verdadeiro.

Pensamento do tipo tudo ou nada	Também denominado pensamento em preto e branco, polarizado ou dicotômico. Você vê uma situação em apenas duas categorias, e não em um *continuum*.	*Exemplo*: "Se eu não for um sucesso total, sou um fracasso."
Catastrofização (adivinhação)	Também denominada adivinhação. Você prevê o futuro negativamente sem considerar outros desfechos mais prováveis.	*Exemplo*: "Vou ficar tão perturbado que serei absolutamente incapaz de funcionar."
Desqualificação ou desconsideração do positivo	Você irracionalmente diz a si mesmo que experiências positivas, ações ou qualidades não contam.	*Exemplo*: "Executei bem aquele projeto, mas isso não significa que sou competente; apenas tive sorte."
Raciocínio emocional	Você acha que alguma coisa deve ser verdadeira, pois "sente" isso (na verdade acredita nisso) muito fortemente, ignorando ou desconsiderando evidências em contrário.	*Exemplo*: "Sei que faço bem muitas coisas no trabalho, mas ainda acho que sou um fracasso."
Rotulação	Você coloca um rótulo fixo global em si mesmo ou nos outros, sem considerar que as evidências podem mais sensatamente conduzir a uma conclusão menos extrema.	*Exemplo*: "Sou um perdedor"; "Ele não é bom."
Maximização/ minimização	Quando avalia a si mesmo, outras pessoas ou uma situação, você irracionalmente maximiza o negativo e/ou minimiza o positivo.	*Exemplo*: "Receber uma avaliação medíocre comprova o quanto sou inadequado. Receber notas altas não significa que sou inteligente."
Filtro mental	Também denominado abstração seletiva. Você presta atenção indevida a um detalhe negativo em vez de ver o quadro mais amplo.	*Exemplo*: "Como recebi uma nota baixa na minha avaliação [que também continha várias notas altas], isso significa que estou fazendo um péssimo trabalho."

(Continua)

Leitura mental	Você acredita que sabe o que os outros estão pensando, deixando de considerar outras possibilidades mais prováveis.	*Exemplo*: "Ele está achando que eu não sei nada sobre este projeto."
Generalização excessiva	Você tira uma conclusão negativa abrangente que vai muito além da situação atual.	*Exemplo*: "Como me senti desconfortável na reunião, não tenho o que é necessário para fazer amigos."
Personalização	Você acredita que outros estão agindo de forma negativa por sua causa, sem considerar explicações mais plausíveis para o comportamento deles.	*Exemplo*: "O funcionário foi rude comigo porque fiz alguma coisa de errado."
Declarações do tipo "deveria" e "tenho que"	Também denominadas imperativos. Você tem uma ideia fixa precisa de como você ou os outros devem agir, e superestima o quanto será ruim se essas expectativas não forem atingidas.	*Exemplo*: "É terrível que eu tenha cometido um erro. Eu deveria sempre dar o melhor de mim."
Visão em túnel	Você só vê os aspectos negativos de uma situação.	*Exemplo*: "O professor do meu filho não sabe fazer nada direito. Ele é crítico, insensível e péssimo para ensinar."

FIGURA 14.3 Erros no pensamento. Adaptada com permissão de Aaron T. Beck.

Elaborando Experimentos Comportamentais

A discussão da validade das ideias dos clientes que estão na forma de previsões pode ajudá-los a mudar seu pensamento, mas a mudança pode ser significativamente mais efetiva se o cliente tiver uma experiência que refute a sua validade (Bennett-Levy et al., 2004). O questionamento socrático pode ser insuficiente, mas pode ajudá-lo a decidir se é aconselhável realizar um experimento comportamental. Abe teve o pensamento automático: "Não tenho energia suficiente para ir até o abrigo dos sem-teto [como voluntário]". Primeiro examinamos esse pensamento e descobrimos que ele era provavelmente impreciso. Então fizemos solução de problemas; decidimos que Abe poderia planejar ir por apenas 30 minutos e então ir embora se ficasse sem energia. Em seguida, elaboramos um experimento comportamental para ver se ele seria capaz de concretizar esse plano.

Você elabora experimentos comportamentais colaborativamente. Quando viável, sugira que o cliente realize o experimento ali mesmo na sessão para testar cognições como essas na sequência:

> "Se eu lhe contar como fui abusada, vou ficar tão perturbada que vou ficar louca."
> "Se o meu coração começar a palpitar e eu tiver falta de ar, vou ter um ataque cardíaco."
> "Se eu tentar ler, não vou conseguir me concentrar."

Outros experimentos precisam ser realizados fora da sessão:

> "Se eu pedir ajuda à minha irmã, ela vai se recusar."
> "Se eu ficar na cama o dia todo, vou me sentir melhor."
> "Se eu tentar pagar minhas contas, vou cometer muitos erros."
> "Se eu fizer uma pergunta ao meu chefe, ele vai ficar irritado comigo e me demitir."

Certifique-se de ajudar o cliente a tirar conclusões adaptativas depois de ter sido bem-sucedido em um experimento comportamental. Estas são algumas perguntas que você pode fazer:

> "O que você constatou a partir dessa experiência?" ou "O que você aprendeu?" ou "O que você conclui?"
> "O que essa experiência significa sobre você [ou sobre outras pessoas ou sobre como outras pessoas o veem]?"
> "O que essa experiência provavelmente significa sobre o futuro?"

Usando a Autoexposição

Algumas vezes, você pode usar a autoexposição criteriosa no lugar ou além do questionamento socrático ou de outros métodos para demonstrar como você foi capaz de mudar seus próprios pensamentos automáticos semelhantes, conforme ilustrado a seguir:

> "Sabe, Abe, algumas vezes eu tenho pensamentos como os seus: 'Tenho que cumprir com minhas responsabilidades'. Mas então me lembro que tenho uma responsabilidade de cuidar de mim e que o mundo provavelmente não vai acabar se eu não fizer *tudo* o que outra pessoa quer que eu faça. (*pausa*) Será que isso também se aplica a você?"

Pedindo ao Cliente uma Resposta Útil

Por fim, há momentos em que você pode simplesmente perguntar ao cliente como ele *gostaria* de responder a um pensamento automático. Algumas vezes, ele pode encontrar uma resposta efetiva no começo do tratamento. Às vezes, você precisará esperar até que ele tenha feito mais progresso.

ABE: Quando chegar a hora de ir à reunião, provavelmente vou ter vontade de faltar.
JUDITH: Você consegue pensar em uma forma mais útil de encarar isso?
ABE: Sim. Que é melhor que eu vá, mesmo que tenha que me forçar. Eu posso retomar o contato com pessoas que eram importantes para mim.
JUDITH: Bom. O que acha que vai acontecer se disser isso a si mesmo?
ABE: Terei mais chance de ir.

Este é outro exemplo:

JUDITH: Você consegue pensar em alguma coisa que poderia impedi-lo de dizer à sua ex-mulher que não quer mudar seus planos de férias?
ABE: Não quero irritá-la.
JUDITH: OK, se você tiver o pensamento: "Não quero irritá-la", o que você quer ser capaz de dizer a si mesmo?
ABE: Que se isso não a deixar irritada, alguma outra coisa a deixará. E eu devo fazer o que é bom para mim – e não me adaptar a ela o tempo todo.
JUDITH: Bom! Você acha que isso será suficiente para que vá em frente e diga a ela que não irá mudar os planos?

QUANDO OS PENSAMENTOS AUTOMÁTICOS SÃO VERDADEIROS

Algumas vezes, os pensamentos automáticos são realmente verdadeiros, e você pode optar por fazer uma ou mais das seguintes coisas:

- Focar na solução do problema.
- Investigar se o cliente tirou uma conclusão inválida ou disfuncional.
- Trabalhar a aceitação e voltar a focar a ação de valor.

Essas estratégias são descritas a seguir.

Focar na Solução do Problema

Se a percepção que o cliente tem de uma situação parecer válida, você pode investigar se o problema ao qual está associada pode ser resolvido, ao menos em certa medida. Em uma sessão, Abe e eu avaliamos seu pensamento automático: "Se eu não conseguir um emprego logo, não terei dinheiro suficiente para pagar meu aluguel", e as evidências realmente indicam que essa é uma possibilidade.

JUDITH: Então, mesmo que seja cuidadoso, parece que você pode não conseguir dar conta do aluguel até o final do ano. É possível que você tenha um emprego até lá?
ABE: É possível, mas e se não tiver?
JUDITH: Você já pensou no que poderia fazer se isso acontecesse?
ABE: Bem, não quero ter que me mudar para a casa de um dos meus filhos.
JUDITH: Mas você poderia fazer isso, como um último recurso?
ABE: Suponho que sim...
JUDITH: Você pensou em alguma outra coisa?
ABE: Não, não acho que haja mais alguma coisa que eu possa fazer.
JUDITH: Você já considerou a possibilidade de conseguir *qualquer* tipo de emprego agora? Poderia ser em meio período ou em tempo integral. Apenas até encontrar aquele que realmente quer?
ABE: Não, tenho estado muito focado em obter o tipo de emprego que eu tinha.
JUDITH: O que você acha da ideia?
ABE: Não sei. Ando muito cansado atualmente.
JUDITH: Você acha que precisaria da mesma energia se o trabalho fosse em meio período? O que de pior poderia acontecer se realmente *ficar* muito cansado?
ABE: Acho que não seria um grande problema. Eu poderia simplesmente me demitir.
JUDITH: Você quer fazer essa parte do seu Plano de Ação esta semana? Se acontecer de você realmente não conseguir trabalhar, podemos pensar em outras ideias: talvez possa encontrar alguém para dividir o aluguel ou um apartamento mais barato, ou se mudar para a casa de alguém temporariamente; talvez possa pegar dinheiro emprestado com seu irmão, embora eu saiba que você não quer fazer isso. (*pausa*) E pode haver outras coisas que você poderia fazer e ainda não pensou porque tem estado deprimido.

Investigar Conclusões Inválidas

Embora um pensamento automático possa ser verdadeiro, o *significado* do pensamento para o cliente pode ser inválido ou pelo menos não completamente válido (conforme ilustrado a seguir), e você pode examinar a crença subjacente ou conclusão.

JUDITH: Então parece que você realmente não consegue se concentrar o suficiente para fazer os cálculos do seu imposto de renda.
ABE: Sim, eu me sinto muito mal por causa disso.
JUDITH: O que isso diz sobre você, o fato de não conseguir? Ou você tem medo de que aconteça algo?
ABE: Isso mostra que há alguma coisa errada com o meu cérebro. Talvez eu nunca mais tenha a minha concentração de volta.
JUDITH: OK, podemos examinar isso primeiro? Existe outra explicação para a sua dificuldade de concentração?

Trabalhar a Aceitação e a Ação de Valor

Alguns problemas não podem ser resolvidos e pode ser que nunca sejam resolvidos, e o cliente pode precisar de ajuda para aceitar esse desfecho. Ele provavelmente se sentirá infeliz se tiver expectativas irrealistas de que um problema insolúvel vá de alguma forma, quase magicamente, melhorar. Enquanto isso, ele em geral precisará de assistência para aprender a focar em seus valores centrais, buscar a ação de valor, enfatizar as partes mais gratificantes da sua vida e enriquecer sua experiência de novas maneiras. Várias estratégias planejadas para melhorar a aceitação podem ser encontradas em Hayes e colaboradores (2004).

RESUMO

É importante abordar pensamentos automáticos que originam emoção negativa significativa ou comportamento disfuncional. Esses pensamentos são imprecisos ou inúteis, ou ambos. Avaliar os pensamentos automáticos é uma habilidade específica em que tanto o terapeuta quanto o cliente melhoram com a prática recorrente. Evite contestar os pensamentos automáticos do cliente e torne-se hábil no uso de várias técnicas para ajudá-lo a avaliar a precisão e utilidade de seus pensamentos. Quando os pensamentos automáticos são verdadeiros, você pode avaliar as conclusões do cliente sobre um problema, fazer solução de problemas ou empregar estratégias de aceitação com um foco na ação de valor para reduzir o sofrimento dele.

> **PERGUNTAS PARA REFLEXÃO**
>
> O que gostaria de dizer a si mesmo se ficar frustrado quando estiver aprendendo a habilidade de avaliar pensamentos automáticos? Em que você gostaria que o cliente acreditasse?

EXERCÍCIO PRÁTICO

Anote as respostas à lista de perguntas na Figura 14.1 para avaliar um dos seus próprios pensamentos automáticos. Depois registre suas respostas às perguntas na Figura 14.2 para avaliar outro pensamento.

15
Respostas aos pensamentos automáticos

O capítulo anterior demonstrou como ajudar os clientes a avaliarem pensamentos automáticos negativos importantes e a determinarem a eficácia da sua avaliação na sessão. Mas quando esses mesmos pensamentos surgem na mente do cliente durante a semana, ele pode não se lembrar das suas respostas. Ele também terá pensamentos automáticos adicionais importantes entre as sessões – os quais você não identificou. Neste capítulo, você encontrará respostas para as seguintes perguntas:

> **Como você ajuda o cliente a elaborar as anotações da terapia para ler entre as sessões?**
> **Como você ensina o cliente a usar uma folha de exercícios para abordar outros pensamentos automáticos entre as sessões?**
> **O que você deve fazer se uma folha de exercícios não for suficientemente útil?**

Certifique-se de que o cliente registrou respostas robustas por escrito (no papel ou em um cartão de fichário, em um caderno da terapia ou em um *smartphone*) ou em formato de áudio (usando um dispositivo de gravação ou um aplicativo) para os pensamentos automáticos que vocês abordaram na sessão. Para responder a outros pensamentos automáticos entre as sessões, você pode ensinar o cliente a usar as perguntas do capítulo anterior (Figs. 14.1 e 14.2). Ou pode usar a Folha de Exercícios Testando seus Pensamentos (Figs. 15.1 e 15.2) ou um Registro de Pensamentos (Figs. 15.3 e 15.4) ou outra técnica descrita mais adiante neste capítulo.

REDIGINDO AS ANOTAÇÕES DA TERAPIA

Depois de ter avaliado um pensamento automático com o cliente, você pedirá que ele o resuma. Você pode formular uma das seguintes perguntas:

> "Você pode resumir o que acabamos de conversar?"
> "O que você acha que seria importante lembrar esta semana?"
> "Se a situação surgir novamente, o que você quer dizer a si mesmo?"

Quando o cliente expressa um resumo forte, você pode dizer: "Muito bom. Gostaria de anotar ou quer que eu anote? Quero me assegurar de que você se lembre disso esta semana". Você mais provavelmente irá perguntar as suas preferências nas Sessões 1 e 2 e depois presumirá que essa preferência não mudou, a não ser que ele indique que mudou. Abe e eu avaliamos seu pensamento "Não consigo fazer isso" usando o questionamento socrático. Depois peço que ele faça um resumo.

JUDITH: OK, Abe, se você pensar em preencher os formulários do seguro esta semana, e mais uma vez tiver o pensamento "Não consigo fazer isso", do que quer se lembrar?
ABE: Que isso provavelmente não é verdade. Minha concentração era boa o suficiente para preencher alguns formulários de emprego, portanto é provável que eu possa pelo menos começar com os formulários.
JUDITH: Isso é bom. (*Anota.*) Mais alguma coisa?
ABE: Eu poderia pedir ajuda ao meu filho.
JUDITH: (*escrevendo*) Isso é importante também. E que tal dizer que apenas começar pode ser a parte mais difícil?
ABE: Sim, isso é bom lembrar.

Para garantir que o que Abe anota será mais útil, primeiro peço que ele expresse seu resumo verbalmente. Isso me dá a oportunidade de fazer acréscimos ou sugerir mudanças no resumo dele.

> **DICAS CLÍNICAS**
>
> Quando as respostas do cliente são superficiais, confusas, muito curtas ou muito prolixas, você pode dizer: "Bem, acho que é algo próximo a isso, mas penso que seria mais útil lembrar assim: _____." Conforme dito antes, se as respostas do cliente forem aceitáveis, mas incompletas, você pode perguntar: "Também quer se lembrar de que _____?". Se ele concordar, você ou ele pode registrar a inclusão.

É aconselhável que o cliente leia suas anotações da terapia todas as manhãs e recorra a elas, quando necessário, durante o dia. Ele tende a integrar as respostas ao seu pensamento quando as ensaiou repetidamente. Ler as anotações somente quando se depara com situações difíceis em geral é menos efetivo do que as ler regularmente *como preparação* para situações difíceis. A seguir, apresentamos algumas anotações da terapia de Abe. Elas contêm respostas ao pensamento disfuncional e itens comportamentais dos Planos de Ação.

Quando eu pensar: "Nunca vou conseguir terminar nada", vou me lembrar:

Devo focar no que preciso fazer neste momento.

Não tenho que fazer tudo perfeitamente.

Posso pedir ajuda. Isso não é sinal de fraqueza.

Então devo descobrir o que é mais fácil fazer e programar um cronômetro para 10 minutos. Ao final dos 10 minutos, posso decidir se continuo ou não.

Quando eu pensar: "É melhor ficar em casa", vou dizer a mim mesmo que já realizei o experimento de ficar em casa muitas vezes e meu humor não melhorou. As chances são que me sentirei melhor se sair, pegar um pouco de sol, fizer exercícios ou alguma pequena tarefa.

Posso achar que estou decepcionando meus filhos, mas esse é um pensamento do tipo tudo ou nada. Não estou fazendo muito por eles fisicamente, como ajudá-los com o trabalho no quintal, como fazia antes de ficar deprimido. Mas ainda estou indo aos jogos de futebol dos meus netos e levando-os de carro quando seus pais não podem. Eu deveria ligar para eles agora e fazer planos para nos encontrarmos.

> Quando eu quiser pedir a ajuda de Gabe para procurar *on-line* um emprego novo:
>
> 1. Vou me lembrar de que isso não é um grande problema. O pior que pode acontecer é ele dizer que está muito ocupado, e então posso pedir a Kaitlyn.
> 2. Pedir ajuda a ele é um experimento. Mesmo que não dê certo desta vez, será uma boa prática para mim.
> 3. Se ele disser que está muito ocupado, provavelmente é porque está mesmo.
> 4. Eu deveria ligar para ele agora e perguntar se posso visitá-lo hoje ou amanhã, ou se ele pode vir me visitar.

> Estratégias para quando eu estiver ansioso:
> 1. Ler minhas anotações da terapia e/ou fazer uma Folha de Exercícios Testando seus Pensamentos.
> 2. Ligar para Ethan e conversar sobre esportes.
> 3. Aceitar a ansiedade. Não gosto do sentimento, mas é uma emoção humana normal. Qualquer coisa que eu consiga fazer sem ansiedade também pode ser feita com ansiedade. Ela provavelmente irá diminuir depois que eu voltar minha atenção para outra coisa.
> 4. Praticar o exercício de *mindfulness*.
> 5. Dar uma caminhada.

DICAS CLÍNICAS

Uma recomendação prática: é importante manter cópias das anotações da terapia dos seus clientes. Você pode fazer uma fotocópia, tirar uma foto ou imprimi-las, ou usar cópia com papel carbono. Você irá consultar essas anotações da terapia quando planejar a sessão seguinte (em geral imediatamente antes dessa sessão), quando revisar os Planos de Ação do cliente e quando reforçar ideias que discutiu com ele em sessões anteriores. Além disso, você pode fornecer ao cliente uma cópia das suas anotações caso ele perca as dele.

Anotações da Terapia Gravadas em Áudio

O ideal é garantir que o cliente tenha as anotações da terapia por escrito. Ele pode levar consigo um caderno ou fichas de arquivo para ler quando necessário, ou pode ler as anotações da terapia em seu *smartphone*. Porém, alguns clientes não sabem ou não gostam de ler. Ou acham mais eficaz ouvir suas anotações. Em qualquer um dos casos, você pode ligar um gravador de som ou pedir que o cliente use um aplicativo em seu *smartphone* quando desenvolver respostas a pensamentos automáticos; ou pode anotar as respostas e ligar o gravador nos últimos minutos de uma sessão, gravando todas as respostas de uma só vez. Gravar e depois fazer o cliente ouvir uma sessão inteira de terapia costuma ser menos útil. Provavelmente ele irá revisar a gravação apenas uma vez durante a semana, em vez de ouvir repetidamente os pontos mais importantes da sessão. Ele também poderá ter pensamentos autocríticos enquanto ouve.

Quando o cliente não é alfabetizado, você pode perguntar como ele poderia se lembrar do que vocês conversaram. Por exemplo, ele poderia fazer um desenho? Poderia pedir que alguém lesse as anotações para ele? Poderia ouvir uma gravação em áudio?

> **DICAS CLÍNICAS**
>
> Para motivar o cliente a ler suas anotações da terapia, use as mesmas técnicas que você usou para cada item do Plano de Ação (Cap. 8), especialmente associando isso às suas aspirações, valores e objetivos. Certifique-se de perguntar acerca dos obstáculos que podem interferir. Se ele não tiver certeza se terá tempo suficiente, pergunte quanto tempo ele acha que levará para ler suas anotações. Caso ele superestime esse tempo, peça-lhe que leia as anotações em voz alta na sessão enquanto você cronometra, pois assim ele poderá ver que na verdade é necessário muito menos tempo do que imaginava (em geral 20 a 60 segundos).

USANDO FOLHAS DE EXERCÍCIOS

A Folha de Exercícios Testando seus Pensamentos (Figs. 15.1 e 15.2) e o Registro de Pensamentos (Figs. 15.3 e 15.4), também conhecido em uma versão anterior como "Registro Diário de Pensamentos Disfuncionais" (Beck et al., 1979), estimulam os clientes a avaliarem seus pensamentos automáticos quando se sentem angustiados ou se engajam em comportamento inútil. As folhas de exercícios obtêm mais informações do que apenas responder às listas das perguntas socráticas no capítulo anterior. Não será necessário que o cliente use essas folhas de exercícios se a reflexão sobre essas perguntas for suficientemente útil, porém muitos clientes acham que uma folha de exercícios organiza melhor seu pensamento e respostas. As folhas de exercícios não são de particular utilidade para clientes que têm funcionamento relativamente baixo, não gostam de escrever, não estão motivados ou que têm um baixo nível de instrução.

Lembre-se, os pensamentos podem ser 100% verdadeiros ou 0% verdadeiros ou algo em um ponto intermediário. Só porque você pensa alguma coisa, isso não significa necessariamente que ela seja verdadeira.

1. Quando notar que seu humor está piorando ou se encontrar engajado em comportamento inútil, faça a si mesmo as perguntas no verso desta folha de exercícios e anote as respostas.
2. Nem todas as perguntas se aplicam a todos os pensamentos automáticos.
3. Se preferir, você pode usar a lista a seguir para identificar distorções cognitivas. Você pode descobrir que mais de uma distorção se aplica.
4. A ortografia, a caligrafia e a gramática não são importantes.
5. Já terá valido a pena preencher esta folha de exercícios se o seu humor melhorar 10% ou mais.

Distorções Cognitivas

Pensamento do tipo tudo ou nada	*Exemplo:* "Se eu não for um sucesso total, sou um fracasso."
Catastrofização (adivinhação)	*Exemplo:* "Vou ficar tão perturbado que serei absolutamente incapaz de funcionar."
Desqualificação ou desconsideração do positivo	*Exemplo:* "Executei bem aquele projeto, mas isso não significa que sou competente; apenas tive sorte."
Raciocínio emocional	*Exemplo:* "Sei que faço bem muitas coisas no trabalho, mas ainda acho que sou um fracasso."
Rotulação	*Exemplo:* "Sou um perdedor"; "Ele não é bom."
Maximização/minimização	*Exemplo:* "Receber uma avaliação medíocre comprova o quanto sou inadequado. Receber notas altas não significa que sou inteligente."
Filtro mental	*Exemplo:* "Como recebi uma nota baixa na minha avaliação [que também continha várias notas altas], isso significa que estou fazendo um péssimo trabalho."
Leitura mental	*Exemplo:* "Ele está achando que eu não sei nada sobre este projeto."
Generalização excessiva	*Exemplo:* "Como me senti desconfortável na reunião, não tenho o que é necessário para fazer amigos."
Personalização	*Exemplo:* "O funcionário foi rude comigo porque fiz alguma coisa de errado."
Declarações do tipo "deveria" e "tenho que"	*Exemplo:* "É terrível que eu tenha cometido um erro. Eu deveria sempre dar o melhor de mim."
Visão em túnel	*Exemplo:* "O professor do meu filho não sabe fazer nada direito. Ele é crítico, insensível e péssimo para ensinar."

FIGURA 15.1 Folha de Exercícios Testando seus Pensamentos, lado 1. Copyright © 2018 CBT Worksheet Packet. Beck Institute for Cognitive Behavior Therapy, Philadelphia, Pennsylvania.

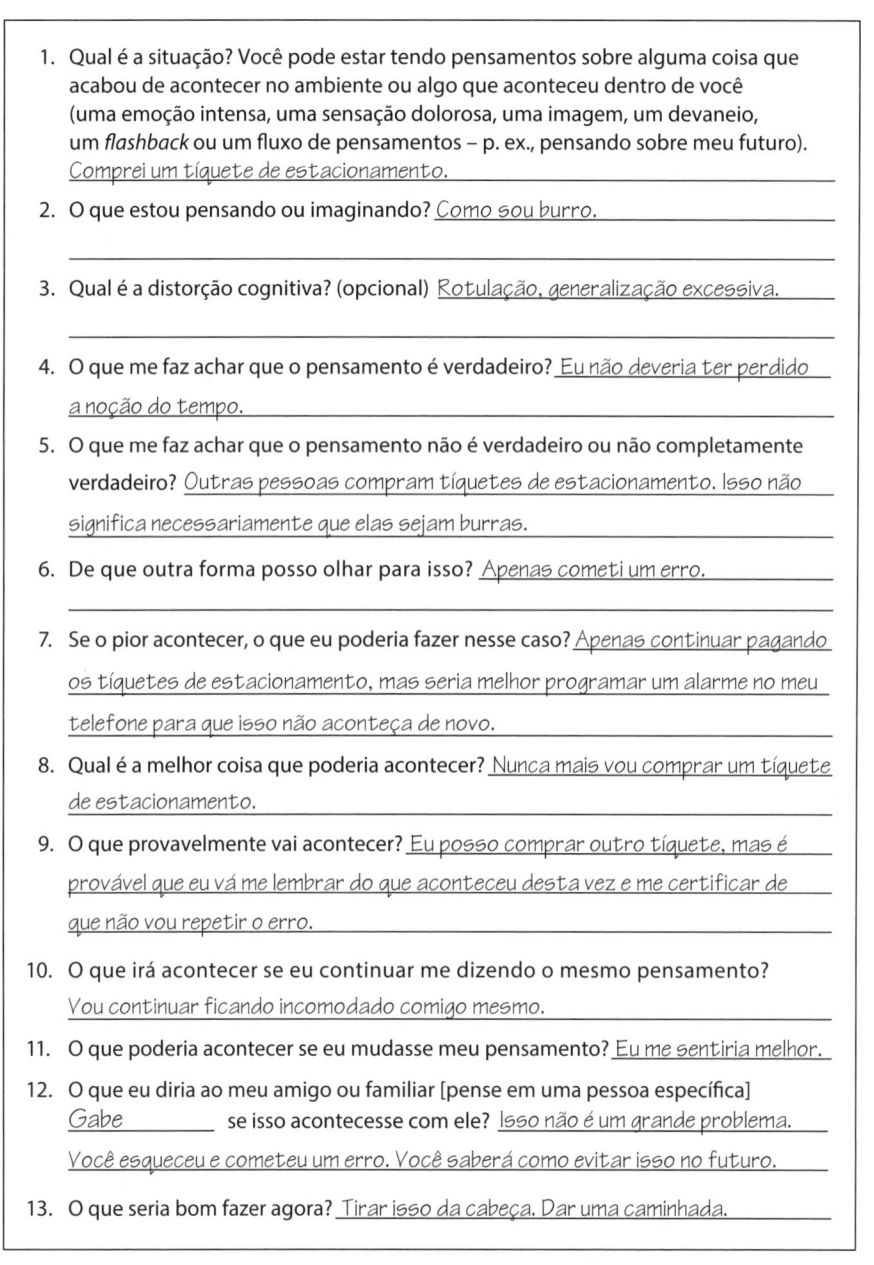

1. Qual é a situação? Você pode estar tendo pensamentos sobre alguma coisa que acabou de acontecer no ambiente ou algo que aconteceu dentro de você (uma emoção intensa, uma sensação dolorosa, uma imagem, um devaneio, um *flashback* ou um fluxo de pensamentos – p. ex., pensando sobre meu futuro). <u>Comprei um tíquete de estacionamento.</u>
2. O que estou pensando ou imaginando? <u>Como sou burro.</u>
3. Qual é a distorção cognitiva? (opcional) <u>Rotulação, generalização excessiva.</u>
4. O que me faz achar que o pensamento é verdadeiro? <u>Eu não deveria ter perdido a noção do tempo.</u>
5. O que me faz achar que o pensamento não é verdadeiro ou não completamente verdadeiro? <u>Outras pessoas compram tíquetes de estacionamento. Isso não significa necessariamente que elas sejam burras.</u>
6. De que outra forma posso olhar para isso? <u>Apenas cometi um erro.</u>
7. Se o pior acontecer, o que eu poderia fazer nesse caso? <u>Apenas continuar pagando os tíquetes de estacionamento, mas seria melhor programar um alarme no meu telefone para que isso não aconteça de novo.</u>
8. Qual é a melhor coisa que poderia acontecer? <u>Nunca mais vou comprar um tíquete de estacionamento.</u>
9. O que provavelmente vai acontecer? <u>Eu posso comprar outro tíquete, mas é provável que eu vá me lembrar do que aconteceu desta vez e me certificar de que não vou repetir o erro.</u>
10. O que irá acontecer se eu continuar me dizendo o mesmo pensamento? <u>Vou continuar ficando incomodado comigo mesmo.</u>
11. O que poderia acontecer se eu mudasse meu pensamento? <u>Eu me sentiria melhor.</u>
12. O que eu diria ao meu amigo ou familiar [pense em uma pessoa específica] <u>Gabe</u> se isso acontecesse com ele? <u>Isso não é um grande problema. Você esqueceu e cometeu um erro. Você saberá como evitar isso no futuro.</u>
13. O que seria bom fazer agora? <u>Tirar isso da cabeça. Dar uma caminhada.</u>

FIGURA 15.2 Folha de Exercícios Testando seus Pensamentos, lado 2. Copyright © 2018 CBT Worksheet Packet. Beck Institute for Cognitive Behavior Therapy, Philadelphia, Pennsylvania.

Lembre-se, os pensamentos podem ser 100% verdadeiros ou 0% verdadeiros ou algo em um ponto intermediário.

> Só porque você pensa em alguma coisa, isso não significa necessariamente que ela seja verdadeira.

Utilize apenas 5 a 10 minutos para preencher o Registro de Pensamentos. Observe que nem todas as questões se aplicam a cada pensamento automático. Eis o que fazer.

1. Quando notar que seu humor está piorando, ou perceber que está se engajando em comportamento inútil, pergunte-se: "O que está passando pela minha mente agora?" e, assim que possível, anote o pensamento ou a imagem mental na coluna Pensamento(s) Automático(s).
2. A situação pode ser externa (alguma coisa que acabou de acontecer ou algo que você fez) ou interna (uma emoção intensa, uma sensação dolorosa, uma imagem, um devaneio, um *flashback* ou um fluxo de pensamentos – p. ex., pensando em seu futuro).
3. Depois preencha as demais colunas. Você pode tentar identificar distorções cognitivas da lista a seguir. Mais de uma distorção pode se aplicar. Certifique-se de usar as questões na parte inferior da folha de exercícios para elaborar a resposta adaptativa.
4. F ortografia, a caligrafia e a gramática não são importantes.
5. Já terá válido a pena preencher esta folha de exercícios se o seu humor melhorar 10% ou mais.

Distorções Cognitivas

Pensamento do tipo tudo ou nada	*Exemplo:* "Se eu não for um sucesso total, sou um fracasso."
Catastrofização (adivinhação)	*Exemplo:* "Vou ficar tão perturbado que serei absolutamente incapaz de funcionar."
Desqualificação ou desconsideração do positivo	*Exemplo:* "Executei bem aquele projeto, mas isso não significa que sou competente; apenas tive sorte."
Raciocínio emocional	*Exemplo:* "Sei que faço bem muitas coisas no trabalho, mas ainda acho que sou um fracasso."
Rotulação	*Exemplo:* "Sou um perdedor"; "Ele não é bom."
Maximização/minimização	*Exemplo:* "Receber uma avaliação medíocre comprova o quanto sou inadequado. Receber boas notas não significa que sou inteligente."
Filtro mental (abstração seletiva)	*Exemplo:* "Como recebi uma nota baixa na minha avaliação [que também continha várias notas altas], isso significa que estou fazendo um péssimo trabalho."
Leitura mental	*Exemplo:* "Ele está achando que eu não sei nada sobre este projeto."
Generalização excessiva	*Exemplo:* "*Como me senti desconfortável na reunião, não tenho o que é necessário para fazer amigos.*"
Personalização	*Exemplo:* "O funcionário foi rude comigo porque fiz alguma coisa de errado."
Afirmações do tipo "deveria" e "tenho que"	*Exemplo:* "É terrível que eu tenha cometido um erro. Eu deveria sempre dar o melhor de mim."
Visão em túnel	*Exemplo:* "O professor do meu filho não sabe fazer nada direito. Ele é crítico, insensível e péssimo para ensinar."

FIGURA 15.3 Registro de Pensamentos, lado 1. Copyright © 2018 CBT Worksheet Packet. Beck Institute for Cognitive Behavior Therapy, Philadelphia, Pennsylvania.

Data/hora	Situação	Pensamento(s) automático(s)	Emoção(ões)	Respostas adaptativas	Resultado
	1. Que acontecimento (externo ou interno) está associado à emoção desagradável? Ou em que comportamento inútil você se engajou?	1. Que pensamento(s) e/ou imagem(ns) passaram pela sua mente (antes, durante ou depois do evento ou comportamento inútil)? 2. O quanto você acreditou no(s) pensamento(s)?	1. Que emoção(ões) (triste, ansioso, com raiva, etc.) você sentiu (antes, durante ou depois do evento ou comportamento inútil)? 2. O quanto a emoção foi intensa (0 a 100%)?	1. (opcional) Que distorção cognitiva você fez? 2. Use as perguntas abaixo para elaborar uma resposta ao(s) pensamento(s) automático(s). 3. O quanto você acredita em cada resposta?	1. O quanto você acredita agora em cada pensamento automático? 2. Que emoção(ões) você sente agora? O quanto a emoção é intensa (0 a 100%)? 3. O que seria bom fazer?
23/6	Pensando na entrevista de emprego	Estou muito nervoso, não vou saber o que dizer, e então não vou conseguir o emprego. (80%)	Ansioso (75%)	(adivinhação) Estou nervoso agora, mas posso praticar mais com [minha terapeuta]. Quando eu ficava nervoso no passado, como quando entrou um novo chefe, não tive problemas para falar. (80%) Se eu não conseguir o emprego, posso me candidatar a outros. O melhor resultado seria que o entrevistador me oferecesse o emprego na hora. O resultado mais realista é que terei que me candidatar a vários empregos antes de conseguir um. (100%) Pensar que não vou conseguir o emprego me deixa ansioso. Perceber que não é o fim do mundo se eu não conseguir faz com que eu me sinta melhor. (100%) Eu diria a Gabe que não é o fim do mundo se ele ficar nervoso e não conseguir o emprego. Mas quanto mais ele praticar, provavelmente menos nervoso ficará. (100%) Devo praticar o que quero dizer e então agir como se não estivesse nervoso. (100%)	1. PA (50%) 2. Ansioso (50%) 3. Praticar

Perguntas para ajudar a elaborar uma resposta alternativa: (1) Qual é a evidência de que o pensamento automático é verdadeiro? Não verdadeiro? (2) Há uma explicação alternativa? (3) Se o pior acontecesse, como eu lidaria? Qual é a melhor coisa que poderia acontecer? Qual é o resultado mais realista? (4) Qual é o efeito de eu acreditar no pensamento automático? Qual poderia ser o efeito de mudar meu pensamento? (5) Se _____ [nome da pessoa] estivesse nesta situação e tivesse este pensamento, o que eu lhe diria? (6) O que seria bom fazer?

FIGURA 15.4 Registro de Pensamentos, lado 2. Copyright © 2018 CBT Worksheet Packet. Beck Institute for Cognitive Behavior Therapy, Philadelphia, Pennsylvania.

> **DICAS CLÍNICAS**
>
> As duas folhas de exercícios contêm perguntas semelhantes, mas a Folha de Exercícios Testando seus Pensamentos tem um nível de legibilidade mais fácil e seu formato mais estruturado é mais simples e fácil de completar. Como dito no capítulo anterior, primeiramente você irá identificar um pensamento automático importante e usar uma das listas de perguntas com o cliente. Se a intensidade dos pensamentos automáticos e das emoções do cliente diminuir, você pode então demonstrar como escrever as respostas e outras informações em uma das duas folhas de exercícios. Note que você pode recorrer a uma folha de exercícios imediatamente depois de identificar um pensamento automático importante. Porém, se a avaliação do pensamento for ineficiente, o cliente pode achar que a folha de exercícios não será útil para ele.

Na seção seguinte, Abe e eu usamos a lista das perguntas socráticas da Folha de Exercícios Testando seus Pensamentos para avaliar seu pensamento: "Gabe não quer ir comigo", e ele se sente melhor. A seguir, introduzo essa folha de exercícios.

JUDITH: Bom. Agora eu gostaria de lhe mostrar uma folha de exercícios [Figs. 15.1 e 15.2] que acho que irá ajudá-lo em casa. Ela é denominada Testando seus Pensamentos. É apenas uma forma organizada de anotar o que acabamos de fazer, OK?

ABE: Certo.

JUDITH: (*mostrando-a para Abe*) Poderá ser preciso alguma prática para você ficar realmente bom nisso. Portanto, esteja preparado para cometer alguns erros no caminho. Esses erros na verdade serão úteis – veremos o que estava confuso para que eu possa prepará-lo melhor da próxima vez, OK?

ABE: Sim.

JUDITH: (*mostrando o lado 1 para Abe*) Aqui no alto, a folha lembra que seus pensamentos podem ou não ser verdadeiros. Depois lhe diz quando usá-la. (*Lê em voz alta.*) "Quando notar que seu humor está piorando ou se encontrar engajado em comportamento inútil, faça a si mesmo as perguntas no verso desta folha de exercícios e anote as respostas." Acho que você precisará de uns 5 minutos para fazer isso, talvez um pouco mais. Ela também lhe informa que nem todas as perguntas podem se aplicar, que ortografia, caligrafia e gramática não são importantes, que se você se sentir 10% melhor, já valeu a pena preenchê-la e também lista distorções cognitivas.

ABE: OK.

JUDITH: (*virando o outro lado da folha*) Este lado é autoexplicativo. Você simplesmente lê uma pergunta e, se ela parecer se aplicar, você escreve a resposta ao lado dela. Tem alguma dúvida?

ABE: Não, acho que entendi.

JUDITH: O que acha? Tudo bem se tomarmos outro pensamento automático para ver se você consegue usar a folha de exercícios?
ABE: Sim.

Certifique-se de que o cliente consegue completar uma das folhas de exercícios na sessão antes de sugeri-la como uma tarefa no Plano de Ação. Para alguns clientes, é melhor introduzir o Registro de Pensamentos em dois estágios. Em uma sessão, você pode ensinar o cliente a preencher as quatro primeiras colunas e pedir que ele faça o mesmo em casa quando estiver se sentindo perturbado. Se tudo correr bem, poderá então ensiná-lo a usar as duas colunas finais na sessão seguinte.

QUANDO UMA FOLHA DE EXERCÍCIOS NÃO É SUFICIENTEMENTE ÚTIL

Como com qualquer técnica na terapia cognitivo-comportamental, é essencial não enfatizar excessivamente a importância das folhas de exercícios. A maioria dos clientes, em algum ponto, descobre que completar uma determinada folha de exercícios não proporcionou muito alívio. Ao enfatizar a sua utilidade *geral* e os "pontos de entrave" como uma oportunidade para aprendizagem, você ajuda o cliente a evitar pensamentos automáticos críticos em relação a si mesmo, à terapia, à folha de exercícios ou a você.

Conforme descrito no capítulo anterior, a avaliação de um pensamento automático (com ou sem uma folha de exercícios) pode não ser a ideal se o cliente não conseguir responder aos seus pensamentos ou imagens mais perturbadoras, se o seu pensamento automático for uma crença nuclear, se a sua avaliação e resposta forem superficiais, se ele ignorar sua resposta ou se o pensamento automático fizer parte de um processo de pensamento disfuncional.

DICAS CLÍNICAS

Se você não estiver altamente seguro de que o cliente será capaz de usar uma lista de perguntas ou uma folha de exercícios eficientemente em casa, peça-lhe para prever o que poderia acontecer.

JUDITH: Se você tiver dificuldades para avaliar seu pensamento esta semana, como provavelmente irá se sentir?
MARIA: Frustrada, eu acho.
JUDITH: O que provavelmente irá passar pela sua mente?
MARIA: Não sei. É provável que eu apenas desista.
JUDITH: Você consegue se imaginar olhando para a folha de papel e não conseguindo descobrir o que fazer?

> **MARIA:** Sim.
> **JUDITH:** O que vai estar passando pela sua mente enquanto estiver olhando para o papel?
> **MARIA:** "Eu deveria ser capaz de fazer isso. Sou muito burra."
> **JUDITH:** Que bom que você me disse isso. Você acha que poderia ajudar ter um lembrete de que essa é apenas uma habilidade em que você irá melhorar? E que eu posso ajudá-la na próxima sessão?
> **MARIA:** Sim. (*Registra nas anotações da terapia.*)
> **JUDITH:** Você acha que essa resposta vai ajudar o suficiente? Ou deveríamos adiar este item do Plano de Ação até que tenhamos mais tempo para praticar juntas?
> **MARIA:** Não, acho que posso tentar.
> **JUDITH:** OK, mas se você ficar frustrada e tiver pensamentos automáticos, não deixe de anotá-los, OK?
>
> Aqui transformo o Plano de Ação em uma proposição sem perdas: Ou Maria o executa com sucesso, ou iremos trabalhar nele colaborativamente na próxima sessão. Se ficar frustrada, ou ela lê suas anotações da terapia (e provavelmente se sente melhor) ou monitora seus pensamentos para que possamos abordá-los juntas.

Por fim, conforme descrito no capítulo anterior (p. 252), o cliente pode ser capaz de pegar um atalho sem a estrutura de uma lista de perguntas socráticas ou uma folha de exercícios – mas cuide para que as respostas não sejam superficiais. Você pode usar dois formatos. Um dos formatos, descrito nas páginas 252-253, assume a seguinte forma: "Quando penso _____, eu deveria me lembrar de _____." Outra forma é a técnica com duas colunas (pensamentos automáticos e respostas), apresentada a seguir.

Pensamento Automático	Resposta
"Quero faltar à reunião."	"É melhor que eu vá. Posso retomar o contato com as pessoas. E alguém pode ter uma indicação de emprego."
"Se eu disser a Rita que não quero mudar o plano das férias, ela vai ficar irritada."	"Se isso não a deixar irritada, outra coisa a deixará. Devo fazer o que é bom para mim – não me adaptar a ela o tempo todo."

RESUMO

Há duas formas principais pelas quais o cliente responde ao seu pensamento inútil entre as sessões. Ele pode ler suas anotações da terapia, se você previamente já avaliou o pensamento com ele na sessão. Ou ele pode usar uma lista de perguntas socráticas ou uma folha de exercícios para avaliar novos pensamentos automáticos. É melhor usar as perguntas em uma folha de exercícios verbalmente com o cliente.

Se você for bem-sucedido em ajudar o cliente a avaliar um pensamento automático, poderá então lhe mostrar como usar uma folha de exercícios que contenha as mesmas perguntas. Quando uma folha de exercícios não for suficientemente útil, conceitualize a dificuldade para que você saiba o que fazer.

> **PERGUNTAS PARA REFLEXÃO**
> Que problemas podem surgir na apresentação de uma folha de exercícios a um cliente? O que você pode fazer quando uma folha de exercícios não é suficientemente útil? Como você pode reduzir a probabilidade de os clientes serem autocríticos se não conseguirem completar com sucesso uma folha de exercícios?

EXERCÍCIO PRÁTICO

Identifique um pensamento automático que poderia impedir você mesmo de fazer um Registro de Pensamentos. Depois avalie e responda a esse pensamento usando um Registro de Pensamentos. A seguir, identifique um dos seus pensamentos disfuncionais sobre alguma situação e use a Folha de Exercícios Testando seus Pensamentos. Além disso, faça uma dramatização em que você apresenta a um cliente uma das folhas de exercícios. Lembre-se, comece ajudando o cliente a avaliar um pensamento automático verbalmente, usando as perguntas na folha de exercícios. Depois lance mão da folha de exercícios e mostre a ele como preenchê-la.

16

Integração de *mindfulness* à terapia cognitivo-comportamental

Mindfulness tem sido estudada intensivamente, algumas vezes como uma intervenção independente e algumas vezes como parte de uma modalidade psicoterápica. Na verdade, *mindfulness* tem sido praticada há milhares de anos. Muitos pesquisadores estudaram sua eficácia para inúmeros problemas, incluindo transtornos psiquiátricos, condições médicas e estresse (ver, p. ex., Abbott et al., 2014; Chiesa & Serretti, 2011; Hofmann et al., 2010; Kallapiran et al., 2015), e também como prevenção de recaída para depressão (Segal et al., 2018).

Neste capítulo, você encontrará respostas para as seguintes perguntas:

> O que é *mindfulness*? Por que usá-la com os clientes?
> O que é prática formal *versus* informal de *mindfulness*?
> Por que você mesmo deve praticar *mindfulness*?
> Que técnicas você usa antes de introduzir *mindfulness*?
> Como você introduz *mindfulness*? Como você pratica *mindfulness* da respiração, e o que faz depois?
> O que é a técnica AWARE para preocupação?

O QUE É *MINDFULNESS*?

Uma definição de *mindfulness*, alcançada mediante consenso por especialistas, é a manutenção da atenção na experiência imediata, ao mesmo tempo que se assume uma orientação de abertura, aceitação e curiosidade (Bishop et al., 2004). Ela o ensina a focar no que está acontecendo no momento, seja externamente (p. ex., falando com alguém) ou internamente (p. ex., seus pensamentos, emoções ou sensações corporais ou mentais), e você pratica a predisposição para experimentar o que está acontecendo no presente e sem julgamento. *Mindfulness* é de particular utilidade quando o cliente está engajado em um processo de pensamento mal-adaptativo, como obsessão, ruminação, preocupação ou autocrítica. Também é muito útil quando o cliente teme experimentar certos estímulos internos como emoções negativas, pensamentos, imagens, fissura ou dor.

Mindfulness o ajuda a desenvolver uma relação diferente com seus pensamentos. Em vez de se envolver com eles, por exemplo, questionando sua validade, você nota sua presença (sem julgamento) e permite que eles venham e vão por conta própria. O objetivo não é eliminar o pensamento inútil ou suprimir estímulos internos angustiantes – isso geralmente é impossível e mal-adaptativo. Em vez disso, *mindfulness* o ajuda a observar e aceitar suas experiências internas sem julgamento, sem avaliá-las ou tentar mudá-las. Em outras palavras, você aprende a focar no momento presente, ao mesmo tempo estando aberto, receptivo e curioso.

Há vários tipos de *mindfulness*. Estes são três deles:

1. *Mindfulness* dos pensamentos: para clientes que ruminam excessivamente, se preocupam ou tentam suprimir pensamentos ou imagens intrusivas.
2. *Mindfulness* dos estímulos internos: para emoção intensa e outras experiências internas angustiantes.
3. *Mindfulness* da autocompaixão: para clientes que experimentam muita autocrítica.

Neste capítulo, abordaremos a *mindfulness* dos pensamentos, usando um foco na respiração, especificamente para clientes que se engajam em ruminação depressiva.

A Ruminação de Abe

Este é um cenário típico em que Abe rumina. Ele está sentado no sofá na sala, assistindo à televisão. Mas uma série de pensamentos depressivos passa pela sua cabeça e interfere na sua concentração. "Por que estou assistindo à TV? Eu deveria estar procurando um emprego. Estou desperdiçando minha vida. Eu sou um fracasso. Eu costumava ter uma vida boa, mas tudo acabou mal. Não há esperança. Nunca vou me sentir melhor." Esses pensamentos se repetem interminavelmente. Eles provocam tristeza e desesperança e um sentimento de peso em seu corpo, minam sua confiança e motivação, e ele continua sentado no sofá em vez de se engajar em ação de valor.

Inicialmente avaliamos esses pensamentos, e Abe sentiu algum alívio na sessão. Mas, apesar de praticar respostas fortes a eles em casa, seus pensamentos continuaram voltando. Abe, assim como uma porcentagem dos clientes deprimidos, estava engajado no processo de pensamento inútil da ruminação e tinha problemas para se desvencilhar disso. Ele acreditava nisto:

> "Se eu refletir profundamente sobre por que perdi meu emprego e minha esposa, posso descobrir como evitar coisas ruins como essas no futuro."
>
> "Se antes de tudo eu conseguir descobrir como fiquei deprimido, vou me sentir melhor."

Ele também se preocupava em certa medida e tinha a seguinte crença:

> "Se eu conseguir prever os problemas, talvez possa impedir que eles ocorram."

Essas crenças podem ser funcionais em determinadas situações, mas se tornam altamente disfuncionais quando provocam a recorrência dos mesmos pensamentos negativos de forma repetida. Depois de um período de tempo, Abe desenvolveu outra ideia disfuncional:

> "Depois que eu começo a pensar assim, não consigo parar."

A prática de *mindfulness* o ajudou a mudar essa crença. Responder aos seus pensamentos era importante, mas não era suficientemente eficiente. Depois de aprender *mindfulness*, Abe foi capaz de reconhecer quando estava ruminando, de aceitar a experiência e sua emoção negativa e então escolher não se engajar em seus pensamentos. No início, ele aprendeu a fazer isso focando na sua respiração e, depois, focando em sua experiência externa.

PRÁTICAS FORMAIS E INFORMAIS DE *MINDFULNESS*

Há dois tipos de práticas de *mindfulness*: formais e informais. Em uma meditação *mindfulness* formal, você reserva um período de tempo (p. ex., 5 a 6 minutos), vai para um local silencioso e foca sua atenção em uma experiência particular (p. ex., respiração, diferentes partes do corpo, movimento, pensamentos, emoções, objetos externos ou sons); você nota quando sua atenção dispersou da experiência específica e, sem julgamento, a traz de volta para a experiência. Recomendamos que muitos clientes pratiquem meditação formal por aproximadamente 5 minutos no início. A chance de que eles mantenham uma prática formal de *mindfulness* é muito maior se ela for breve.

Também recomendamos a prática informal, que é a aplicação dos princípios de *mindfulness* a suas experiências cotidianas, focando no que você está fazendo ou no que está acontecendo no momento de forma receptiva, aberta e sem julgamento. Quando sua mente se dispersa para o futuro ou o passado e não é útil pensar mais nisso, traga-a de volta para sua experiência atual. Além disso, ao notar uma relutância em experimentar pensamentos, emoções e/ou sensações indesejadas, tome nota da(s) experiência(s), permita que eles estejam presentes sem tentar controlá-los e traga sua atenção de volta para a tarefa em questão.

PRÁTICA PESSOAL

Gostaria de encorajá-lo a fazer o que eu faço, isto é, que você mesmo use *mindfulness*. Costumo fazer um exercício de *mindfulness* formal de 5 minutos na maioria das manhãs (focando na minha respiração). Pratico *mindfulness* informal em vários momentos durante o dia, por exemplo, quando estou comendo, escovando os dentes ou fazendo um intervalo no trabalho. Contemplar a natureza e experimentá-la através dos meus sentidos me ajuda a afastar qualquer coisa da minha mente, como o trabalho ou estressores atuais na minha vida, e aprecio o que está à minha volta. Quando minha mente se dispersa, a trago de volta para minha experiência imediata. Você pode ter consciência plena de quase todas as experiências, como caminhar, dirigir, realizar pequenas tarefas ou se engajar em atividades de cuidados pessoais. Também pratico *mindfulness* formal (se for viável meditar por 5 minutos no momento) ou informal quando percebo que estou presa a um ciclo de pensamentos inúteis. Eu aconselharia que você também adote a prática de *mindfulness* por três razões:

1. Pode ajudar a reduzir o estresse e melhorar sua sensação de bem-estar.
2. Pode ajudá-lo a entender e a descrever a técnica para os clientes.
3. Pode ajudar a motivar os clientes a praticá-la quando você usa autoexposição sobre os benefícios que experimentou.

TÉCNICAS ANTES DE INTRODUZIR *MINDFULNESS*

Alguns terapeutas cognitivo-comportamentais ensinam *mindfulness* como uma habilidade independente. Mas descobrimos que integrá-la ao tratamento com terapia cognitivo-comportamental (TCC) é muito mais efetivo. Estas são estratégias importantes para usar com os clientes *antes* que você introduza *mindfulness*, usando a ruminação depressiva como exemplo:

1. Instrua o cliente sobre o modelo cognitivo.
2. Examine as vantagens e desvantagens da ruminação *versus* as vantagens e desvantagens de focar no momento presente (e usando habilidades alternativas como solução de problemas e *mindfulness*, quando necessário).
3. Use o questionamento socrático para testar a acurácia do que ele vê como vantagens da ruminação.
4. Discuta como a ruminação interfere na sua habilidade de viver a vida de acordo com seus valores.
5. Informe o cliente sobre como *mindfulness* pode ser útil para seu processo de pensamento.
6. Faça-o dar início ao processo de pensamento na própria sessão.
7. Peça-lhe para avaliar a intensidade da sua emoção negativa.

Depois disso, guie o cliente durante o exercício de *mindfulness*, por cerca de 5 minutos, ao mesmo tempo gravando-o (para que ele possa praticar em casa). *Depois* do exercício de *mindfulness*, use as seguintes estratégias:

1. Peça que o cliente reavalie a intensidade da sua emoção negativa.
2. Oriente-o para tirar conclusões sobre a experiência (para modificar ainda mais suas crenças disfuncionais sobre o processo de pensamento).
3. Colaborativamente, defina um item no Plano de Ação, em geral praticando *mindfulness* formal por cerca de 5 minutos todas as manhãs, e então brevemente usando estratégias como *mindfulness* informal para desvencilhá-lo da ruminação durante o dia.

Há duas razões para querermos que o cliente se engaje no processo de pensamento inútil antes de começar um exercício como *mindfulness* da respiração:

1. O exercício pode servir como um experimento comportamental para testar crenças disfuncionais – por exemplo: "Ruminação é incontrolável". O cliente aprende que o exercício de *mindfulness* lhe proporciona um grau de controle sobre a sua ruminação – o que o motiva a praticar entre as sessões.
2. É importante replicar as condições que o cliente irá experimentar quando usar essa estratégia fora da sessão. Se eu tivesse ensinado *mindfulness* a Abe durante uma sessão de terapia em que ele estivesse mais relaxado, talvez ele tivesse retornado na semana seguinte relatando que *mindfulness* não o ajudou durante a semana quando estava estressado e ruminando.

APRESENTANDO *MINDFULNESS* AOS CLIENTES

A seguir, começo com Abe uma prática de *mindfulness* da respiração.

JUDITH: Parece que a ruminação na verdade não é útil, não é mesmo?
ABE: Sim.
JUDITH: Eu gostaria de lhe falar sobre *mindfulness*. É uma técnica que ajuda a reduzir a ruminação, observando seus pensamentos sem críticas e se desvencilhando do processo de pensamento, permitindo que os pensamentos venham e vão enquanto você volta sua atenção para outras coisas no momento presente.
ABE: OK.
JUDITH: Primeiramente, precisamos permitir que ocorra ruminação para que você possa experimentar neste momento os mesmos pensamentos que tem em casa. Sente-se relaxado e feche os olhos. Mas, se preferir, pode mantê-los abertos.
ABE: (*Relaxa e fecha os olhos.*)
JUDITH: (*Faz uma pausa por 5 segundos.*) Eu gostaria que você começasse a pensar novamente sobre sua vida e seu futuro, podendo ser em silêncio ou em voz alta, assim como fez quando estava sentado no sofá esta semana: como você deveria estar procurando um emprego, como está desperdiçando sua vida, que fracasso você é, como tinha uma vida boa, mas tudo ficou ruim, e como não há esperança e você nunca vai se sentir melhor. (*Faz uma pausa por 30 segundos.*) Como está se sentindo?
ABE: Muito triste.
JUDITH: Em uma escala de 0 a 10?
ABE: Aproximadamente 8.

A seguir, ligo o aplicativo para gravação em áudio no telefone dele.

JUDITH: Agora mantenha os olhos fechados. Quero que você foque na sua respiração, nas sensações que tem enquanto respira. (*Faz uma pausa por 10 segundos.*) Observe como o ar entra e sai das suas narinas; como é a sensação em seus pulmões, tórax e abdome enquanto eles se expandem e contraem. (*Faz uma pausa por 15 segundos.*) Você pode observar as sensações como um todo (*pausa*) ou focar em uma sensação específica, como o ar entrando e saindo das suas narinas, o que for mais confortável para você. (*Faz uma pausa por 30 segundos.*) Enquanto faz isso, notará que sua mente vai divagar, vários pensamentos vão aparecer ou você ficará preso na ruminação de um minuto atrás. Quando tomar consciência disso, gentilmente traga seu foco de volta para a respiração. (*Faz uma pausa por 45 segundos.*) Não importa quantas vezes sua mente se disperse; a cada vez, apenas tome consciência de que isso está acontecendo e gentilmente traga seu foco de volta para a respiração. (*Faz uma pausa por 30 segundos.*) Não é preciso se criticar ou ficar frustrado quando sua mente vagar, pois é isso que nossas mentes fazem; tudo o que você tem que fazer é notar que isso aconteceu e gentilmente trazer o foco de volta para a respiração. (*Faz uma pausa por 40 segundos.*) Tudo bem se você notar pensamentos no fundo da sua mente. Você não precisa forçá-los a irem embora ou torná-los diferentes. Apenas note que eles estão ali e deixe que desapareçam por conta própria, já que seu foco principal é nessas sensações da respiração (*pausa de 60 segundos*).

TÉCNICAS APÓS UM EXERCÍCIO DE *MINDFULNESS*

Depois disso, paro de gravar, digo a Abe que ele pode abrir os olhos e então lhe faço uma série de perguntas.

> "O quanto sua tristeza é intensa agora, de 0 a 10?"
> "Como foi isso para você?"
> "O que você observou?"
> "Sua mente pareceu se dispersar?"
> "Você conseguiu trazer sua atenção de volta para a respiração?"
> (Em caso afirmativo, pergunte) "O que isso lhe diz sobre sua capacidade de abandonar a ruminação?"
> "O que aconteceu com sua emoção enquanto você praticava *mindfulness*?"
> "O que você conclui disso?"
> "Isso foi útil?"
> "Você acha que seria bom praticar isso no seu Plano de Ação?"

Você deve encorajar seus clientes a usarem exercícios formais (se viável no momento) ou informais de *mindfulness* quando eles se encontrarem empacados em um processo de pensamento inútil ou presos a uma experiência interna desconfortável. É importante aprender uma variedade de exercícios formais de *mindfulness* para que você possa escolher um que pareça ser o mais eficiente para um determinado cliente (ver, p. ex., Hayes et al., 2004; Kabat-Zinn, 1990; Linehan, 2018; McCown et al., 2010; Segal et al., 2018). Para aprender em mais detalhes sobre a integração de *mindfulness* à TCC, passo a passo, e para assistir vídeos, visite *https://beckinstitute.org/cbtresources*.

A TÉCNICA AWARE

A técnica da consciência plena foi concebida para ser usada quando os clientes se preocupam excessivamente (Beck & Emery, 1985) e/ou experimentam ansiedade excessiva. Você pode adaptá-la para ruminação raivosa ou depressiva. Estes são os passos:

1. Aceite (**A**ccept) a ansiedade (ou outra emoção).
2. Observe-a (**W**atch).
3. Aja (**A**ct) construtivamente com ela.
4. Repita (**R**epeat) os passos.
5. Espere (**E**xpect) o melhor.

Esses passos são descritos no Apêndice C. Para ensinar o cliente a usar esta técnica, peça-lhe que descreva brevemente uma situação futura em que ele prevê que se sentirá ansioso. Depois peça que ele imagine a situação como se estivesse acontecendo agora e visualize a si mesmo usando os cinco passos.

RESUMO

Mindfulness é manter a atenção na sua experiência imediata, ao mesmo tempo estando aberto, receptivo e curioso. Pesquisas mostram que *mindfulness* pode tornar o tratamento mais efetivo, sobretudo quando o cliente está engajado em ruminação, preocupação, pensamento obsessivo, autocrítica contínua ou evitação de experiências internas. Integrar *mindfulness* à terapia provavelmente será mais efetivo do que ensiná-la como uma técnica independente. Encoraje os clientes a praticarem *mindfulness* todos os dias, usando estratégias formais e informais.

PERGUNTA PARA REFLEXÃO

Em que aspectos a adoção de uma prática de *mindfulness* poderia ser útil para você?

EXERCÍCIOS PRÁTICOS

Faça você mesmo um exercício de prática formal de *mindfulness*. Leia o roteiro sobre *mindfulness* apresentado anteriormente neste capítulo em um aparelho ou aplicativo de gravação em seu telefone. Então encontre um lugar silencioso e confortável. Você pode se sentar no chão ou em uma cadeira, deitar-se ou ficar de pé no lugar. Feche os olhos (a menos que prefira mantê-los abertos). Se você se preocupa ou rumina demais, se você se critica, se tenta evitar experiências internas como emoção negativa ou pensamentos negativos, ou se está experimentando dor ou fissura, então tente reproduzir o processo de pensamento ou a experiência interna desconfortável. (Se não tiver um desses problemas, então você pode simplesmente começar o exercício de *mindfulness*.) Quando ouvir a gravação, lembre-se de que é normal que sua atenção se disperse. Não se critique nem se julgue. Apenas traga a atenção de volta para sua respiração sempre que notar que sua mente se dispersou. Veja como se sente depois da meditação em comparação com antes dela.

Além disso, reserve 5 minutos agora para fazer uma prática informal. Olhe pela janela ou para uma pintura ou dê uma caminhada (ou se envolva em outra atividade). Use seus sentidos para ficar plenamente consciente, receptivo, aberto e curioso sobre a experiência. Cada vez que sua mente se dispersar, evite se criticar e gentilmente traga o foco de volta para a experiência.

17
Introdução às crenças

Nos capítulos anteriores, você aprendeu a identificar e modificar pensamentos automáticos, as verdadeiras palavras ou imagens que passam pela mente de um cliente em uma determinada situação e que geram angústia ou comportamento inútil. Este capítulo e o próximo descrevem as ideias ou entendimentos mais profundos, frequentemente não expressos, que os clientes deprimidos têm sobre si mesmos, sobre os outros, sobre seu mundo e sobre seu futuro que dão origem a pensamentos automáticos específicos. Essas ideias em geral não foram expressas antes da terapia, mas, em sua maior parte, você pode obtê-las ou inferi-las facilmente e depois testá-las. A terapia cognitivo-comportamental (TCC) tradicional coloca maior ênfase nas crenças mal-adaptativas (negativas, inúteis, disfuncionais) que os clientes têm quando estão no modo depressivo. Em uma orientação para a recuperação, as crenças adaptativas (positivas, úteis, funcionais) são enfatizadas para encaminhar o cliente para o modo adaptativo (Beck, Finkel, & Beck, 2020).

Conforme descrito no Capítulo 3, as crenças podem ser classificadas em duas categorias: crenças intermediárias (compostas de regras, atitudes e pressupostos) e crenças nucleares (ideias globais sobre si mesmo, sobre os outros e/ou sobre o mundo). As crenças intermediárias mal-adaptativas, embora não tão facilmente modificáveis quanto os pensamentos automáticos, ainda são mais maleáveis do que as crenças nucleares. Como descobrirá no próximo capítulo, você usará técnicas semelhantes para modificar crenças em ambos os níveis.

Este capítulo responde as seguintes perguntas:

> **O que são crenças nucleares adaptativas (positivas) e mal-adaptativas (negativas), esquemas e modos?**

Como você identifica crenças nucleares adaptativas e mal-adaptativas e crenças intermediárias?
Como você decide se e quando modificar uma crença mal-adaptativa?
Como você orienta os clientes sobre crenças mal-adaptativas?
Como você motiva os clientes a mudarem suas crenças?

CRENÇAS NUCLEARES, ESQUEMAS E MODOS

Crenças Nucleares e Esquemas

Crenças nucleares são nossas ideias mais centrais sobre nós mesmos, sobre os outros e sobre o mundo. As crenças adaptativas são realistas e funcionais e não são extremas. As crenças nucleares disfuncionais são rígidas e absolutas, mantidas pelo processamento mal-adaptativo das informações. Alguns autores se referem a essas crenças como esquemas. Beck (1964) diferencia as duas sugerindo que os esquemas são estruturas cognitivas dentro da mente. Os esquemas, no sentido piagetiano, têm várias características: permeabilidade (receptividade à mudança), magnitude (tamanho comparado ao autoconceito geral do indivíduo), carga (baixa até alta, indicando níveis de força) e conteúdo (Beck, 2019). O conteúdo dos esquemas pode ser cognitivo (expresso em crenças), motivacional, comportamental, emocional ou fisiológico.

As pessoas começam a desenvolver crenças nucleares desde muito cedo, influenciadas por sua predisposição genética, sua interação com outras pessoas significativas e pelo significado que atribuem a suas experiências e circunstâncias. Então, quando surge uma situação relacionada tematicamente, o esquema contendo uma dessas crenças nucleares é ativado (Figs. 17.1 e 17.2). Em um estado depressivo, os esquemas negativos de um cliente podem ser continuamente ativados. Por exemplo, antes do início do seu episódio agudo, Abe se via como uma pessoa relativamente competente. Mas à medida que foi ficando deprimido, começou a se ver como incompetente.

Depois que um esquema é ativado, três coisas costumam acontecer:

1. O cliente interpreta essa nova experiência em consonância com a crença nuclear.
2. A ativação do esquema fortalece a crença nuclear.
3. Outros tipos de esquemas também são ativados.

Uma razão por que enfatizamos a modificação dos esquemas cognitivos (e também comportamentais) disfuncionais na TCC tradicional é seu impacto nos outros esquemas.

```
┌─────────────────────────────────────────────────────────────┐
│                  Experiências ao longo da vida:             │
│ Abe se saiu suficientemente bem na escola, destacou-se nos  │
│ esportes, foi muito prestativo para os outros, teve         │
│ excelentes avaliações no emprego, foi um bom solucionador   │
│                de problemas e trabalhou duro.               │
└─────────────────────────────────────────────────────────────┘
                              ↓
                  ┌───────────────────────┐
                  │    Crença nuclear:    │
                  │   "Eu sou competente."│
                  └───────────────────────┘
                              ↓
              ┌───────────────────────────────────┐
              │        Situação histórica:        │
              │ Pensando sobre novas              │
              │ responsabilidades como supervisor.│
              └───────────────────────────────────┘
                              ↓
   ┌─────────────────────────────────────────────────────────┐
   │  ┌───────────────────────────────────────────────────┐  │
   │  │ Interpretação da experiência através da tela da   │  │
   │  │ crença nuclear                                    │  │
   │  └───────────────────────────────────────────────────┘  │
   │                          ↓                              │
   │           ┌───────────────────────────┐                 │
   │           │   Pensamento automático   │                 │
   │           │ "Vou fazer um bom trabalho."│               │
   │           └───────────────────────────┘                 │
   │                          ↓                              │
   │                  ┌──────────────┐                       │
   │                  │   Reação     │                       │
   │                  └──────────────┘         Esquema       │
   └─────────────────────────────────────────────────────────┘
```

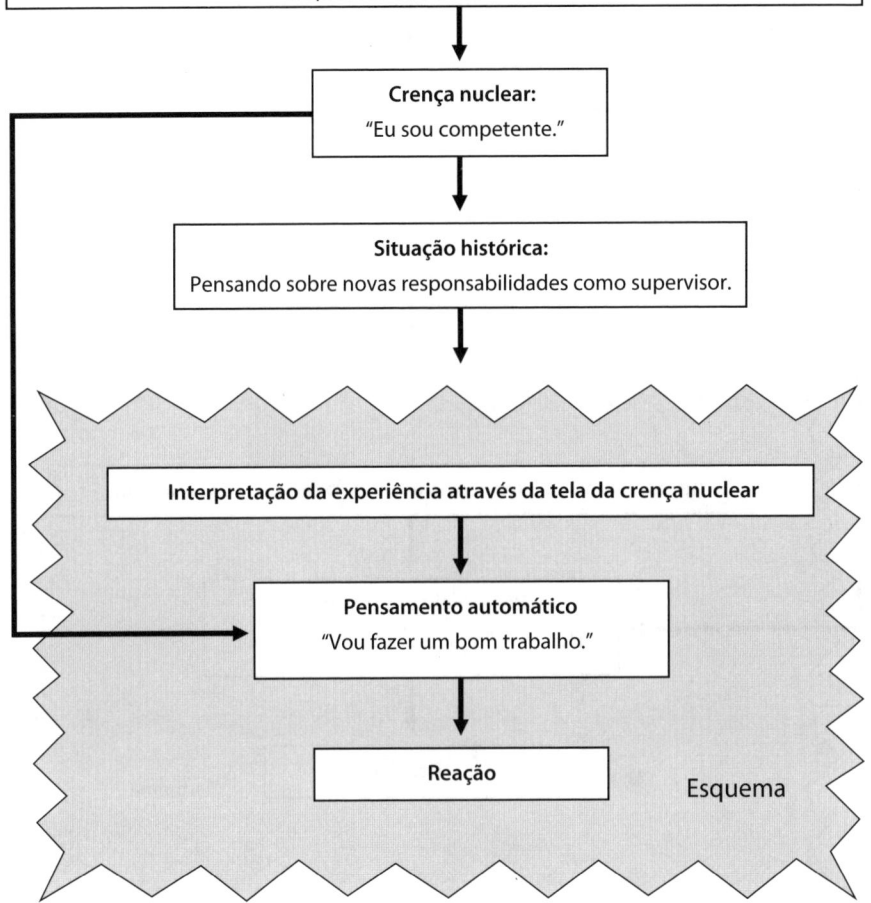

FIGURA 17.1 Impacto da ativação do esquema adaptativo.

Modos

Agrupamentos de esquemas inter-relacionados e com coocorrência são denominados "modos". A cada sessão, procuramos desativar o modo depressivo (ou "cliente/paciente") e ativar o modo adaptativo (Beck et al., 2020).

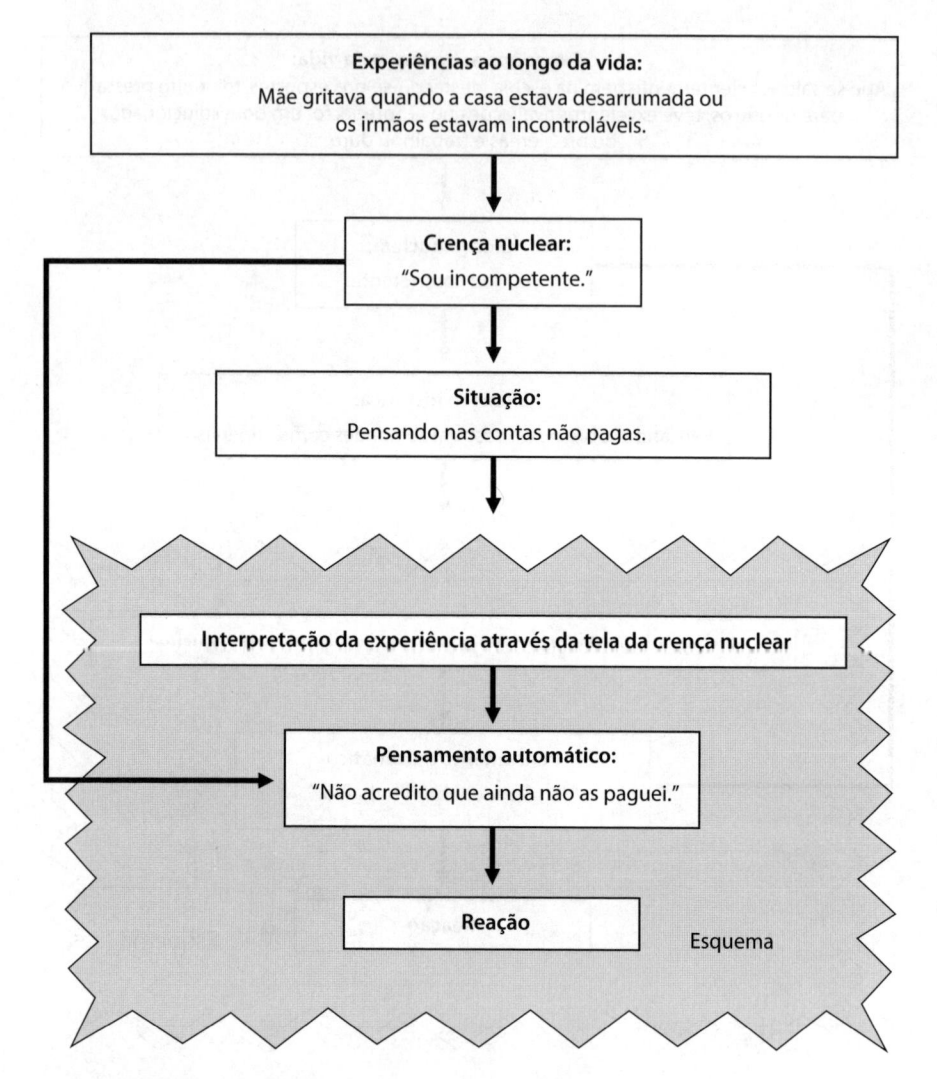

```
┌─────────────────────────────────────────┐
│         Experiências ao longo da vida:  │
│  Mãe gritava quando a casa estava desarrumada ou │
│        os irmãos estavam incontroláveis.│
└─────────────────────────────────────────┘
                    │
                    ▼
          ┌──────────────────┐
          │  Crença nuclear: │
          │ "Sou incompetente."│
          └──────────────────┘
                    │
                    ▼
        ┌──────────────────────┐
        │      Situação:       │
        │ Pensando nas contas não pagas. │
        └──────────────────────┘
                    │
                    ▼
   ┌──────────────────────────────────────────────┐
   │ Interpretação da experiência através da tela da crença nuclear │
   └──────────────────────────────────────────────┘
                    │
                    ▼
          ┌──────────────────────┐
          │ Pensamento automático:│
          │ "Não acredito que ainda não as paguei."│
          └──────────────────────┘
                    │
                    ▼
               ┌─────────┐
               │ Reação  │
               └─────────┘
                              Esquema
```

FIGURA 17.2 Impacto da ativação do esquema mal-adaptativo.

O Modo Adaptativo

Durante boa parte da vida, a maioria das pessoas mantém crenças nucleares preponderantemente realistas e equilibradas que são pelo menos consideravelmente positivas (p. ex., "Estou substancialmente no controle"; "Consigo fazer a maioria das coisas com competência"; "Sou um ser humano funcional"; "Consigo me proteger quando preciso"; "Sou de modo geral agradável"; "Eu tenho valor"). Quando os clientes estão em um modo adaptativo, os esquemas são mais funcionais, e suas crenças são mais realistas (ver Fig. 3.1, p. 30) e flexíveis. Suas crenças nucleares negativas tendem a estar relativamente latentes. O modo adaptativo tem

- esquemas cognitivos como eficiência, amabilidade e valor;
- esquemas motivacionais para promover atividade;
- esquemas afetivos de esperança, otimismo, senso de bem-estar, propósito e satisfação;
- esquemas comportamentais de abordagem (e algumas vezes evitação sadia); e
- esquemas fisiológicos de níveis normais de energia, apetite, libido, etc.

Quando os clientes operam nesse modo, tendem a interpretar sua experiência com clareza, sem muita distorção. Eles podem ter altos e baixos em seu humor, mas funcionam mais em alta do que quando estão em um modo depressivo.

O Modo Depressivo

Quando os clientes estão no modo depressivo, seus esquemas são disfuncionais, e suas crenças são mais distorcidas e extremas (Fig. 3.2, p. 32). Suas crenças positivas tendem a estar latentes. O modo depressivo tem

- esquemas cognitivos como desamparo, desamor e desvalor;
- esquemas motivacionais para conservar energia;
- esquemas ativos de tristeza, desesperança e algumas vezes irritabilidade, culpa, raiva e/ou ansiedade;
- esquemas comportamentais de evitação e retraimento; e
- esquemas fisiológicos de fadiga, redução (ou aumento) do apetite e decréscimo na libido, entre outros (Clark et al., 1999).

Beck (1999) teorizou que crenças nucleares negativas sobre si mesmo recaem em duas categorias amplas: aquelas associadas ao desamparo e aquelas associadas ao desamor. Uma terceira categoria, associada ao desvalor (Fig. 3.2), também foi descrita (J.S. Beck, 2005). Quando os clientes estão deprimidos, suas crenças nucleares negativas podem preponderantemente recair em uma dessas categorias, ou eles podem ter crenças nucleares em duas ou todas as três categorias. Alguns têm apenas uma crença dentro de uma categoria; outros têm múltiplas crenças dentro de uma categoria.

Algumas vezes, está claro à qual categoria pertence uma determinada crença nuclear negativa, sobretudo quando o cliente na verdade usa palavras como "Sou incapaz" ou "Não sou amado". Outras vezes, isso não fica assim tão claro. Por exemplo, clientes deprimidos podem dizer: "Não sou bom o suficiente". Você precisa descobrir o *significado* de cognições como estas para determinar se o cliente acredita que não é suficientemente bom porque não conquistou o suficiente (categoria de desamparo) ou se acredita que não é suficientemente bom para ser amado pelos outros (categoria de desamor). Da mesma forma, quando um cliente diz: "Não tenho valor", ele quer expressar que não teve grandes realizações (categoria de desamparo) ou que não será capaz de obter ou manter amor e intimidade com outros devido a alguma coisa dentro de si mesmo (categoria de desamor). A cognição: "Não tenho valor" recai na categoria de desvalor quando o cliente está preocupado com sua imoralidade ou toxicidade, e não com sua eficiência ou amabilidade.

Crenças Nucleares sobre os Outros, sobre o Mundo e sobre o Futuro

Clientes sem problemas psicológicos em geral têm visões equilibradas das outras pessoas e do mundo (p. ex., "Posso confiar em muitas pessoas, mas não em todas"; "A maioria das pessoas será neutra ou boa em relação a mim, embora algumas possam não sê-lo"; "Muitas partes do meu mundo são suficientemente seguras, mas outras partes podem ser perigosas"; "O mundo é complexo, com partes boas, neutras e ruins"). Indivíduos com dificuldades psicológicas, no entanto, podem ter crenças nucleares negativas e relativamente absolutistas sobre as outras pessoas e sobre seu mundo: "As outras pessoas são desleais/superiores a mim/críticas"; "As outras pessoas vão me magoar"; "O mundo é um lugar podre"; "O mundo é perigoso".

Quando os indivíduos não estão deprimidos, em geral eles têm uma visão equilibrada do futuro, entendendo que terão muitas experiências positivas, neutras e negativas. Entretanto, quando os clientes estão deprimidos, costumam ver seu futuro como sombrio, como incessantemente infeliz, com pouca ou nenhuma satisfação ou prazer e como algo além do seu controle.

Ideias negativas fixas e excessivamente generalizadas com frequência precisam ser avaliadas e modificadas, além das crenças nucleares negativas sobre si mesmo. Ideias que estão mais baseadas na realidade em geral precisam ser fortalecidas, por exemplo, pedindo que os clientes tirem conclusões sobre suas experiências neutras e positivas ("O que essa experiência mostra sobre você? Sobre os outros? Sobre o mundo? O que ela diz sobre como poderia ser seu futuro?").

Crenças Nucleares de Abe

Antes de Abe ficar deprimido, ele reconhecia quando estava atuando de forma competente e sendo efetivo. Ele se deparou com algumas situações que eram semelhantes às que enfrentou durante sua depressão, mas os esquemas contendo suas crenças adaptativas foram ativados e assim ele interpretou essas situações de maneira diferente. Ele encarou os sinais de possível incompetência como específicos para a situação; por exemplo, quando cometeu um erro menos importante, pensou: "Oh, eu não deveria ter cometido esse erro, mas tudo bem" e seu humor não decaiu. Quando ele se esqueceu do aniversário da sua filha, pensou: "Não é de admirar que eu tenha me esquecido. As coisas têm andado tão agitadas ultimamente".

À medida que Abe foi ficando deprimido, seus esquemas positivos foram desativados e seus esquemas negativos contendo as cognições "Sou incompetente/um fracasso" e "Sou incapaz/fora do controle" foram quase integralmente ativados. Quando estava firmemente no modo depressivo, interpretava as situações de forma global altamente negativa, como se confirmasse suas crenças negativas. Ver a si mesmo como incompetente ou ineficaz era muito estressante para Abe; isso violava valores importantes fortemente defendidos. Ele sempre se orgulhou de ser responsável e produtivo e de fazer um bom trabalho, mas percebeu que não conseguia corresponder a esses valores importantes. Conforme ilustrado pelo modelo de processamento de informações na página 34, Abe começou a enfatizar e generalizar excessivamente os dados negativos, contidos nos retângulos negativos, continuamente reforçando sua crença de que era incompetente e um fracasso. Por exemplo, ele recebeu o aviso de uma conta vencida e imediatamente entendeu essa informação como uma confirmação da sua incompetência.

Ao mesmo tempo, Abe não foi capaz de reconhecer uma quantidade significativa de dados positivos relacionados ao seu esquema de eficiência relativa – como a continuidade de algumas de suas atividades usuais apesar de a depressão ter dificultado muito as coisas (p. ex., pesquisar o eletrodoméstico que sua filha deveria comprar para a cozinha). Note que, se ele tivesse ficado sobrecarregado pelas escolhas, teria interpretado essa experiência por um ângulo negativo, como uma confirmação da sua crença nuclear mal-adaptativa. Esses triângulos positivos "ricochetearam" no esquema e não foram incorporados. Abe também desconsiderou muitas informações positivas com suas interpretações do tipo "Sim, mas..." de suas experiências ("Sim, finalmente me livrei de todos os papéis que estavam empilhados na sala, mas eu nunca deveria ter deixado chegar a esse ponto"). Quando negociou com sucesso uma redução na conta da TV a cabo no dia seguinte, sua mente automaticamente desvalorizou também essa experiência positiva ("Eu deveria ter feito isso meses atrás"). Essas duas experiências eram contrárias às suas crenças nucleares negativas. Seus triângulos positivos foram, em essência, transformados em retângulos negativos.

Abe não estava processando conscientemente as informações nesse modo disfuncional. Este tipo de processamento da informação é um sintoma de depressão e surge de forma automática. Reconheci que seria importante trabalhar diretamente na modificação das suas crenças nucleares negativas, não apenas para aliviar sua depressão atual, mas também para prevenir ou reduzir a severidade de episódios futuros.

> **DICAS CLÍNICAS**
>
> Em geral, trabalhamos indireta e diretamente no fortalecimento de crenças nucleares positivas no começo do tratamento. No entanto, a maioria dos clientes só está pronta para avaliar diretamente suas crenças nucleares negativas um pouco mais adiante no tratamento. Se você tentar avaliar uma crença negativa muito cedo, o cliente poderá pensar: "[Meu terapeuta] não me entende. Se entendesse, saberia [que minha crença nuclear é verdadeira]". A evocação de crenças negativas fortes pode desencadear emoção negativa intensa, que pode levar a um abandono prematuro do tratamento.

IDENTIFICANDO CRENÇAS NUCLEARES ADAPTATIVAS

Você começa a identificar crenças nucleares que são mais realistas e adaptativas o mais cedo possível no tratamento. Na avaliação ou na primeira sessão, você pode pedir que o cliente descreva o melhor período em sua vida. Depois pergunte como ele se via durante esse período e, se relevante, como ele via os outros e o mundo. Pergunte também como as outras pessoas o viam.

JUDITH: Abe, olhando em retrospectiva para sua história, quando você esteve no seu melhor momento?
ABE: Acho que foi depois do ensino médio.
JUDITH: Por que essa foi a melhor época?
ABE: Eu tinha saído de casa, gostava de viver com independência. E meu melhor amigo era meu colega de quarto. Eu estava trabalhando na construção e o encarregado da obra gostava muito do meu trabalho.
JUDITH: O que mais?
ABE: (*Pensa.*) Bem, eu estava em muito boa forma, tinha muitas namoradas – isto é, até conhecer minha esposa. Eu gostava de me reunir com meus amigos...
JUDITH: Como você se via?
ABE: Como um bom rapaz.
JUDITH: Como agradável, prestativo, com valor?
ABE: Sim.
JUDITH: Como competente? No controle?
ABE: Sim, muito.
JUDITH: Outras pessoas o viam dessa maneira também?
ABE: (*Pensa.*) Sim, provavelmente viam.
JUDITH: Então você tinha uma visão muito sadia de si mesmo e os outros também; parece que era uma visão bem acurada também.
ABE: Acho que sim.
JUDITH: É assim que você se vê agora?

ABE: De jeito nenhum. Eu simplesmente acho que não consigo fazer nada direito. Sou um fracasso.

JUDITH: Parte do que iremos fazer na terapia é descobrir se esta ideia – de que você é um fracasso – é acurada ou se na verdade é uma ideia depressiva. Talvez você seja uma pessoa competente que atualmente está deprimida.

Em uma sessão futura, você pode perguntar ao cliente sobre sua visão de si mesmo antes de ficar deprimido. (A lista de qualidades positivas na p. 47 pode ajudar.) É importante atribuir a deterioração no funcionamento à sua condição, e não às suas características inatas.

JUDITH: Podemos falar sobre a época antes de Joseph ter sido contratado, quando você estava indo bem no trabalho? Como você se via? Você achava que era incompetente, um fracasso?
ABE: Não; quero dizer, eu não era perfeito, mas fazia um bom trabalho.
JUDITH: Então sua crença era: "Sou basicamente competente"?
ABE: Sim.
JUDITH: Bom. Agora a depressão está impedindo que você possa *agir* com tanta competência quanto gostaria. Você não se *tornou* uma pessoa incompetente. É a sua depressão. OK?
ABE: (*Concorda com a cabeça.*)
JUDITH: Será que estou certa quanto a isso? Mesmo que sua depressão seja forte, você ainda está se levantando todos os dias? Você está se vestindo e cuidando das suas necessidades básicas? Está indo aos jogos dos seus netos e ajudando seu primo? (*pausa*) Será que essas coisas mostram que você é competente pelo menos nesses aspectos?
ABE: É, acho que sim.
JUDITH: E, quando se recuperar, você será capaz de agir cada vez mais de forma competente e produtiva.

> **DICAS CLÍNICAS**
>
> Quando o cliente não consegue expressar suas crenças adaptativas prévias, você mentalmente elabora uma crença nova, mais realista e funcional e o guia em direção a ela. Essa crença deve ser equilibrada. Por exemplo:
>
> | Antiga crença nuclear | Nova crença nuclear |
> | --- | --- |
> | "Sou (completamente) desagradável." | "Em geral sou uma pessoa agradável." |
> | "Estou mal." | "Estou bem." |
> | "Sou incapaz." | "Tenho controle sobre muitas coisas." |
> | "Não sou normal." | "Sou normal, com pontos fortes e pontos fracos." |

IDENTIFICANDO CRENÇAS NUCLEARES MAL-ADAPTATIVAS

Várias estratégias são úteis na identificação de crenças nucleares negativas dos clientes, incluindo

- procurar *temas centrais em seus pensamentos automáticos*;
- usar a *técnica da "seta descendente"*; e
- observar *crenças nucleares expressas como pensamentos automáticos*.

Procurando Temas Centrais em Pensamentos Automáticos

Sempre que o cliente apresentar dados (problemas, pensamentos automáticos, emoções, comportamento, história), você "escuta" a categoria de crença nuclear cujo esquema parece ter sido ativado. Por exemplo, quando Abe expressa pensamentos negativos sobre ser incapaz de se candidatar a empregos, desperdiçar seu tempo assistindo à televisão e cometer erros ao pagar as contas, levanto a hipótese de que está operando uma crença nuclear na categoria de desamparo. Quando Maria expressa ansiedade em relação a telefonar para uma amiga, quando consistentemente expressa pensamentos de que os outros não se preocupam com ela e quando teme que haja alguma coisa errada com ela e, portanto, não será capaz de manter um relacionamento, levanto a hipótese de que uma crença nuclear na categoria de desamor foi ativada. (Na verdade, é mais correto dizer que o esquema que contém a crença nuclear foi ativado.)

No começo do tratamento, você pode levantar a hipótese apenas para si mesmo. Compartilhar suas hipóteses sobre as crenças nucleares do cliente pode evocar forte emoção, e ele pode começar a se sentir inseguro. Posteriormente no tratamento, você pode revisar com o cliente pensamentos automáticos relacionados que ele teve em várias situações e então pedir que chegue a uma conclusão quanto a um padrão subjacente ("Abe, você vê um tema comum nesses pensamentos automáticos?"). Ao confirmar com o cliente uma hipótese que você levantou, é importante descobrir em que categoria uma crença nuclear está incluída e a palavra ou palavras que o próprio cliente usa. Também é importante averiguar se ele está usando diferentes palavras para expressar a mesma crença.

JUDITH: Abe, quando você diz que é um fracasso, essa é a mesma ideia de quando diz que é incompetente? Ou elas são diferentes?

ABE: Na verdade, é a mesma coisa. Eu sou um fracasso porque sou muito incompetente.

Técnica da Seta Descendente

A técnica da seta descendente ajuda a identificar crenças nucleares negativas dos clientes; ela envolve pedir que o cliente suponha que seus pensamentos automáticos (aqueles com os temas atuais) são verdadeiros e então questione sobre o *significado* dos seus pensamentos automáticos. Fazer isso pode, no entanto, estimular um aumento na emoção negativa, portanto você geralmente não usaria esta técnica nas primeiras sessões de terapia.

Primeiro, identifique um pensamento automático decisivo cujo tema seja recorrente; então descubra o que o cliente acha que esse pensamento significa sobre ele.

JUDITH: OK, para resumir, você estava olhando à sua volta em seu apartamento e pensou: "Está tudo tão bagunçado. Eu nunca deveria ter deixado chegar a esse ponto"?
ABE: Sim.
JUDITH: Não examinamos as evidências para ver se esses pensamentos são verdadeiros. Mas eu gostaria de ver se podemos descobrir *por que* você teve esses pensamentos. Vamos supor por um momento que seu apartamento *esteja* muito bagunçado e você não deveria ter permitido que chegasse a esse ponto. O que isso significaria sobre você?
ABE: Não sei. Apenas me sinto incompetente.

Você pode formular a pergunta da seta descendente de formas diferentes:

"Se isso for verdade, e daí?"
"O que há de tão ruim em...?"
"Qual é a pior parte sobre...?"

Formulado dessa maneira, o cliente pode responder com outro pensamento automático ou com uma crença intermediária. Se for assim, você pode perguntar o que essa nova cognição significa a seu respeito se quiser obter a crença nuclear negativa sobre ele.

Crenças Nucleares Expressas como Pensamentos Automáticos

Um cliente pode na verdade expressar uma crença como um pensamento automático, especialmente quando deprimido.

JUDITH: O que passou pela sua mente quando você percebeu que recebeu uma cobrança porque havia se esquecido de pagar a conta?
ABE: Não consigo fazer nada direito. [pensamento automático] Sou incompetente. [pensamento automático e crença nuclear]

> **DICAS CLÍNICAS**
>
> Quando o cliente tem dificuldade para identificar suas crenças nucleares negativas, estas técnicas podem ajudar. Você pode levantar hipóteses sobre uma crença e pedir que ele reflita a respeito de sua validade:
>
> "Maria, em uma porção de situações você parece pensar: 'As pessoas não vão querer conviver comigo' ou 'E se eu disser a coisa errada?'. Eu me pergunto se você acha que não merece amor ou é desagradável de alguma forma?"
>
> Ou você pode apresentar a lista de crenças nucleares na página 32.
>
> **JUDITH:** Maria, o que você quis dizer quando percebeu que havia passado um dia inteiro sem ter feito quase nada? O que isso disse sobre você?
> **MARIA:** Não tenho certeza. Só fiquei incomodada.
> **JUDITH:** Você pode examinar esta lista de crenças nucleares e me dizer se algumas das palavras captam como você estava se sentindo sobre si mesma?

> **DICAS CLÍNICAS**
>
> A situação problemática em si nem sempre é um bom guia para descobrir quais são as crenças nucleares do cliente. Por exemplo, uma cliente está frustrada pela sua incapacidade de fazer com que os outros a escutem. Embora sua angústia ocorra apenas em situações interpessoais, ela não acha que seja alguém que não merece amor; ela acha que é incapaz de obter dos outros o que deseja. Outro cliente se sente um ser humano sem valor, não porque não consegue ter alto desempenho ou ser útil (crenças de desamparo) nem no que se refere aos seus relacionamentos (o que de outra forma poderia ter indicado uma crença de desamor). Ele acha que é uma pessoa má e imoral, um pecador (que está na categoria de desvalor) por causa de suas qualidades inatas altamente negativas.

IDENTIFICANDO CRENÇAS INTERMEDIÁRIAS MAL-ADAPTATIVAS

No Capítulo 3, discutimos três categorias de crenças intermediárias: pressupostos, atitudes e regras. Há várias técnicas que você pode usar para identificá-las.

- Reconhecer quando crenças intermediárias são expressas como pensamentos automáticos.
- Identificar diretamente uma crença intermediária.
- Revisar um questionário de crenças.

Reconhecendo quando Crenças Intermediárias São Expressas como Pensamentos Automáticos

A maioria dos pensamentos automáticos é específica para a situação – por exemplo: "Eu não deveria ter desapontado meu amigo quando ele me pediu para ajudá-lo com a mãe dele"; "É muito grave eu ter me esquecido do aniversário da minha sobrinha"; "Se eu tentar ajudar minha filha com seu projeto de classe, vou fazer um trabalho ruim". Porém, alguns pensamentos automáticos expressam ideias mais gerais – por exemplo: "É terrível decepcionar as pessoas"; "Devo sempre dar o melhor de mim"; "Se eu tentar fazer alguma coisa difícil, vou falhar". Estas últimas cognições são relevantes em muitas situações e, assim, são tanto pensamentos automáticos quanto crenças intermediárias.

Identificando Diretamente uma Crença Intermediária

Muitas crenças intermediárias contêm uma estratégia de enfrentamento disfuncional. Você pode identificar essas crenças perguntando diretamente ao cliente sobre esses padrões comportamentais. A pergunta geral foca no significado ou desfecho de usar o comportamento ou de *não* usar o comportamento. Ou você pode começar com uma regra ou atitude e fazer perguntas para transformá-la em um pressuposto. Com frequência fazemos isso para descobrir por que o cliente tem essa regra ou atitude; os pressupostos ligam o comportamento à crença nuclear. Estes são alguns exemplos dos tipos de perguntas que você pode fazer:

TERAPEUTA: Qual é sua crença sobre pedir ajuda? [Evitar pedir ajuda é uma estratégia de enfrentamento.]
CLIENTE: Oh, pedir ajuda é um sinal de fraqueza, incompetência.
TERAPEUTA: O que de pior poderia acontecer se você não tentar mostrar o melhor de si? ["Devo sempre mostrar o melhor de mim" é a regra do cliente.]
CLIENTE: As pessoas vão achar que eu sou desinteressante; elas não vão me querer por perto.
TERAPEUTA: Isso significaria para você que não teve alto desempenho? ["Devo ter alto desempenho" é a regra; "É terrível ser medíocre" é a atitude do cliente.]
CLIENTE: Isso mostra que sou inferior às outras pessoas.
TERAPEUTA: O que há de mal em experimentar emoção negativa? ["Não devo me permitir ficar abalado" é a regra; "É ruim experimentar emoção negativa" é a atitude.]
CLIENTE: Se isso acontecer, vou perder o controle.
TERAPEUTA: Quais são as vantagens de não se destacar na multidão? [Evitar se destacar na multidão é uma estratégia de enfrentamento.]
CLIENTE: As pessoas não vão me notar. Elas não vão ver que eu não me encaixo.

TERAPEUTA: Como você preencheria esta lacuna? Se eu tentar fazer planos com outra pessoa, então _____? [Evitar fazer planos é uma estratégia de enfrentamento.]
CLIENTE: Eles vão me recusar porque não tenho nada a lhes oferecer.

A avaliação dos pressupostos condicionais por meio do questionamento ou de outros métodos frequentemente cria maior dissonância cognitiva do que a avaliação da regra ou atitude. É mais fácil para Abe reconhecer a distorção e/ou disfuncionalidade do pressuposto "Se eu agradar as outras pessoas, elas não vão me magoar" do que a regra relacionada ("Devo agradar os outros o tempo todo") ou a atitude ("Não é bom desagradar os outros").

Revisando um Questionário de Crenças

Questionários também podem ajudá-lo a identificar as crenças dos clientes (ver, p. ex., a Dysfunctional Attitude Scale [Weissman & Beck, 1978] ou o Personality Belief Questionnaire – SF [Short Form] [Beck & Beck, 1991]). Muitos clientes em particular possuem crenças importantes sobre experimentar emoção negativa (ver Leahy, 2002). O exame cuidadoso dos itens que são fortemente endossados pode destacar crenças problemáticas.

DECIDINDO MODIFICAR UMA CRENÇA DISFUNCIONAL

Depois de identificada a crença intermediária ou nuclear, você precisa descobrir se vale a pena dedicar algum tempo a ela. Você em geral trabalha em crenças associadas a um problema que um cliente colocou na pauta ou com um obstáculo para atingir um objetivo. Estas são algumas perguntas para fazer a si mesmo:

"Qual é a crença?"
"Ela provoca sofrimento emocional importante ou comportamento mal-adaptativo significativo?"
"O cliente acredita nela forte e plenamente?"
"Ela interfere de maneira significativa na realização dos seus objetivos e aspirações ou no engajamento em ação de valor?"

Quando o cliente endossa fortemente mais de uma crença negativa sobre um problema ou obstáculo, você em geral foca em uma que esteja associada ao maior grau de emoção negativa ou comportamento disfuncional.

DECIDINDO QUANDO MODIFICAR UMA CRENÇA DISFUNCIONAL

No começo do tratamento, você trabalha em pensamentos automáticos cujo tema é indicativo de uma crença nuclear disfuncional. Você começa a trabalhar *diretamente* na modificação da crença nuclear negativa o mais cedo possível no tratamento. Depois que o cliente muda suas crenças (ou diminui a intensidade dessas crenças), ele é capaz de interpretar suas experiências de maneira mais objetiva e funcional. Ele começa a encarar as situações mais realisticamente, sente-se melhor e age de forma mais adaptativa. Mas você pode precisar esperar até a metade do tratamento para fazer isso com alguns clientes, sobretudo aqueles com crenças antigas, rígidas e excessivamente generalizadas.

Neste último caso, você ensinará ao cliente as técnicas de identificação, avaliação e resposta adaptativa aos pensamentos automáticos antes de usar as mesmas ferramentas para crenças disfuncionais. Observe que você pode involuntariamente tentar avaliar uma crença nuclear no começo do tratamento, pois ela foi expressa como um pensamento automático. Essa avaliação pode ter pouco efeito.

Depois de identificada uma crença disfuncional importante, você pode fazer estas perguntas a si mesmo para descobrir se trabalha ou não na crença naquele momento:

> "O cliente acredita que cognições são ideias e não necessariamente verdades, e que avaliar e responder a esses tipos de ideias o ajuda a se sentir melhor e/ou agir de maneira mais funcional?"
> "O cliente será capaz de lidar com o estresse que provavelmente sentirá quando a crença nuclear for exposta?"
> "O cliente será capaz de avaliar a crença com ao menos alguma objetividade?"
> "A relação terapêutica é forte o suficiente? O cliente confia em mim e me percebe como alguém que compreende quem ele realmente é? Tenho credibilidade com o cliente?"
> "Hoje teremos tempo suficiente na sessão para fazer pelo menos um pouco de progresso na avaliação da crença?"

ORIENTANDO O CLIENTE SOBRE CRENÇAS DISFUNCIONAIS

Você identificou uma crença intermediária ou nuclear negativa, determinou que ela é significativamente estressante para o cliente e está associada a um déficit expressivo, e decidiu colaborativamente que é o momento certo para começar a trabalhar nela. A seguir, você pode decidir orientar o cliente sobre a natureza das crenças em geral, usando uma crença específica como exemplo.

Conceitos Importantes sobre Crenças

É importante que os clientes entendam o seguinte:

> - As crenças, assim como os pensamentos automáticos, são ideias, não necessariamente verdades, e podem ser testadas e mudadas.
> - As crenças são aprendidas, não inatas, e podem ser revisadas. Há uma gama de crenças que o cliente pode adotar.
> - As crenças podem ser bastante rígidas e "parecer" verdadeiras – mas são sempre ou quase sempre infundadas.
> - As crenças se originaram por meio do significado que o cliente atribuiu a suas experiências quando jovem e/ou em idade mais avançada.
> - Quando esquemas relevantes são ativados, o cliente prontamente reconhece dados que parecem apoiar suas crenças nucleares, ao mesmo tempo ignorando dados contrários ou nem mesmo processando os dados como relevantes para a crença.

Apresentando uma Hipótese sobre o Problema

Quando orientei Abe a respeito de sua crença nuclear, sugeri duas possibilidades sobre o problema. (Ele havia confirmado anteriormente a conceitualização que apresentei.)

JUDITH: [resumindo] Parece que esta ideia, de que você é incompetente, pode impedi-lo de se candidatar a empregos. Isso está certo?
ABE: Sim.
JUDITH: Podemos falar sobre essa ideia por um momento? Eu gostaria de entender o que está acontecendo. Ou o problema é que você realmente *é* incompetente e, caso seja, trabalharemos juntos para que se torne mais competente... ou talvez esse não seja o problema. Talvez o problema seja que você tem uma *crença* de que é incompetente, quando na verdade não é. E algumas vezes a crença é tão forte que o impede de até mesmo *descobrir* se você conseguiria fazer alguma coisa bem.
ABE: Não sei.
JUDITH: Acho que há duas coisas que precisamos fazer. Uma delas é você reconhecer quando *está* sendo competente e estabelecer mais experiências em que possa usar a sua competência. A segunda é ver se você realmente *é* incompetente quando se *sente* incompetente.

Usando uma Metáfora para Explicar o Processamento da Informação

Posteriormente explico crenças nucleares a Abe, em pequenas partes, assegurando que ele entenda enquanto prossigo. Uso a metáfora de uma tela.

JUDITH: Essa ideia, "Sou incompetente", é o que chamamos de crença nuclear negativa. Se você concordar, eu gostaria de lhe falar sobre crenças nucleares. Elas são mais difíceis de mudar do que os pensamentos automáticos.

ABE: OK.

JUDITH: Antes de tudo, uma crença nuclear negativa é uma ideia em que você pode não acreditar fortemente quando não está deprimido. Por outro lado, esperaríamos que acreditasse nela quase completamente quando *está* deprimido, mesmo que haja evidências de que não é verdadeira. (*pausa*) Está me acompanhando até aqui?

ABE: Sim.

JUDITH: Quando você fica deprimido, essa ideia se torna muito forte. (*fazendo movimentos com as mãos*) É como se houvesse uma tela em torno da sua cabeça. A ideia de que você é incompetente está escrita nela um bilhão de vezes. Tudo o que se encaixa com a ideia de que você é incompetente passa direto da tela para a sua mente. Mas qualquer informação que a contradiz não se encaixa. Então você nem mesmo *nota* a informação positiva, ou a ignora de alguma forma. (*pausa*) É possível que você esteja selecionando informações como essa?

Em seguida, questiono Abe para ver se a metáfora parece se encaixar na sua experiência.

JUDITH: Bem, vamos ver. Fazendo uma retrospectiva das últimas semanas, que evidências existem de que você *pode* ser competente? Ou o que *eu* acharia que você fez com competência?

ABE: Hummm... Eu descobri como consertar o robô do meu neto.

JUDITH: Bom! E essa evidência atravessou a tela? Você disse a si mesmo: "Eu descobri como consertar o robô. Isso significa que sou competente"? Ou algo parecido com isso?

ABE: Não, acho que eu pensei: "Levei muito tempo para descobrir".

JUDITH: Oh, então parece que a tela *estava* operando. Você percebe como ignorou as evidências que contradiziam sua crença nuclear "Sou incompetente"?

ABE: Hummm.

JUDITH: Consegue pensar em outros exemplos desta semana? Situações em que uma pessoa razoável poderia pensar que alguma coisa que você fez mostrava que você era competente, mesmo que você não achasse?

ABE: (*Pensa por um momento.*) Bem, eu ajudei na igreja. Eles estavam fazendo um conserto no porão. Mas isso não conta; qualquer um poderia ter feito isso.

JUDITH: Bom exemplo. Mais uma vez, parece que você não reconheceu as evidências que não se encaixavam na sua ideia "Sou incompetente". Vou deixar que pense sobre o quanto é verdadeiro que *qualquer um* poderia ter feito o que você fez. Talvez este seja outro exemplo de não dar o crédito a si mesmo, quando outra pessoa poderia ter achado que isso era uma evidência de que você é competente.

ABE: Bem, o pastor me agradeceu muito.

JUDITH: E quantas vezes esta semana você cuidou de suas necessidades básicas: tomar banho, escovar os dentes, fazer as refeições, ir para a cama em um horário razoável?

ABE: Todos os dias.

JUDITH: E quantas vezes esta semana você disse alguma coisa como "Escovar os dentes mostra que sou competente"; "Fazer minhas refeições mostra que sou competente"; etc.?

ABE: Nenhuma.

JUDITH: E o que você teria dito a si mesmo se *não tivesse* feito essas coisas?

ABE: Provavelmente que sou incompetente.

JUDITH: Então você acha que a tela estava operando, ignorando o que você fez ou nem mesmo registrando o que fez?

Determinando quando a Crença se Originou ou Foi Mantida

A seguir, pergunto a Abe sobre experiências anteriores em que ele se recordava de ter essa crença.

JUDITH: Você se lembra de também se sentir incompetente assim em outros momentos na sua vida? Quando criança?

ABE: Sim, algumas vezes. Eu me recordo da minha mãe gritando comigo porque a casa estava desarrumada ou meus irmãos estavam incontroláveis.

JUDITH: Alguma outra vez?

ABE: (*Pensa.*) Sim, quando consegui meu primeiro emprego depois do ensino médio. E acho que quando comecei no trabalho seguinte. Mas aquilo foi apenas nas primeiras semanas.

JUDITH: OK, apenas para resumir: "Sou incompetente" parece ser uma crença nuclear que começou quando você era criança. Mas você não acreditava nela o tempo todo. Imagino que na maior parte da sua vida, até a depressão se instalar, você se achava razoavelmente competente. Mas agora a tela está operando.

Explicando Crenças Usando um Diagrama

Em seguida, desenhei à mão o diagrama na Figura 17.2 para resumir o que havíamos discutido na sessão.

JUDITH: Abe, posso lhe mostrar como tudo isso se parece em um diagrama?
ABE: Acho que isso ajudaria.
JUDITH: OK, começamos pelas experiências na infância. Parece que você se sentia incompetente às vezes quando sua mãe gritava com você. (*Desenha um diagrama parcial.*) Está certo?
ABE: Sim.
JUDITH: E agora, quando você está deprimido, é assim que entende o que está acontecendo? Se não faz alguma coisa tão bem quanto acha que deveria ter feito, isso significa que você é incompetente? Por exemplo, esta semana você viu as contas sobre a mesa e teve o pensamento: "Não acredito que ainda não as paguei". Está correto?
ABE: Sim.
JUDITH: Só para confirmar, o que significou o fato de você não ter pagado as contas?
ABE: Que sou incompetente.
JUDITH: Então, acho que a experiência é assim. (*Faz acréscimos ao diagrama e o mostra a Abe.*) Agora você consegue ver por que teve esse pensamento automático?

MOTIVANDO O CLIENTE A MODIFICAR CRENÇAS DISFUNCIONAIS

O fato de sugerir que uma crença disfuncional pode não ser verdadeira, ou não completamente verdadeira, pode provocar ansiedade em alguns clientes. Se for assim, você pode desenhar um quadro (ver p. 325) e pedir que o cliente identifique as vantagens e desvantagens de manter sua crença nuclear disfuncional e as vantagens e desvantagens de acreditar na crença mais adaptativa. Pergunte o que ele conclui dessa análise.

Quando o cliente precisa de motivação adicional, você pode pedir que ele visualize um dia em sua vida vários anos atrás, primeiro mantendo sua crença nuclear negativa como ela é, e depois acreditando na sua nova crença nuclear por um tempo bem longo. Você pode dizer algo assim:

"Eu gostaria que você imaginasse um dia na sua vida daqui a _____ anos; então este é o ano _____. Você não mudou sua crença nuclear de que é _____. Então você acreditou nisso dia após dia por mais _____ anos. Isso foi ficando cada vez mais forte a cada dia que passava, e a cada

semana, a cada mês e a cada ano. (*pausa*) Agora eu gostaria de lhe fazer algumas perguntas. (*pausa*) Veja o quanto você consegue se imaginar e à sua experiência na sua mente.
"Como você se sente sobre si mesmo?"
"O quanto você está distante de atingir [cada uma de suas aspirações e objetivos]?"
"Em que medida você está vivendo de acordo com seus valores?"

Em seguida, diga ao cliente:

"Gostaria que você imaginasse como sua crença afetou várias partes da sua vida. Lembre-se, sua crença nuclear é muito mais forte do que é hoje. Tente visualizar cada parte da sua vida enquanto lhe pergunto a respeito. E reflita sobre o quanto de prazer ou satisfação provavelmente estará experimentando... Onde você se vê se acordando? No mesmo local que hoje? Ou em algum lugar diferente?... Como é esse lugar?... O quanto de prazer ou satisfação você obtém do lugar onde vive?"

Então você pode perguntar sobre outras áreas relevantes – por exemplo: relacionamentos específicos, emprego, como ele passa seu tempo de lazer, espiritualidade, criatividade, saúde física e administração da casa. Certifique-se de descobrir o quanto de prazer ou satisfação ele obtém de cada uma. Por fim, pergunte:

"Como é seu humor de um modo geral? O que conclui do fato de ter acreditado que você é _____ por tanto tempo?"

Agora repita as mesmas perguntas para um segundo cenário, mas comece dizendo:

"Agora eu gostaria que você imaginasse que acredita na sua *nova* crença nuclear, de que você é _____. Você acredita nela cada vez mais fortemente dia após dia, semana após semana, mês após mês e ano após ano durante anos. Veja como você consegue visualizar a si mesmo e à sua experiência na sua mente. Fale-me sobre essas mesmas áreas e sobre o quanto de prazer e satisfação obtém de cada uma."

Depois pergunte:

"Como é seu humor de um modo geral? O que conclui do fato de ter acreditado que você é _____ por tantos anos?"

RESUMO

Você começa a formular uma hipótese sobre as crenças nucleares do cliente sempre que ele fornecer dados na forma dos seus pensamentos automáticos (e significados associados) e reações (emoções e comportamentos). Você especula se as cognições parecem recair nas categorias de desamparo, desamor ou desvalor. Você identifica as crenças intermediárias e nucleares de muitas maneiras. Você pode procurar a expressão de uma crença em um pensamento automático, fornecer a sentença condicional ("Se...") de um pressuposto e pedir que o cliente a complete, identificar diretamente uma regra, usar a técnica da seta descendente, reconhecer um tema comum entre os pensamentos automáticos, perguntar ao cliente o que ele acha que é sua crença ou examinar o questionário de crenças do cliente.

> **PERGUNTAS PARA REFLEXÃO**
> Como você pode identificar crenças nucleares positivas? Crenças nucleares negativas? Como você pode explicar uma crença nuclear mal-adaptativa para um cliente? Como você pode motivá-lo a mudar a crença?

EXERCÍCIO PRÁTICO

Imagine que você tem uma crença nuclear de que você é (emocionalmente) vulnerável. Imagine pelo menos uma experiência ao longo da vida que pode ter levado ao desenvolvimento ou ao fortalecimento dessa crença e como essa crença afeta a sua percepção de uma situação particular. Anote essa conceitualização imaginada usando a Figura 17.2 como guia.

18

Modificação das crenças

No capítulo anterior, discutimos como identificar crenças positivas e negativas importantes, como explicar as crenças aos clientes e como motivá-los a modificarem suas crenças. Quando o cliente está em um modo mal-adaptativo como na depressão, é importante

- desenvolver e fortalecer crenças realisticamente positivas para ativar o modo adaptativo (o que é enfatizado em maior grau em uma orientação para a recuperação); e
- modificar suas crenças negativas irrealistas para desativar o modo depressivo (o que é enfatizado em maior grau na terapia cognitivo-comportamental [TCC] tradicional).

Neste capítulo, você lerá primeiramente sobre o fortalecimento das crenças positivas, e, em segundo lugar, sobre o enfraquecimento das crenças negativas. Na prática, você irá trabalhar nos dois tipos de crenças na maioria das sessões, seja de forma direta ou indireta. As técnicas se aplicam tanto a crenças intermediárias quanto a crenças nucleares. Estas são as perguntas para as quais você encontrará respostas neste capítulo:

Como você fortalece crenças adaptativas?
Como você modifica crenças intermediárias e nucleares?

FORTALECENDO CRENÇAS ADAPTATIVAS

A maioria das pessoas, a não ser que tenham fortes traços de transtorno da personalidade, possui crenças razoavelmente equilibradas, adaptativas e realistas. Porém, os esquemas que contêm algumas dessas crenças positivas são desativados quando o cliente está no modo depressivo. É importante reforçar essas crenças mais positivas (Ingram & Hollon, 1986; Padesky, 1994; Pugh, 2019) durante o tratamento ajudando o cliente a se engajar em atividades que podem lhe trazer um sentimento de domínio, prazer, conexão e empoderamento.

Outras estratégias importantes incluem

- identificar dados positivos e tirar conclusões úteis sobre suas experiências;
- identificar as vantagens de acreditar nas crenças adaptativas;
- apontar o significado dos dados positivos;
- usar outra pessoa como referência;
- usar um quadro para coletar evidências;
- induzir imagens de experiências atuais e de sua história; e
- agir "como se".

Identificando Dados Positivos e Tirando Conclusões

Comecei identificando e trabalhando para fortalecer as crenças adaptativas positivas de Abe desde o início do tratamento, em muitos aspectos. Nos exemplos a seguir, a princípio abordo a crença nuclear de Abe de incompetência/fracasso. Isto é o que fiz quando iniciamos a terapia e durante nosso tratamento:

- No começo de cada sessão, perguntei a Abe: "Que coisas positivas aconteceram desde que nos vimos pela última vez? Que coisas positivas você fez?" [ou "Quando nesta semana você se sentiu bem, mesmo que apenas um pouquinho melhor?"]. Então perguntei: "O que você conclui sobre [essas experiências]? O que essas experiências dizem sobre você?".
- Pedi que Abe fizesse uma lista de créditos de tudo o que fez a cada dia e que ainda era um pouco difícil, mas que ele fez mesmo assim.
- Depois que identifiquei uma crença adaptativa importante ("Sou competente, com pontos fortes e pontos fracos como todas as pessoas"), acrescentei uma pergunta no início de cada sessão: "O quão fortemente você acredita que é competente hoje? Quando acreditou nisso mais fortemente nesta semana? O que estava acontecendo?".

Examinando as Vantagens da Crença Adaptativa

Também ajudei Abe a examinar as vantagens de ver a si mesmo como competente. Identificamos várias vantagens: Isso estaria mais baseado na realidade, aumentaria sua autoconfiança, faria com que se sentisse melhor sobre si mesmo, melhoraria seu humor, o motivaria a tentar coisas que pareciam difíceis e o ajudaria a realizar tarefas.

Apontando o Significado dos Dados Positivos

No começo do tratamento, quando identificamos um dos comportamentos adaptativos de Abe, eu o elogiei e com frequência caracterizei essas ações como demonstrações de evidências de competência e outras qualidades relacionadas:

> "É muito bom que você tenha ajudado seu vizinho. Acho que isso mostra que você tem muitas habilidades – além disso, acho que é outro exemplo do quanto você é competente – concorda?"
>
> "Parece que o treinador de futebol do seu neto considerou você como um recurso real. Você acha que isso está correto?"
>
> "Perseverar assim, até ter terminado os formulários, mostra o quanto você trabalha com afinco, não é?"
>
> "Deixar seu apartamento em ordem realmente indica que você está assumindo o controle; você pensa assim também?"

À medida que a terapia progrediu, obtive de Abe os significados. "O que diz sobre você o fato de ter sido tão útil no abrigo dos sem-teto?" "O que diz sobre você o fato de Charlie querer que você continue trabalhando para ele?"

Usando Outra Pessoa como Referência

Uma forma de ajudar o cliente a ganhar alguma distância de suas crenças é pedir que ele pense em como a crença adaptativa se aplicaria a outra pessoa ou qual poderia ser a perspectiva de outra pessoa. Estas são algumas formas gerais de fazer isso:

- Pergunte ao cliente sobre pessoas que historicamente o viram sob uma perspectiva favorável: "Quem na sua vida acreditava mais fortemente que você era competente? Por quê? Essa pessoa poderia estar certa?".
- Peça-lhe que pense em uma pessoa específica e como ele avaliaria essa pessoa em termos da crença adaptativa: "Abe, quem você vê como competente na maioria dos aspectos? O que *você* fez esta semana que você diria que mostra que [essa pessoa] é competente se *ela* tivesse feito isso?".
- Peça que ele reflita se ignoraria as evidências positivas caso comparasse o que fez com um modelo *negativo* hipotético: "Abe, você não acha que pagar suas contas seja um sinal de competência. Mas uma pessoa *verdadeiramente* competente teria sido capaz de fazer isso?".
- Peça que ele cite outra pessoa que o veja de forma positiva: "Abe, cite alguém que o conhece bem, em cujo julgamento você confia. O que [essa pessoa] diria que você fez esta semana e que é evidência de que você é competente?" ou "Abe, o que você fez esta semana que *eu* consideraria um sinal de competência?".

Usando um Quadro para Coletar Evidências

Um item importante no Plano de Ação tinha como objetivo que Abe se lembrasse de procurar dados que apoiassem suas crenças positivas. Depois que combinamos de trabalhar na crença de que ele era competente, transformamos sua "lista de créditos" em um "Quadro de Evidências de Competência" (Fig. 18.1). Fiz esse quadro para ele durante a sessão. Começamos juntos para que eu pudesse me certificar de que ele havia entendido o que fazer. Pedi que incluísse, além de evidências sobre coisas que ainda eram um pouco difíceis, também evidências de coisas que eram fáceis, mas que mesmo assim indicavam competência. O quadro também requeria suas conclusões sobre essas experiências e, especialmente, o que essas experiências mostravam a seu respeito. Ele preencheu o quadro em casa e o trouxe para a terapia para que pudéssemos acrescentar outros exemplos que descobrimos durante nossas sessões. Um pouco mais adiante no tratamento, usamos o mesmo quadro para coletar evidências de sua história de competência.

Pedi que Abe tirasse tantas fotos quanto fosse possível de todas essas experiências positivas (ou que procurasse *on-line* uma imagem que representasse a experiência) para me mostrar em sessões posteriores. Revisar as fotografias me deu a oportunidade de responder às suas cognições de desconsiderar o positivo; elas eram um reforçador potente de que sua nova crença nuclear era acurada.

Acontecimento/experiência	Conclusão, ou o que isso diz sobre mim
Terminei de organizar todas as contas e as paguei.	Consigo me concentrar melhor do que imaginava.
O treinador de futebol me agradeceu várias vezes depois do jogo.	Consigo me organizar muito bem.
Ajudei Jim a consertar um vazamento.	Consigo resolver as coisas.

FIGURA 18.1 Quadro de Evidências de Competência de Abe. Ele também tirou fotografias da pilha de contas que havia acabado de pagar, do treinador e do time de futebol e do vazamento na casa de Jim.

Induzindo Imagens de Experiências Atuais e Históricas

O imaginário tende a reforçar crenças adaptativas tanto no nível intelectual quanto emocional, sobretudo quando os clientes experimentam afeto positivo ao visualizarem uma cena. Pedi que Abe me falasse a respeito e então visualizasse lembranças recentes e históricas. Este é um exemplo:

JUDITH: Você pode pensar na sua história? Conte-me uma situação em que você se sentiu realmente competente... Consegue imaginar este cenário, como se estivesse acontecendo neste momento?... Conte-me o que vê, o que está pensando, como está se sentindo...

ABE: (*Visualiza e descreve a experiência de descobrir que ia receber uma promoção no trabalho.*)

JUDITH: Sabe, você ainda é a mesma pessoa agora, com o mesmo nível de competência. Apenas parcialmente encoberto pela depressão, que afeta o que você faz, o que pensa e como se sente.

Agindo "Como Se"

Os clientes em geral estão dispostos a agir como se acreditassem na sua crença adaptativa – e fazer isso fortalece essa crença. Abe e eu estávamos discutindo uma entrevista de emprego que estava prestes a acontecer. Pedi que Abe visualizasse esta situação como se estivesse acontecendo neste momento e se imaginasse agindo como se acreditasse na sua crença positiva. Seu Plano de Ação foi então agir daquela maneira na situação real.

> "Abe, você consegue imaginar como seria se acreditasse completamente que é competente quando fosse para a sua entrevista de emprego? Consegue visualizar isso?... Como você se sente quando entra na área da recepção?... O que está pensando?... Lembre-se, você acredita completamente que é competente. Quando se aproxima do recepcionista, como é a sua postura?... Como é a sua expressão facial?... O que você diz ao recepcionista?... Como está se sentindo?... O que você faz quando se encontra com o entrevistador?... Que impressão você passa quando se senta na cadeira?... O que diz quando ele pergunta sobre seu emprego anterior?"

> **DICAS CLÍNICAS**
>
> Quando o cliente tem dificuldades para identificar dados positivos, você pode usar a metáfora da tela, do Capítulo 17, para lembrá-lo de que ele pode estar deixando passar ou desconsiderando evidências positivas. Depois discuta o que ele poderia fazer na semana seguinte para melhorar essa habilidade.

MODIFICANDO CRENÇAS MAL-ADAPTATIVAS

O grau de dificuldade na modificação das crenças negativas varia de cliente para cliente. Em geral, é muito mais fácil modificar as crenças negativas de clientes com transtornos agudos cujas crenças adaptativas compensatórias foram ativadas durante boa parte de suas vidas – quando comparados com clientes com transtornos da personalidade (J. S. Beck, 2005; Beck et al., 2015; Young et al., 2003). As crenças de alguns clientes mudam com facilidade, ao menos no nível intelectual, mas as crenças de outros exigem esforço considerável com o tempo para mudar tanto no nível intelectual quanto emocional.

Os clientes variam consideravelmente quanto ao grau em que são capazes de modificar suas crenças nucleares. Não é possível ou realista para alguns clientes reduzir a 0% a força dessas crenças. De modo geral, as crenças foram suficientemente enfraquecidas quando os clientes têm probabilidade de continuarem modificando seu comportamento disfuncional apesar de ainda se apegarem a um remanescente da crença.

As crenças costumam mudar primeiro no nível intelectual, especialmente se você está empregando técnicas apenas no nível intelectual. Os clientes podem precisar de técnicas experienciais (incluindo imaginário, dramatização, narrativas de histórias ou metáforas e experimentos comportamentais) para mudar suas crenças no nível emocional. As cognições mudam na presença do afeto, portanto o melhor momento para trabalhar nas crenças negativas é quando seus esquemas estão ativados na sessão. Os clientes então em geral experimentam mudança em ambos os níveis à medida que são recebidas informações corretivas.

Técnicas do tipo Gestalt, como o trabalho com a cadeira vazia (Pugh, 2019), podem ser muito úteis na exposição dos clientes a crenças e emoções dolorosas ou a situações interpessoais angustiantes. Os clientes em geral aprendem que não precisam se proteger de situações perturbadoras; eles não precisam usar comportamentos de enfrentamento, como fuga, evitação ou distração. Técnicas que usam uma metáfora estendida ou um ensaio também são úteis para ajudar o cliente a identificar e modificar crenças nucleares arraigadas (De Oliveira, 2018).

Técnicas para Modificar Crenças Negativas

Para mudar uma crença negativa, você irá orientar o cliente sobre suas crenças nucleares, monitorar a ativação de seus esquemas, explicar a sua contribuição para as dificuldades atuais e motivá-lo a mudá-las (conforme descrito no Cap. 17). Você usará técnicas tanto no nível intelectual quanto emocional, conforme descrito a seguir. Muitas das técnicas também são usadas para modificar pensamentos automáticos.

- Questionamento socrático
- Reestruturação
- Experimentos comportamentais
- Histórias, filmes e metáforas
- *Continuum* cognitivo
- Uso de outras pessoas como ponto de referência
- Autoexposição
- Dramatizações intelectuais-emocionais
- Testes históricos
- Reestruturação dos significados das memórias precoces

Questionamento Socrático

Ao avaliar as crenças de Abe, utilizo os mesmos tipos de perguntas que usei ao avaliar seus pensamentos automáticos. Mesmo quando identifico uma crença geral, ajudo Abe a avaliá-la no contexto de situações específicas. Esta especificidade ajuda a tornar a avaliação mais concreta e significativa e menos abstrata e intelectual.

JUDITH: [resumindo o que Abe aprendeu com a técnica recém-concluída da seta descendente] OK, então você acredita 90% que, se pedir ajuda, isso significa que você é incompetente. Correto?
ABE: Sim.
JUDITH: Poderia haver outra maneira de encarar o pedido de ajuda?
ABE: Não tenho certeza.
JUDITH: Tome a terapia como exemplo. Você é incompetente porque buscou ajuda aqui?
ABE: Um pouco, talvez.
JUDITH: Hummm. Isso é interessante. Em geral, eu vejo isso ao contrário. Seria possível que, na verdade, o fato de ter vindo para a terapia seja um sinal de *força* e *competência*? O que teria acontecido se você não tivesse vindo?
ABE: Provavelmente eu estaria muito pior.
JUDITH: Você está sugerindo que pedir ajuda apropriada quando tem uma doença como depressão é uma coisa mais competente a ser feita do que continuar deprimido?
ABE: É... Acho que sim.
JUDITH: Bem, você que deve me dizer. Digamos que temos duas pessoas deprimidas. Uma delas procura tratamento, trabalha duro e vence a depressão. A outra pessoa recusa terapia e continua a ter sintomas depressivos. Quem você considera mais competente?
ABE: Bem, a que busca ajuda.

JUDITH: Agora, que tal outra situação que você mencionou, ser voluntário em um abrigo para pessoas sem-teto? Mais uma vez, temos duas pessoas. Elas não sabem como lidar com uma pessoa agressiva, pois nunca tiveram que fazer isso antes. Uma delas pergunta à equipe sobre o que fazer. A outra não pergunta e continua tendo dificuldades. Quem é mais competente?
ABE: (*hesitante*) A que busca ajuda?
JUDITH: Você tem certeza?
ABE: (*Pensa por um momento.*) Sim. Não é um sinal de competência continuar tendo dificuldades se você pode obter ajuda e se sair melhor.
JUDITH: O quanto você acredita nisso?
ABE: Muito.
JUDITH: E estas duas situações – a terapia e a ajuda no abrigo – se aplicam a você?
ABE: Acho que sim.

Aqui usei o questionamento socrático no contexto de duas situações específicas para ajudar Abe a avaliar sua crença disfuncional. Julguei que as perguntas-padrão do exame das evidências e a avaliação dos resultados seriam menos eficazes do que fazer perguntas dirigidas. Note que, quando você está avaliando crenças, poderá precisar fazer perguntas mais persuasivas e menos imparciais do que quando avalia cognições mais maleáveis no nível do pensamento automático.

Reestruturação

Você pode desenhar à mão um quadro para ajudar o cliente a monitorar e reestruturar evidências que pareçam apoiar suas crenças disfuncionais (Fig. 18.2).

JUDITH: [resumindo] Então foi difícil para você vir para a terapia e também falar com um supervisor no abrigo dos sem-teto devido à sua crença: "Se eu pedir ajuda, isso mostra que sou incompetente ou um fracasso". É isso mesmo?
ABE: Sim.
JUDITH: Agora que já discutimos, como você vê isso?
ABE: Se eu pedir ajuda, não sou incompetente?
JUDITH: Você não pareceu convencido. Quem sabe você quer expressar desta maneira: "Pedir ajuda quando eu preciso é um sinal de competência"?
ABE: Sim.
JUDITH: O quanto você acredita nesta ideia agora?
ABE: Muito... (*Lê e pondera sobre a nova crença.*)
JUDITH: Você estaria disposto a fazer um quadro no qual registrasse as evidências de que você inicialmente apoia a ideia de que é incompetente?
ABE: Sim.

JUDITH: Então você pode contrapor isso com uma perspectiva mais realista, a qual podemos chamar de "visão alternativa" ou "reestruturação" ou algo assim. Qual é o nome que você quer dar?
ABE: Gosto de "reestruturação".

Acontecimento/experiência	Reestruturação
Pedir ajuda no abrigo dos sem-teto	Pessoas competentes pedem ajuda quando precisam.
Ir à terapia	É um sinal de força e competência procurar tratamento.
Perder meu emprego	O chefe mudou minha função e não forneceu treinamento.

FIGURA 18.2 Reestruturações do Quadro de Crenças de Competência de Abe.

Então desenho o quadro na Figura 18.2. Peço que Abe pense em outro item que pertença ao quadro e ele escreve. Ele concorda, como um item para o Plano de Ação, em continuar a preencher o quadro em casa. Eu o alerto que a princípio pode ser difícil pensar em uma reestruturação, mas que podemos preencher juntos o lado direito do quadro em sessões posteriores. Também peço que ele mantenha esse quadro na sua frente durante nossas sessões para que ele possa fazer acréscimos quando o tópico que estivermos discutindo for relevante para sua crença nuclear negativa.

Em seguida, sugiro um Plano de Ação para ajudar a reforçar a nova crença mais adaptativa. (Você já leu sobre esta técnica de agir "como se" antes, neste capítulo.)

JUDITH: Além disso, será que você poderia ficar atento a outras situações nesta semana em que *poderia* aceitavelmente pedir ajuda? Isto é, vamos imaginar que você acreditasse 100% na nova crença de que pedir uma ajuda plausível é um sinal de competência. Consegue pensar em alguma coisa agora?
ABE: Bem, ontem eu tentei trocar uma lâmpada, mas não consegui. Eu ia continuar tentando... mas suponho que poderia pedir ajuda ao meu vizinho.
JUDITH: Perfeito. Se você puder pensar em outras oportunidades razoáveis para pedir ajuda, poderia fazer isso?
ABE: OK.
JUDITH: E, quando pedir, não deixe de dar a si mesmo um crédito enorme – porque estará fazendo uma coisa difícil, algo que vai contra a sua vontade, mas que é muito, muito importante.

Depois de introduzir o Quadro Evidências de [a Crença Adaptativa] e o Quadro Reestruturações de [a Crença Negativa], você pode consolidá-los na Folha de Exercícios Mudança de Crenças (Fig. 18.3).

Acontecimento/experiência que apoia esta minha nova crença: "Sou competente." O que isso diz sobre mim?	Acontecimento/experiência com reestruturas da minha antiga crença: "Sou incompetente."
• Descobri como usar o drone [do filho], o que mostra que sou competente. • Consertei a estante da minha filha quando meu genro não conseguiu – evidência de competência. • Talão de cheques organizado – a maioria das pessoas consegue fazer isso, mas ainda assim é um sinal de competência. • Ajudei a montar o painel de drywall para Charlie – fui competente.	• Tive problemas para entender o artigo sobre tendências econômicas, mas a maioria das pessoas provavelmente também teria. • Não consegui descobrir como consertar os freios do meu carro, mas não sou um mecânico profissional. • Comprei um bilhete de estacionamento, mas o sinal era ambíguo. • O jantar que preparei estava terrível, mas isso significa que sou incompetente para preparar essa refeição, e não que sou incompetente como pessoa.

FIGURA 18.3 Folha de Exercícios de Mudança de Crenças de Abe. Copyright © 2018 CBT Worksheet Packet. Beck Institute for Cognitive Behavior Therapy, Philadelphia. Pennsylvania.

Experimentos Comportamentais

Como com os pensamentos automáticos, você pode ajudar o cliente a elaborar testes comportamentais para avaliar a validade de uma crença. Experimentos comportamentais, quando apropriadamente planejados e executados, podem modificar as crenças de um cliente com mais força do que técnicas verbais, tanto no nível emocional quanto intelectual.

JUDITH: [resumindo] Parece que esta crença: "Se eu pedir ajuda aos outros, eles vão me criticar" atrapalhou esta semana?
ABE: Sim, é por isso que não pedi para o meu vizinho.
JUDITH: O quanto você acredita nisso?
ABE: Não sei – muito.

JUDITH: Bem, você veio me pedir ajuda, e *eu* na verdade não o critiquei, não é?
ABE: Não, é claro que não. Mas esse é o seu trabalho, ajudar as pessoas.
JUDITH: É verdade, mas seria útil descobrir se as outras pessoas em geral são mais como eu ou não. Como você poderia descobrir?
ABE: Eu teria que lhes pedir ajuda.

Na parte seguinte, investigo que pedir ajuda ao vizinho seria um bom experimento comportamental.

JUDITH: OK, podemos falar sobre o seu vizinho? Que evidências você tem de que ele seria crítico se você pedisse ajuda para trocar a lâmpada?
ABE: (*Pensa.*) Bem, ele é um cara gentil. Acho que não iria me criticar.
JUDITH: Ele já o ajudou antes?
ABE: Sabe, quase tinha me esquecido disso, mas sim, houve uma vez em que meu neto trouxe o cachorro dele, que acabou fugindo. Meu vizinho nos ajudou a procurá-lo e, na verdade, foi ele quem o encontrou.
JUDITH: Ele pareceu ser crítico?
ABE: Não, ele pareceu feliz por ajudar.
JUDITH: Então quem sabe ele também poderia não o criticar agora?
ABE: Não, não, acho que não criticaria. Não sei por que não pensei nisso.
JUDITH: Bem, acho que a sua depressão ainda está lhe afetando.
ABE: Acho que vou bater na porta dele hoje depois do jantar.
JUDITH: Bom. Podemos acrescentar isso ao seu Plano de Ação. (*pausa*)

Na sequência, discutimos como Abe poderia lidar com a situação caso seu vizinho fosse crítico. Depois perguntei: "E então, você evitou de pedir ajuda para mais alguma coisa – porque pensou que seria criticado?".

É muito importante que os clientes mudem seu comportamento reduzindo sua evitação e entrando em situações que estavam evitando. Caso contrário, não terão a experiência real de ter suas crenças refutadas. Para uma extensa descrição e discussão de experimentos comportamentais, ver Bennett-Levy e colaboradores (2004).

Usando Histórias, Filmes e Metáforas

Você pode ajudar o cliente a desenvolver uma ideia diferente sobre si mesmo encorajando-o a refletir sobre sua visão de personagens ou pessoas que compartilham a mesma crença nuclear negativa que a dele. Ao experimentar exemplos vívidos de como as crenças muito fortes dos outros são inválidas, ou preponderantemente inválidas, o cliente começa a entender que ele também pode ter uma crença nuclear poderosa que não seja acurada.

Maria tinha certeza de que era má, pois sua mãe havia sido física e emocionalmente abusiva com ela, com frequência lhe dizendo o quanto ela era má. Para Maria, foi importante refletir sobre a história da Cinderela, em que uma madrasta perversa trata muito mal uma jovem sem que ela fosse a culpada por isso.

Outras metáforas comuns usadas na TCC podem ser encontradas em Stott e colaboradores (2010) e De Oliveira (2018).

Continuum *Cognitivo*

Esta técnica é útil para modificar pensamentos automáticos e crenças que refletem pensamento polarizado, ou seja, quando o cliente vê alguma coisa em termos de tudo ou nada. Um *continuum* cognitivo ajudou Abe a ver que existe um meio-termo entre ser um sucesso e um fracasso.

JUDITH: [resumindo] Então, quando descobriu que havia passado um cheque sem fundos, você pensou: "Sou um fracasso". Podemos ver como isso fica em uma escala? (*Desenha uma linha numerada.*) Então 100% representaria alguém que é um completo sucesso. E 0% é alguém que é 0% bem-sucedido ou, em outras palavras, um fracasso. (*pausa*) Agora, onde você se localiza nesta escala?

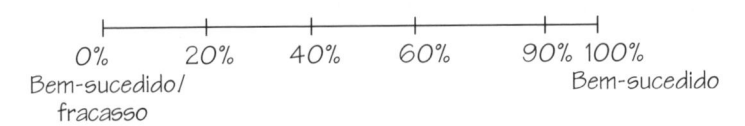

```
├──────┼──────┼──────┼──────┼──────┤
 0%    20%   40%   60%   90% 100%
Bem-sucedido/                Bem-sucedido
fracasso
```

ABE: Bem, estou quase sem dinheiro e não tenho um emprego real. Estou em 0.
JUDITH: No entanto, você é voluntário – mesmo que esteja deprimido. E está procurando trabalho, certo?
ABE: Acho que sim. Talvez eu esteja em 20%.
JUDITH: Há mais alguma pessoa que esteja entre você e alguém que absolutamente não esteja trabalhando?
ABE: Hummm... Talvez aquele cara que eu conheço, Jeremy. Ele trabalha o menos possível. Ele prefere relaxar e receber o seguro-desemprego.
JUDITH: OK. Onde Jeremy se localiza?
ABE: Em torno de 20%.
JUDITH: E você?
ABE: Em torno de 30%. Pelo menos eu estou *tentando* encontrar um emprego.
JUDITH: E quando você trabalhava, como era a *sua* ética no trabalho?
ABE: Oh, eu sempre trabalhava muito.
JUDITH: Vamos dar uma olhada em outra pessoa que nunca trabalha. Digamos que ele está sempre pegando dinheiro emprestado com seus familiares. Ele poderia trabalhar, mas nunca quer e nunca o faz. Esse é o tipo de pessoa que está em zero?

ABE: Provavelmente.

JUDITH: Agora, e que tal uma pessoa que nunca trabalha, vive do dinheiro da família e até mesmo prejudica os outros.

ABE: Essa pessoa seria um fracasso pior.

JUDITH: Então se ele estiver em 0%, onde se localizaria aquele com o dinheiro da família que não está prejudicando ninguém?

ABE: (*Pensa.*) Oh, acho que 20%. Ele não é um fracasso em todos os sentidos.

JUDITH: E Jeremy e você?

ABE: Vejamos. Ele estaria em 40% e eu estaria... Não tenho certeza.

JUDITH: Bem, se você estivesse trabalhando agora, onde se localizaria?

ABE: Hummm. Talvez em 90%? Porque não acho que um dia eu possa ser 100% bem-sucedido.

JUDITH: Então isso o coloca entre 40 e 90%?

ABE: (*parecendo não estar convencido*) Acho que sim...

JUDITH: Deixe-me perguntar uma coisa: Por que você não tem um trabalho remunerado? É porque você é preguiçoso ou porque tem má ética no trabalho? Ou é porque a depressão tem o afetado?

ABE: É a depressão.

JUDITH: Tem certeza?

ABE: Bem, sei que não sou preguiçoso quando não estou deprimido, e tenho uma boa ética no trabalho – e estou procurando um trabalho agora... Então acho que eu estaria em 60%.

JUDITH: Quão acurado você acha chamar de fracasso – 0% bem-sucedido – alguém que está na marca de 60%?

ABE: Não muito.

JUDITH: Talvez a *pior* coisa que você possa dizer é que ele é 60% bem-sucedido.

ABE: É. (*Seu rosto se ilumina visivelmente.*)

JUDITH: E depois que você estiver em um novo trabalho remunerado por seis meses, onde acha que estará na escala?

ABE: Isso depende do trabalho, mas espero ser 90% bem-sucedido.

JUDITH: Deixe-me fazer outra pergunta: Qual foi o efeito de se rotular como um fracasso?

ABE: Isso me deixa mais deprimido.

JUDITH: Sim. E, de acordo com a nossa escala, isso nem mesmo é verdade. Então você pode dizer com as suas próprias palavras o que aprendeu com essa escala?

ABE: Que não sou um fracasso. Acho que, na pior das hipóteses, sou 60% bem-sucedido e estou trabalhando para voltar a ser 90% bem-sucedido.

JUDITH: Isso é excelente. Vamos registrar por escrito. E eu gostaria que você examinasse esta escala todas as manhãs e sempre que começar a se sentir um fracasso novamente.

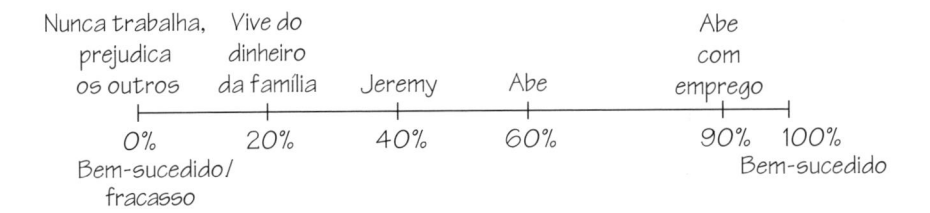

```
Nunca trabalha,   Vive do                              Abe
   prejudica     dinheiro                              com
   os outros    da família   Jeremy      Abe         emprego
   |---------------|-----------|----------|------------|----|
        0%          20%        40%       60%         90%  100%
   Bem-sucedido/                                        Bem-sucedido
     fracasso
```

Como com muitas destas técnicas de modificação de crenças, você provavelmente descobrirá que os clientes mudam seu pensamento no nível emocional e intelectual se suas emoções negativas forem intensificadas na sessão. Se a angústia for baixa, você pode conseguir alguma mudança, mas é provável que seja apenas no nível intelectual. E você pode ensinar o cliente diretamente a usar este tipo de técnica entre as sessões.

"Abe, vamos examinar o que fizemos aqui. Identificamos um erro do tipo tudo ou nada em seu pensamento. Então desenhamos uma linha numerada para ver se havia realmente apenas duas categorias – sucesso e fracasso – ou se é mais acurado considerar *graus* de sucesso. Você consegue pensar em mais alguma coisa que vê em apenas duas categorias, algo que o angustie?"

Usando Outras Pessoas como Ponto de Referência

Quando o cliente considera as circunstâncias e as crenças de *outras* pessoas, ele em geral obtém distância psicológica das próprias crenças disfuncionais. Ele começa a ver uma inconsistência entre o que acredita que seja verdade ou certo para ele e o que acredita mais objetivamente que é verdadeiro sobre outras pessoas.

Neste primeiro exemplo, Abe discorda da crença nuclear de sua prima, e eu o ajudo a aplicar essa perspectiva a si mesmo.

JUDITH: Abe, você mencionou na semana passada que acha que uma de suas primas também está deprimida?
ABE: Sim. Ela me ligou na semana passada. Ela teve diversos problemas. Primeiro, foi demitida. Depois o namorado rompeu com ela, e ela teve que se mudar para a casa da minha tia.
JUDITH: Como você acha que ela se vê?
ABE: Quando ela me ligou na outra noite, ela disse que estava se sentindo um fracasso.
JUDITH: O que você disse a ela?
ABE: Que ela não é um fracasso. Que só está passando por momentos difíceis atualmente.
JUDITH: Isso poderia valer para você também?
ABE: (*Pensa.*) Não tenho certeza.

JUDITH: Há alguma coisa diferente com a sua prima que faz com que não tenha problema se ela estiver deprimida e não tiver um emprego, mas com você não?
ABE: (*Pensa por um momento.*) Não, acho que não. Na verdade, eu não havia pensado dessa forma.
JUDITH: Você quer fazer alguma anotação sobre isso?

Por fim, muitos clientes podem obter distância de uma crença usando uma criança como ponto de referência, alguém por quem eles sentem compaixão. Pode ser seu próprio filho ou neto ou outra criança de quem se sintam próximos. Ou podem imaginar que eles mesmos têm um filho.

JUDITH: Abe, então você acredita que se não se sair tão bem quanto todos os outros, é porque fracassou?
ABE: Sim.
JUDITH: Será que você consegue imaginar que a sua neta agora está crescida? Ela tem 50 anos e está muito abalada porque acabou de perder o emprego. Você iria querer que ela acreditasse que é um fracasso?
ABE: Não, é claro que não.
JUDITH: Por que não?... No que você gostaria que ela acreditasse? (*Abe responde.*) Agora, de que forma o que você acabou de me dizer se aplica a você?

Usando Autoexposição

O uso apropriado e criterioso de autoexposição pode ajudar alguns clientes a encararem seus problemas ou crenças de uma forma diferente. A autoexposição, é claro, precisa ser genuína e relevante:

JUDITH: Sabe, Abe, quando comecei a trabalhar em tempo integral, eu me sentia sobrecarregada. E o meu marido também. Mas eu estava em dúvida se devia pedir que alguém me ajudasse em casa. Achei que deveria ser capaz de dar conta de tudo sozinha. Por fim, consegui alguém para me ajudar. O que você acha que significava sobre mim o fato de eu ter precisado de ajuda? Isso significava que eu era incompetente?
ABE: Com certeza não. É provável que você *realmente* tivesse muito a fazer.
JUDITH: Então, alguém pode precisar de ajuda, mas não ser incompetente?
ABE: Entendo o que você quer dizer.
JUDITH: Você poderia explicar?
ABE: Talvez o fato de eu precisar de ajuda agora não signifique necessariamente que sou incompetente.
JUDITH: O que poderia significar?

ABE: Como falamos na semana passada, que eu estou deprimido. Que eu não me julgaria tão severamente se estivesse de muletas e precisasse de ajuda.

Dramatizações Intelectuais-Emocionais

Esta técnica, também denominada "ponto-contraponto" (Young, 1999), em geral é empregada depois que você tentou outras técnicas, como as descritas neste capítulo. Ela é de particular utilidade quando o cliente diz que *intelectualmente* ele consegue ver que uma crença é disfuncional, mas que *emocionalmente* ou no seu íntimo ela ainda "parece" verdadeira. Você primeiro apresenta uma justificativa para pedir que o cliente faça o papel da parte "emocional" da sua mente que endossa fortemente a crença disfuncional, enquanto você faz o papel da parte "intelectual". Depois vocês trocam os papéis. Note que em ambos os segmentos você e o cliente falam como o cliente; ou seja, vocês dois usam o pronome "eu".

JUDITH: Pelo que está me dizendo, parece que você ainda acredita até certo ponto que é incompetente.
ABE: Sim.
JUDITH: Eu gostaria de entender melhor que evidências você ainda tem que apoiam a sua crença, se estiver bem para você.
ABE: Certo.
JUDITH: Podemos fazer uma dramatização? Eu faço a parte "intelectual" da sua mente que intelectualmente sabe que você não é *completamente* incompetente. E eu gostaria que *você* fizesse o papel da parte *emocional* da sua mente, essa voz no seu íntimo que ainda acredita que você *é* incompetente. Quero que você discuta comigo o mais fortemente possível, para que eu possa ver o que está mantendo a crença. OK?
ABE: Sim.
JUDITH: OK, você começa. Diga: "Sou incompetente porque...".
ABE: Sou incompetente porque perdi meu emprego.
JUDITH: Não, eu não sou. Eu tenho uma *crença* de que sou incompetente, mas sou razoavelmente competente na maior parte do tempo.
ABE: Não, eu não sou. Se eu fosse verdadeiramente competente, teria me saído muito bem no trabalho.
JUDITH: Isso não é verdade. Eu não me saí bem no trabalho porque meu chefe mudou minhas responsabilidades e não me treinou bem o suficiente.
ABE: É, mas Emilio se saiu bem no inventário. Isso mostra que eu fui incompetente.
JUDITH: Isso também não está certo. Emilio tinha aptidões nas habilidades necessárias para o inventário, e eu tinha outras. A pior coisa que você pode dizer é que eu fui incompetente ao fazer o inventário. Mas eu sou competente em muitas outras coisas.

ABE: Mas eu não tenho agido de forma muito competente nestes últimos dois anos.
JUDITH: Isso é verdade; mas à medida que minha depressão melhorou, eu tenho agido de forma muito mais competente nos últimos tempos.
ABE: Mas, antes de tudo, uma pessoa verdadeiramente competente não ficaria deprimida.
JUDITH: Na verdade, mesmo pessoas verdadeiramente competentes ficam deprimidas. Não existe uma conexão entre essas duas coisas. E quando pessoas verdadeiramente competentes ficam deprimidas, a concentração e a motivação delas definitivamente sofrem, e elas não têm um desempenho tão bom quanto o habitual. Mas isso não significa que elas são totalmente incompetentes.
ABE: Acho que isso é verdade. Elas estão apenas deprimidas.
JUDITH: Você está certo, mas está fora do papel. Mais alguma evidência de que você é completamente incompetente?
ABE: (*Pensa por um momento.*) Não, acho que não.
JUDITH: Bem, que tal trocarmos de papel agora, e desta vez você faz a parte "intelectual" que responde à minha parte "emocional"? E vou usar seus mesmos argumentos.
ABE: OK.
JUDITH: Vou começar. "Sou incompetente porque perdi meu emprego."

Trocar os papéis dá ao cliente a oportunidade de falar com a voz intelectual que você acabou de demonstrar. Você usa o mesmo raciocínio emocional e as mesmas palavras que ele usou. Usar as palavras do cliente e não apresentar material novo o ajuda a responder com mais precisão às suas preocupações específicas.

> **DICAS CLÍNICAS**
>
> Se o cliente não conseguir formular uma resposta quando estiver no papel intelectual, vocês podem trocar os papéis temporariamente ou sair do papel para discutir o ponto emperrado. Como com qualquer técnica de modificação de crenças, você avaliará a sua eficácia e o grau em que o cliente precisa trabalhar mais na crença. Você faz isso pedindo que o cliente avalie o quanto sua crença é forte antes e depois da intervenção.

Muitos clientes acham útil dramatizar a parte intelectual-emocional. Alguns, no entanto, se sentem desconfortáveis ao fazer isso. Como com qualquer intervenção, a decisão de usar deve ser colaborativa. Como esta é uma técnica um pouco confrontativa, leve em especial consideração as reações não verbais do cliente durante a dramatização. Além disso, procure assegurar que o cliente não se sinta criticado ou depreciado pela ascensão da parte intelectual da sua mente sobre a parte emocional.

Testes Históricos

Modificar crenças disfuncionais reestruturando a experiência atual relevante ou usando material atual como exemplos é suficiente para muitos clientes. Outros se beneficiam com a discussão de como e quando uma crença nuclear negativa se originou e foi mantida e por que fez sentido para o cliente acreditar nela na época.

A crença de Maria de que ela não merecia amor se originava da infância. Perguntei a ela: "Que memórias você tem nas quais acreditava que não era amada? Vamos começar com seus anos no ensino fundamental, portanto quando tinha cerca de 6 a 11 anos". Depois disso, perguntei sobre lembranças relevantes quando ela era adolescente. (Ela não tinha memórias pertinentes quando muito pequena.) Depois usamos questionamento socrático para reestruturar o significado que ela atribuiu a cada uma dessas experiências. Por fim, pedi que Maria escrevesse um resumo da sua nova compreensão de si mesma dos períodos de tempo mais destacados. Isto é o que ela concluiu sobre o ensino fundamental: "Eu era basicamente amada. Eu tinha uma melhor amiga e era amiga de algumas outras meninas. Eu sofria *bullying* de um grupo de meninos que pegavam no pé das pessoas para se sentirem superiores. Isso diz alguma coisa negativa sobre eles, mas não sobre mim". Pedi que Maria lesse esta nota da terapia todos os dias.

Reestruturando o Significado das Memórias Precoces

Para modificar o significado de acontecimentos consideravelmente negativos (da infância ou posteriores) no nível emocional, alguns clientes também podem precisar de técnicas experienciais em que "revivem" as experiências na sessão com você e, na presença de afeto significativo, usam dramatização ou imaginário para reestruturar o significado no nível emocional. (Ver Apêndice D.)

RESUMO

O fortalecimento de crenças adaptativas e a reestruturação de crenças mal-adaptativas requerem trabalho sistemático e constante ao longo do tempo. As técnicas aplicáveis à reestruturação de pensamentos automáticos e crenças intermediárias podem ser usadas junto com técnicas mais especializadas orientadas especificamente para as crenças nucleares. Estratégias adicionais para modificar crenças nucleares podem ser encontradas em múltiplos recursos, incluindo J. S. Beck (2005), Beck e colaboradores (2015), McEvoy e colaboradores (2018), Pugh (2019) e Young (1999).

> **PERGUNTAS PARA REFLEXÃO**
> Como você pode fortalecer crenças adaptativas e modificar crenças mal-adaptativas? Como as crenças são fortalecidas com o tempo?

EXERCÍCIO PRÁTICO

Imagine que você tem uma crença nuclear de que é inferior, não merece amor ou não tem valor. Pense em uma crença nuclear adaptativa e preencha a Folha de Exercícios para Mudança de Crenças.

19

Técnicas adicionais

Já abordamos muitas técnicas básicas da terapia cognitivo-comportamental (TCC) neste livro, entre elas psicoeducação; foco nas aspirações, valores e pontos fortes; monitoramento do humor e do comportamento; reestruturação cognitiva; folhas de exercícios; experimentos comportamentais; e *mindfulness*. Essas técnicas podem influenciar o pensamento, o comportamento e/ou a excitação fisiológica do cliente. Algumas aumentam o afeto positivo, algumas diminuem o afeto negativo, e algumas fazem as duas coisas. De acordo com o que foi descrito no Capítulo 9, você colaborativamente escolhe as técnicas usando sua conceitualização do cliente como um guia.

Conforme descrito no Capítulo 2, a TCC adapta técnicas de muitas modalidades psicoterápicas baseadas em evidências: terapia de aceitação e compromisso, terapia focada na compaixão, terapia comportamental dialética, terapia focada na emoção, Gestalt-terapia, psicoterapia interpessoal, terapia metacognitiva, terapia cognitiva baseada em *mindfulness*, entrevista motivacional, psicoterapia psicodinâmica, terapia do esquema, terapia do bem-estar e outras, dentro do contexto de uma conceitualização cognitiva. Você também irá inventar suas próprias técnicas à medida que se tornar mais proficiente como terapeuta cognitivo-comportamental.

Este capítulo responde as seguintes perguntas:

> **Como você ajuda os clientes a regularem suas emoções (p. ex., mediante reenquadramento, distração, autotranquilização e exercícios de relaxamento)?**
> **Como você sabe quando realizar treinamento de habilidades?**
> **Como você ajuda os clientes a serem melhores solucionadores de problemas?**
> **Como você ajuda os clientes a tomarem decisões?**
> **Como você cria indicações de tarefas gradativas?**
> **Como você faz exposição?**

Quando você pode usar dramatização?
Quando as técnicas da "*pizza*" são úteis?
Como você pode mudar autocomparações desfavoráveis?

TÉCNICAS DE REGULAÇÃO EMOCIONAL

O objetivo da TCC não é eliminar a emoção negativa. Todas as emoções são importantes. As emoções negativas frequentemente apontam para um problema que precisa ser resolvido (que pode ou não incluir mudança no pensamento) – ou, caso não possa ser resolvido, aceito. O objetivo da TCC é reduzir o grau e a duração da emoção negativa que não parece ser proporcional à situação (dada a cultura e as circunstâncias do cliente), em geral relacionada a percepções distorcidas ou inúteis. A aceitação da emoção negativa (em vez da evitação) é essencial para alguns clientes (Linehan, 2015; Segal et al., 2018). A terapia de aceitação e compromisso (Hayes et al., 1999) descreve metáforas úteis para aceitação da emoção negativa, voltando a atenção do indivíduo para a ação de valor.

Você já leu sobre técnicas de regulação emocional ao longo deste livro, especialmente modificação de cognições disfuncionais e do comportamento mal-adaptativo; engajamento consciente em atividades sociais, prazerosas, produtivas e de auto cuidado; exercício; foco nos próprios pontos fortes e qualidades positivas; e cultivo de cognições positivas e comportamento adaptativo. Na sequência, apresentamos técnicas adicionais.

Reenquadramento, Engajamento em Comportamento de Valor e Autotranquilização

Na maioria das vezes em que me sinto angustiada, verifico a acurácia do meu pensamento e faço solução de problemas. Mas ocasionalmente fico emperrada pensando de uma forma inútil. Por exemplo, isso me acontece algumas vezes quando tenho um problema que não consigo resolver, pelo menos no momento, ou quando estou me sentindo irritada por alguma coisa que não posso mudar. Se o exame do meu pensamento não ajudar, eu mudo meu foco. Digo a mim mesma: "Pensar sobre isso agora não é útil. Tudo bem se eu estiver me sentindo _____ (nervosa, irritada, etc.). Devo apenas retomar o foco no que estou fazendo (ou me engajar em uma ação de valor)". Presumo que você faça isso também, e é possível ensinar seus clientes a fazerem o mesmo. Ajude-os a monitorarem suas respostas afetivas negativas, notando onde sua atenção está, e então mudando seu foco para outra coisa.

Inúmeros *sites* listam atividades prazerosas e autotranquilizadoras, exercícios de relaxamento ou *mindfulness*. Para citar apenas alguns, o cliente pode voltar o foco para a tarefa em questão, para sua experiência imediata (usando todos os seus sentidos, especialmente se estiver ruminando sobre acontecimentos passados ou obcecado sobre acontecimentos futuros), para seu corpo ou sua respiração, ou para suas aspirações e planejar trabalhar voltado para essas aspirações. Ele pode se engajar em várias atividades: ação de valor, conversar com outras pessoas, navegar na internet, jogar um *videogame*, publicar ou visualizar *posts* nas mídias sociais, fazer tarefas domésticas, exercitar-se, tomar um banho de banheira ou chuveiro, interagir com crianças ou animais de estimação ou praticar gratidão.

Abe frequentemente ruminava e se tornou muito autocrítico em relação a erros percebidos que havia cometido no passado, e se preocupava com as finanças e com seu futuro. Ensinei a ele *mindfulness* da respiração e o ajudei a elaborar uma lista por escrito de coisas em que ele poderia engajar sua atenção, uma vez que determinamos que essa ruminação e autocrítica traziam mais prejuízos do que vantagens.

Relaxamento

Muitos clientes, sobretudo aqueles que experimentam tensão corporal, beneficiam-se da aprendizagem de técnicas de relaxamento, descritas em detalhes em outro lugar (Benson, 1975; Davis et al., 2008; Jacobson, 1974). Existem diversos tipos de exercícios de relaxamento, incluindo relaxamento muscular progressivo (RMP), imaginário e respiração lenta/e ou profunda. O RMP ensina o cliente a alternadamente tensionar e então relaxar grupos musculares de forma sistemática. O imaginário envolve fazer o cliente criar uma visão na sua mente de sentir-se relaxado, calmo e seguro em um ambiente particular, como deitado em uma praia. Também são inúmeros os exercícios de respiração que você pode ensinar ao cliente. Busque roteiros *on-line* e faça o cliente experimentar um ou mais desses exercícios na sessão, enquanto você faz uma gravação em áudio no telefone dele para prática diária em casa.

> **DICAS CLÍNICAS**
>
> Alguns clientes experimentam um efeito de excitação paradoxal dos exercícios de relaxamento; eles na verdade ficam mais tensos e ansiosos (Barlow, 2002; Clark, 1989). Você pode usar isto como uma experiência de aprendizagem. Pergunte ao cliente: "Você tem medo de que algo aconteça se continuar com este exercício?". Então encoraje-o a continuar as técnicas de relaxamento para descobrir até que ponto seus temores se tornam realidade.

TREINAMENTO DE HABILIDADES

Muitos clientes deprimidos apresentam déficits em certas habilidades, incluindo comunicação, parentalidade efetiva, entrevista de emprego, orçamento, administração da casa ou do tempo, organização e relacionamentos. Quando identificar um déficit nas habilidades, apresente uma justificativa para trabalhar nele e então tome uma decisão colaborativa para fazê-lo. Descreva a habilidade e a demonstre durante a sessão. Livros de autoajuda e livros de exercícios de TCC também podem ser úteis para ensinar aos clientes algumas habilidades; você pode encontrar uma lista em www.abct.org/SHBooks.

No entanto, quando identificar um obstáculo ou problema, você precisará ver se o cliente tem um déficit real na habilidade ou se ele tem cognições que interferem no uso de uma habilidade que ele já possui. Você pode perguntar: "Se tivesse certeza de que obteria um bom resultado, então o que faria ou diria?". Se ele lhe der uma resposta razoável, poderá não precisar de treinamento de habilidades, apenas reestruturação cognitiva. Por exemplo, o pensamento: "E se eu cometer um erro?" pode levar o cliente a evitar realizar uma tarefa que ele sabe como fazer. "Se eu tentar colocar limites no meu filho, ele não vai me ouvir de qualquer modo" pode originar uma parentalidade excessivamente permissiva. No entanto, esses clientes podem ter habilidades adequadas.

> **DICAS CLÍNICAS**
>
> Quando o cliente está inseguro sobre o que dizer a outra pessoa, dê a ele a opção de fazer o próprio papel ou da outra pessoa em uma dramatização. Se ele fizer o próprio papel, e fizer um bom trabalho, dê um *feedback* positivo e pergunte se ele quer anotar o que disse para que possa se lembrar melhor. Se não fizer um bom trabalho, pergunte se ele gostaria que você demonstrasse outra abordagem. Em caso afirmativo, você fará o papel do cliente, mas depois trocam os papéis para que o cliente tenha a chance de praticar. Se necessário, interrompa a dramatização para dar *feedback* e faça o cliente praticar outra vez. Defina colaborativamente um Plano de Ação para usar a habilidade da comunicação em circunstâncias particulares ou com pessoas específicas.

SOLUÇÃO DE PROBLEMAS

Em associação com seus transtornos psicológicos ou além deles, os clientes enfrentam obstáculos na vida real para dar os passos em direção à ação de valor ou para realizar suas aspirações. A cada sessão, você irá encorajar o cliente a olhar para o futuro, para a próxima semana ou semanas, pensar sobre o que ele pode fazer para melhorar sua experiência e identificar obstáculos ou problemas potenciais. São várias as abordagens a escolher, dependendo da natureza das dificuldades previstas.

Dificuldade na Solução de Problemas

Você pode focar no encorajamento do cliente para encontrar soluções para o problema, em consonância com seus valores e aspirações. Quando o cliente tem algum déficit nas habilidades para solução de problemas, ele pode se beneficiar da instrução direta sobre solução de problemas, onde aprenderá a especificar um problema, elaborar soluções, escolher uma solução, implementá-la e avaliar a sua eficácia (ver, p. ex., D'Zurilla & Nezu, 2006). Você também pergunta ao cliente como ele resolveu problemas parecidos no passado, ou como ele aconselharia um amigo próximo ou um familiar a resolver o mesmo tipo de problema. Ou você mesmo pode oferecer soluções potenciais. Também é possível usar autoexposição criteriosa, quando relevante.

Alguns problemas são facilitados por uma mudança no ambiente. Maria percebeu que seu consumo excessivo de comidas de elevado valor calórico estava relacionado a não ter por perto comida suficientemente saudável. Ela decidiu que ir ao supermercado duas vezes por semana deveria se tornar uma prioridade. Essa mudança ajudou de forma significativa.

Algumas soluções de problemas podem envolver mudanças consideráveis na vida. Depois da avaliação cuidadosa de uma situação, você pode encorajar esposas agredidas a buscarem proteção ou a tomarem medidas legais. Se você tiver clientes que são cronicamente insatisfeitos com seus empregos, pode guiá-los na análise das vantagens e desvantagens de continuar no emprego atual *versus* procurar outro emprego.

Quando cognições disfuncionais interferem na solução de problemas, você ajudará o cliente a identificar e responder às cognições que interferem e então voltar para a solução dos problemas. Abe, por exemplo, queria comprar roupas para um evento especial. Ele sabia como pedir ao seu primo para ir com ele, mas sua crença de que não deveria pedir ajuda o inibia. Depois de avaliar suas cognições sobre esta situação específica, Abe implementou a solução que havia idealizado inicialmente.

Quando os Problemas Não Podem Ser Resolvidos

É claro que nem todos os problemas podem ser resolvidos. Quando os problemas não estão causando muita angústia, o cliente pode ser capaz de aceitá-los sem muita ajuda da sua parte. Você pode lhe ensinar a técnica do "Ah, tá bem" (J. S. Beck, 2007). "Ah, tá bem" é uma versão abreviada para "Não gosto desta situação ou problema. Mas não há nada que eu possa fazer para mudá-la, não se eu quiser atingir meu objetivo. Portanto, é melhor parar de lutar, aceitá-la e mudar minha atenção para outra coisa". Abe achou esta técnica útil quando não conseguiu o emprego para o qual tinha feito uma entrevista.

Quando os clientes têm cognições inúteis associadas a um problema insolúvel, em geral é necessária reestruturação cognitiva (ver pp. 254-255). Abe tinha um problema com sua ex-mulher. Ela era altamente crítica com ele. Por várias vezes ele havia tentado falar com ela sobre terem conversas mais produtivas, mas ela o criticou ainda mais. Parecia improvável que ela mudasse. O que piorava o problema, no entanto, eram as cognições de Abe quando estava deprimido. Ele costumava pensar: "Ela está certa. Eu não presto para nada". Avaliar e responder a essa cognição tornou mais fácil para Abe aceitar o comportamento dela, voltar sua atenção para outro lugar e trabalhar para aumentar sua satisfação na vida de outras maneiras. Embora não tenha conseguido resolver o problema, ele foi capaz de mudar a sua *resposta* ao problema.

Quando os Problemas Têm uma Baixa Probabilidade de Ocorrência

Quando é improvável que os problemas ocorram, você pode ajudar o cliente a

- avaliar a probabilidade de ocorrência do problema;
- procurar os desfechos melhores e mais realistas;
- discutir como lidar se o problema realmente surgir;
- distinguir entre precauções razoáveis e irracionais;
- aceitar a incerteza;
- reduzir um senso de responsabilidade excessivamente inflado;
- reconhecer e expandir seus recursos pessoais e externos; e/ou
- aumentar seu senso de autoeficácia.

TOMADA DE DECISÕES

Muitos clientes, sobremaneira aqueles que estão deprimidos, têm dificuldade para tomar decisões. Quando o cliente quer a sua ajuda nesta área, peça que ele liste as vantagens e desvantagens de cada opção e então o ajude a criar um sistema para pesar cada item e tirar uma conclusão sobre qual opção parece ser a melhor (Fig. 19.1).

JUDITH: Você mencionou que queria ajuda para decidir se deve ser voluntário no abrigo dos sem-teto, certo?
ABE: Sim.
JUDITH: OK. (*Pega uma folha de papel.*) Se não tiver problema para você, eu gostaria de lhe mostrar como pesar as vantagens e desvantagens. Você já fez isso alguma vez?
ABE: Não. Pelo menos não por escrito. Tenho examinado alguns prós e contras mentalmente.
JUDITH: Bom. Isso vai nos ajudar a começar. Acho que você vai descobrir que escrever deixará a decisão mais clara. Por onde quer começar, ser voluntário ou não ser voluntário?
ABE: Ser voluntário, eu acho.

Vantagens de ser voluntário	Desvantagens de ser voluntário
1. Me tirar de dentro de casa 2. Fazer eu me sentir útil, produtivo 3. Ajudar as pessoas 4. Bom passo antes de conseguir um trabalho remunerado 5. Aprender novas habilidades?	1. Posso ficar muito cansado 2. Posso não gostar 3. Pensar nisso me deixa ansioso
Vantagens de não ser voluntário	Desvantagens de não ser voluntário
1. Não ter que me sentir ansioso sobre isso 2. Pode poupar minha energia para outras coisas 3. Não ter que enfrentar fracasso potencial	1. Não ajuda a minha depressão 2. Não me tira de dentro de casa 3. Não me dá oportunidade potencial de me sentir útil e produtivo 4. Não me ajuda a praticar para um trabalho remunerado 5. Não aumenta meu conjunto de habilidades

FIGURA 19.1 Análise de Abe das vantagens e desvantagens.

JUDITH: OK. Escreva "Vantagens de ser voluntário" no canto superior esquerdo neste papel e "Desvantagens de ser voluntário" no canto superior direito, e "Vantagens de não ser voluntário" e "Desvantagens de não ser voluntário" na parte inferior.

ABE: (*Faz isso.*) OK.

JUDITH: O que você tem pensado? Poderia anotar aqui algumas vantagens e desvantagens de ser voluntário? (*Abe anota as ideias que já teve até o momento. Faço algumas perguntas para guiá-lo.*) E quanto ao fato de que você sairia de casa – isso é uma vantagem também?

ABE: Sim. (*Anota isso.*)

Abe e eu continuamos este processo até que ele ache que já registrou ambos os lados adequada e minuciosamente. Repetimos o processo com a segunda opção. O exame das vantagens e desvantagens de uma das opções ajuda Abe a se lembrar de outros itens a serem adicionados à outra opção. A seguir, ajudo Abe a avaliar os itens:

JUDITH: OK, parece estar bem completo. Agora você precisa pesar os itens de alguma maneira. Você quer circular os itens mais importantes – ou classificar a importância de cada um em uma escala de 0 a 10?

ABE: Circular os itens, eu acho.
JUDITH: OK, vamos examinar cada lista agora. Quais itens parecem mais importantes para você? (*Abe circula itens em cada coluna na Fig. 19.1.*) Apenas passando os olhos no que circulou, o que você acha?
ABE: Eu gostaria de ser voluntário porque estaria ajudando as pessoas e acho que me sentiria produtivo, e seria bom para sair de casa. Mas acho que eu não saberia o que fazer.
JUDITH: Você acha que todos que se voluntariam lá sabem o que fazer de antemão? Você poderia descobrir se há alguma orientação? E quem é a pessoa que você deve procurar se tiver perguntas? Talvez precise de um pouco mais de informações antes de tomar a sua decisão.

No fim da discussão, eu aumento a probabilidade de que Abe use esta técnica novamente:

"Você achou este [processo de listar e pesar as vantagens e desvantagens] útil? Consegue pensar em outras decisões que poderia tomar em que seria bom fazer a mesma coisa? Como você pode se lembrar de fazer desta maneira?"

INDICAÇÕES DE TAREFAS GRADATIVAS E A ANALOGIA DA ESCADA

Clientes deprimidos facilmente se sentem sobrecarregados por tarefas que precisam realizar. É importante dividir tarefas maiores em partes administráveis (Beck et al., 1979). Para atingir um objetivo, você em geral precisa realizar inúmeras tarefas ou dar inúmeros passos ao longo do caminho. Os clientes tendem a se sentir sobrecarregados quando focam no quão distantes estão de um objetivo, em vez de focar no seu passo atual. Uma representação gráfica dos passos costuma ser tranquilizadora (Fig. 19.2).

JUDITH: Maria, parece que você fica nervosa só de pensar em se mudar, mas isso é algo que você realmente quer fazer.
MARIA: Sim.
JUDITH: E se pudéssemos dividir isso em passos? Por exemplo, você poderia começar decidindo para quais bairros gostaria de se mudar.
MARIA: Sim, eu estava pensando em pedir um conselho à minha vizinha. Ela pesquisou bastante antes de se mudar para a casa ao lado.
JUDITH: O que poderia ser o passo seguinte? (*Guia Maria na identificação de vários passos adicionais.*) Você ainda está ansiosa sobre se mudar?
MARIA: Sim, um pouco.

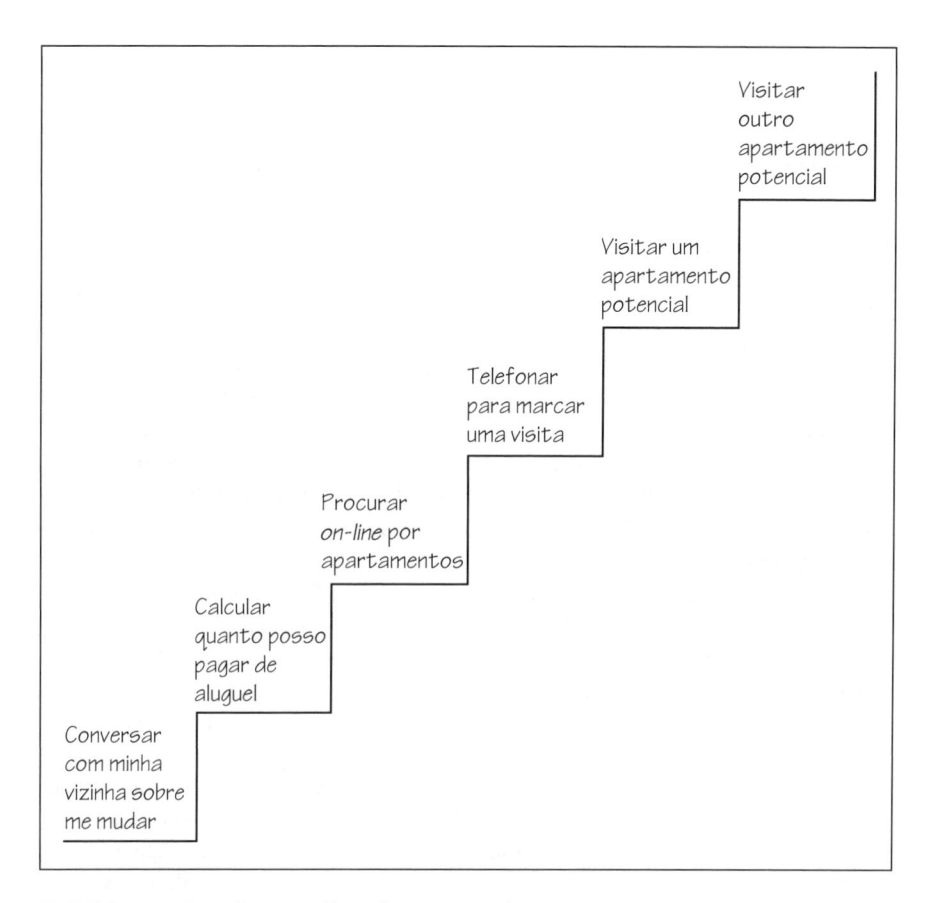

```
                                    Visitar
                                    outro
                                    apartamento
                                    potencial
                        Visitar um
                        apartamento
                        potencial
                Telefonar
                para marcar
                uma visita
         Procurar
         on-line por
         apartamentos
    Calcular
    quanto posso
    pagar de
    aluguel
Conversar
com minha
vizinha sobre
me mudar
```

FIGURA 19.2 Usando a metáfora de uma escada.

JUDITH: (*Desenha uma escada.*) OK, isto é o que eu quero que você se lembre. Você vai seguir degrau por degrau, como se estivesse subindo uma escada. Você não vai se mudar imediatamente. Você vai começar por aqui (*apontando para a base*), conversando com a sua vizinha. Depois vai calcular quanto pode pagar de aluguel. Então irá começar a procurar apartamentos *on-line*. Depois pode marcar uma visita ao primeiro apartamento. E depois irá visitar o primeiro apartamento potencial. E então o segundo. Você vai começar por aqui (*apontando para o degrau inferior*) e subir apenas um degrau de cada vez (*desenhando uma seta do primeiro degrau até o seguinte*). Você se sentirá mais confortável em cada degrau antes de passar para o seguinte. Você *não vai* pular daqui (*apontando para o degrau inferior*) até aqui (*apontando para o último degrau*). OK?
MARIA: Aham.

JUDITH: Então cada vez que começar a pensar no objetivo final, que tal se lembrar desta escada, especialmente do degrau em que você está agora, e em como vai dar apenas um passo de cada vez. Você acha que isso ajudará a diminuir sua ansiedade?

EXPOSIÇÃO

Clientes deprimidos e ansiosos costumam se engajar em evitação, uma estratégia de enfrentamento. Eles podem se sentir sem esperança para se engajar em certas atividades ("Ligar para os meus amigos não vai me fazer bem. Eles não vão querer me ver") ou temerosos ("Se eu [fizer esta atividade], algo ruim vai acontecer"). A evitação pode ser bem evidente (p. ex., clientes que passam muito tempo na cama, evitam atividades de autocuidado, tarefas domésticas, socializar e pequenos afazeres). Estas últimas evitações são *comportamentos de segurança* (Salkovskis, 1996). Os clientes acreditam que esses comportamentos irão afastar a ansiedade ou os desfechos temidos.

Embora a evitação tenda a proporcionar alívio imediato (e, portanto, é reforçadora), ela perpetua o problema. Os clientes não têm oportunidade de testar seus pensamentos automáticos e receber evidências que os refutem. Quando os clientes estão ansiosos e significativamente evitativos, você apresentará uma justificativa forte para a exposição. Isto é o que você diria usando uma abordagem tradicional em TCC:

TERAPEUTA: Podemos falar sobre reduzir a sua evitação de _____ [situação temida]? Pesquisas nos mostraram que a forma de vencer um medo de _____ é você se expor a ele, seja em passos graduais ou de uma vez só, o que preferir. Por exemplo, sei que você tem gatos, portanto não deve ter medo deles. Mas, se tivesse, como iria vencer isso? Poderíamos começar fazendo você olhar para imagens ou vídeos de gatos e fazer isso até que percebesse que suas previsões não eram acuradas, e provavelmente sua ansiedade diminuiria. (*pausa*) Você está me acompanhando até aqui?

CLIENTE: Sim.

TERAPEUTA: Então talvez visitasse alguém que você sabe que tem um gato e que está disposto a colocá-lo dentro de uma caixa de transporte. Depois talvez colocássemos você perto de um filhote de gato para que tentasse fazer carinho nele, etc. A ideia é reduzir a evitação para que você possa aprender se suas crenças e previsões sobre gatos são acuradas. E você também pode aprender se é capaz de tolerar a ansiedade.

Conforme recém-observado, você irá criar com o cliente uma hierarquia das situações evitadas. Faça com que ele classifique o quanto acha que ficaria ansioso em cada situação, em uma escala de 0 a 100 (ou 0 a 10), e anote na lista, colocando primeiro as atividades que menos provocam ansiedade, deixando as mais ansiogênicas no final. Então descubra em que atividades o cliente quer trabalhar na semana seguinte. Os clientes em geral querem começar pelas exposições que provocam menos ansiedade. Costumamos procurar situações em que eles preveem que ficarão aproximadamente 30% ansiosos. Mas às vezes um cliente opta por se engajar na atividade mais ansiogênica. Quando ele se expõe com sucesso a tal situação, isso geralmente acelera o tratamento.

Em uma orientação para a recuperação, você associaria as exposições aos valores e aspirações do cliente. Isto é o que você diria:

> "Sei que é importante para você ser capaz de ir visitar sua avó, mas parece que sua estratégia de evitação está o impedindo de fazer isso. Você gostaria de dar um passo em direção a essa longa viagem de carro nesta semana? Você pode ir até algum lugar que ache que irá aumentar apenas um pouco a sua ansiedade ou pode escolher um lugar que poderia provocar muito mais ansiedade."

Independentemente de você identificar uma exposição formal ou informalmente, peça que o cliente se engaje na atividade todos os dias (se viável) e permaneça na situação até descobrir que o desfecho temido não acontece (Craske et al., 2014). Queremos que os clientes acreditem que "Esta atividade não é perigosa. Não preciso evitá-la. Mesmo que haja um desfecho ruim, ainda posso lidar com ele". Caso seja possível, faça o cliente se engajar em uma exposição no seu consultório ou o acompanhe até outro local.

É importante que você e o cliente estejam alertas para o seu uso de comportamentos de segurança. Não queremos que ele pense: "Que bom que eu [usei esse comportamento de segurança] ou algo de ruim realmente teria acontecido". Sugira que ele se questione durante as exposições: "Será que estou fazendo tudo para tentar evitar [a consequência temida] ou tornar [o resultado temido] menos provável?". Também peça que ele monitore seus pensamentos automáticos depois de cada exposição. Ele precisa estar alerta para cognições inúteis como "Consegui tolerar a ansiedade desta vez, mas, na próxima, não vou conseguir". Na sessão seguinte, se o cliente se expôs com sucesso à atividade e tirou conclusões úteis, ele pode escolher uma nova exposição para a próxima semana.

Exposição imaginária é frequentemente útil. Você pode pedir que o cliente se imagine entrando em uma situação ou se engajando em uma atividade, sobretudo em duas condições:

1. Quando o cliente está muito temeroso de fazer até mesmo exposições leves.
2. Quando é impraticável fazer exposições regulares.

Você também pode fazer com que o cliente faça exposições virtuais em que ele entra em um cenário "virtual" para testar seus medos.

Os clientes têm maior probabilidade de realizar um trabalho diário em uma hierarquia gradativa de exposição se você pedir que eles preencham um monitor diário (Fig. 19.3). Isso pode ser simples, listando-se apenas a data, a atividade e o nível de ansiedade. Você também pode pedir que os clientes registrem e então *risquem* as previsões que não se mostraram verdadeiras, o que também os faz se lembrarem da imprecisão de muitos dos seus pensamentos.

Os clientes também podem temer, e então evitar, estímulos internos:

- Experimentando emoção forte
- Pensando sobre situações perturbadoras ou temidas
- Tendo lembranças penosas
- Ficando fisiologicamente excitados
- Enfrentando dor física

Estes clientes costumam se beneficiar de exercícios de *mindfulness* (ver Cap. 16) em que realizam experimentos comportamentais para se expor a esses estímulos e testar seus medos.

DICAS CLÍNICAS

Quando o cliente tiver muito medo de fazer exposições, você poderá precisar permitir que ele use comportamentos de segurança inicialmente, tendo alguém no carro com ele quando dirigir atravessando uma ponte, por exemplo. Mas o passo seguinte deve ser entrar na situação sem usar o comportamento de segurança.

Já forneci uma ampla descrição da exposição, mas você precisará de instrução adicional. Descrições detalhadas do processo usado para desenvolver hierarquias agorafóbicas podem ser encontradas em várias fontes (p. ex., Goldstein & Stainback, 1987). Dobson e Dobson (2018) descrevem planos para sessões efetivas de exposição, possíveis alvos e fatores que reduzem a eficácia da exposição.

Data	Atividade	Nível previsto de ansiedade (1-100)	Nível real de ansiedade (1-100)	Previsões
12/12	Ir a uma cerimônia religiosa	90%	60%	~~Não vou conseguir aguentar a ansiedade.~~ ~~Vou ter que sair da cerimônia mais cedo.~~

FIGURA 19.3 Monitor de exposição.

DRAMATIZAÇÃO

A dramatização é uma técnica que pode ser usada para uma ampla variedade de propósitos. Descrições de dramatizações podem ser encontradas ao longo deste livro, incluindo as que revelam pensamentos automáticos, desenvolvem uma resposta adaptativa e modificam crenças intermediárias e nucleares. As dramatizações também são úteis na aprendizagem e prática de habilidades sociais.

Alguns clientes possuem habilidades sociais fracas em geral. Outros têm boas habilidades sociais para um tipo de comunicação (p. ex., no trabalho, mas não em casa – ou vice-versa), mas não possuem habilidades para adaptar seu estilo quando necessário. Abe, por exemplo, é relativamente bom na conversa social normal e em situações que requerem uma postura preocupada e empática. Perguntei a ele: "Se tivesse certeza de que sua prima reagiria bem, o que você lhe diria sobre cancelar os planos no último minuto?". Abe não tinha certeza. Ele tinha um déficit de habilidade. Então fizemos duas dramatizações. Na primeira, fiz o papel de Abe. Depois ele fez o próprio papel. Então perguntei se alguma coisa poderia impedi-lo de ter uma conversa semelhante com sua prima. Ele respondeu: "Ela poderia considerar isso como uma crítica". Neste caso, Abe tinha um déficit de habilidade e uma cognição interferindo que precisávamos abordar.

USO DA TÉCNICA DA "PIZZA"

Com frequência é útil que os clientes vejam suas ideias na forma de um gráfico. O quadro em forma de *pizza* pode ser usado de muitas maneiras, por exemplo, ajudando o cliente a definir objetivos. Também pode indicar quanto tempo ele atualmente está dedicando a cumprir suas aspirações ou valores (Fig. 19.4). Outro uso do quadro em forma de *pizza* é determinar a responsabilidade relativa para um determinado desfecho (Fig. 19.5).

JUDIT: Abe, o quanto você acredita que seja sua culpa o fato de sua ex-mulher ficar tão irritada com você?
ABE: 100%. Se eu não tivesse perdido meu emprego, provavelmente ainda estaríamos casados.
JUDITH: Será que não poderia haver alguma outra explicação?
ABE: (*Pensa.*) Algumas vezes me pergunto se na verdade ela não está irritada com ela mesma. Ela achava que ficaria mais feliz divorciada, mas não parece.
JUDITH: Mais alguma coisa?
ABE: Não sei.
JUDITH: Ela ficava irritada mesmo quando o casamento estava indo bem?
ABE: Sim, ela tinha tendência a me criticar por coisas mínimas.
JUDITH: Ela ficava irritada apenas com você?

GASTO DE TEMPO IDEAL

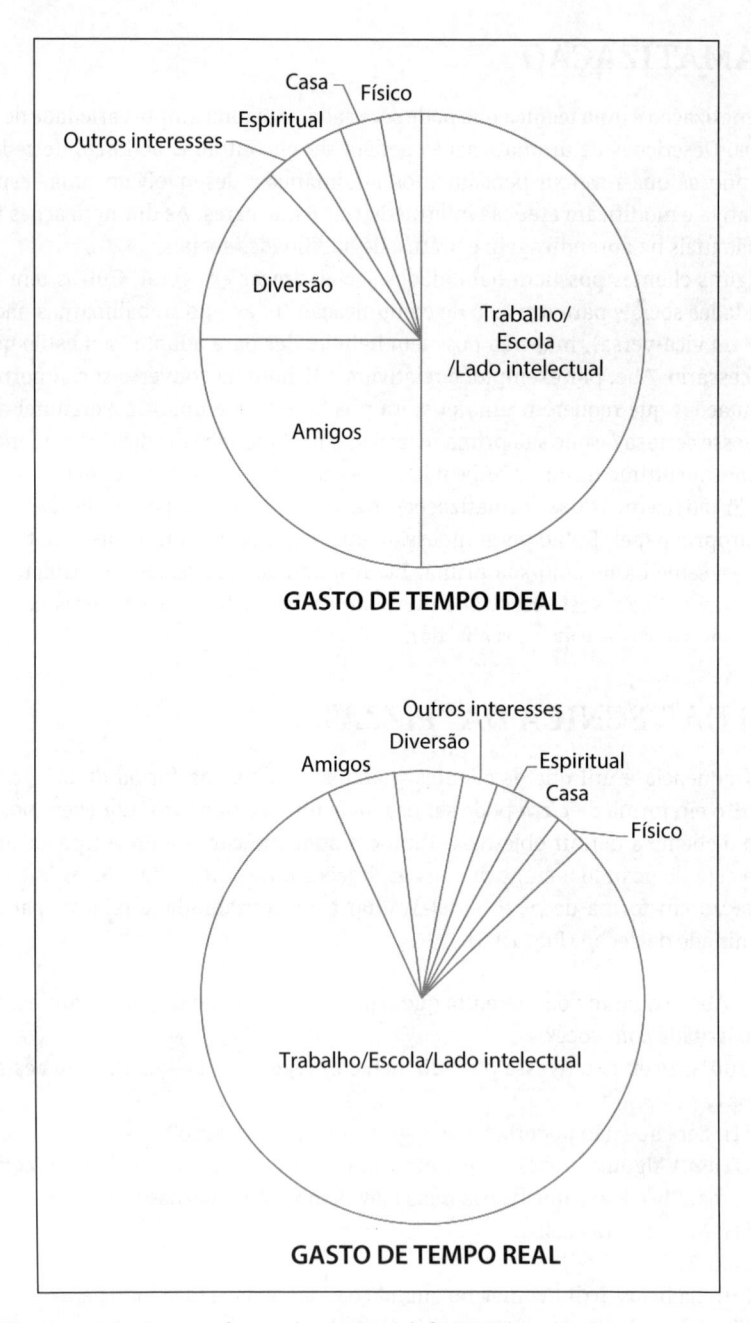

- Casa
- Físico
- Espiritual
- Outros interesses
- Diversão
- Trabalho/Escola/Lado intelectual
- Amigos

GASTO DE TEMPO REAL

- Outros interesses
- Diversão
- Amigos
- Espiritual
- Casa
- Físico
- Trabalho/Escola/Lado intelectual

FIGURA 19.4 Quadros em forma de *pizza* na definição dos objetivos.

ABE: Não. Ela ficava irritada com as crianças. Ficava irritada com as amigas dela, às vezes. Ah, e com as irmãs e os pais dela também.
JUDITH: Então ficar irritada parece que faz parte da personalidade dela?
ABE: É, acho que sim.
JUDITH: Você diria que ela tem pavio curto para ficar irritada?
ABE: Sim. Isso a descreve exatamente.
JUDITH: E você obviamente não perdeu o emprego para deixá-la irritada.
ABE: Não, é claro que não.
JUDITH: Podemos desenhar um quadro em forma de *pizza*? (*Desenha um círculo na Fig. 19.5.*) Eu gostaria de ver o quanto é realmente sua culpa que ela ainda esteja irritada com você. OK?

RAZÕES POR QUE MINHA EX-MULHER ESTÁ IRRITADA

- Perdi meu emprego 20%
- Personalidade 25%
- O divórcio não a deixou mais feliz 30%
- Pavio curto 25%

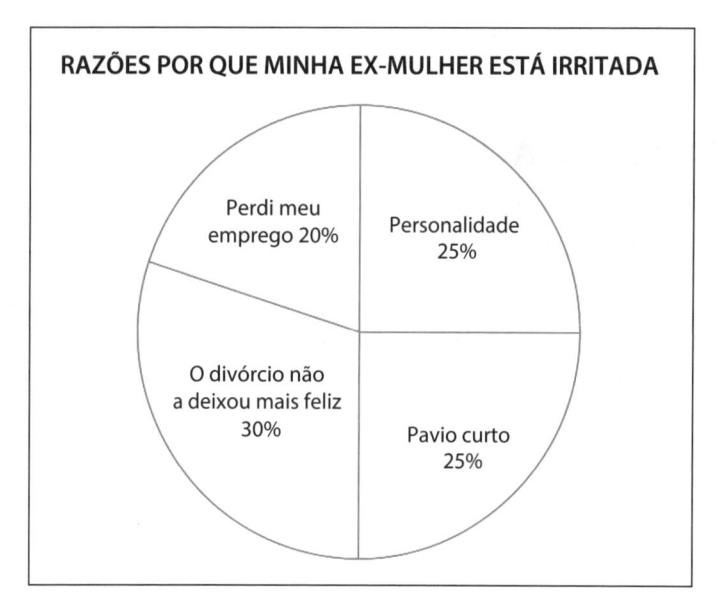

FIGURA 19.5 Quadro em forma de *pizza* para causalidade.

ABE: Certo.
JUDITH: O quanto dessa raiva que ela tem você acha que se deve à própria personalidade dela?
ABE: (*Pensa.*) Pelo menos 25%.
JUDITH: (*Divide 25% do círculo e o classifica como "personalidade dela".*) E seu pavio curto?
ABE: Talvez outros 25%.
JUDITH: (*Divide mais 25% do círculo e o classifica.*) E o quanto ela está realmente irritada consigo mesma porque o divórcio não a deixou mais feliz?

ABE: 30%.
JUDITH: (*Divide 30% e classifica.*) E o quanto se deve ao fato de você ter perdido o emprego?
ABE: Bem, não sobra muito, não é? 20%, eu acho.
JUDITH: (*Marca os 20% restantes do círculo.*) E com certeza você não perdeu o emprego *deliberadamente* para deixá-la irritada. Então, agora o quanto acredita que é sua culpa o fato de sua ex-mulher estar tão irritada?
ABE: Não tanto. Acho que eu não pensei em todas essas outras razões.

> **DICAS CLÍNICAS**
>
> Ao investigar a contribuição de explicações alternativas, peça que o cliente estime a atribuição disfuncional (neste caso, "É minha culpa") para que ele possa considerar mais integralmente todas as explicações.

AUTOCOMPARAÇÕES

Os clientes com frequência têm pensamentos automáticos na forma de comparações inúteis. Eles se comparam no presente com como eram antes do início do seu transtorno, ou com como gostariam de ser, ou se comparam com outras pessoas que não têm um transtorno psiquiátrico. Fazer isso ajuda a manter ou a aumentar sua disforia, como ocorre com Maria. Eu a ajudo a ver que suas comparações são inúteis. Então a ensino a fazer comparações mais funcionais (consigo mesma em seu pior momento).

JUDITH: Maria, parece que você se comparou muito com outras pessoas esta semana.
MARIA: É, acho que sim.
JUDITH: E parece que isso deixou seu humor pior todas as vezes.
MARIA: É. Quero dizer, olhe só para mim. Foi tão difícil fazer as coisas básicas, como organizar a sala, pagar as contas...
JUDITH: Você seria tão dura consigo mesma, por exemplo, se tivesse que se esforçar porque teve pneumonia?
MARIA: Não, mas então eu teria uma razão *legítima* para estar cansada.
JUDITH: Depressão não é uma razão legítima para estar cansada? Talvez não seja justo se comparar com pessoas que não estão deprimidas. Você se recorda da primeira sessão em que falamos sobre alguns dos sintomas de depressão: cansaço, pouca energia, problemas de concentração, baixa motivação, etc.?
MARIA: Aham.

JUDITH: Então talvez haja uma razão legítima para que você tenha que se esforçar, mesmo que outras pessoas não tenham que se esforçar, ou não tanto quanto você?
MARIA: (*Suspira.*) Acho que sim...
JUDITH: OK, podemos examinar o que você pode fazer quando se comparar com os outros?
MARIA: (*Concorda com a cabeça.*)
JUDITH: O que aconteceria se você dissesse a si mesma: "Espere um pouco. Essa não é uma comparação razoável. Deixe que eu me compare *comigo* no meu pior momento, antes de começar a terapia, quando meu apartamento inteiro estava uma bagunça e eu passava o dia todo na cama ou no sofá".
MARIA: Bem, eu perceberia que estou me saindo melhor agora.
JUDITH: E seu humor iria ficar pior?
MARIA: Não, provavelmente melhor.
JUDITH: Você gostaria de tentar esta comparação como parte do seu Plano de Ação?
MARIA: Aham.
JUDITH: O que você quer escrever?
MARIA: Acho que não é útil me comparar com outras pessoas.
JUDITH: Especialmente pessoas que não estão deprimidas. E o que você pode fazer em vez disso?
MARIA: Eu poderia pensar nas coisas que consigo fazer agora e que eu não conseguia fazer antes de começarmos a trabalhar juntas.
JUDITH: Ótimo – você quer anotar essas duas coisas?

Os clientes também podem ter pensamentos automáticos em que se comparam no presente com o que gostariam de ser. Por exemplo, eles podem dizer: "Eu deveria ser capaz de [trabalhar em horário integral]". Ou podem se comparar com onde estavam antes de ficarem deprimidos ("Isso costumava ser tão fácil para mim"). Mais uma vez, faça com que foquem no quanto já progrediram.

> **DICAS CLÍNICAS**
>
> Quando o cliente está em seu ponto mais baixo, você precisará modificar a abordagem:
>
> > "Parece que você se sente muito deprimido quando se compara com outras pessoas ou com como *gostaria* de ser. Acho que poderia ser útil nesses momentos lembrar-se de que tem uma lista de objetivos, e que juntos estamos trabalhando em um plano para ajudá-lo a fazer mudanças. Se você se lembrasse de que você e eu somos uma equipe trabalhando para levá-lo aonde você quer estar, o que poderia acontecer com seu humor?"

RESUMO

Em suma, existe uma grande variedade de técnicas usadas na TCC. Algumas se aplicam a todas as condições; algumas são específicas para um transtorno particular. Muitas são adaptadas de outras modalidades. Essas técnicas podem influenciar o pensamento, o comportamento e/ou a excitação fisiológica dos clientes, além do seu humor. Algumas aumentam o afeto positivo, algumas diminuem o afeto negativo e algumas fazem as duas coisas. Algumas técnicas ajudam os clientes a regularem suas emoções; outras lhes ensinam habilidades. Você irá selecionar as técnicas, apresentar uma justificativa, obter a concordância do cliente e então empregá-las. Use sua conceitualização do cliente como um guia.

> **PERGUNTAS PARA REFLEXÃO**
>
> Existem muitas técnicas que você pode usar na TCC. Que conselho você daria a um amigo que se sente sobrecarregado diante da perspectiva do quanto há para aprender? Que técnicas neste capítulo ajudariam?

EXERCÍCIOS PRÁTICOS

Pense em uma decisão que você precisa tomar ou que pode se imaginar tendo que tomar. Escreva as vantagens e desvantagens de uma opção *versus* a outra.

Além disso, faça um diagrama em forma de *pizza* mostrando sua pretensão de uso do tempo *versus* o gasto de tempo real.

20
Imaginário

Muitos clientes vivenciam pensamentos automáticos não apenas como palavras não faladas na sua mente, mas também na forma de quadros mentais ou imagens (Beck & Emery, 1985). Enquanto estou aqui sentada, posso relembrar de várias imagens que tive hoje. Quando li um *e-mail* de uma amiga, a retratei na minha mente. Quando planejei um jantar em família, tive uma memória visual da última vez em que fizemos uma refeição todos juntos. Quando minha cliente relatou um pensamento automático ("[Meu marido] vai me culpar"), visualizei seu marido falando com ela com um olhar maldoso estampado no rosto. Embora a maior parte do imaginário seja visual, as imagens podem ser sensoriais (como o tom de voz) ou somáticas (sensações fisiológicas). O imaginário afeta a forma como nos sentimos (influenciando emoções positivas e negativas) mais do que os processos verbais (Hackman et al., 2011). Descobri que muitos terapeutas cognitivo-comportamentais, mesmo os mais experientes, não usam técnicas para induzir imagens positivas em seus clientes e/ou falham em identificar e abordar imagens angustiantes importantes de seus clientes.

Este capítulo responde as seguintes perguntas:

> **Como você pode ajudar o cliente a criar imagens positivas?**
> **Como você identifica e educa o cliente sobre imagens negativas espontâneas?**
> **Como você intervém terapeuticamente em imagens espontâneas perturbadoras?**

INDUZINDO IMAGENS POSITIVAS

Nos capítulos anteriores, discutimos o imaginário positivo de muitas maneiras. Por exemplo, pedimos que o cliente se imagine atingindo suas aspirações e objetivos e vivendo de acordo com seus valores – juntamente com as emoções positivas que ele experimentaria se fosse capaz de fazer isso. Podemos pedir que o cliente visualize a realização do seu Plano de Ação para fortalecer sua motivação, identificar e resolver obstáculos potenciais e aumentar a probabilidade de executá-lo. A seguir, você encontrará intervenções adicionais, cada uma das quais induz uma imagem positiva: focando nas memórias positivas, ensaiando técnicas de enfrentamento adaptativas, usando o distanciamento, substituindo imagens e focando nos aspectos positivos de uma situação que se aproxima.

Focando nas Memórias Positivas

Criar um imaginário positivo vívido pode aumentar as emoções positivas, a motivação e a autoconfiança do cliente. Você pode ajudá-lo a recordar memórias, relevantes para uma situação atual ou que se aproxima, em que ele resolveu problemas, lidou bem com situações difíceis ou teve sucesso (Hackmann et al., 2011).

JUDITH: [resumindo] Está me parecendo que você perdeu a confiança em si mesmo. Acha que isso que eu falei está correto?
ABE: (*Pensa.*) Sim. (*pausa*) Eu fico pensando no quanto as coisas são difíceis.
JUDITH: As coisas realmente *são* mais difíceis para você agora por causa da depressão. Mas me recordo de você me contar sobre um período muito difícil na sua vida em que trabalhou para um empreiteiro no verão durante o ensino médio.
ABE: Sim, na verdade nem sabia o que deveria fazer primeiro.
JUDITH: O que aconteceu?
ABE: Eu observei os outros rapazes, vi o que eles estavam fazendo e então tentei fazer a mesma coisa.
JUDITH: Aquilo foi difícil o verão inteiro?
ABE: Não, eu acabei entendendo. Isto é, a tarefa era fisicamente difícil, mas eu fiz um bom trabalho.
JUDITH: Você consegue se imaginar de volta àquela época? Talvez seu último dia de trabalho? Consegue se ver?
ABE: Sim.
JUDITH: O que você está fazendo?
ABE: Ajudando outro rapaz a encaixar as vigas.
JUDITH: O dia estava quente?
ABE: Com certeza estava.

JUDITH: Consegue ver isso na sua mente? Está quente, você está executando esse trabalho difícil. *(pausa)* Como está se sentindo?
ABE: Muito bem.
JUDITH: Confiante?
ABE: Sim.
JUDITH: Sabendo que você estava fazendo algo difícil, mas fazendo bem?
ABE: Sim.
JUDITH: Você consegue ver que ainda é a mesma pessoa? Alguém que pode fazer coisas difíceis? Você tem depressão, é verdade, mas não desistiu. Você faz coisas difíceis todos os dias. E algumas coisas, como limpar sua casa, dar conta de pequenos afazeres, ser voluntário no abrigo dos sem-teto – todas essas coisas ficaram mais fáceis, não é?
ABE: Sim, é verdade.
JUDITH: Você acha que poderia ajudar se esta semana tentasse se lembrar mais daquele verão no ensino médio, quando se defrontou com um desafio e foi bem-sucedido? E então se lembrar que você ainda é a mesma pessoa e que algumas coisas já ficaram mais fáceis.
ABE: É, eu poderia fazer isso.

Ensaiando Técnicas de Enfrentamento Adaptativas

Você utiliza esta técnica para ajudar os clientes a praticarem o uso de estratégias de enfrentamento na imaginação. Fazer isso geralmente aumenta sua confiança e seu humor e os motiva a usar esses comportamentos adaptativos entre as sessões. É assim que ajudo Abe em uma de suas sessões de reforço:

JUDITH: OK, você está prevendo que vai ter dificuldades no seu primeiro dia de trabalho?
ABE: Sim.
JUDITH: Quando você irá perceber que a sua ansiedade está aumentando?
ABE: Quando eu me acordar.
JUDITH: E o que vai estar passando pela sua mente?
ABE: Que eu vou estragar tudo.
JUDITH: E como você visualiza isso?
ABE: Eu vou estar sentado em um cubículo, apenas olhando fixo para a tela do computador.
JUDITH: OK, o que você poderia fazer para se acalmar antes de sair para o trabalho?
ABE: Devo me lembrar que é natural sentir-se nervoso em seu primeiro dia em um emprego.
JUDITH: Consegue se ver fazendo isso?

ABE: Sim.
JUDITH: OK, o que mais você pode fazer?
ABE: Eu poderia fazer uma prática de *mindfulness*.
JUDITH: Consegue se ver fazendo isso?
ABE: Sim.
JUDITH: E depois?
ABE: Eu me sinto um pouco melhor, mas ainda estou muito nervoso para tomar o café da manhã. Só tomo um banho, me visto e estou pronto para sair.
JUDITH: O que está passando pela sua mente?
ABE: E se eu for ficando cada vez mais nervoso?
JUDITH: E que tal se, antes de sair de casa, você se imaginar lendo essas anotações da terapia que acabamos de elaborar? Consegue se imaginar pegando as anotações e lendo-as?
ABE: É... Acho que isso ajuda um pouco.
JUDITH: Quando se aproxima do prédio, consegue se imaginar avançando no tempo? É hora do almoço, você passou a maior parte do tempo preenchendo papelada, dando uma volta de reconhecimento, talvez configurando seu *e-mail* com o pessoal de TI... Como se sente agora?
ABE: Um pouco aliviado. Ainda preocupado, mas não tanto.
JUDITH: OK, agora você acabou de voltar do almoço. O que acontece a seguir, e o que você faz?

Abe continua a se imaginar em detalhes lidando realisticamente com a situação. Então ele anota as técnicas específicas que prevê que serão úteis.

Usando o Distanciamento

O distanciamento é outra técnica imaginária para reduzir a angústia e ajudar o cliente a ver os problemas sob uma perspectiva mais ampla. No exemplo a seguir, ajudo Abe a ver que suas dificuldades provavelmente estão com os dias contados.

JUDITH: Abe, sei que você está se sentindo meio sem esperança agora, e que está prevendo que esses problemas irão continuar indefinidamente. Acha que ajudaria se pudesse se visualizar passando por esse período?
ABE: Acho que sim. Mas é difícil imaginar.
JUDITH: Bem, vamos ver. Que tal se você tentar se imaginar daqui a um ano? Depois que já tiver passado por isso e estiver se sentindo melhor?
ABE: OK.
JUDITH: Alguma ideia de como está a sua vida?

ABE: Não sei. É difícil para mim pensar tão adiante.
JUDITH: Bem, vamos ser concretos. A que horas você se acorda? Onde você está?
ABE: Provavelmente me acordo às 7h ou 7h30. Acho que estou no mesmo apartamento.
JUDITH: OK, consegue se ver acordando? O que você quer imaginar que vai fazer a seguir?

Ajudar Abe a visualizar um dia no futuro, quando seu humor e funcionamento já melhoraram, cria esperança e motivação.

Substituindo Imagens

A substituição por uma imagem mais agradável foi amplamente discutida em outras fontes (p. ex., Beck & Emery, 1985). Ela também deve ser praticada para que o cliente experimente um alívio das imagens espontâneas angustiantes. É apropriado usar esta técnica apenas intermitentemente quando o cliente experimenta imagens negativas. Se as imagens negativas fizerem parte de um processo de pensamento disfuncional, então técnicas como *mindfulness* serão mais adequadas.

JUDITH: Abe, outra forma de lidar com este tipo de imagem perturbadora é substituí-la por uma diferente. Algumas pessoas gostam de imaginar que a imagem angustiante é como uma cena em um aparelho de televisão. Então elas se imaginam mudando de canal para uma cena diferente, como estar deitado na beira da praia, caminhando em uma floresta ou tendo uma recordação agradável. Você gostaria de tentar essa técnica?
ABE: Sim.
JUDITH: Primeiro você vai visualizar a cena agradável com o maior número possível de detalhes, usando tantos sentidos quanto possível; então eu farei você praticar a troca de uma imagem angustiante pela agradável. E então, que cena agradável você gostaria de imaginar?

Focando nos Aspectos Positivos de uma Situação

Outro tipo de imagem induzida é concebido para permitir que o cliente veja uma situação mais positivamente. Uma cliente que temia passar por uma cesariana visualizou o rosto animado do seu parceiro, segurando a sua mão; os rostos gentis e atenciosos dos enfermeiros e do médico; e então a imagem maravilhosa em que está segurando seu filho recém-nascido.

IDENTIFICANDO IMAGENS NEGATIVAS

Embora muitos clientes tenham pensamentos automáticos na forma de imagens visuais negativas, poucos estão conscientes delas no início. Essas imagens espontâneas podem durar apenas milissegundos. Somente perguntar sobre elas, mesmo que repetidamente, costuma ser insuficiente. Quando os clientes têm imagens angustiantes, é útil ensinar-lhes técnicas imaginais. Imagens não abordadas em geral resultam em angústia continuada.

É assim que identifico uma das imagens espontâneas negativas de Abe que envolve sua ex-mulher.

JUDITH: [resumindo] Eu entendi direito? Você estava pensando sobre este próximo jantar em família na casa do seu filho e pensou: "E se Rita me criticar na frente da família?".
ABE: Sim.
JUDITH: Você imaginou como seria a cena?
ABE: Não tenho certeza.
JUDITH: [ajudando Abe a pensar bem especificamente] Consegue visualizar isso agora? Onde isso aconteceria? Na sala ou na cozinha? Ou sentados em volta da mesa de jantar?
ABE: Em volta da mesa de jantar.
JUDITH: OK, consegue visualizar isso? É sábado à noite, todos vocês estão sentados em volta da mesa de jantar... Consegue ver isso na sua mente?
ABE: Sim.
JUDITH: O que está acontecendo?
ABE: Estamos conversando sobre o feriado, e Rita diz: "Abe, você sabe que só vai puxar os outros para baixo".
JUDITH: Quando ela diz isso, como está o rosto dela?
ABE: Meio maldoso.
JUDITH: Você acha que essa imagem surgiu instantaneamente na sua mente enquanto estava pensando sobre o jantar em família?
ABE: Sim, acho que sim.
JUDITH: OK. [fornecendo psicoeducação] Essa cena, o que você estava imaginando, é o que chamamos de uma imagem. É um pensamento automático em outra forma.

ENSINANDO O CLIENTE SOBRE IMAGENS ANGUSTIANTES

Os clientes podem não entender o conceito de imagens se você usar apenas esse termo. Os sinônimos incluem quadro mental, devaneio, fantasia, imaginação, filme na sua cabeça e memória. Caso Abe não tivesse conseguido relatar uma imagem, eu poderia ter tentado usar uma dessas palavras diferentes. Ou eu poderia tê-lo lembrado de que criamos uma imagem em nossa primeira sessão da terapia quando identificamos suas aspirações e objetivos. Muitas vezes, você precisa ser diligente ao ensinar o cliente a identificar imagens até que ele consiga "captar". A maioria dos clientes simplesmente não tem consciência das imagens no início, e muitos terapeutas, depois de algumas tentativas, abandonam o esforço. Se *você mesmo* tiver uma imagem visual enquanto o cliente está descrevendo uma situação, pode usá-la como uma deixa para sondar melhor.

"Abe, quando você estava se descrevendo entrando no abrigo dos sem-teto e se sentindo sobrecarregado, eu tive uma imagem disso na *minha* cabeça, muito embora obviamente eu não saiba como é a aparência desse abrigo. (*pausa*) Você tem imaginado o que acontece ao entrar?"

DICAS CLÍNICAS

Alguns clientes conseguem identificar as imagens, mas não as relatam porque elas são gráficas e angustiantes. Eles podem relutar em reexperimentar a angústia ou temer que você os veja como perturbados. Se suspeitar de um destes cenários, normalize a experiência.

"Muitas pessoas têm imagens visuais em vez de pensamentos automáticos ou junto com seus outros pensamentos automáticos. Mas geralmente não nos damos conta disso. Algumas vezes, as imagens parecem muito estranhas, mas na verdade é comum ter todos os tipos de imagens – tristes, assustadoras, até mesmo violentas. O único problema é pensar que *você é* estranho por ter uma imagem."

MODIFICANDO IMAGENS NEGATIVAS ESPONTÂNEAS

Há dois tipos de imagens negativas espontâneas que você irá abordar no tratamento. O primeiro tipo ocorre repetidamente e é experimentado como intrusivo. Você pode encará-lo como um processo de pensamento inútil e usar técnicas de *mindfulness* (Cap. 16). Quando as imagens não fazem parte de um processo de pensamento, existem várias estratégias que podem ser ensinadas aos clientes: mudar o "filme", seguir a imagem até a conclusão e testar a realidade da imagem. Alerte o cliente de que ele precisará praticar as técnicas dentro e fora da sessão para usá-las de forma efetiva quando suas imagens angustiantes surgirem espontaneamente.

Mudando o "Filme"

Abe relatou uma imagem espontânea que teve recentemente. Ele se viu sentado sozinho em seu apartamento durante a semana seguinte, sentindo-se triste e solitário. Eu o oriento sobre imagens e o ajudo a criar um novo "filme".

JUDITH: Abe, você não tem que ficar à mercê das suas imagens. Você pode mudá-las. É como se você fosse o diretor de um filme. Você pode decidir como quer que ele seja.
ABE: Não tenho certeza se entendo como fazer isso.
JUDITH: Bem, OK, você disse que se viu sentado no sofá, sentindo-se muito triste. O que *gostaria* que acontecesse a seguir?
ABE: Hummm, talvez que minha filha telefonasse e me convidasse para jantar na casa dela.
JUDITH: Consegue se imaginar atendendo ao telefone? Como você se sente quando sua filha o convida para a casa dela?
ABE: Melhor.
JUDITH: Há algum outro cenário que você gostaria de imaginar?
ABE: Talvez que eu ligue para a minha prima e ela queira fazer alguma coisa comigo.
JUDITH: Esse é um filme melhor, também.
ABE: Mas como eu vou saber se eles vão se tornar realidade?
JUDITH: Bem, antes de tudo, nenhum de nós sabe de fato se você na verdade vai acabar sentado no sofá o fim de semana inteiro. O que *realmente* sabemos é que *imaginar* isso o faz se sentir muito triste agora. Em segundo lugar, talvez possamos falar sobre como tornar mais provável que realmente *ocorra* um final melhor. O que você poderia fazer para tornar mais provável um encontro com sua filha ou sua prima?

Seguindo as Imagens até a Conclusão

Três técnicas ajudam você e o cliente a conceitualizarem um problema e realizarem reestruturação cognitiva para proporcionar alívio.

---

1. Ajude o cliente a imaginar uma situação difícil até que ele tenha superado uma crise ou resolvido um problema.
2. Sugira que o cliente imagine o futuro próximo em que ele fica imaginando um problema depois de outro depois de outro.
3. Peça que o cliente salte para um futuro distante (e, quando relevante, discuta o significado de uma catástrofe).

Enfrentamento de Experiências Difíceis

Os clientes em geral se sentem melhor e mais autoconfiantes quando se imaginam superando um evento angustiante.

JUDITH: OK, Abe, você consegue ter essa imagem na mente novamente sobre ser entrevistado para o emprego? Conte-me em voz alta como imagina isso o mais vividamente que puder.
ABE: Estou sentado em um escritório. O entrevistador está me perguntando o que aconteceu no meu último emprego. Me dá um branco. Estou paralisado.
JUDITH: E você está se sentindo...?
ABE: Ansioso, muito ansioso.
JUDITH: Acontece mais alguma coisa?
ABE: Não.
JUDITH: OK. [fornecendo psicoeducação] Isso é típico. Sua mente automaticamente para a imagem no *pior* ponto. Agora eu gostaria que você imaginasse o que acontece a seguir.
ABE: Hummm. Não tenho certeza.
JUDITH: Bem, você fica dessa maneira durante toda a entrevista?
ABE: Não, acho que não.
JUDITH: Consegue visualizar o que acontece a seguir?... Você começa a falar?
ABE: Acho que sim.
JUDITH: O que você vê acontecendo na sequência?
ABE: Eu meio que despejo tudo. Digo a ele que tive um emprego muito bom por mais de 20 anos, mas tive um novo chefe que mudou o meu trabalho e não me apoiou quando precisei de ajuda.
JUDITH: Isso é muito bom! Então o que acontece? Consegue ver na sua mente?
ABE: Ele me faz outra pergunta sobre como o trabalho mudou.
JUDITH: E então?
ABE: Eu respondo bem.
JUDITH: E então?
ABE: Acho que eu continuo falando até que ele não faz mais perguntas.
JUDITH: E então?
ABE: Ele me agradece por ter vindo, trocamos um aperto de mãos e eu saio.
JUDITH: E como você está se sentindo na imagem agora?
ABE: Um pouco trêmulo, mas bem.
JUDITH: Melhor do que no início, quando você teve um branco e se sentiu paralisado?
ABE: Sim. Muito melhor.

Avançando para o Futuro Próximo

Seguir uma imagem até a conclusão pode ser ineficaz porque o cliente continua imaginando cada vez mais obstáculos ou eventos angustiantes indefinidamente. Nesse momento, você pode sugerir que ele se imagine em algum ponto no futuro, quando estará se sentindo um pouco melhor.

JUDITH: [resumindo] OK, Abe, ao se imaginar calculando os impostos para a sua declaração de renda, você continua vendo o quanto isso é difícil, quanto esforço está exigindo e quantos problemas está tendo com isso. Realisticamente, você acha que vai conseguir terminar?
ABE: Sim, provavelmente. Mas posso ter que trabalhar nela por dias.
JUDITH: Consegue se imaginar dando um salto no tempo e terminando? Consegue visualizar isso? Como lhe parece?
ABE: Bem, acho que me vejo examinando-a uma última vez. Depois imprimo e envio por *e-mail*.
JUDITH: Você poderia ir um pouco mais devagar, imaginando os detalhes? Que dia é? Onde você está?
ABE: OK. Estou sentado à mesa. É domingo, fim de tarde. Está difícil e a minha atenção se dispersa, mas finalmente termino de examinar o formulário para identificar os erros.
JUDITH: Então você terminou. Como se sente?
ABE: (*Suspira.*) Aliviado... como se um peso tivesse sido tirado do meu peito. Mais leve.
JUDITH: OK, vamos rever o que fizemos. Você teve uma imagem de si mesmo começando a trabalhar no seu imposto de renda, e quanto mais imaginava, mais problemas você via. Então você avançou no tempo e se viu terminando, o que fez com que se sentisse melhor. Podemos anotar alguma coisa sobre esta técnica – avançar no tempo – para que você possa praticá-la em casa também?

Avançando para o Futuro Distante

Algumas vezes, quando você guia o cliente para imaginar o que acontece a seguir, ele visualiza a cena piorando catastroficamente. Nesse caso, questione o cliente para determinar o *significado* da catástrofe e interfira de acordo.

JUDITH: OK, Maria, então você vê sua amiga em uma unidade de cuidados intensivos. O que está acontecendo com ela?
MARIA: Eles estão tentando ajudá-la, mas ela está muito fraca por causa do câncer. Ela para de respirar.

JUDITH: (*gentilmente*) E então?
MARIA: (*chorando*) Ela está morta.
JUDITH: Então o que acontece?
MARIA: Não sei. Não consigo ver depois disso. (*ainda chorando*)
JUDITH: Maria, acho que vai ajudar se tentarmos ir um pouco mais adiante. Qual é a pior parte sobre a morte da sua amiga? O que isso significa para você?
MARIA: Não consigo viver sem ela! Minha vida está arruinada!

Neste exemplo, seguir a imagem até a conclusão conduz a uma catástrofe. Eu empatizo com Maria e depois gentilmente pergunto se ela está disposta a imaginar o que está fazendo e como está se sentindo no funeral da sua amiga, depois um ano mais tarde, depois cinco anos mais tarde e finalmente 10 anos mais tarde. Ela consegue se ver com uma nova melhor amiga em cinco anos e está se sentindo um pouco melhor. Avançar no tempo lhe permite ver que, embora sempre vá lamentar, ela será capaz de prosseguir com a sua vida e sentir paz novamente. Ela então se sente menos desesperada sobre a perda desta relação.

Testando a Realidade da Imagem

Outra técnica é ensinar o cliente a tratar as imagens como pensamentos automáticos verbais, usando o questionamento socrático padrão. Ensino Maria a comparar uma imagem espontânea com o que realmente está acontecendo.

MARIA: Fiquei fora até muito tarde ontem à noite. Quando cheguei ao estacionamento, de repente comecei a me sentir muito indisposta, como se fosse desmaiar, e não tendo ninguém ali para me ajudar.
JUDITH: Isso estava correto? O estacionamento estava deserto?
MARIA: (*Pensa.*) Não. Havia algumas outras pessoas ali.
JUDITH: OK. Com este tipo de imagem, quando você está espontaneamente imaginando alguma coisa acontecendo naquele momento, é possível fazer uma verificação da realidade. Você pode se perguntar: "O estacionamento realmente está deserto? Eu estou de fato me sentindo indisposta neste momento?". Se você tivesse sabido fazer isso na noite passada, o que acha que teria acontecido com o seu humor?
MARIA: Acho que eu teria me sentindo um pouco menos nervosa.

Em geral, é preferível usar técnicas na forma imaginária ou combinadas com técnicas verbais quando lidar com imagens, em vez de unicamente técnicas verbais. Entretanto, os clientes que tiverem muitas imagens angustiantes vívidas se beneficiarão de uma variedade de técnicas, e algumas vezes a técnica verbal de uma verificação da realidade será útil.

RESUMO

O imaginário pode ser usado de várias maneiras para intensificar a emoção positiva, aumentar a confiança, ensaiar o uso de técnicas de enfrentamento e mudar a cognição. Quando o cliente experimenta imagens negativas, você pode precisar usar questionamento persistente (embora gentil e não intrusivo) para ajudá-lo a reconhecer suas imagens. Clientes que têm imagens angustiantes frequentes se beneficiam da prática regular de várias técnicas de imaginário ou, caso suas imagens sejam intrusivas, técnicas de *mindfulness*.

O imaginário pode ser usado para modificar crenças nucleares negativas reestruturando o significado de eventos adversos significativos na vida (ver Apêndice D). Também pode ser usado mais amplamente para criar e reforçar novas formas de ser (Hackmann et al., 2011; Padesky & Mooney, 2005).

> **PERGUNTAS PARA REFLEXÃO**
>
> Por que você induziria uma imagem positiva com os clientes? Como faria isso? Você pode usar técnicas imaginais para ajudar um cliente que teve uma imagem negativa angustiante?

EXERCÍCIO PRÁTICO

Tente recordar uma imagem angustiante que você teve. Por exemplo, você se sentiu nervoso antes de ver seu primeiro cliente? Você teve uma imagem mental dele? Ou talvez tenha tido uma imagem perturbadora quando estava pensando sobre uma interação interpessoal futura (uma reunião, uma confrontação, um grande encontro social ou uma apresentação) que achou que seria estressante. Você imaginou os rostos das outras pessoas? Sua linguagem corporal? Que emoção você imaginou que elas estariam sentindo? O que imaginou que elas diriam? Crie a imagem na sua mente da forma mais clara possível. Então use as técnicas deste capítulo para responder à imagem.

21

Término e prevenção de recaída

Pesquisas mostram que sessões focadas na prevenção de recaída ajudam a retardar o início de recaída e recorrência entre clientes deprimidos (de Jonge et al., 2019). Os objetivos tradicionais da terapia cognitivo-comportamental (TCC) têm sido facilitar a remissão dos transtornos do cliente e ensinar habilidades que ele pode usar durante toda a sua vida para reduzir ou prevenir recaída. Embora esses objetivos continuem a ser essenciais, colocamos agora ênfase adicional na melhora do humor positivo, no aumento da ação de valor, no fortalecimento da resiliência e na melhoria da satisfação e do bem-estar geral.

Neste capítulo, você encontrará respostas para estas perguntas:

> Como você prepara os clientes para o término do tratamento?
> O que você faz desde o começo do tratamento? O que faz durante e no final do tratamento?
> Como você reduz gradualmente a frequência das sessões de terapia?
> Como é uma sessão de autoterapia?
> Como você prepara os clientes para retrocessos potenciais ou recaída?
> Como os clientes reagem ao encerramento do tratamento?
> Como você deve conduzir sessões de reforço?

ATIVIDADES INICIAIS NO TRATAMENTO

Você começa a preparar o cliente para o término e a prevenção de recaída ainda na primeira sessão, dizendo que seu objetivo é ensinar habilidades para que ele possa se tornar seu próprio terapeuta – o que também ajuda a acelerar o tratamento. Assim que o cliente começar a se sentir melhor (com frequência nas primeiras semanas), é importante que ele saiba que sua recuperação provavelmente não seguirá uma linha reta. Você pode desenhar um gráfico (Fig. 21.1) mostrando como se dá o progresso, com períodos de melhora que são em geral interrompidos (temporariamente) por platôs, flutuações ou retrocessos.

Gráfico do progresso esperado

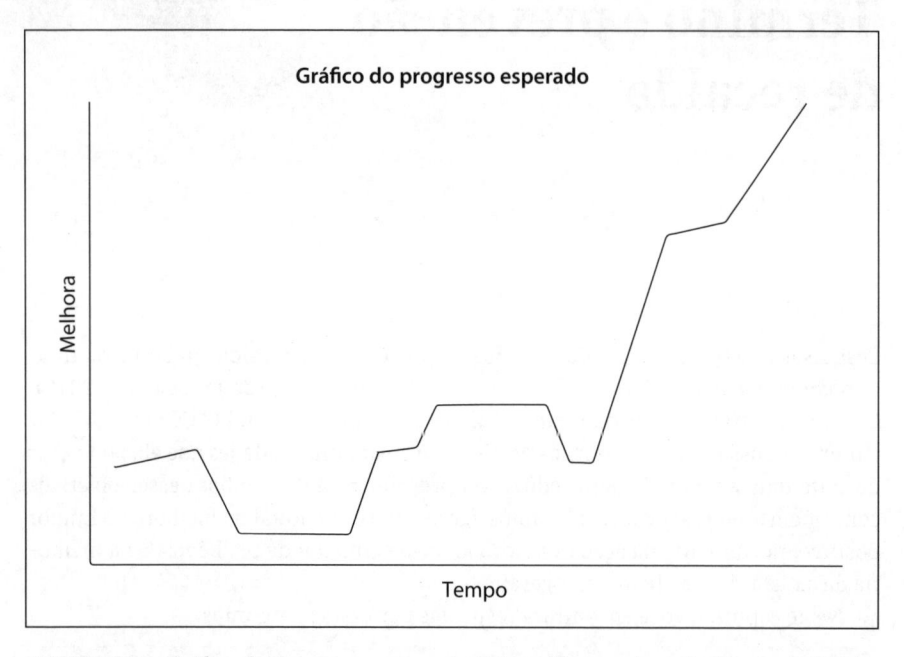

(eixo vertical: Melhora; eixo horizontal: Tempo)

FIGURA 21.1 Gráfico do progresso esperado. Este gráfico, se desenhado com habilidade, pode ser feito para se parecer com a fronteira sul dos Estados Unidos, com os retrocessos representados pelo "Texas" e pela "Flórida". Embora alguns clientes e terapeutas achem engraçado, esta ilustração pode ajudar o cliente a relembrar que os retrocessos são normais.

JUDITH: Abe, fico feliz que esteja se sentindo melhor, mas devo lhe dizer que você ainda poderá ter altos e baixos. Posso desenhar um gráfico para lhe mostrar?
ABE: Aham.
JUDITH: (*desenhando*) Se você for como a maioria das pessoas, continuará se sentindo a cada dia um pouco melhor; então, em determinado momento, atingirá um platô temporário ou terá um retrocesso. Isso poderá durar algum tempo, e então se sentirá cada dia um pouco melhor, e depois poderá ter outro retrocesso, talvez mais curto nessa próxima vez. No entanto, se você continuar a usar suas habilidades, começará a fazer progresso novamente até vencer a depressão. (*Aponta para o gráfico.*) Consegue ver que este gráfico se parece com a fronteira sul dos

Estados Unidos? Então, se tiver um retrocesso, isso apenas significa que você está visitando o Texas. Logo em seguida, prosseguirá para Louisiana, Mississippi, Alabama. Então irá para a Flórida, talvez desviando até Miami. Mas então você irá se recuperar, melhorar e subir até o Maine. (*pausa*) Mas se não *soubesse* que é *normal* visitar o Texas, o que pensaria?

ABE: Que voltei à estaca zero. Que não vou melhorar.

JUDITH: Exatamente. Você precisará se lembrar que é *normal* ter altos e baixos... Você poderá se lembrar deste diagrama em que previmos alguns momentos de baixa.

ABE: (*pegando o gráfico*) OK.

JUDITH: Agora, mesmo depois que tivermos terminado a terapia, você terá pelo menos leves altos e baixos. Todos têm. É claro que nesses momentos você terá as ferramentas de que precisa para se ajudar. Ou poderá voltar para mais uma sessão ou duas. Falaremos sobre isso mais no final do tratamento.

ATIVIDADES AO LONGO DA TERAPIA

Certas técnicas, usadas ao longo da terapia, facilitarão a prevenção de recaída.

Atribuindo o Progresso ao Cliente

Esteja alerta em todas as sessões a oportunidades de reforçar o cliente pelo seu progresso. Quando ele experimentar melhora no humor, descubra por que ele acha que está se sentindo melhor. Enfatize a ideia, sempre que possível, de que ele mesmo proporcionou as mudanças no seu humor ao fazer mudanças no seu modo de pensar e no seu comportamento. Aponte ou peça que o cliente indique o que essas mudanças positivas significam sobre ele. Isso ajuda a construir uma sensação de autoeficácia.

JUDITH: Parece que seu nível de depressão está mais baixo esta semana. Por que acha que isso aconteceu?

ABE: Não tenho certeza.

JUDITH: Você fez alguma coisa diferente esta semana? Fez as atividades que programamos? Ou respondeu aos seus pensamentos negativos?

ABE: Sim, eu limpei um pouco o apartamento e saí quase todos os dias. E li as anotações da terapia.

JUDITH: É possível que você esteja se sentindo melhor esta semana por ter feito essas coisas?

ABE: Sim, acho que sim.

JUDITH: Então o que pode dizer sobre como fez progresso?

ABE: Acho que, quando faço coisas para me ajudar, eu *realmente* me sinto melhor.

JUDITH: Isso é bom. E acho que isso também mostra que, mesmo que ainda esteja deprimido, você agora é capaz de assumir mais o controle.

ABE: Acho que sim.

JUDITH: [resumindo] Então você está se sentindo melhor, ao menos em parte, porque assumiu o controle. Isso é muito importante! Que tal anotarmos isso?

Alguns clientes atribuem toda a melhora a uma mudança ou circunstância (p. ex., "Estou me sentindo melhor porque minha filha me ligou") ou à medicação. Reconheça os fatores externos, mas também pergunte sobre as mudanças que *ele* fez e que podem ter contribuído ou ajudado a manter a melhora. Quando o cliente insiste em acreditar que não merece o crédito, você pode decidir investigar sua crença subjacente ("O que significa para você que eu esteja tentando lhe dar o crédito?").

Ensinando Habilidades

Ao ensinar ao cliente técnicas e habilidades, enfatize que estas são ferramentas para toda a vida, que ele poderá usar em situações agora e no futuro. Pesquisas mostram que o uso de habilidades da TCC melhora os resultados em clientes com depressão recorrente, mesmo diante de eventos estressantes na vida (Vittengl et al., 2019). Encoraje o cliente a ler e organizar suas anotações da terapia para que possa consultá-las com facilidade no futuro. Um bom item para o Plano de Ação é escrever uma sinopse dos pontos importantes e habilidades que ele aprendeu no tratamento. As técnicas e habilidades comuns que podem ser usadas durante o tratamento e depois da terapia incluem as seguintes:

- Definir objetivos de acordo com suas aspirações e valores.
- Medir o progresso em direção aos seus objetivos.
- Usar técnicas da TCC para vencer os obstáculos.
- Monitorar as experiências positivas e tirar conclusões sobre o que essas experiências indicam a respeito do cliente.
- Equilibrar atividades produtivas, prazerosas, de autocuidado e sociais.
- Dar o crédito a si mesmo.
- Cultivar memórias positivas.
- Dividir objetivos, problemas ou tarefas grandes em componentes manejáveis.
- Fazer *brainstorm* de soluções para os problemas.
- Identificar as vantagens e desvantagens (de pensamentos específicos, crenças, comportamentos ou escolhas ao tomar uma decisão).
- Usar folhas de exercícios ou uma lista de perguntas socráticas para avaliar pensamentos e crenças.
- Criar hierarquias de tarefas ou situações evitadas.

Ajude o cliente a entender como ele pode usar essas habilidades em outras situações durante e após a terapia, sempre que ele perceber que está tendo uma reação que parece desproporcional para a situação. Por exemplo, ele pode reconhecer que está sentindo mais raiva, ansiedade, tristeza ou constrangimento do que a situação requer. Ou talvez ele veja um padrão de comportamento inútil que queira mudar.

Construindo Resiliência e Bem-Estar

Há inúmeras formas de ajudar o cliente a se tornar mais resiliente e aumentar sua sensação de bem-estar. Um bom guia é oferecido pela American Psychological Association (*www.apa.org/helpcenter/road-resilience*). Ele enfatiza muitas das intervenções neste livro: fazer conexões, modificar pensamento catastrófico, manter otimismo sobre o futuro, aceitar situações ou condições que não podem ser mudadas, trabalhar em direção aos objetivos, reduzir a evitação quando ocorrem desafios, identificar formas de crescer como pessoa quando enfrentar adversidades, fortalecer crenças nucleares positivas, procurar uma perspectiva mais abrangente em situações estressantes, ter bons autocuidados e se engajar em meditação ou prática espiritual.

O cliente em geral perde a confiança em si mesmo quando fica deprimido, por isso é essencial que ele construa resiliência e aumente sua confiança para que possa lidar com momentos difíceis no futuro sem ficar deprimido novamente. Muitas técnicas da psicologia positiva, conforme descritas por Martin Seligman, PhD, em livros para o público leigo, e de muitos outros autores que escrevem para profissionais (p. ex., Bannink, 2012; Chaves et al., 2019; Jeste & Palmer, 2015), promovem uma melhor sensação de bem-estar.

ATIVIDADES PERTO DO TÉRMINO DO TRATAMENTO

Reduzindo a Frequência das Sessões

Se um cliente tem um número limitado de sessões com você, discuta a redução na sua frequência algumas semanas antes do término do tratamento. Se não existe um limite, discuta o assunto com os clientes que estiverem se sentindo um pouco melhor e estejam usando suas habilidades de forma consistente e efetiva. Seu objetivo não é resolver todos os problemas do seu cliente ou ajudá-lo a atingir todos os seus objetivos. De fato, se você se considerar responsável por fazer isso, correrá o risco de gerar ou reforçar a dependência – e privará o cliente da oportunidade de testar e fortalecer suas habilidades.

Tome uma decisão colaborativa para espaçar as sessões como um experimento. Inicialmente, considere fazer encontros quinzenais em vez de semanais. Se isso correr bem por pelo menos duas sessões, você pode sugerir programar a consulta seguinte para dali a 3 ou 4 semanas. Você pode ter várias sessões mensais antes do término do tratamento e várias sessões de reforço bem espaçadas depois disso.

Preocupações sobre a Redução na Frequência das Sessões

Embora alguns clientes concordem prontamente em espaçar as sessões, outros poderão ficar ansiosos. Neste caso, peça que listem verbalmente (e talvez registrem por escrito) as vantagens e desvantagens de tentar reduzir a frequência das suas visitas (Fig. 21.2). Quando o cliente não consegue ver as vantagens, primeiro identifique as desvantagens, use a descoberta guiada para ajudá-lo a identificar as vantagens e depois o ajude a reestruturar as desvantagens. Alguns clientes, como Maria, podem ter uma reação forte que exige sua atenção.

JUDITH: Em nossa última sessão, falamos sobre a possibilidade de experimentarmos espaçar nossas sessões. Você pensou sobre passar para sessões quinzenais?
MARIA: Pensei. Isso me deixou muito ansiosa.
JUDITH: O que passou pela sua mente?
MARIA: Oh, e se acontecer alguma coisa com a qual eu não consiga lidar? E se eu começar a ficar mais deprimida – não aguentaria isso.
JUDITH: Você respondeu a esses pensamentos?
MARIA: Sim, eu li as minhas anotações da terapia. Quero dizer, este não tem que ser o fim absoluto da terapia. E você disse que eu poderia lhe telefonar e vir em seguida se precisasse.

Vantagens de reduzir a frequência da terapia
- Economizarei dinheiro.
- Poderei usar o tempo para outra coisa.
- Ficarei orgulhoso de mim ao resolver meus próprios problemas.
- Reforçarei a minha confiança.
- Não terei que ir até o consultório [do meu terapeuta].

Desvantagens com reestruturação
- Posso ter uma recaída, *mas*, se tiver, é melhor que aconteça enquanto eu ainda estiver em terapia para que possa aprender como lidar com ela.
- Posso não conseguir resolver os problemas sozinho, *mas* reduzir a frequência da terapia me dará a chance de testar a minha ideia de que preciso [do meu terapeuta]. Afinal de contas, é melhor que eu aprenda a resolver os problemas sozinho, porque não vou ficar em terapia eternamente. Sempre poderei agendar uma sessão, se precisar.
- Vou sentir falta [do meu terapeuta]. Isso provavelmente é verdade, *mas* vou conseguir tolerar e isso vai me incentivar a montar uma rede de apoio.

FIGURA 21.2 Lista do cliente das vantagens e desvantagens de reduzir a frequência da terapia.

JUDITH: É isso mesmo. Você imaginou uma situação específica que poderia ocorrer e que seria difícil?
MARIA: Não, na verdade não.
JUDITH: Talvez ajudasse se você imaginasse um problema específico agora.
MARIA: OK.

Maria se imagina tendo outra briga com sua melhor amiga. Ela identifica e responde aos seus pensamentos automáticos e elabora um plano específico quanto ao que fazer a seguir.

JUDITH: Agora, vamos conversar sobre o segundo pensamento automático que você teve em relação ao espaçamento das sessões – que você ficaria mais deprimida e não conseguiria lidar com isso.
MARIA: Acho que talvez isso não seja verdade. Eu poderia aguentar me sentir mal de novo. Mas não gostaria disso.
JUDITH: OK. Agora digamos que você *realmente* fique mais deprimida e ainda falta uma semana e meia para a nossa próxima sessão. O que você pode fazer?
MARIA: Bem, posso fazer o que fiz mais ou menos um mês atrás quando você estava de férias. Reler as minhas anotações da terapia, cuidar para me manter ativa... Em alguma parte das minhas anotações, eu tenho uma lista de coisas a fazer.
JUDITH: Não seria útil encontrar essa lista durante a semana?
MARIA: Sim.
JUDITH: OK. Que tal se para seu Plano de Ação você encontrasse a lista e também fizesse uma folha de exercícios sobre estes dois pensamentos: "Pode acontecer alguma coisa com a qual eu não consiga lidar" e "Eu não aguentaria se ficasse mais deprimida"?
MARIA: OK.
JUDITH: Algum outro pensamento sobre o espaçamento das sessões?
MARIA: Apenas que eu sentiria falta de ter você para conversar todas as semanas.
JUDITH: (*genuinamente*) Eu também vou sentir falta. (*pausa*) Existe mais alguém com quem você poderia conversar, mesmo que fosse um pouco?
MARIA: Bem, eu poderia ligar para Rebecca. E acho que poderia ligar para o meu irmão.
JUDITH: Parece uma boa ideia. Você quer anotar isso também?
MARIA: Sim.
JUDITH: E, por fim, você lembra que falamos que poderíamos *experimentar* sessões quinzenais? Se não estiver funcionando bem, quero que me ligue para que possamos decidir juntas se você deve retornar em seguida.

SESSÕES DE AUTOTERAPIA

Embora muitos clientes não continuem com sessões formais de autoterapia, é indicado que um plano de autoterapia seja discutido (Fig. 21.3) e que seu uso seja estimulado. Quando o cliente experimenta fazer sessões de autoterapia enquanto as sessões de terapia ainda estão sendo espaçadas, será muito mais provável que ele faça autoterapia após o término do tratamento. E ele poderá descobrir problemas potenciais: falta de tempo, mal-entendidos sobre o que fazer e interferência de pensamentos (p. ex., "Isso é trabalho demais"; "Na verdade, eu não preciso fazer isso"; "Eu não consigo fazer isso sozinho"). Além de ajudar o cliente a responder a essas cognições, você pode lembrá-lo das vantagens das sessões de autoterapia:

- Ele estará continuando a terapia, mas de acordo com sua própria conveniência e sem nenhum custo; ele poderá manter as ferramentas recém-adquiridas atualizadas e prontas para uso.
- Ele poderá resolver as dificuldades antes que se transformem em problemas maiores.
- Ele reduzirá a possibilidade de recaída.
- Ele poderá usar suas habilidades para enriquecer sua vida em uma série de contextos.

Você pode examinar a Figura 21.3 com o cliente e adequá-la para atender às suas necessidades. Antes da sua sessão final com o cliente, incentive-o a continuar experimentando sessões de autoterapia pelo menos uma vez por mês, depois uma vez a cada estação do ano e, por fim, uma vez por ano. Ajude-o a elaborar um sistema para que ele possa se lembrar disso.

> **Pense na(s) última(s) semana(s):**
> Que coisas positivas aconteceram? O que essas experiências significaram para mim? Sobre mim? Por quais coisas eu mereço crédito?
>
> Que problemas surgiram? Se eles não forem resolvidos, o que devo fazer?
>
> Eu completei o Plano de Ação? O que poderia me impedir de executá-lo nesta próxima semana?
>
> **Olhando para o futuro:**
> Como eu quero estar me sentindo daqui a uma semana? O que preciso fazer para que isso aconteça?
>
> Que objetivos tenho para esta semana? Que passos devo dar?
>
> Que obstáculos podem se colocar no caminho? Devo considerar
> - Preencher folhas de exercícios?
> - Programar atividades prazerosas, de domínio, de autocuidado ou sociais?
> - Ler as anotações da terapia?
> - Praticar habilidades como *mindfulness*?
> - Fazer uma lista de créditos ou uma lista de experiências positivas?

FIGURA 21.3 Guia para as sessões de autoterapia.

PREPARANDO PARA RETROCESSOS APÓS O TÉRMINO

Quando o final das sessões agendadas regularmente com o cliente estiver se aproximando, investigue quais seriam seus pensamentos automáticos caso experimente um retrocesso. Algumas vezes, o cliente prevê que irá pensar:

> "Eu não devia estar me sentindo [deprimido] assim"
> "Isso significa que não vou melhorar"

"Estou sem esperança"
"Nunca vou conseguir ficar bem e continuar bem"
"Meu terapeuta ficará desapontado"

ou

"Meu terapeuta não fez um bom trabalho"
"A TCC na verdade não funcionou comigo"
"Estou condenado a ficar deprimido para sempre"
"Foi apenas uma casualidade eu ter me sentido melhor antes"

Ou o cliente pode relatar uma imagem de si mesmo no futuro, por exemplo, sentindo-se amedrontado, sozinho, triste, atirado na cama. Questionamento socrático e técnicas imaginais podem ajudá-lo a responder a essas cognições angustiantes.

Reconhecendo os Sinais de um Retrocesso ou Recaída

Perto do final do tratamento, é importante discutir com o cliente os primeiros sinais de alerta que indicam que ele está começando a ficar deprimido novamente, e ele deve registrá-los nas suas anotações da terapia. As anotações da terapia também devem conter pontos importantes a serem lembrados e instruções sobre o que fazer caso seus sintomas recorram (Fig. 21.4).

Reações do Cliente ao Término do Tratamento

Quando o término do tratamento se aproxima, é importante identificar os pensamentos automáticos do cliente em relação ao encerramento do tratamento. Alguns clientes estão entusiasmados e esperançosos. No outro extremo, alguns estão temerosos e até mesmo com raiva. A maioria tem sentimentos mistos. Eles estão satisfeitos com seu progresso, mas preocupados com recaídas. Frequentemente lamentam encerrar sua relação com você. Não deixe de reconhecer o que o cliente está sentindo e ajude-o a responder às distorções ou às cognições inúteis.

Com frequência é recomendável que você expresse seus sentimentos genuínos, se puder dizer honestamente que lamenta o encerramento da relação, mas sente orgulho do que o cliente alcançou – e que você acredita que ele está pronto para seguir em frente sozinho. Alguns clientes dizem: "Eu gostaria que você pudesse ser meu amigo". Uma boa resposta, mas somente se você de fato pensar assim, é: "Isso não seria ótimo? Mas então eu não poderia ser seu terapeuta no futuro, caso precisasse de mim. E é importante para mim estar disponível para você".

> **Primeiros sinais de alerta** – Humor triste, ansiedade, ruminação, passar muito tempo no sofá, desejo de evitar socialização, deixar que o apartamento fique bagunçado, procrastinar (p. ex., não pagar as contas), dificuldade para dormir, autocrítica.
>
> **Quero me lembrar** – Eu tenho uma opção. Posso catastrofizar sobre o retrocesso, achar que as coisas não têm jeito e provavelmente me sentir pior. Ou posso rever minhas anotações da terapia, lembrar que os retrocessos são parte normal da recuperação e ver o que posso aprender com o retrocesso. Fazendo essas coisas, é provável que eu me sinta melhor e torne o retrocesso menos grave.
>
> **O que fazer** – Se algumas coisas acontecerem, devo ter uma sessão de autoterapia. Definir novos objetivos, avaliar os pensamentos automáticos, programar atividades, fazer *mindfulness* se estiver ruminando, ver que problemas preciso resolver e, em especial, pedir ajuda – aos filhos e a Charlie. Se isso não for suficiente, ligar para Judith para que possamos decidir juntos se devo retornar ao tratamento, provavelmente por pouco tempo.

FIGURA 21.4 Anotações da terapia de Abe sobre retrocessos.

SESSÕES DE REFORÇO

Incentive o cliente a programar sessões de reforço depois do término da terapia; um bom cronograma é depois de 3, 6 e 12 meses. Você pode dar ao cliente o "Guia para as Sessões de Reforço" (Fig. 21.5); também pode usá-lo para estruturar essas sessões. Saber previamente que você irá lhe perguntar sobre seu progresso ao fazer autoterapia pode motivá-lo a executar seu Plano de Ação e a praticar suas habilidades. E quando o cliente sabe que está agendado para sessões de reforço após o término do tratamento, sua ansiedade sobre a manutenção do progresso pode diminuir.

> 1. Agende antecipadamente – marque consultas definidas, se possível, e telefone para confirmar.
> 2. Considere a vinda à sessão como uma medida preventiva, mesmo que você venha mantendo seu progresso.
> 3. Prepare-se antes de vir. Decida o que seria útil discutir, incluindo o seguinte:
>   a. O que aconteceu de bom para você? O que essas experiências dizem sobre você? Sobre como os outros o veem? Sobre o futuro?
>   b. O quanto acredita em suas novas crenças nucleares – tanto no nível intelectual quanto no emocional? Como você pode continuar as reforçando?
>   c. O quanto acredita que está vivendo de acordo com seus valores? Que objetivos você tem agora? Que obstáculos podem surgir? Como pode lidar com eles?
>   d. Que técnicas de TCC você tem usado? Fez sessões de autoterapia? Elas lhe serão úteis no futuro?

FIGURA 21.5 Guia para as Sessões de Reforço.

RESUMO

Em suma, a prevenção de recaída é realizada durante o tratamento. É essencial preparar o cliente para a aproximação da redução na frequência das sessões e o encerramento do tratamento. Intervenções específicas são importantes neste momento, incluindo incentivar o cliente a fazer sessões de autoterapia, identificar os primeiros sinais de retrocesso potencial ou recaída e criar um plano sobre o que o cliente poderá fazer caso fique sintomático. Os problemas na redução da frequência das sessões e com o término do tratamento são abordados como qualquer outro problema, com uma combinação de solução de problemas e resposta aos pensamentos e crenças disfuncionais. As preocupações ou tristeza do cliente em relação ao encerramento do tratamento precisam ser trabalhadas com sensibilidade.

> **PERGUNTAS PARA REFLEXÃO**
>
> O que você pode fazer para reduzir a angústia do cliente em relação ao término do tratamento? O que pode fazer para aumentar as chances de que ele continue a usar suas habilidades da TCC depois do término?

EXERCÍCIO PRÁTICO

Imagine que você é um cliente que está se aproximando do final do tratamento. Escreva uma anotação da terapia que o ajude com a sua ansiedade.

22
Problemas na terapia

Problemas de um tipo ou de outro surgem com muitos clientes. Mesmo terapeutas experientes às vezes encontram dificuldades em estabelecer a relação terapêutica, conceitualizar as dificuldades do cliente ou trabalhar de forma coerente em direção aos objetivos conjuntos. Você *não deve* ser capaz de ajudar todos os clientes (ou ajudar suficientemente cada cliente). *Eu* com certeza não ajudei todos os clientes ao longo da minha carreira. *Não é* razoável esperar que você evite problemas. É razoável que você desenvolva suas habilidades na identificação de problemas, especificando-os, conceitualizando como se originaram e desenvolvendo um plano para remediá-los.

É importante encarar os problemas ou pontos emperrados na terapia como oportunidades que você tem para aprimorar sua conceitualização do cliente. Além disso, os problemas na terapia geralmente proporcionam *insight* acerca dos problemas que o cliente experimenta fora do consultório. Por fim, as dificuldades com um cliente oferecem uma oportunidade de aprimorar suas próprias habilidades, promover sua flexibilidade e criatividade e obter novos entendimentos e *expertise* para ajudar outros clientes, pois os problemas podem surgir não apenas por causa das características dos clientes, mas também devido às fragilidades relativas dos terapeutas. Este capítulo descreve como identificar dificuldades no tratamento e como conceitualizar e remediar esses problemas.

Neste capítulo, você encontrará respostas para estas perguntas:

> **Como você sabe se existe um problema no tratamento?**
> **Como você pode conceitualizar os problemas?**
> **Que tipo de problemas surgem?**
> **O que você pode fazer quando houver pontos emperrados?**
> **Como você pode remediar os problemas?**

DETECTANDO A EXISTÊNCIA DE UM PROBLEMA

Você pode identificar um problema de várias maneiras:

- Ouvindo um *feedback* não solicitado do cliente e obtendo diretamente seu *feedback*, durante e no final da sessão.
- Pedindo de tempos em tempos que o cliente faça um resumo do que vocês acabaram de discutir na sessão e verificando a profundidade da sua compreensão e concordância.
- Acompanhando o progresso de acordo com escalas objetivas e relatos subjetivos do cliente e medindo o progresso em direção aos objetivos.
- Revisando os registros das sessões de terapia sozinho ou com um colega ou supervisor e avaliando uma sessão gravada utilizando a Cognitive Therapy Rating Scale (*beckinstitute.org/CBTresources*).

Obtenha a permissão do cliente para gravar as sessões de terapia e examiná-las com um de seus pares ou um terapeuta ou supervisor experiente e competente em terapia cognitivo-comportamental (TCC). Obter o consentimento do cliente não costuma ser um problema se você apresentá-lo de maneira positiva:

"Tenho uma oportunidade rara para você que só posso oferecer a alguns clientes [ou 'que só estou oferecendo a você']. Quero que se sinta à vontade para dizer sim ou não. Ocasionalmente eu gravo as sessões de terapia para que [meu supervisor] e eu possamos ouvir e descobrir como eu poderia ser mais útil. Se gravarmos as suas sessões, você terá o benefício das contribuições [dele]. Vou manter seu nome confidencial, e deletaremos a gravação imediatamente depois de ouvi-la. (*pausa*) Tudo bem se começarmos a gravar a sessão agora? Se isso o incomodar depois de alguns minutos, sempre podemos desligar o gravador ou deletar a gravação no final da sessão."

CONCEITUALIZANDO OS PROBLEMAS

Depois de reconhecer que existe um problema, tente entender a realidade interna do seu cliente. Como ele vê a si mesmo, os outros e seu mundo? Como ele processa suas experiências? Que obstáculos podem inibir sua capacidade de assumir uma perspectiva mais funcional das suas dificuldades? Esteja alerta a pensamentos automáticos que acusam o cliente (p. ex., "Ele está resistente/manipulador/desmotivado"). Tais rótulos tendem a atenuar a noção de responsabilidade do terapeuta pela resolução da dificuldade e interferir na solução do problema. Em vez disso, pergunte-se:

> "O que o cliente disse (ou não disse) ou fez (ou não fez) na sessão (ou entre as sessões) que é um problema?"

Você pode fazer a mesma pergunta sobre si mesmo para excluir a possibilidade de um erro que possa ter cometido.

A seguir, você idealmente consultaria um supervisor que revisasse a gravação de uma sessão de terapia. Você sem dúvida precisará de ajuda para determinar se o problema está relacionado às cognições e comportamentos disfuncionais do cliente, a erros que você cometeu, a fatores do tratamento (como nível de cuidados, formato da terapia ou frequência das sessões) e/ou a fatores externos ao tratamento (p. ex., uma doença orgânica, um ambiente doméstico ou de trabalho psicologicamente tóxico, medicação ineficaz ou efeitos colaterais nocivos, ou uma ausência de tratamentos adjuvantes necessários; J. S. Beck, 2005).

Depois de identificar um problema que demanda uma mudança no que você está fazendo, conceitualize o nível em que o problema ocorreu:

- É apenas um *problema técnico*? Por exemplo, você usou uma técnica inapropriada ou usou uma técnica incorretamente?
- É um problema *mais complexo com a sessão como um todo*? Por exemplo, você identificou corretamente uma cognição disfuncional importante, mas não conseguiu intervir de modo efetivo?
- Existe algum problema constante ao longo de várias sessões? Por exemplo, houve interrupção na colaboração?

TIPOS DE PROBLEMAS

Tipicamente, ocorrem problemas em uma ou mais das seguintes categorias:

1. Diagnóstico, conceitualização e planejamento do tratamento
2. Relação terapêutica
3. Motivação
4. Estruturação e ritmo da sessão
5. Familiarização com o tratamento
6. Resposta a cognições disfuncionais
7. Realização dos objetivos terapêuticos em cada sessão e ao longo de todas as sessões
8. Processamento do conteúdo da sessão

As perguntas a seguir podem ajudá-lo e ao seu supervisor a especificar a natureza de um problema terapêutico. Então você poderá formular, priorizar e escolher um ou mais objetivos específicos nos quais focar.

Diagnóstico, Conceitualização e Planejamento do Tratamento

Diagnóstico

"Eu fiz um diagnóstico correto segundo o mais recente *Manual diagnóstico e estatístico de transtornos mentais* (DSM-5) ou a *Classificação estatística internacional de doenças* (CID)?"

"Está indicada uma medicação ou consulta médica para este cliente?"

Conceitualização

"Eu identifiquei as crenças positivas, atributos, pontos fortes e recursos do cliente?"

"Eu aperfeiçoei continuamente o Diagrama de Conceitualização Cognitiva (DCC) para identificar suas cognições e comportamentos disfuncionais mais centrais?"

"Eu compartilho continuamente minha conceitualização com ele em momentos estrategicamente apropriados? A conceitualização faz sentido e 'soa verdadeira' para ele?"

Planejamento do Tratamento

"Eu baseei o tratamento na minha conceitualização individual do cliente? Eu modifico o tratamento continuamente quando necessário, com base na minha conceitualização?"

"Eu modifiquei a TCC padrão, quando necessário, de acordo com suas fortes preferências e características relevantes: gênero, cultura, idade, nível educacional, etc.?"

"Eu me direcionei para a necessidade de uma mudança vital importante (p. ex., um emprego novo, uma nova situação de vida) caso tenha ficado aparente que a melhora unicamente por meio da terapia seria improvável?"

"Eu incorporei o treinamento de habilidades quando necessário?"

"Eu incluí os familiares no tratamento quando apropriado?"

Relação Terapêutica

Colaboração

"O cliente e eu estamos *colaborando* verdadeiramente? Nós estamos funcionando como uma equipe? Nós dois estamos trabalhando com empenho? Nós nos sentimos responsáveis pelo progresso?"

"Nós temos trabalhado no que é mais importante para ele?"
"Nós concordamos quanto aos objetivos para o tratamento?"
"Eu obtive concordância e apresentei uma justificativa para as intervenções e prescrições dos Planos de Ação?"
"Eu o guiei até um nível apropriado de adesão e controle na sessão de terapia?"

Feedback

"Eu incentivei o cliente regularmente a oferecer um *feedback* honesto?"
"Eu monitorei seu afeto durante a sessão e identifiquei pensamentos automáticos quando observei uma mudança?"
"Eu respondi de modo efetivo ao seu *feedback* negativo?"

Visão do Cliente da Terapia e do Terapeuta

"O cliente tem uma visão positiva da terapia e de mim?"
"Ele acredita, pelo menos um pouco, que a terapia pode ajudar?"
"Ele me vê como competente, colaborativo e atencioso?"

Reações do Terapeuta

"Eu me preocupo com este cliente? A minha preocupação fica evidente?"
"Eu me sinto competente para ajudá-lo? O meu senso de competência fica evidente?"
"Eu tenho cognições negativas sobre ele ou sobre mim mesmo com respeito a este cliente? Eu avaliei e respondi a essas cognições?"
"Eu encaro os problemas na aliança terapêutica como uma oportunidade para favorecer o progresso, em vez de atribuir culpas?"
"Eu projeto uma visão positiva e otimista de como a terapia pode ajudar?"

Motivação

"O quanto o cliente parece motivado?"
"O que eu fiz para motivá-lo? Nós associamos regularmente seus objetivos e ações a suas aspirações e valores?"
"Ele vê vantagens por *não* melhorar?"
[Quando relevante] "Eu abordei seu sentimento de desamparo ou desesperança?"

Estruturação e Ritmo da Sessão de Terapia

Pauta

"Nós conseguimos estabelecer rapidamente uma pauta completa e específica no início da sessão?"

"Nós priorizamos os tópicos da pauta e decidimos como dividir nosso tempo?"

"Nós decidimos colaborativamente qual o tópico a ser discutido primeiro?"

"Nós tomamos decisões consistentes colaborativamente quanto a fazer desvios da pauta?"

Ritmo

"Nós estipulamos uma quantidade de tempo apropriada para os elementos-padrão da sessão: verificação do humor, definição da pauta, atualização e revisão do Plano de Ação, discussão do(s) tópico(s) da pauta, definição de novos Planos de Ação, resumos periódicos e *feedback*?"

"Nós decidimos colaborativamente o que fazer se mais tempo do que havíamos estipulado for necessário para um problema?"

"Eu interrompo o cliente de maneira apropriada e gentil quando necessário? Nós gastamos tempo demais em fala improdutiva?"

"Eu asseguro que ele irá se lembrar dos pontos mais importantes da sessão, e há boas chances de que ele execute o novo Plano de Ação? Ele se sente emocionalmente estável antes de eu terminar a sessão?"

Familiarização do Cliente com o Tratamento

Definição dos Objetivos

"O cliente definiu objetivos concretos razoáveis baseados em seus valores e aspirações? O cliente tem em mente esses objetivos ao longo da semana? Ele está comprometido com o trabalho em direção a esses objetivos? Esses objetivos estão sob o controle do cliente, ou ele está tentando mudar outra pessoa?"

"Nós revisamos periodicamente o progresso em direção aos seus objetivos?"

"Eu o ajudo a ter em mente por que é que vale a pena trabalhar na terapia (i.e., atingir suas aspirações e viver a vida de acordo com seus valores)?"

Expectativas

"Quais são as expectativas do cliente quanto a si mesmo e a mim?"

"O cliente acredita que todos os problemas podem ser resolvidos rápida e facilmente? Ou que eu é que devo resolver os problemas dele? Ele compreende a importância de assumir um papel ativo e colaborador?"

"Ele entende a necessidade de aprender habilidades e usá-las regularmente entre as sessões?"

Solução de Problemas/Orientação Focada nos Objetivos

"O cliente especifica os problemas nos quais quer trabalhar ou os objetivos para os quais quer se esforçar?"

"Ele colabora comigo para resolver os problemas em vez de apenas mencioná-los?"

"Ele teme resolver problemas atuais porque então terá que se defrontar com outros problemas (tais como uma decisão sobre um relacionamento ou trabalho)?"

Modelo Cognitivo

"O cliente compreende que

- os pensamentos automáticos influenciam as emoções e o comportamento (e algumas vezes a fisiologia)?
- alguns pensamentos automáticos são distorcidos e/ou inúteis?
- ele pode se comportar melhor e agir de forma mais adaptativa quando avalia e responde ao seu pensamento?"

Plano de Ação

"Nós elaboramos Planos de Ação em torno dos principais problemas, objetivos e valores do cliente?"

"Ele compreende como o Plano de Ação está relacionado ao trabalho da sessão e aos seus valores e objetivos gerais?"

"Ele pensa sobre nosso trabalho na terapia durante a semana e executa os Planos de Ação integralmente?"

Resposta a Cognições Disfuncionais

Identificando e Selecionando os Principais Pensamentos Automáticos

"Nós identificamos as verdadeiras palavras e/ou imagens que passam pela mente do cliente quando ele está angustiado?"

"Nós identificamos a abrangência dos seus pensamentos automáticos relevantes?"

"Nós escolhemos os pensamentos principais para avaliar (i.e., os pensamentos mais associados a angústia ou disfunção)?"

Respondendo aos Pensamentos Automáticos e às Crenças

"Nós identificamos as principais cognições do cliente e também avaliamos e respondemos a elas?"

"Eu evito pressupor, a priori, que suas cognições são distorcidas? Eu uso a descoberta guiada e evito a persuasão e discussão?"

"Se uma linha de questionamento é ineficaz, eu experimento outras formas?"

"Alguns dos seus pensamentos automáticos fazem parte de um processo de pensamento disfuncional? Em caso afirmativo, eu o ensinei a se desvencilhar do pensamento e a focalizar em ação de valor?"

"Depois de ter formulado colaborativamente uma resposta alternativa, eu verifico o quanto ele acredita nela? Sua angústia diminui?"

"Se necessário, nós tentamos outras técnicas para reduzir sua angústia? Nós marcamos cognições relevantes para trabalho futuro?"

Maximizando a Mudança Cognitiva

"Nós anotamos as novas compreensões mais funcionais para que ele leia como parte dos seus Planos de Ação?"

Realização dos Objetivos Terapêuticos em Cada Sessão e ao Longo de Todas as Sessões

Identificando os Objetivos Gerais e de Cada Sessão

"Eu expressei apropriadamente para o cliente que o objetivo do tratamento é não apenas fazê-lo ficar melhor, mas também aprender habilidades para que ele possa se manter melhor?"

"Eu o ajudo a identificar um ou mais problemas ou objetivos importantes para discutir em cada sessão?"

"Nós dedicamos tempo à solução de problemas *e* à reestruturação cognitiva?"

"Os Planos de Ação incorporam mudança comportamental e cognitiva?"

Mantendo um Foco Consistente

"Eu uso a descoberta guiada para ajudar o cliente a identificar crenças positivas e negativas relevantes?"

"Eu consigo especificar quais crenças do cliente são mais centrais e quais são mais restritas ou mais periféricas?"

[Na metade do tratamento] "Eu exploro constantemente a relação entre os novos obstáculos e suas crenças nucleares? Nós estamos fazendo um trabalho consistente e sustentado nas crenças nucleares [positivas e negativas] em cada sessão, em vez de somente intervenção de crise?"

"Se nós discutimos eventos da infância, houve uma justificativa clara para que precisássemos fazer isso? Eu o ajudei a ver como suas crenças primitivas se relacionam com as dificuldades atuais e como tal *insight* pode ajudá-lo na semana seguinte? Ou como experiências precoces apoiam suas crenças positivas?"

Intervenções

"Eu escolho intervenções baseadas nos meus objetivos para a sessão e na pauta do cliente?"

"Eu confiro o quanto ele se sentiu angustiado e/ou quão vigorosamente ele endossou um pensamento automático ou crença antes e depois de uma intervenção, para que eu possa julgar o quanto a intervenção foi bem-sucedida?"

"Se uma intervenção tiver um sucesso relativo, eu mudo de foco e experimento outra abordagem?"

Processamento do Conteúdo da Sessão

Monitorando a Compreensão do Cliente

"Eu fiz resumos [ou solicitei que o cliente fizesse resumos] com frequência durante a sessão?"

"Eu lhe pedi que expressasse suas conclusões usando suas próprias palavras?"

"Fiquei alerta aos sinais não verbais de confusão ou discordância?"

Conceitualizando Problemas na Compreensão

"Eu conferi as minhas hipóteses com o cliente?"

"Se ele tem dificuldade para compreender o que estou tentando expressar, isso se deve a algum erro que cometi? A não ter sido muito concreto? Ao meu vocabulário ou nível de abstração? À quantidade de material que estou apresentando em um determinado momento ou em uma sessão?"

"Uma dificuldade na compreensão poderia dever-se ao nível de sofrimento emocional do cliente na sessão de terapia? À distração? Aos pensamentos automáticos que ele está tendo no momento?"

Maximizando a Consolidação do Aprendizado

"O que eu fiz para garantir que o cliente irá se lembrar de partes importantes da sessão de terapia durante a semana e mesmo depois que a terapia tiver terminado?"

"Eu o motivei a ler diariamente as anotações da terapia?"

PONTOS EMPERRADOS

Algumas vezes, os clientes podem se sentir melhor durante as sessões individuais, mas não conseguem evoluir por várias sessões. Se você for um terapeuta cognitivo-comportamental experiente, poderá não precisar se fazer as perguntas anteriores. Em vez disso, primeiro certifique-se de que você tem um diagnóstico correto e a conceitualização e o plano de tratamento adaptados ao transtorno do cliente (e que empregou as técnicas corretamente). Então pode avaliar os seguintes pontos, sozinho ou com um supervisor:

> "O cliente e eu temos uma *aliança terapêutica* sólida?"
>
> "Nós dois temos uma ideia clara de seus *valores e objetivos* para a terapia? Ele está comprometido com o trabalho para atingir esses objetivos?"
>
> "O cliente acredita verdadeiramente no *modelo cognitivo* [que seu pensamento influencia seu humor e comportamento, que seus pensamentos podem ser imprecisos ou inúteis, e que responder a suas cognições disfuncionais afeta positivamente suas emoções e comportamento]?"
>
> "O cliente está *familiarizado* com a TCC – ele contribui para a pauta, trabalha colaborativamente para a solução dos problemas e obstáculos, executa os Planos de Ação e fornece *feedback*?"
>
> "A *biologia* do cliente [p. ex., doença, condição médica, efeitos colaterais da medicação ou nível de medicação inadequado] ou seu *ambiente externo* [p. ex., um parceiro abusivo, um trabalho extremamente exigente ou um nível intolerável de pobreza ou crime no seu ambiente] estão interferindo em nosso trabalho?"

REMEDIANDO PROBLEMAS NA TERAPIA

Dependendo do problema identificado, você pode considerar a conveniência de um ou mais dos seguintes itens:

1. Fazer uma avaliação diagnóstica em maior profundidade
2. Encaminhar o cliente para um exame clínico ou neuropsicológico
3. Aprimorar sua conceitualização e conferir com o cliente
4. Ler mais sobre o tratamento do(s) transtorno(s) do cliente
5. Solicitar *feedback* específico do cliente sobre sua experiência com a terapia e com você
6. Restabelecer as aspirações, valores e objetivos do cliente para a terapia (e possivelmente examinar as vantagens e desvantagens de trabalhar em direção a eles)
7. Rever o modelo cognitivo com o cliente (e detectar preocupações ou dúvidas)
8. Rever o plano de tratamento com o cliente (e detectar preocupações ou dúvidas)
9. Avaliar as expectativas do cliente de como irá melhorar (O que ele acha que você precisa fazer? O que ele acha que ele precisa fazer?)
10. Enfatizar a definição e revisão dos Planos de Ação na sessão e a realização dos Planos de Ação durante a semana
11. Trabalhar com consistência nos pensamentos automáticos, crenças e comportamentos em cada sessão
12. Conferir a compreensão que o cliente tem do conteúdo da sessão e registrar os pontos mais importantes
13. Com base nas necessidades e preferências do cliente, mudar (para uma direção ou outra) o ritmo ou a estrutura da sessão, a quantidade ou dificuldade do material abordado, o grau de empatia que você tem expressado, o grau em que você tem sido didático ou persuasivo e/ou o foco relativo na resolução dos obstáculos

Além disso, você deve monitorar seus próprios pensamentos e humor quando procurar conceitualizar e remediar as dificuldades na terapia, pois suas cognições algumas vezes podem interferir na solução dos problemas. É provável que todos os terapeutas, pelo menos ocasionalmente, tenham pensamentos negativos sobre os clientes, sobre a terapia e/ou acerca deles mesmos como terapeutas. Os pressupostos típicos dos terapeutas que interferem na realização de mudanças incluem:

"Se eu interromper o cliente, ele vai achar que eu o estou controlando."
"Se eu estruturar a sessão com uma pauta, vou perder alguma coisa importante."
"Se eu gravar uma sessão, vou ficar muito constrangido."
"Se o meu cliente ficar aborrecido comigo, vai abandonar a terapia."

Você pode se beneficiar de um modelo de prática pessoal em que você foca reflexivamente no seu desenvolvimento, tanto pessoal quanto profissional, continuamente. Um caderno de exercícios pode facilitar esse trabalho (Bennett-Levy et al., 2015).

Por fim, quando encontrar um problema no tratamento, você tem uma opção. Pode catastrofizar sobre o problema e/ou acusar a si ou ao cliente. Ou, então, pode transformar o problema em uma oportunidade de aprimorar suas habilidades de conceitualização, planejamento do tratamento e estabelecer uma aliança terapêutica sólida. As dificuldades geralmente oferecem oportunidades de melhorar seus conhecimentos técnicos e sua habilidade para adaptar a terapia às necessidades específicas de cada cliente.

RESUMO

Você está prestes a enfrentar desafios no tratamento. É importante não acusar a si ou ao cliente. Algumas dificuldades surgem porque você é humano e, portanto, falível. Outras dificuldades surgem porque seu cliente é humano e, portanto, falível. Você pode aprender muito com os clientes cujo tratamento foi desafiador.

A cada sessão, é importante monitorar a experiência emocional do cliente, suas cognições sobre a terapia e sobre você, a profundidade do seu entendimento e o seu progresso para que você possa identificar os problemas. Quando identificar um problema, você deve conceitualizá-lo. Há alguma coisa que o cliente está fazendo ou não fazendo ou dizendo ou não dizendo na sessão ou entre as sessões que é um problema? Há algum problema com algo que *você está* fazendo ou não fazendo ou dizendo ou não dizendo que é um obstáculo? Esse é um problema limitado ou mais geral? Use as perguntas neste capítulo para diagnosticar o que está acontecendo e crie um plano para melhorar o tratamento.

> **PERGUNTAS PARA REFLEXÃO**
> Com que tipos de problemas você acha que terá mais dificuldade para lidar? Por quê? O que você pode fazer?

EXERCÍCIO PRÁTICO

Imagine que você tem um cliente que não evoluiu nas últimas quatro sessões. Escreva um plano para como você pode melhorar a situação.

Apêndice A

Recursos da terapia cognitivo-comportamental (em inglês)

Para princípios de terapia cognitivo-comportamental (TCC), folhas de exercícios, vídeos, diagramas de conceitualização, descrição resumida do caso e Cognitive Therapy Rating Scale e manual, visite *https://beckinstitute.org/cbtresources*.

PROGRAMAS DE TREINAMENTO

O Beck Institute for Cognitive Behavior Therapy, na Filadélfia, oferece uma variedade de programas de treinamento presencial, a distância e *on-line* para indivíduos e organizações no mundo todo, juntamente com programas de supervisão e consulta (*beckinstitute.org*).

RECURSOS ADICIONAIS

- Pacote com folhas de exercícios
- Folhetos para os clientes
- Livros, CDs e DVDs de Aaron T. Beck, MD, e Judith S. Beck, PhD
- Vídeos com Aaron T. Beck, Judith S. Beck e clínicos do Beck Institute

CERTIFICAÇÃO BECK EM TERAPIA COGNITIVO-COMPORTAMENTAL

Informações sobre o programa de Certificação Beck em TCC e diretório de clínicos certificados (no prelo).

CONTATO COM O BECK INSTITUTE

- Boletim informativo mensal com dicas, notícias e anúncios sobre TCC
- *Blog* com artigos da diretoria e do corpo docente do Beck Institute
- *Links* para as contas do Beck Institute nas redes sociais

MATERIAIS PARA AVALIAÇÃO*

As escalas e os manuais a seguir podem ser encomendados na Pearson (*www.pearsonassessments.com*):

- Beck Youth Inventories of Emotional and Social Impairment® (BYI®) — Second Edition (for children and adolescents ages 7-18)
- Beck Anxiety Inventory® (BAI®)
- Beck Depression Inventory® (BDI®)
- Beck Scale for Suicide Ideation® (BSS®)
- Beck Hopelessness Scale® (BHS®)
- Clark-Beck Obsessive-Compulsive Inventory® (CBOCI®)
- BDI®—Fast Screen for Medical Patients

As escalas e os manuais na sequência podem ser encontrados em *www.beckinstitute.org*:

- Personality Belief Questionnaire
- Personality Belief Questionnaire—Short Form
- Dysfunctional Attitude Scale

---

* N. de R.T.: Para adquirir as escalas validadas em língua portuguesa, contatar: Pearson Clinical Brasil.

Apêndice B

Resumo de caso do Beck Institute
Resumo e conceitualização

PARTE UM: INFORMAÇÕES NA ADMISSÃO

Dados de identificação na admissão

Idade: 56

Identidade de gênero e orientação sexual: Masculino, heterossexual

Herança cultural: Americano com herança europeia

Orientação religiosa/espiritual: Membro da Igreja Unitária; não estava frequentando a igreja na época da admissão

Ambiente de vida: Apartamento pequeno em uma cidade grande; mora sozinho

Situação profissional: Desempregado

Situação socioeconômica: Classe média

Queixa principal, sintomas principais, estado mental e diagnóstico

Queixa principal: Abe procurou tratamento para sintomas depressivos severos e ansiedade moderada.

Sintomas principais

    Emocionais: Sentimentos de depressão, ansiedade, pessimismo e alguma culpa; falta de prazer e interesse

Cognitivos: Problemas para tomar decisões, problemas de concentração

Comportamentais: Evitação (não limpa a casa, não procura emprego nem faz pequenas tarefas), isolamento social (parou de ir à igreja, passou menos tempo com a família, parou de ver os amigos)

Fisiológicos: Peso no corpo, fadiga significativa, baixa libido, dificuldade de relaxar, redução do apetite

Estado mental: Abe parecia muito deprimido. Suas roupas estavam um pouco amassadas; ele não ficou de pé nem se sentou ereto, fez pouco contato visual e não sorriu durante a avaliação. Seus movimentos eram um pouco lentos. Sua fala era normal. Demonstrou pouco afeto além da depressão. Seu processo de pensamento estava intacto. Seu sensório, cognição, *insight* e julgamento estavam dentro dos limites normais. Foi capaz de participar plenamente no tratamento.

Diagnóstico (do *Manual diagnóstico e estatístico de transtornos mentais* ou da *Classificação estatística internacional de doenças e problemas relacionados à saúde*): Transtorno depressivo maior, episódio único, severo, com sintomas de ansiedade. Sem transtorno da personalidade, mas com características leves de transtorno da personalidade obsessivo-compulsiva.

Medicações psiquiátricas atuais, adesão e efeitos colaterais: tratamento concomitante

Abe não estava tomando medicação psiquiátrica e não estava recebendo nenhum tratamento para depressão.

Relações significativas atuais

Embora Abe tenha se afastado um pouco da família, sua relação com os dois filhos adultos e quatro netos em idade escolar era boa. Algumas vezes os visitava ou assistia a eventos esportivos dos seus netos. Tinha muito conflito com sua ex-mulher e havia se afastado completamente de seus dois amigos. Era relativamente próximo de um primo e um pouco menos de um irmão. Ele via e falava com seu outro irmão e sua mãe com pouca frequência e não se sentia próximo deles.

PARTE DOIS: INFORMAÇÕES DO HISTÓRICO

Melhor funcionamento durante a vida (incluindo pontos fortes, qualidades e recursos)

Abe esteve no seu melhor momento quando terminou o ensino médio, conseguiu um emprego e se mudou para um apartamento com um amigo. Este período durou cerca de seis anos. Teve bom desempenho no emprego, tinha bom relacionamento com seu supervisor e colegas, socializava frequentemente com bons amigos, fazia exercícios e se mantinha em boa forma, e começou a economizar dinheiro para o futuro. Era bom solucionador de problemas, criativo e resiliente. Era respeitoso com os outros e de agradável convivência, muitas vezes ajudando a família ou os amigos sem que fosse preciso pedir. Era trabalhador, tanto no emprego quanto em casa. Ele se via como competente, no controle, confiável e responsável. Via os outros e seu mundo como basicamente bons. Seu futuro parecia brilhante para ele. Também tinha alto funcionamento nessa época, embora tivesse tido mais estresse em sua vida depois do seu casamento e do nascimento dos filhos.

História da doença atual

Abe desenvolveu sintomas depressivos e ansiosos dois anos e meio atrás. Seus sintomas foram piorando aos poucos e se transformaram em um episódio depressivo maior há cerca de dois anos. Desde essa época, os sintomas de depressão e ansiedade permaneceram consistentemente elevados sem períodos de remissão.

História de problemas psiquiátricos, psicológicos ou uso de substâncias e impacto no funcionamento

Abe se tornou consistentemente ansioso há cerca de dois anos e meio, quando seu supervisor mudou suas responsabilidades no trabalho e lhe forneceu treinamento inadequado. Ele começou a se perceber como fracassando no trabalho e ficou deprimido. Sua depressão aumentou de maneira significativa quando perdeu o emprego seis meses depois. Ele se recolheu e interrompeu muitas atividades: ajudar nas tarefas de casa, cuidar do jardim e ver seus amigos. Sua esposa então se tornou altamente crítica e sua depressão ficou severa. Nunca teve problemas com álcool ou outras substâncias.

História de tratamento psiquiátrico, psicológico ou para abuso de substância, tipo, nível de assistência e resposta

Abe e sua esposa haviam tido três sessões de aconselhamento conjugal ambulatorial com uma assistente social cerca de dois anos atrás; Abe relatou que isso não ajudou. Referiu não ter tido outro tratamento anterior.

História do desenvolvimento (aprendizagem, desenvolvimento emocional e físico relevantes)

Abe não teve dificuldades relevantes em seu desenvolvimento físico e emocional ou em seu desempenho escolar.

História pessoal, social, educacional e vocacional

Abe era o mais velho de três filhos. Seu pai abandonou a família quando Abe tinha 11 anos, e ele nunca mais voltou a vê-lo. Sua mãe então desenvolveu expectativas irrealisticamente altas em relação a ele, criticando-o de forma severa por não conseguir que seus irmãos fizessem o dever de casa consistentemente e por não limpar o apartamento enquanto ela estava no trabalho. Teve alguns conflitos com seus irmãos mais moços, que não gostavam que ele "mandasse" neles. Abe sempre teve alguns bons amigos na escola e na vizinhança. Depois que seu pai foi embora, desenvolveu uma relação mais próxima com o tio materno e posteriormente com vários dos seus professores. Abe era um aluno mediano e muito bom atleta. Com relação ao seu nível mais alto de instrução, chegou a concluir o ensino médio. Abe começou a trabalhar na indústria da construção no ensino médio e teve apenas alguns empregos na indústria entre a graduação e a época em que ficou deprimido. Trabalhou no atendimento ao consumidor até se tornar supervisor. Ele se dava bem com seus chefes, supervisores e colegas e sempre recebeu avaliações excelentes até seu supervisor mais recente.

Histórico médico e limitações

Abe tinha algumas lesões relacionadas a esportes, mas nada importante. Sua saúde era relativamente boa, exceto pela pressão arterial moderadamente alta que desenvolveu por volta do final dos 40 anos. Ele não tinha limitações físicas.

Medicações não psiquiátricas atuais, tratamento, adesão e efeitos colaterais

Abe estava tomando Vasotec®, 10 mg, duas vezes por dia, com total adesão para tratar hipertensão. Não tinha efeitos colaterais significativos e não estava recebendo nenhum outro tratamento.

PARTE TRÊS: DIAGRAMA DE CONCEITUALIZAÇÃO COGNITIVA (DCC)

Ver páginas 44-45.

PARTE QUATRO: RESUMO DA CONCEITUALIZAÇÃO DE CASO

História da doença atual, precipitantes e estressores na vida

A primeira ocorrência dos sintomas psiquiátricos de Abe teve início dois anos e meio atrás, quando começou a apresentar sintomas depressivos e ansiosos leves. O precipitante foram as dificuldades no trabalho; o novo supervisor havia mudado significativamente as responsabilidades dele, e Abe teve grande dificuldade para realizar seu trabalho de forma competente. Começou a se afastar das outras pessoas, incluindo sua esposa, e quando estava em casa começou a passar boa parte do tempo sentado no sofá. Seus sintomas pioravam constantemente e aumentaram de modo significativo quando perdeu o emprego e sua esposa se divorciou dele, cerca de dois anos atrás. Seu funcionamento declinou de maneira constante depois disso. À época da admissão, ele vinha passando a maior parte do tempo sentado no sofá, assistindo à televisão e navegando na internet.

Fatores de manutenção

Interpretações altamente negativas da sua experiência, viés atencional (notando tudo o que não estava fazendo ou que não estava fazendo bem), falta de estrutura em seu dia, desemprego contínuo, evitação e inatividade, retraimento social, tendência a ficar em seu apartamento e não sair, autocrítica aumentada, deterioração das habilidades para solução de problemas, lembranças negativas, ruminação sobre falhas percebidas atuais e passadas e preocupação com o futuro.

Valores e aspirações

Família, autonomia e produtividade eram muito importantes para Abe. Ele aspirava reconstruir sua vida, retomar seu senso de competência e habilidade de realizar as coisas, voltar ao trabalho, tornar-se financeiramente estável, reengajar-se em atividades que havia abandonado e retribuir aos outros.

Resumo narrativo, incorporação de dados do histórico, precipitantes, fatores de manutenção e conceitualização cognitiva

Durante a maior parte da sua vida, Abe demonstrou muitos pontos fortes, qualidades positivas e recursos internos. Por muitos anos, teve uma história de sucesso na profissão, no casamento e na família. Sempre havia aspirado ser uma boa pessoa, alguém que fosse competente, confiável e útil para os outros. Valorizava o trabalho árduo e o comprometimento. Seus valores fortemente arraigados originaram padrões comportamentais adaptativos com altas expectativas para si mesmo, trabalhando duro, resolvendo seus problemas de forma independente e sendo responsável. Suas crenças intermediárias correspondentes eram: "Se eu tiver altas expectativas e trabalhar duro, estarei bem. Devo resolver os problemas por minha conta. Devo ser responsável". Suas crenças nucleares sobre si mesmo eram de que ele era consideravelmente eficiente e competente, agradável e valorizado. Ele via as outras pessoas e seu mundo como basicamente neutros ou bons. Seus pensamentos automáticos, em sua maior parte, eram realistas e adaptativos.

No entanto, o significado que Abe atribuía a certas experiências adversas na infância o deixou vulnerável a ter suas crenças negativas ativadas no fim da infância. Seu pai abandonou a família quando Abe tinha 11 anos, o que o levou a acreditar que seu mundo era no mínimo imprevisível. Sua mãe o criticava por não corresponder a suas expectativas irracionalmente altas. Sem perceber que os padrões da mãe eram despropositados, Abe começou a se ver como não plenamente competente. Mas essas duas crenças não eram tão sólidas. Abe acreditava que boa parte do seu mundo ainda era relativamente previsível e que ele era competente em outros aspectos, em especial nos esportes.

Quando adulto, Abe começou a ter dificuldades no trabalho, tornou-se ansioso, temendo não ser capaz de corresponder aos seus valores profundamente arraigados de ser responsável, competente e produtivo. A ansiedade originou preocupação, o que causou dificuldades de concentração e solução de problemas, e seu trabalho foi comprometido. Ele começou a ver a si mesmo e a suas experiências de forma altamente negativa e desenvolveu sintomas de depressão. Sua crença nuclear de incompetência/fracasso foi ativada, e começou a ver a si mesmo como incapaz e fora do controle. Seus pressupostos negativos vieram à tona: "Se eu tentar fazer coisas difíceis, vou fracassar"; "Se eu pedir ajuda, as pessoas irão ver o quanto sou incompetente". Assim, ele começou a se engajar em estratégias de enfrentamento disfuncionais, principalmente evitação. Essas estratégias de enfrentamento ajudaram a manter a depressão.

O fato de não conseguir ser tão produtivo quanto achava que deveria ser e evitar pedir ajuda e apoio das outras pessoas, juntamente com as críticas duras de sua esposa por não ajudar em casa, também contribuíram para o início da sua depressão. Ele interpretava seus sintomas de depressão (p. ex., evitação, dificuldade de concentração e de tomar decisões, e fadiga) como sinais adicionais de incompetência. Depois que ficou deprimido, ele interpretava muitas de suas experiências através das lentes da sua crença nuclear de incompetência ou fracasso. Três destas situações estão anotadas na parte inferior do Diagrama de Conceitualização Cognitiva.

Depois que Abe ficou deprimido, ele começou a ver as outras pessoas de forma diferente. Temia que elas fossem críticas com ele e se retraiu socialmente. Em seu histórico, ele já havia encarado seu mundo como potencialmente imprevisível. Depois de perder o emprego e de sua esposa surpreendê-lo de forma negativa, ele começou a ver seu mundo como menos seguro (sobretudo em termos financeiros), menos estável e menos previsível.

PARTE CINCO: PLANO DE TRATAMENTO

Plano geral de tratamento

O plano era reduzir a depressão e ansiedade de Abe, melhorar seu funcionamento e interações sociais e aumentar o afeto positivo.

Lista de problemas/objetivos do cliente e intervenções baseadas em evidências

Desemprego/encontrar um emprego. Examinamos as vantagens e desvantagens de procurar emprego semelhante ao anterior *versus* inicialmente conseguir um emprego diferente (que fosse mais fácil de conseguir e de cumprir), avaliamos e respondemos a pensamentos automáticos de desesperança ("Jamais vou conseguir um emprego e, mesmo que consiga, provavelmente serei despedido de novo"), resolvemos o problema de como atualizar o currículo e procurar um emprego e dramatizamos a entrevista de emprego.

Evitação/reengajar-se nas atividades evitadas. Programamos tarefas específicas em casa para executar em horários específicos e realizamos experimentos comportamentais para testar seus pensamentos automáticos ("Não vou ter energia suficiente para fazer isso"; "Não vou fazer um trabalho suficientemente bom"). Avaliamos e respondemos aos pensamentos automáticos (como "Fazer isso será apenas uma gota no oceano"). Programamos atividades sociais e outras atividades que poderiam proporcionar uma sensação de prazer. Ensinei Abe a se dar crédito por qualquer coisa que fizesse que ainda fosse um pouco difícil e mantivesse uma lista de créditos.

Isolamento social/retomar o contato com os outros. Programamos atividades para que se reunisse com os amigos e a família; avaliamos qual amigo seria mais fácil de contatar, avaliamos pensamentos automáticos ("Ele não vai querer saber de mim"; "Ele vai me criticar porque estou desempregado"), discutimos o que dizer ao amigo sobre ter ficado sem contato e realizamos experimentos comportamentais para testar pensamentos que interferiam.

Conflito constante com ex-mulher/investigar se melhorar habilidades de comunicação pode ajudar/reduzir senso de responsabilidade pelo divórcio. Ensinei habilidades de comunicação tais como assertividade e realizamos experimentos comportamentais para testar pensamentos ("Isso não vai fazer diferença; ela nunca vai parar de me punir/ficar irritada comigo"). Fizemos um gráfico em *pizza* para avaliar a sua responsabilidade.

Ruminação depressiva e autocrítica/reduzir ruminação depressiva. Forneci psicoeducação sobre sintomas e o impacto da depressão, avaliamos crenças sobre críticas merecidas, avaliamos crenças positivas e negativas sobre ruminação e preocupação, fizemos um experimento comportamental para ver o impacto da *mindfulness* da respiração e prescrevi exercícios de *mindfulness* todas as manhãs e durante o dia quando necessário.

PARTE SEIS: CURSO DO TRATAMENTO E RESULTADOS

Relação terapêutica

No início do tratamento, Abe se preocupava que eu fosse crítica com ele, e acreditava que deveria ser capaz de superar seus problemas sozinho. Apresentei a ele a minha visão: que ele tinha uma doença real para a qual a maioria das pessoas precisa de tratamento, que suas dificuldades eram provenientes da depressão e não indicavam nada de negativo sobre ele como pessoa, e que era um sinal de força ele estar disposto a ver se o tratamento poderia ajudar. Ele pareceu tranquilizado. Demonstrou um nível de confiança em mim desde o começo; estava aberto em relação a suas dificuldades e colaborou facilmente. No início, quando relatou o que havia realizado em seus Planos de Ação, ficou cético quando sugeri que essas experiências mostravam seus atributos positivos. Mas foi capaz de reconhecer que ele também encararia essas atividades como positivas se outra pessoa na sua situação tivesse se engajado nelas. Abe em geral dava *feedback* positivo no final das sessões. Ele conseguiu me informar apropriadamente quando eu entendia mal alguma coisa que me dizia. Em suma, ele conseguiu estabelecer e manter uma boa relação terapêutica comigo.

Número e frequência das sessões de tratamento, duração do tratamento

Abe e eu nos encontramos semanalmente por 12 semanas, depois em semanas alternadas por 4 semanas, e depois uma vez por mês por 4 meses, totalizando 18 sessões durante 8 meses. Tivemos sessões de terapia cognitivo-comportamental padrão com duração de 50 minutos.

Resumo do curso do tratamento

Sugeri, e Abe concordou, que trabalhássemos primeiro em (1) conseguir que Abe saísse do seu apartamento quase todos os dias, (2) passasse mais tempo com sua família e (3) limpasse seu apartamento. Fazer essas coisas aumentou seu senso de conectividade e seu senso de controle e competência (e reduziu sua crença de que era incompetente e um pouco fora do controle). (Posteriormente trabalhamos em passar mais tempo com os amigos e em ser voluntário.) O aumento de suas atividades sociais melhorou seu apoio social e satisfez seus valores importantes de relações íntimas e de ser útil e responsável por outras pessoas. Também trabalhamos na redução de sua ruminação depressiva. Depois que ele estava funcionando um pouco melhor, trabalhamos para que encontrasse emprego; ele começou com construção na empresa de seu amigo. Nosso objetivo final era ver se ele poderia melhorar seu relacionamento com sua ex-mulher – mas não conseguiu.

Medidas do progresso

Na admissão, Abe tinha um escore 18 no PHQ-9 e 8 no GAD-7, e sua sensação de bem-estar em uma escala de 0 a 10 era 1. Continuei a monitorar o progresso usando essas três avaliações a cada sessão. No final do tratamento, seu escore no PHQ-9 era 3, seu escore no GAD-7 era 2 e sua sensação de bem-estar era 7. Embora ainda tivesse alguns dias difíceis, na maioria dos dias ele se sentia muito melhor.

Resultados do tratamento

A depressão de Abe estava quase em remissão no final do tratamento semanal. Posteriormente ele conseguiu um trabalho em horário integral do qual gostava e se saiu bem, estava mais envolvido com os amigos e a família e se sentia muito melhor. Quando retornou para sua última sessão mensal de reforço, sua depressão estava em total remissão, e sua sensação de bem-estar havia aumentado para 8.

Apêndice C
Passos na técnica AWARE*

1. **Aceite (_Accept_) a ansiedade.** A ansiedade é natural, normal e necessária para a sobrevivência. As sensações que você experimenta são uma parte normal da ansiedade, mesmo quando se tornam intensas. A ansiedade aumenta quando você fica ansioso por se sentir ansioso. Mas só porque se sente ansioso, isso não significa necessariamente que há alguma coisa errada com você. Seu cérebro reage da mesma forma se ele percebe perigo real ou perigo imaginado. Você pode encarar a ansiedade como energia, dada para ajudá-lo a lidar com situações perigosas ou difíceis. Não tente evitar, suprimir ou controlar a ansiedade. Se fizer isso, ela ficará mais intensa e prolongada.
2. **Observe-a (_Watch_) a distância.** Olhe para ela sem julgamento – nem boa, nem ruim. Classifique-a em uma escala de 0 a 10, e observe-a aumentar e diminuir. Fique distanciado; lembre-se, você não é a sua ansiedade. Quanto mais se separar da experiência, mais poderá observá-la. Examine seus pensamentos, sentimentos e ações como se fosse um observador amistoso, mas não excessivamente preocupado.
3. **Aja (_Act_) construtivamente com ela.** Aja como se não estivesse ansioso. O que você consegue fazer sem ansiedade, consegue fazer com ela. Você pode manter uma conversa, dar conta de seus afazeres, caminhar, dirigir, exercitar-se, dançar, cantar, rezar e escrever com ansiedade. Não fuja da ansiedade ou evite situações que despertam ansiedade. Se fizer isso, você passa a si mesmo a mensagem de que a ansiedade é ruim ou perigosa.

---

* Adaptada com permissão de Beck e Emery (1985).

4. **Repita (_R_epeat) o que está dito acima.** Continue a Aceitar, Observar e Agir construtivamente com a ansiedade.
5. **Espere (_E_xpect) o melhor.** Na maior parte do tempo, o que você mais teme não acontece. Proporcione a si mesmo muitas oportunidades de usar os passos recém-citados para que possa ganhar confiança de que a ansiedade sempre diminui. E suas dificuldades com a ansiedade diminuirão depois que você parar de lutar contra ela ou tentar evitá-la ou controlá-la.

Apêndice D

Reestruturação do significado de memórias precoces por meio de técnicas experienciais

Coloquei em um apêndice as técnicas para reestruturação do significado da experiência precoce porque elas são mais avançadas e podem não se aplicar a muitos dos seus clientes. Estas técnicas do tipo Gestalt foram adaptadas ao modelo cognitivo, especificamente para mudar crenças disfuncionais, e são usadas com clientes com transtornos da personalidade com mais frequência do que com clientes que têm transtornos agudos, embora não exclusivamente. Você usa essas técnicas mais na metade ou no final do tratamento, quando o cliente já começou a modificar suas crenças disfuncionais. Observe que pode ser importante para alguns clientes focar mais fortemente na recordação de memórias positivas e derivar significados positivos para fortalecer suas crenças adaptativas sobre si mesmos, sobre seu mundo e/ou sobre outras pessoas. Na sequência, apresento duas formas de reestruturar o significado das memórias.

Técnica 1: Reestruturação do Significado de Experiências Precoces por meio de Encenação e Dramatização entre Terapeuta e Cliente. A seguir, primeiro pergunto a Abe acerca de uma situação angustiante, sugerindo o foco nas sensações somáticas associadas à sua emoção negativa para ativar suas crenças nucleares e angústia mais intensamente. Faço isso para que ele possa ter maior acesso a uma memória mais precoce com o mesmo tema.

JUDITH: Abe, você parece muito deprimido hoje.
ABE: É, minha ex-mulher ligou. Eu deveria ter tomado conta dos meus netos esta manhã, mas tive que cancelar na última hora porque havia me esquecido de que tinha uma consulta médica.
JUDITH: O que ela lhe disse?

ABE: Que eu sou um avô terrível.
JUDITH: O que passou pela sua mente quando ela disse isso?
ABE: Ela está certa. Eu *sou* um avô terrível.
JUDITH: E como você está se sentindo?
ABE: [expressando sua emoção] Triste, muito triste. [expressando sua crença nuclear] Eu sou um fracasso.
JUDITH: Somente como avô ou de um modo geral?
ABE: A sensação é que é de um modo geral.
JUDITH: [intensificando seu afeto para facilitar a recuperação de uma memória] Você sente essa tristeza e esse fracasso em algum lugar no seu corpo?
ABE: (*Aponta para o peito.*) Aqui, no peito. Sinto um peso.

A seguir, colaborativamente decidimos no momento não focar nesta situação atual. Em vez disso, aproveito o estado de humor negativo de Abe para identificar uma experiência precoce importante, em que a mesma crença nuclear foi ativada. Peço que ele imagine a cena. Então discutimos a lembrança no nível intelectual, e ajudo Abe a encontrar uma explicação alternativa para a explosão da sua mãe em que ela o acusou e o criticou.

JUDITH: Quando você se lembra de ter se sentido assim na época em que era uma criança?
ABE: (*pausa*) Provavelmente quando eu tinha uns 11 ou 12 anos. Eu me recordo da minha mãe chegando tarde do trabalho porque havia perdido o ônibus. Ela ficou muito contrariada comigo porque meus irmãos estavam brincando com argila colorida na cozinha e estava tudo espalhado sobre a mesa e no chão.
JUDITH: Consegue visualizar a cena na sua mente? Você, seus irmãos e sua mãe estavam na cozinha?
ABE: Sim.
JUDITH: Como estava o rosto dela? O que ela disse?
ABE: Bem, ela parecia muito irritada. Gritava muito, dizia alguma coisa como "Abe, o que eu vou fazer com você? Olhe para este lugar!".
JUDITH: O que você disse?
ABE: Acho que eu não disse nada. Minha mãe continuava gritando comigo. Ela disse algo como "Você não sabe o quanto eu trabalho? Não acho que eu esteja lhe pedindo muito, mas por que deixou seus irmãos espalharem argila por todo lado? Você devia estar cuidando deles. Isso é tão difícil de fazer?".
JUDITH: [enfatizando] Você deve ter se sentido muito mal.
ABE: Sim, me senti.
JUDITH: Você acha que ela agiu de uma forma razoável?
ABE: (*Pensa.*) Não sei... Ela estava muito cansada e estressada.
JUDITH: Você dizia muitas coisas deste tipo aos seus filhos?

ABE: Não. Eu nunca disse nada assim. Eu não esperava que eles cuidassem um do outro.

JUDITH: Você consegue se lembrar de quando seu filho tinha 11 anos – e sua filha tinha uns 8 anos?

ABE: Sim.

JUDITH: Se você chegasse em casa depois de um dia de trabalho, estivesse muito atrasado e muito cansado e estressado, e a mesa e o chão estivessem cobertos de argila, o que teria dito a eles?

ABE: Hummm... Acho que eu teria dito algo como – Oh-oh. OK, tem argila por toda mesa e no chão. Parem o que estão fazendo e limpem tudo. E, na próxima vez, não deixem que fique tão bagunçado.

JUDITH: Isso é muito bom. Você tem uma ideia de por que sua mãe não pediu simplesmente para *você* limpar a argila?

ABE: Não tenho certeza.

JUDITH: Imagino, a partir do que você me disse antes, que poderia ser porque ela estava sobrecarregada por ser mãe solteira. Acho que ver a cozinha bagunçada fez com que ela se sentisse fora do controle.

ABE: Provavelmente é isso. Era tudo muito difícil para ela.

Depois disso, mudo o foco para que Abe possa se engajar em aprendizagem experiencial por meio da dramatização. Inicialmente ele faz o papel da sua mãe, depois trocamos os papéis e ele desempenha o próprio papel.

JUDITH: OK, que tal se fizermos uma dramatização? Eu faço você aos 11 anos e você faz o papel da sua mãe. Tente ver as coisas do ponto de vista dela o máximo possível. Você começa. Você acabou de chegar em casa do trabalho, vê a argila espalhada pela mesa e pelo chão, e você diz...

ABE: [como a mãe] Abe, olhe para esta bagunça. Você devia ter impedido seus irmãos.

JUDITH: [como Abe] Mãe, sinto muito, realmente *está* uma bagunça. Vou começar a limpar.

ABE: Você não sabe o quanto eu trabalho? Será que é demais esperar que você cuide dos seus irmãos?

JUDITH: Eu *estava* cuidando deles, e mandei que limpassem, mas eles não me ouviram.

ABE: Você tem que fazê-los obedecer.

JUDITH: Não sei como fazer isso. Eu só tenho 11 anos, e você está esperando demais de mim. Vou limpar tudo agora. Não sei por que está fazendo disso um problema tão grande. Você está fazendo eu me sentir um fracasso. É isso que acha que eu sou?

ABE: Não, eu não quero que você pense assim. Isso não é verdade. Eu só quero que você faça melhor.

A seguir, ajudo Abe a tirar uma conclusão diferente sobre a experiência:

JUDITH: OK, fora do papel. O que você acha?
ABE: Eu não era na verdade um fracasso, eu fazia bem a maioria das coisas. Minha mãe provavelmente só estava muito estressada.
JUDITH: O quanto você acredita nisso?
ABE: Acho que eu acredito nisso.
JUDITH: Que tal se fizermos uma dramatização de novo, mas desta vez invertemos os papéis? Você será você aos 11 anos, e vamos ver como consegue responder à sua mãe.

Depois dessa segunda dramatização, peço que Abe faça um resumo do que aprendeu. Então discutimos como suas conclusões se aplicam à situação atual em que sua ex-mulher o chamou de fracasso.

Técnica 2: Reestruturação do Significado da Experiência Precoce por meio de Encenação e Dramatização entre Cliente Mais Velho e Cliente Mais Jovem. Esta técnica começa da mesma maneira, e estes são os passos:

1. Identifique uma situação específica que atualmente seja muito angustiante para o cliente e esteja associada a uma crença disfuncional importante. Intensifique o afeto do cliente focando em seus pensamentos automáticos, emoções e sensações somáticas.
2. Ajude o cliente a identificar uma experiência precoce relevante perguntando: "Quando você se recorda de ter sentido assim na época em que era uma criança?" ou "Quando foi a primeira vez em que se lembra de ter acreditado nisso sobre si mesmo?" [ou 'Quando sua crença ficou muito mais forte?']". Obtenha uma descrição de uma situação específica e o significado que o cliente atribuiu a ela. Use o questionamento socrático para ajudá-lo a reestruturar a crença disfuncional que foi ativada.
3. Peça que o cliente reexperimente a situação como se ele fosse a criança (o "*self* mais jovem") e como se aquilo estivesse acontecendo a ele naquele momento. Até terminar a técnica, fale com o *self* mais jovem usando vocabulário e conceitos apropriados ao seu nível de desenvolvimento. Quando ele lhe contar sobre a experiência, identifique pensamentos automáticos, emoções e crenças do *self* mais jovem. Peça que ele avalie o quanto acredita em suas crenças. (Com frequência você precisará apresentar ao *self* mais jovem uma múltipla escolha: "Você acredita um pouco? Em certa medida? Muito?". Se você pedir ao *self* mais jovem uma porcentagem, ele irá mentalmente mudar para o *self* mais velho [atual].) Peça ao cliente para continuar a imaginar a cena, sempre falando como o *self* mais jovem, usando o tempo presente, até que o trauma tenha acabado e ele esteja em um lugar mais seguro.

4. Pergunte ao *self* mais jovem se ele quer que o *self* mais velho entre em cena (o lugar mais seguro) e o ajude a entender o que aconteceu. Facilite um diálogo entre o *self* mais jovem (a mente emocional) e o *self* mais velho (a mente intelectual) para reestruturar a crença disfuncional. Se o *self* mais jovem estiver confuso ou não acreditar no *self* mais velho, faça sugestões ao *self* mais velho sobre o que ele pode dizer (usando linguagem e conceitos apropriados ao seu desenvolvimento).
5. Peça que o *self* mais jovem reavalie o quanto ele acredita *agora* na crença disfuncional. Se o grau da sua crença reduzir, pergunte ao *self* mais jovem se tem mais alguma coisa que ele quer perguntar ou dizer para o *self* mais velho; então facilite que ele se despeça.
6. Pergunte ao cliente: "O que você conclui do que acabamos de fazer?". Uma conclusão típica é que a crença disfuncional não era verdadeira, ou com certeza não completamente verdadeira, e que o *self* mais jovem era vulnerável e merecia proteção e ser bem tratado. O cliente também pode concordar em começar a falar consigo mesmo de forma mais compassiva (na forma como seu *self* mais velho falava com seu *self* mais jovem) como parte do seu Plano de Ação.

Referências

Abbott, R. A., Whear, R., Rodgers, L. R., Bethel, A., Coon, J. T., Kuyken, W., . . . Dickens, C. (2014). Effectiveness of mindfulness-based stress reduction and mindfulness based cognitive therapy in vascular disease: A systematic review and meta-analysis of randomised controlled trials. *Journal of Psychosomatic Research, 76*(5), 341–351.

Alford, B. A., & Beck, A. T. (1997). *The integrative power of cognitive therapy.* New York: Guilford Press.

American Psychiatric Association. (2013). *Diagnostic and statistical manual of mental disorders* (5th ed.). Arlington, VA: Author.

Antony, M. M., & Barlow, D. H. (Eds.). (2010). *Handbook of assessment and treatment planning for psychological disorders* (2nd ed.). New York: Guilford Press.

Arnkoff, D. B., & Glass, C. R. (1992). Cognitive therapy and psychotherapy integration. In D. K. Freedheim (Ed.), *History of psychotherapy: A century of change* (pp. 657–694). Washington, DC: American Psychological Association.

Bannink, F. (2012). *Practicing positive CBT: From reducing distress to building success.* Hoboken, NJ: Wiley.

Barlow, D. H. (2002). *Anxiety and its disorders: The nature and treatment of anxiety and panic* (2nd ed.). New York: Guilford Press.

Beck, A. (2016). *Transcultural cognitive behavior therapy for anxiety and depression.* New York: Routledge.

Beck, A. T. (1964). Thinking and depression: II. Theory and therapy. *Archives of General Psychiatry, 10,* 561–571.

Beck, A. T. (1967). *Depression: Causes and treatment.* Philadelphia: University of Pennsylvania Press.

Beck, A. T. (1976). *Cognitive therapy and the emotional disorders.* New York: International Universities Press.

Beck, A. T. (1987). Cognitive approaches to panic disorder: Theory and therapy. In S. Rachman & J. Maser (Eds.), *Panic: Psychological perspectives* (pp. 91–109). Hillsdale, NJ: Erlbaum.

Beck, A. T. (1999). Cognitive aspects of personality disorders and their relation to syndromal disorders: A psychoevolutionary approach. In C. R. Cloninger (Ed.), *Personality and psychopathology* (pp. 411–429). Washington, DC: American Psychiatric Press.

Beck, A. T. (2005). The current state of cognitive therapy: A 40-year retrospective. *Archives of General Psychiatry, 62,* 953–959.

Beck, A. T. (2019). A 60-year evolution of cognitive theory and therapy. *Perspectives on Psychological Science, 14*(1), 16–20.

Beck, A. T., & Beck, J. S. (1991). *The personality belief questionnaire*. Philadelphia: Beck Institute for Cognitive Behavior Therapy.

Beck, A. T., Davis, D. D., & Freeman, A. (Eds.). (2015). *Cognitive therapy of personality disorders* (3rd ed.). New York: Guilford Press.

Beck, A. T., & Emery, G. (with Greenberg, R. L.). (1985). *Anxiety disorders and phobias: A cognitive perspective*. New York: Basic Books.

Beck, A. T., Finkel, M. R., & Beck, J. S. (2020). The theory of modes: Applications to schizophrenia and other psychological conditions. *Cognitive Therapy and Research*.

Beck, A. T., Perivoliotis, D., Brinen, A. P., Inverso, E., & Grant, P. M. (in press). *Recovery-oriented cognitive therapy for schizophrenia and serious mental health conditions*. New York: Guilford Press.

Beck, A. T., Rush, A. J., Shaw, B. F., & Emery, G. (1979). *Cognitive therapy of depression*. New York: Guilford Press.

Beck, A. T., & Steer, R. A. (1993a). *Beck Anxiety Inventory*. San Antonio, TX: Psychological Corporation.

Beck, A. T., & Steer, R. A. (1993b). *Beck Hopelessness Scale*. San Antonio, TX: Psychological Corporation.

Beck, A. T., Steer, R. A., & Brown, G. K. (1996). *Beck Depression Inventory–II*. San Antonio, TX: Psychological Corporation.

Beck, A. T., Wright, F. D., Newman, C. F., & Liese, B. S. (1993). *Cognitive therapy of substance abuse*. New York: Guilford Press.

Beck, J. S. (2001). A cognitive therapy approach to medication compliance. In J. Kay (Ed.), *Integrated treatment of psychiatric disorders* (pp. 113–141). Washington, DC: American Psychiatric Publishing.

Beck, J. S. (2005). *Cognitive therapy for challenging problems: What to do when the basics don't work*. New York: Guilford Press.

Beck, J. S. (2007). *The Beck diet solution: Train your brain to think like a thin person*. Birmingham, AL: Oxmoor House.

Beck, J. S. (2018). *CBT worksheet packet*. Philadelphia: Beck Institute for Cognitive Behavior Therapy.

Beck, J. S. (2020). *Coping with depression*. Philadelphia: Beck Institute for Cognitive Behavior Therapy.

Bennett-Levy, J., Butler, G., Fennell, M., Hackman, A., Mueller, M., & Westbrook, D. (Eds.). (2004). *Oxford guide to behavioral experiments in cognitive therapy*. Oxford, UK: Oxford University Press.

Bennett-Levy, J., & Thwaites, R. (2007). Self and self-reflection in the therapeutic relationship. In P. Gilbert & R. L. Leahy (Eds.), *The therapeutic relationship in the cognitive behavioral psychotherapies* (pp. 255–281). New York: Routledge/ Taylor & Francis.

Bennett-Levy, J., Thwaites, R., Haarhoff, B., & Perry, H. (2015). *Experiencing CBT from the inside out: A self-practice/self-reflection workbook for therapists*. New York: Guilford Press.

Benson, H. (1975). *The relaxation response*. New York: Avon.

Bishop, S. R., Lau, M., Shapiro, S., Carlson, L., Anderson, N. D., Carmody, J., ... Devins, G. (2004). Mindfulness: A proposed operational definition. *Clinical Psychology: Science and Practice, 11*(3), 230–241.

Boisvert, C. M., & Ahmed, M. (2018). *Using diagrams in psychotherapy: A guide to visually enhanced therapy*. New York: Routledge.

Boswell, J. F., Kraus, D. R., Miller, S. D., & Lambert, M. J. (2015). Implementing routine outcome monitoring in clinical practice: Benefits, challenges, and solutions. *Psychotherapy Research: Building Collaboration and Communication between Researchers and Clinicians, 25*(1), 6–19.

Braun, J. D., Strunk, D. R., Sasso, K. E., & Cooper, A. A. (2015). Therapist use of Socratic questioning predicts session-to-session symptom change in cognitive therapy for depression. *Behaviour Research and Therapy, 70,* 32-37.

Burns, D. D. (1980). *Feeling good: The new mood therapy.* New York: Signet.

Butler, A. C., Chapman, J. E., Forman, E. M., & Beck, A. T. (2006). The empirical status of cognitive-behavioral therapy: A review of meta-analyses. *Clinical Psychology Review, 26,* 17-31.

Callan, J. A., Kazantzis, N., Park, S. Y., Moore, C., Thase, M. E., Emeremni, C. A., . . . Siegle, G. J. (2019). Effects of cognitive behavior therapy homework adherence on outcomes: Propensity score analysis. *Behavior Therapy, 50*(2), 285-299.

Carpenter, J. K., Andrews, L. A., Witcraft, S. M., Powers, M. B., Smits, J. A., & Hofmann, S. G. (2018). Cognitive behavioral therapy for anxiety and related disorders: A meta-analysis of randomized placebo-controlled trials. *Depression and Anxiety, 35*(6), 502-514.

Chambless, D., & Ollendick, T. H. (2001). Empirically supported psychological interventions. *Annual Review of Psychology, 52,* 685-716.

Chaves, C., Lopez-Gomez, I., Hervas, G., & Vazquez, C. (2019). The integrative positive psychological intervention for depression (IPPI-D). *Journal of Contemporary Psychotherapy, 49*(3), 177-185.

Chiesa, A., & Serretti, A. (2011). Mindfulness based cognitive therapy for psychiatric disorders: A systematic review and meta-analysis. *Psychiatry Research, 187*(3), 441-453.

Clark, D. A., Beck, A. T., & Alford, B. A. (1999). *Scientific foundations of cognitive theory and therapy of depression.* Hoboken, NJ: Wiley.

Clark, D. M. (1989). Anxiety states: Panic and generalized anxiety. In K. Hawton, P. M. Salkovskis, J. Kirk, & D. M. Clark (Eds.), *Cognitive-behavior therapy for psychiatric problems: A practical guide* (pp. 52-96). New York: Oxford University Press.

Constantino, M. J., Ametrano, R. M., & Greenberg, R. P. (2012). Clinician interventions and participant characteristics that foster adaptive patient expectations for psychotherapy and psychotherapeutic change. *Psychotherapy, 49*(4), 557-569.

Craske, M. G., Treanor, M., Conway, C. C., Zbozinek, T., & Vervliet, B. (2014). Maximizing exposure therapy: An inhibitory learning approach. *Behaviour Research and Therapy, 58,* 10-23.

Cuijpers, P., van Straten, A., & Warmerdam, L. (2007). Behavioral activation treatments of depression: A meta-analysis. *Clinical Psychology Review, 27,* 318-326.

D'Zurilla, T. J., & Nezu, A. M. (2006). *Problem-solving therapy: A positive approach to clinical intervention* (3rd ed.). New York: Springer.

David, D., Cristea, I., & Hofmann, S. G. (2018). Why cognitive behavioral therapy is the current gold standard of psychotherapy. *Frontiers in Psychiatry, 9,* 4.

Davis, M., Eshelman, E. R., & McKay, M. (2008). *The relaxation and stress reduction workbook* (6th ed.). Oakland, CA: New Harbinger.

de Jonge, M., Bockting, C. L., Kikkert, M. J., van Dijk, M. K., van Schaik, D. J., Peen, J., . . . Dekker, J. J. (2019). Preventive cognitive therapy versus care as usual in cognitive behavioral therapy responders: A randomized controlled trial. *Journal of Consulting and Clinical Psychology, 87*(6), 521.

De Oliveira, I. R. (2018). Trial-based cognitive therapy. In S. Borgo, I. Marks, & L. Sibilia (Eds.), *Common language for psychotherapy procedures: The first 101* (pp. 202-204). Rome: Centro per la Ricerca in Psicoterapia.

De Shazer, S. (1988). *Clues: Investigating solutions in brief therapy.* New York: Norton.

DeRubeis, R. J., & Feeley, M. (1990). Determinants of change in cognitive therapy for depression. *Cognitive Therapy and Research, 14,* 469-482.

Dobson, D., & Dobson, K. S. (2018). *Evidence-based practice of cognitive-behavioral therapy*. New York: Guilford Press.

Dobson, K. S., & Dozois, D. J. A. (2009). Historical and philosophical bases of the cognitive-behavioral therapies. In K. S. Dobson (Ed.), *Handbook of cognitive-behavioral therapies* (3rd ed., pp. 3–37). New York: Guilford Press.

Dobson, K. S., Hollon, S. D., Dimidjian, S., Schmaling, K. B., Kohlenberg, R. J., Gallop, R. J., . . . Jacobson, N. S. (2008). Randomized trial of behavioral activation, cognitive therapy, and antidepressant medication in the prevention of relapse and recurrence in major depression. *Journal of Consulting and Clinical Psychology, 76*(3), 468–477.

Dunn, B. D. (2012). Helping depressed clients reconnect to positive emotion experience: Current insights and future directions. *Clinical Psychology and Psychotherapy, 19*(4), 326–340.

Dutra, L., Stathopoulou, G., Basden, S. L., Leyro, T. M., Powers, M. B., & Otto, M. W. (2008). A meta-analytic review of psychosocial interventions for substance use disorders. *American Journal of Psychiatry, 165*(2), 179–187.

Elliott, R., Bohart, A. C., Watson, J. C., & Greenberg, L. S. (2011). Empathy. *Psychotherapy, 48*(1), 43–49.

Ellis, A. (1962). *Reason and emotion in psychotherapy*. New York: Lyle Stuart.

Ezzamel, S., Spada, M. M., & Nikčević, A. V. (2015). Cognitive-behavioural case formulation in the treatment of a complex case of social anxiety disorder and substance misuse. In M. Bruch (Ed.), *Beyond diagnosis: Case formulation in cognitive-behavioural psychotherapy* (pp. 194–219). London: Wiley.

Fairburn, C. G., Bailey-Straebler, S., Basden, S., Doll, H. A., Jones, R., Murphy, R., . . . Cooper, Z. (2015). A transdiagnostic comparison of enhanced cognitive behaviour therapy (CBT-E) and interpersonal psychotherapy in the treatment of eating disorders. *Behaviour Research and Therapy, 70*, 64–71.

Foa, E. B., & Rothbaum, B. O. (1998). *Treating the trauma of rape: Cognitive-behavioral therapy for PTSD*. New York: Guilford Press.

Fredrickson, B. L. (2001). The role of positive emotions in positive psychology: The broaden-and-build theory of positive emotions. *American Psychologist, 56*, 218–226.

Frisch, M. B. (2005). *Quality of life therapy*. New York: Wiley.

Goldstein, A. (1962). *Therapist-patient expectancies in psychotherapy*. New York: Pergamon Press.

Goldstein, A., & Stainback, B. (1987). *Overcoming agoraphobia: Conquering fear of the outside world*. New York: Viking Penguin.

Gottman, J., & Gottman, J. S. (2014). *Level 2 clinical training: Gottman method couples therapy* [DVD]. Seattle, WA: Gottman Institute.

Gould, R. L., Coulson, M. C., & Howard, R. J. (2012). Efficacy of cognitive behavioral therapy for anxiety disorders in older people: A meta-analysis and meta-regression of randomized controlled trials. *Journal of the American Geriatrics Society, 60*(2), 218–229.

Grant, P. M., Bredemeier, K., & Beck, A. T. (2017). Six-month follow-up of recovery-oriented cognitive therapy for low-functioning individuals with schizophrenia. *Psychiatric Services, 68*(10), 997–1002.

Grant, P. M., Huh, G. A., Perivoliotis, D., Stolar, N. M., & Beck, A. T. (2012). Randomized trial to evaluate the efficacy of cognitive therapy for low-functioning patients with schizophrenia. *Archives of General Psychiatry, 69*(2), 121–127.

Greenberg L. S. (2002). *Emotion focused therapy: Coaching clients to work through their feelings*. Washington, DC: American Psychological Association.

Hackmann, A., Bennett-Levy, J., & Holmes, E. A. (2011). *Oxford guide to imagery in cognitive therapy*. Oxford, UK: Oxford University Press.

Hall, J., Kellett, S., Berrios, R., Bains, M. K., & Scott, S. (2016). Efficacy of cognitive behavioral therapy for generalized anxiety disorder in older adults: Systematic review, meta-analysis, and meta-regression. *American Journal of Geriatric Psychiatry, 24*(11), 1063-1073.

Hanrahan, F., Field, A. P., Jones, F. W., & Davey, G. C. L. (2013). A meta-analysis of cognitive therapy for worry in generalized anxiety disorder. *Clinical Psychology Review, 33,* 120-132.

Hayes, S. C., Follette, V. M., & Linehan, M. M. (Eds.). (2004). *Mindfulness and acceptance: Expanding the cognitive-behavioral tradition.* New York: Guilford Press.

Hayes, S. C., Strosahl, K. D., & Wilson, K. G. (1999). *Acceptance and commitment therapy: An experiential approach to behavior change.* New York: Guilford Press.

Hays, P. A. (2009). Integrating evidence-based practice, cognitive-behavior therapy, and multicultural therapy: Ten steps for culturally competent practice. *Professional Psychology: Research and Practice, 40*(4), 354-360.

Heiniger, L. E., Clark, G. I., & Egan, S. J. (2018). Perceptions of Socratic and non-Socratic presentation of information in cognitive behavior therapy. *Journal of Behavior Therapy and Experimental Psychiatry, 58,* 106-113.

Hofmann, S. G. (2016). *Emotion in therapy: From science to practice.* New York: Guilford Press.

Hofmann, S. G., Asnaani, A., Vonk, I. J., Sawyer, A. T., & Fang, A. (2012). The efficacy of cognitive behavioral therapy: A review of meta-analyses. *Cognitive Therapy and Research, 36*(5), 427-440.

Hofmann, S. G., Sawyer, A. T., Witt, A. A., & Oh, D. (2010). The effect of mindfulness-based therapy on anxiety and depression: A meta-analytic review. *Journal of Consulting and Clinical Psychology, 78*(2), 169-183.

Hollon, S. D., DeRubeis, R. J., Fawcett, J., Amsterdam, J. D., Shelton, R. C., Zajecka, J., . . . Gallop, R. (2014). Effect of cognitive therapy with antidepressant medications vs antidepressants alone on the rate of recovery in major depressive disorder: A randomized clinical trial. *JAMA Psychiatry, 71*(10), 1157-1164.

Ingram, R. E., & Hollon, S. D. (1986). Cognitive therapy for depression from an information processing perspective. In R. E. Ingram (Ed.), *Personality, psychopathology, and psychotherapy series: Information processing approaches to clinical psychology* (pp. 259-281). New York: Academic Press.

Iwamasa, G. Y., & Hays, P. A. (Eds.). (2019). *Culturally responsive cognitive behavior therapy: Practice and supervision* (2nd ed.). Washington, DC: American Psychological Association.

Jacobson, E. (1974). *Progressive relaxation.* Chicago: University of Chicago Press, Midway Reprint.

Jeste, D. V., & Palmer, B. W. (2015). *Positive psychiatry: A clinical handbook.* Arlington, VA: American Psychiatric Publishing.

Johnstone, L., Whomsley, S., Cole, S., & Oliver, N. (2011). *Good practice guidelines on the use of psychological formulation.* Leicester, UK: British Psychological Society.

Kabat-Zinn, J. (1990). *Full catastrophe living.* New York: Delta.

Kallapiran, K., Koo, S., Kirubakaran, R., & Hancock, K. (2015). Effectiveness of mindfulness in improving mental health symptoms of children and adolescents: A meta-analysis. *Child and Adolescent Mental Health, 20*(4), 182-194.

Kazantzis, N., Luong, H. K., Usatoff, A. S., Impala, T., Yew, R. Y., & Hofmann, S. G. (2018). The processes of cognitive behavioral therapy: A review of meta-analyses. *Cognitive Therapy and Research, 42*(4), 349-357.

Kazantzis, N., Whittington, C., Zelencich, L., Kyrios, M., Norton, P. J., & Hofmann, S. G. (2016). Quantity and quality of homework compliance: A meta-analysis of relations with outcome in cognitive behavior therapy. *Behavior Therapy, 47*(5), 755-772.

King, B. R., & Boswell, J. F. (2019). Therapeutic strategies and techniques in early cognitive-behavioral therapy. *Psychotherapy, 56*(1), 35–40.

Knapp, P., Kieling, C., & Beck, A. T. (2015). What do psychotherapists do?: A systematic review and meta-regression of surveys. *Psychotherapy and Psychosomatics, 84*(6), 377–378.

Kuyken, W., Padesky, C. A., & Dudley, R. (2009). *Collaborative case conceptualization: Working effectively with clients in cognitive behavioral therapy*. New York: Guilford Press.

Lambert, M. J., Whipple, J. L., Smart, D. W., Vermeersch, D. A., Nielsen, S. L., & Hawkins, E. J. (2001). The effects of providing therapists with feedback on patient progress during psychotherapy: Are outcomes enhanced? *Psychotherapy Research, 11*(1), 49–68.

Lambert, M. J., Whipple, J. L., Vermeersch, D. A., Smart, D. W., Hawkins, E. J., Nielsen, S. L., & Goates, M. (2002). Enhancing psychotherapy outcomes via providing feedback on client progress: A replication. *Clinical Psychology and Psychotherapy, 9*(2), 91–103.

Lazarus, A. A., & Lazarus, C. N. (1991). *Multimodal life history inventory*. Champaign, IL: Research Press.

Leahy, R. L. (2002). A model of emotional schemas. *Cognitive and Behavioral Practice, 9*(3), 177–190.

Leahy, R. L. (Ed.). (2018). *Science and practice in cognitive therapy: Foundations, mechanisms, and applications*. New York: Guilford Press.

Ledley, D. R., Marx, B. P., & Heimberg R. G. (2005). *Making cognitive-behavioral therapy work: Clinical process for new practitioners*. New York: Guilford Press.

Lee, J. Y., Dong, L., Gumport, N. B., & Harvey, A. G. (2020). Establishing the dose of memory support to improve patient memory for treatment and treatment outcome. *Journal of Behavior Therapy and Experimental Psychiatry, 68*, 101526.

Lewinsohn, P. M., Sullivan, J. M., & Grosscup, S. J. (1980). Changing reinforcing events: An approach to the treatment of depression. *Psychotherapy: Theory, Research, Practice, and Training, 17*(3), 322–334.

Linardon, J., Wade, T. D., de la Piedad Garcia, X., & Brennan, L. (2017). The efficacy of cognitive-behavioral therapy for eating disorders: A systematic review and meta-analysis. *Journal of Consulting and Clinical Psychology, 85*(11), 1080–1094.

Linehan, M. M. (1993). *Cognitive-behavioral treatment of borderline personality disorder*. New York: Guilford Press.

Linehan, M. M. (2015). *DBT skills training manual* (2nd ed.). New York: Guilford Press.

Magill, M., & Ray, L. A. (2009). Cognitive-behavioral treatment with adult alcohol and illicit drug users: A meta-analysis of randomized controlled trials. *Journal of Studies on Alcohol and Drugs, 70*(4), 516–527.

Martell, C., Addis, M., & Jacobson, N. (2001). *Depression in context: Strategies for guided action*. New York: Norton.

Matusiewicz, A. K., Banducci, A. N., & Lejuez, C. W. (2010). The effectiveness of cognitive behavioral therapy for personality disorders. *Psychiatric Clinics of North America, 33*(3), 657–685.

Mayo-Wilson, E., Dias, S., Mavranezouli, I., Kew, K., Clark, D. M., Ades, A. E., & Pilling, S. (2014). Psychological and pharmacological interventions for social anxiety disorder in adults: A systematic review and network meta-analysis. *Lancet Psychiatry, 1*(5), 368–376.

McCown, D., Reibel, D., & Micozzi, M. S. (2010). *Teaching mindfulness: A practical guide for clinicians and educators*. New York: Springer.

McCullough, J. P., Jr. (1999). *Treatment for chronic depression: Cognitive behavioral analysis system of psychotherapy*. New York: Guilford Press.

McEvoy, P. M., Saulsman, L. M., & Rapee, R. M. (2018). *Imagery-enhanced CBT for social anxiety disorder*. New York: Guilford Press.

Meichenbaum, D. (1977). *Cognitive-behavior modification: An integrative approach*. New York: Plenum Press.

Miller, S. D., Hubble, M. A., Chow, D., & Seidel, J. (2015). Beyond measures and monitoring: Realizing the potential of feedback-informed treatment. *Psychotherapy, 52*(4), 449–457.

Needleman, L. D. (1999). *Cognitive case conceptualization: A guidebook for practitioners*. Mahwah, NJ: Erlbaum.

Norcross, J. C., & Lambert, M. J. (2018). Psychotherapy relationships that work: III. *Psychotherapy, 55*(4), 303–315.

Norcross, J. C., & Wampold, B. E. (2011). Evidence-based therapy relationships: Research conclusions and clinical practices. *Psychotherapy, 48*(1), 98–102.

Öst, L. G., Havnen, A., Hansen, B., & Kvale, G. (2015). Cognitive behavioral treatments of obsessive-compulsive disorder: A systematic review and meta- analysis of studies published 1993-2014. *Clinical Psychology Review, 40*, 156– 169.

Overholser, J. C. (2018). *The Socratic method of psychotherapy*. New York: Columbia University Press.

Padesky, C. A. (1994). Schema change processes in cognitive therapy. *Clinical Psychology and Psychotherapy, 1*(5), 267–278.

Padesky, C. A., & Mooney, K. A. (2005). *Cognitive therapy for personality disorders: Constructing a new personality*. Paper presented at the 5th International Congress of Cognitive Psychotherapy, Gotenburg, Sweden.

Persons, J. B. (2008). *The case formulation approach to cognitive-behavior therapy*. New York: Guilford Press.

Pugh, M. (2019). *Cognitive behavioural chairwork: Distinctive features*. Oxon, UK: Routledge.

Raue, P. J., & Goldfried, M. R. (1994). The therapeutic alliance in cognitive-behavioral therapy. In A. O. Horvath & L. S. Greenberg (Eds.), *The working alliance: Theory, research, and practice* (pp. 131–152). New York: Wiley.

Resick, P. A., & Schnicke, M. K. (1993). *Cognitive processing therapy for rape victims: A treatment manual*. Newbury Park, CA: SAGE.

Ritschel, L. A., & Sheppard, C. S. (2018). Hope and depression. In M. W. Gallagher & S. J. Lopez (Eds.), *The Oxford handbook of hope* (pp. 209–219). New York: Oxford University Press.

Rosen, H. (1988). The constructivist-development paradigm. In R. A. Dorfman (Ed.), *Paradigms of clinical social work* (pp. 317–355). New York: Brunner/Mazel. Rush, A. J., Beck, A. T., Kovacs, M., & Hollon, S. D. (1977). Comparative efficacy of cognitive therapy and pharmacotherapy in the treatment of depressed outclients. *Cognitive Therapy and Research, 1*(1), 17–37.

Safran, J., & Segal, Z. V. (1996). *Interpersonal process in cognitive therapy*. Lanham, MD: Jason Aronson.

Salkovskis, P. M. (1996). The cognitive approach to anxiety: Threat beliefs, safety-seeking behavior, and the special case of health anxiety obsessions. In P. M. Salkovskis (Ed.), *Frontiers of cognitive therapy: The state of the art and beyond* (pp. 48–74). New York: Guilford Press.

Segal, Z., Williams, M., & Teasdale, J. (2018). *Mindfulness-based cognitive therapy for depression* (2nd ed.). New York: Guilford Press.

Smith, T. B., Rodriguez, M. D., & Bernal, G. (2011). Culture. In J. C. Norcross (Ed.), *Psychotherapy relationships that work* (2nd ed.). New York: Oxford University Press.

Snyder, C. R., Michael, S. T., & Cheavens, J. (1999). Hope as a psychotherapeutic foundation of common factors, placebos, and expectancies. In M. A. Hubble, B. Duncan, & S. Miller (Eds.), *The heart and soul of change* (pp. 179–200). Washington, DC: American Psychological Association.

Stott, R., Mansell, W., Salkovskis, P., Lavender, A., & Cartwright-Hatton, S. (2010). *Oxford guide to metaphors in CBT: Building cognitive bridges*. Oxford, UK: Oxford University Press.

Sudak, D. M. (2011). *Combining CBT and medication: An evidence-based approach*. Hoboken, NJ: Wiley.

Sue, S., Zane, N., Nagayama Hall, G. D., & Berger, L. K. (2009). The case for cultural competency in psychotherapeutic interventions. *Annual Review of Psychology, 60,* 525–548.

Swift, J. K., Greenberg, R. P., Whipple, J. L., & Kominiak, N. (2012). Practice recommendations for reducing premature termination in therapy. *Professional Psychology: Research and Practice, 43,* 379–387.

Tarrier, N. (Ed.). (2006). *Case formulation in cognitive behavior therapy: The treatment of challenging and complex cases.* New York: Routledge.

Thoma, N., Pilecki, B., & McKay, D. (2015). Contemporary cognitive behavior therapy: A review of theory, history, and evidence. *Psychodynamic Psychiatry, 43*(3), 423–461.

Tolin, D. F. (2016). *Doing CBT: A comprehensive guide to working with behaviors, thoughts, and emotions.* New York: Guilford Press.

Tompkins, M. A. (2004). *Using homework in psychotherapy: Strategies, guidelines, and forms.* New York: Guilford Press.

Tugade, M. M., Frederickson, B. L., & Barrett, L. F. (2004). Psychological resilience and positive emotional granularity: Examining the benefits of positive emotions on coping and health. *Journal of Personality, 72*(6), 1161–1190.

Vittengl, J. R., Stutzman, S., Atluru, A., & Jarrett, R. B. (in press). Do cognitive therapy skills neutralize lifetime stress to improve treatment outcomes in recurrent depression? *Behavior Therapy.*

von Brachel, R., Hirschfeld, G., Berner, A., Willutzki, U., Teismann, T., Cwik, J. C., ... Margraf, J. (2019). Long-term effectiveness of cognitive behavioral therapy in routine outpatient care: A 5- to 20-year follow-up study. *Psychotherapy and Psychosomatics, 88*(4), 225–235.

Weck, F., Kaufmann, Y. M., & Höfling, V. (2017). Competence feedback improves CBT competence in trainee therapists: A randomized controlled pilot study. *Psychotherapy Research, 27*(4), 501–509.

Weissman, A. N., & Beck, A. T. (1978). *Development and validation of the Dysfunctional Attitude Scale: A preliminary investigation.* Paper presented at the annual meeting of the American Educational Research Association, Toronto, Canada.

Wenzel, A., Brown, G. K., & Beck, A. T. (2009). *Cognitive therapy for suicidal patients: Scientific and clinical applications.* Washington, DC: American Psychological Association.

Wuthrich, V. M., & Rapee, R. M. (2013). Randomised controlled trial of group cognitive behavioural therapy for comorbid anxiety and depression in older adults. *Behaviour Research and Therapy, 51*(12), 779–786.

Young, J. E. (1999). *Cognitive therapy for personality disorders: A schema-focused approach* (3rd ed.). Sarasota, FL: Professional Resource.

Young, J. E., Klosko, J. S., & Weishaar, M. E. (2003). *Schema therapy: A practitioner's guide.* New York: Guilford Press.

Zilcha-Mano, S., Errázuriz, P., Yaffe-Herbst, L., German, R. E., & DeRubeis, R. J. (2019). Are there any robust predictors of "sudden gainers," and how is sustained improvement in treatment outcome achieved following a gain? *Journal of Consulting and Clinical Psychology, 87*(6), 491–500.

Índice

Nota: os números de páginas em *itálico* indicam figura ou tabela.

A
Abe (exemplo de caso)
    anotações da terapia, 259-260, *358-359*
    atribuindo o progresso a, 351-352
    conceitualização cognitiva
        crenças intermediárias e valores, 39-40
        crenças nucleares, 38-40
        estratégias comportamentais, 40-41
        pontos fortes, recursos e qualidades pessoais, 42-44
        sequência que originou a depressão, 40-43
        visão geral, 37-39
    crenças nucleares
        fortalecendo crenças adaptativas, 301-304
        identificando crenças adaptativas, 286-288
        identificando crenças mal-adaptativas, 288-290
        modificando crenças mal-adaptativas, 306-317
        psicoeducação sobre, 294-297
        visão geral, 38-40, 284-286
    dificuldades na discussão dos itens da pauta, 200-201
    emoções
        combinando o conteúdo dos pensamentos automáticos com, 231-232
        diferenciando de pensamentos automáticos, 230-231
        intensidade, 224
        regulação emocional, 321
    gráfico do progresso esperado, *350-351*
    habilidades sociais e dramatização, 330-331
    identificando imagens negativas, 341-343
    induzindo imagens positivas, 338-341
    introdução a, 1-2
    introduzindo *mindfulness*, 275-276
    modificando imagens negativas espontâneas, 344-347
    parte inicial da sessão
        atualização e revisão do Plano de Ação, 179-181
        definição de uma pauta inicial, 177-178
        priorização da pauta, 181-182
        verificação do humor, 175-176
    parte intermediária da sessão, 182-184
    pauta
        dificuldades na discussão dos itens da pauta, 200-201
        preparando a parte inicial da sessão, 177-178
        preparando a primeira sessão de terapia, 90-91
        preparando a sessão de avaliação, 73-75
        priorização, 181-182
    pensamentos automáticos
        características, 207-209
        combinando o conteúdo com as emoções, 231-232
        crenças nucleares expressas como, 289-290
        diferenciando de emoções, 230-231
        dificuldades na identificação, 218-222
        experimento comportamental para abordar, 249-251
        Folha de Exercícios: Testando seus Pensamentos, 266-267
        identificando distorções cognitivas, 249-252

mudando a forma dos pensamentos
    telegráficos ou em forma de perguntas,
    216-218
pedindo uma resposta útil para abordar,
    252-254
procurando temas centrais, 288-289
questionando para avaliar, 239-246
resolvendo problemas com pensamentos
    verdadeiros, 253-255
resumo dos pensamentos automáticos, 258
técnica da seta descendente, 289-290
usando perguntas alternativas para avaliar,
    247-249
Plano de Ação
    atualização e revisão na parte inicial da
        sessão, 179-181
    fornecimento de instruções explícitas,
        137-138
    lidando com a procrastinação, 153-154
    lidando com previsões negativas, 149-151
    preparando a sessão de avaliação, 81-84
    preparando para um possível desfecho
        negativo, 144-146
    primeira sessão de terapia, 91-95, 112
    verificação final, 184-187
plano de tratamento
    decidindo entre focar em um problema ou
        em um objetivo, 166-167
    objetivos terapêuticos, 157
    plano inicial, 160
    resumo de caso do Beck Institute, 381-382
    sessão de avaliação, 79-82
primeira sessão de terapia
    atualização e revisão do Plano de Ação,
        91-95
    definição da pauta inicial, 90-91
    definindo objetivos, 106-109
    diagnóstico e psicoeducação, 94-103
    feedback, 111
    identificando valores e aspirações, 103-106
    Plano de Ação, *112*
    reforçando o modelo cognitivo, 92-93
    verificação do humor, 88-89
princípios do tratamento da terapia cognitivo-
    -comportamental, 15-23
programação das atividades, 119, 122-124
reestruturação do significado de memórias
    precoces, 386-390
relação terapêutica, 58, 63-66
resumo de caso do Beck Institute
    curso do tratamento e resultados, 381-383
    diagrama de conceitualização cognitiva, *45*,
        378-380
    informações do histórico, 376-380
    informações na admissão, 375-377
    plano de tratamento, 381-382

resumo da conceitualização de caso,
    378-381
resumo final, verificação do Plano de Ação e
    feedback, 184-187
retrocessos, *358-359*
ruminação depressiva, 271-272
sessão de avaliação
    definindo a pauta, 73-75
    definindo o Plano de Ação, 81-84
    definindo objetivos e relatando um plano de
        tratamento geral, 79-82
    descrição de um dia típico, 75-77
    estabelecendo expectativas para o
        tratamento, 83-84
    impressão diagnóstica, 79
    respondendo à desesperança e ao ceticismo,
        76-78
    resumindo e obtendo *feedback*, 84-85
    solução de problemas, 322-324
    técnica do quadro em forma de *pizza*, 330-331,
        333-334
    tomada de decisões, 324-326
    trecho de uma intervenção típica da terapia
        cognitivo-comportamental, 8-9
Ação/comportamento de valor, 254-256, 320-321
Aceitação, 254-256
Afeto, engajamento em atividades para aumentar,
    134
Agindo "como se", 303-304
Álcool, uso de, 163
American Psychological Association, 352-353
Análise das vantagens e desvantagens
    da redução gradual na frequência das sessões
        de terapia, 353-354, *354-355*
    na tomada de decisões, 324-326
Analogia, 9-10
Analogia da escada, 326-328
Analogia da pneumonia, 95-96
Anotações da terapia
    dicas clínicas, 258, 260-261
    elaborando, 258-260
    fazendo na primeira sessão de terapia, 96-98
    gravadas em áudio, 261
    nos Planos de Ação, 134
    registrando, 22-23
    sobre retrocessos, 358-359
Ansiedade, técnica AWARE, 276-277, 384-385
Aspirações
    criando uma imagem de ter atingido, 105-106
    identificando, 104-105
    Planos de Ação e, 136-137
    técnica do quadro em forma de *pizza*, 330-331,
        332
    tirando conclusões sobre, 104-105
Atitudes. *Ver também* Crenças intermediárias
    conceito de crenças intermediárias e, 33-36

A

modelo cognitivo, 36-37
Ativação comportamental, 3
Atividades. *Ver também* Programação das atividades
  avaliando, 126-128
  tipos, 128-129
Atividades perto do término do tratamento, 353-356
Atualizações
  dificuldades em obter, 198-200
  parte inicial da sessão, 178-181
  primeira sessão de terapia, 91-93
Áudio, anotações da terapia gravadas, 261
Autenticidade, relação terapêutica e, 58-60
Autocomparações, 334-336
Autoexposição
  usando na relação terapêutica, 63-64
  usando para abordar pensamentos automáticos, 252-253
  usando para modificar crenças disfuncionais, 314-315
Autotranquilização, 321
Avaliação, na sessão de avaliação, 74-79
AWARE, técnica, 276-277, 384-385

B

Beck, Aaron, 3, 6-7, 13-14, 56
Beck Institute for Cognitive Behavior Therapy, 7
Bem-estar, construção, 352-354
Biblioterapia, 135

C

Cartões de enfrentamento, 9-11
Catastrofização, *250*
Ceticismo, respondendo na sessão de avaliação, 76-79
Clientes
  angústia perto do final da sessão, 203-205
  dificuldades com a interrupção, 190
  dificuldades de engajamento, 191-192
  dificuldades para abordar cognições disfuncionais, 191-193
  ensinando a identificar pensamentos automáticos, 221-223
  familiarizando, 190-192, 366-368
  introduzindo *mindfulness*, 275-276
  motivando a modificar crenças disfuncionais, 296-299
  pedindo uma resposta útil para abordar os pensamentos automáticos, 252-254
Cognições. *Ver também* Cognições disfuncionais
  identificando distorções cognitivas, 248-251
  identificando problemas na maximização da mudança cognitiva, 368-369
  interferência de cognições nos Planos de Ação, 149-155

níveis, 5
positivas, 18, 179-180
Cognições disfuncionais
  descoberta guiada na terapia cognitivo--comportamental, 21-22
  dificuldades em abordar, 191-193
  identificando problemas ao responder às, 367-369
  modelo teórico da terapia cognitivo--comportamental e, 4-5
Cognições positivas
  enfatizando na sessão, 179-180
  importância na terapia cognitivo--comportamental, 18
Cognitive Therapy Rating Scale, 165, 362
Colaboração
  definindo Planos de Ação colaborativamente, 136-138
  identificando problemas, 365
  importância na terapia cognitivo--comportamental, 18-19
  relação terapêutica e, 61-62
Competência
  Quadro de Evidências de Competência, 302-303
  Reestruturações do Quadro de Crenças de Competência, 307-308
Competência cultural, 17-18
Comportamentos adaptativos. *Ver* Estratégias comportamentais
Comportamentos de segurança, 328
Conceitualização cognitiva
  crenças, 29-35
  crenças intermediárias, 33-36
  exemplo de caso de Abe
    crenças intermediárias e valores, 39-40
    crenças nucleares, 38-40, 284-286
    estratégias comportamentais, 40-41
    pontos fortes, recursos e qualidades pessoais, 42-44
    sequência que originou a depressão, 40-43
    visão geral, 37-39
  iniciando o processo, 27
  introdução e importância, 25-27
  modelo cognitivo e, 35-38
  pensamentos automáticos, 27-29
  planos de tratamento na terapia cognitivo--comportamental e, 16
Conceitualização cognitiva baseada no problema
  diagramas, 47-52, 53
Conceitualização de caso
  identificando problemas, 363-364
  relação terapêutica e, 58
Conclusões inválidas, investigando, 254-255
Controle, 148-149
Coping with Depression (Beck), 87

Crenças
adaptativas, 30-31. *Ver também* Crenças nucleares (positivas) adaptativas
categorias, 279
conceitos importantes sobre, 294
crenças nucleares, 29-30. *Ver também* Crenças nucleares
disfuncionais, 31-35. *Ver também* Crenças nucleares (negativas) disfuncionais
identificando problemas ao responder às, 368-369
intermediárias, 33-36. *Ver também* Crenças intermediárias
introdução às, 279-280
modificando
crenças adaptativas, 300-304
crenças mal-adaptativas, 305-318
importância, 300
Crenças intermediárias
conceito, 33-36
definição, 5, 279
Diagrama de Conceitualização Cognitiva Baseado nos Pontos Fortes, 43-44, 45-46
diagrama simplificado de conceitualização cognitiva, 54
Diagramas de conceitualização cognitiva tradicionais, 48, 49, 50-52, 53
exemplo de caso de Abe, 39-40
fortalecendo crenças adaptativas, 300-304
mal-adaptativas
decidindo modificar, 292
educando o cliente sobre, 293-297
identificando, 290-292
modelo cognitivo, 36-37
origem, 35-36
Crenças nucleares
adaptativas, 30-31. *Ver também* Crenças nucleares (positivas) adaptativas
conceito, 29-30
crenças intermediárias e, 33-36
definição, 5, 279
Diagrama de Conceitualização Cognitiva Baseado nos Pontos Fortes, 43-44, 45-46
diagrama simplificado de conceitualização cognitiva, 54
diagramas de conceitualização cognitiva tradicionais, 47, 48-49, 50-51, 53
dicas clínicas, 285-287
disfuncionais, 31-35. *Ver também* Crenças nucleares (negativas) disfuncionais
esquemas e, 280-281, 282
exemplo de caso de Abe, 38-40, 284-286
expressas como pensamentos automáticos, 289-290
modelo cognitivo, 36-37
modificando
crenças adaptativas, 300-304
crenças mal-adaptativas, 305-318
importância, 300
modos, 281-284
origem, 35-36
resumo, 298-299
sobre os outros, o mundo e o futuro, 284
Crenças nucleares (negativas) disfuncionais
características e categorias, 31, 32, 280
determinando a origem e manutenção, 296-297
dicas clínicas, 285-287, 289-291
educando o cliente sobre, 293-297
exemplo de caso, 31-35
identificando, 288-291
impacto nos esquemas, 280, 282
modificando
continuum cognitivo, 310-313
decidindo modificar, 292
decidindo quando modificar, 293
dramatizações intelectuais-emocionais, 314-317
experimentos comportamentais, 309-310
importância, 300
questionamento socrático, 306, 307
reestruturação do significado de memórias precoces, 317-318
reestruturando, 307-309
resumo, 317-318
testes históricos, 316-317
usando autoexposição, 314-315
usando histórias, filmes e metáforas, 310-311
usando outra pessoa como referência, 312-314
visão geral e importância, 305-306
modo depressivo e categorias, 283-284
motivando o cliente a modificar, 296-299
Crenças nucleares (positivas) adaptativas
características, 30-31, 280
Diagrama de Conceitualização Cognitiva Baseado nos Pontos Fortes, 43-44, 45-46
dicas clínicas, 287-288
fortalecendo, 300-304
identificando, 286-288
impacto nos esquemas, 280, 281
Crenças nucleares de desamor, 31, 32, 283-284
Crenças nucleares de desvalor, 31, 32, 283-284
Crenças nucleares de incapacidade, 31, 32, 283-284
CT-R. *Ver* Terapia cognitiva orientada para a recuperação (CT-R)

D
Dados positivos
dicas clínicas, 303-304
fortalecendo crenças adaptativas, 301-302

DCC-PF. *Ver* Diagrama de Conceitualização Cognitiva Baseado nos Pontos Fortes (DCC-PF)
DCCs. *Ver* Diagramas de conceitualização cognitiva (DCCs)
Declarações do tipo "deve", *249-251*
Declarações do tipo "deveria", *249-251*
Definição da pauta
    definição de uma pauta inicial na parte inicial da sessão, 176-178
    dificuldades
        divagando, 195-196
        não contribuindo, 195-198
        sentindo-se sem esperança e sobrecarregado, 198-199
    primeira sessão de terapia, 90-91
    sessão de avaliação, 73-75
Definição dos objetivos
    abordando as dificuldades, 109-110
    abordando os pensamentos automáticos que interferem, 106-108
    identificando problemas, 366
    primeira sessão de terapia, 106-110
    sessão de avaliação, 79-82
    técnica do quadro em forma de *pizza*, 330-331, 332
Depressão
    apresentando um diagnóstico na primeira sessão de terapia, 94-96
    desenvolvimento da terapia cognitivo-comportamental de Beck e, 6-7
    exemplo de caso de Abe, 40-43
    fazendo analogia com pneumonia, 95-96
    importância de modificar crenças mal-adaptativas, 300
    psicoeducação sobre, 95-98
Descoberta guiada, 21-22, 195-196
Desconsideração do positivo, *250*
Desesperança
    dificuldade na definição da pauta e, 198-199
    respondendo na avaliação da sessão, 76-79
    verificação do nível do cliente, 88
Desqualificação do positivo, *250*
Diagnóstico
    apresentando na primeira sessão de terapia, 94-96
    identificando problemas, 363-364
Diagrama de Conceitualização Cognitiva Baseado nos Pontos Fortes (DCC-PF), 44-47
Diagramas, usando para explicar crenças, 296-297
Diagramas de conceitualização cognitiva (DCCs)
    DCC tradicional, 47-52, *53*
    Diagrama de Conceitualização Cognitiva Baseado nos Pontos Fortes, 43-47
    importância, 43-44
    resumo, 52-54

Diagramas de conceitualização cognitiva tradicionais (baseados nos problemas), 47-52, *53*
Dicas clínicas
    anotações da terapia, 258, 260-261
    atividade quando o cliente não está no momento, 130-131
    atividade quando o cliente tem comportamentos problemáticos, 128-129
    autocomparações, 335-336
    crenças nucleares, 285-287
    dificuldades gerais na estruturação das sessões, 191-192
    dificuldades na definição dos objetivos, 110
    dramatizações intelectuais-emocionais, 316-317
    efeito de excitação do relaxamento, 321
    ensinando os clientes sobre imagens angustiantes, 342-343
    exposições, 330
    identificando crenças nucleares adaptativas, 287-288
    identificando dados positivos, 303-304
    identificando valores, 102-104
    mudando os objetivos no tratamento, 168-169
    pensamentos automáticos
        folhas de exercícios e pensamentos automáticos, 266-268
        identificando pensamentos automáticos, 99-101
        perguntas para avaliar pensamentos automáticos, 241, 243
    Planos de Ação
        adesão do cliente a um plano, 148-149
        ambivalência do cliente sobre, 143-145
        cliente tentando executar os planos perfeitamente, 152-154
        primeira sessão de terapia, 87, 89-90, 99-104, 110
        programação das atividades, 123-124
        psicoeducação sobre o modelo cognitivo, 99-101
        respondendo à desesperança e ao ceticismo, 76-79
        resumos, 184-185
        técnica do quadro em forma de *pizza*, 334
        treinamento de habilidades, 321-322
        verificação da medicação/outros tratamentos, 90
        verificação do humor, 89, 176, 195-196
Distanciamento, 340-341
Distorções cognitivas, identificando, 248-251
Domínio
    conceitualização da falta, 118
    usando o Quadro de Atividades para avaliar previsões referentes a, 128-131

Dramatização entre cliente mais velho e cliente mais jovem, 390
Dramatizações
  dramatizações intelectuais-emocionais, 314-317
  para identificar pensamentos automáticos, 219-221
  reestruturação do significado de memórias precoces, 386-390
  visão geral e descrição, 330-331
Dramatizações intelectuais-emocionais, 314-317
Drogas, uso de, planejamento do tratamento e, 163
Dysfunctional Attitude Scale, 292

E

Efeito de excitação, do relaxamento, 321
Emoções. *Ver também* Emoções negativas; Emoções positivas
  avaliando a intensidade, 227-229
  combinando o conteúdo dos pensamentos automáticos com, 231-232
  diferenciando de pensamentos automáticos, 228-231
  intensificando respostas emocionais para identificar pensamentos automáticos, 218-219
  modelo cognitivo, 27-28, 36-37, *213-214*
  resumo, 233-234
  técnicas de regulação emocional, 320-321
  técnicas para regular, 233-234
  visão geral e importância, 224-225
Emoções negativas
  diferenciando de pensamentos automáticos, 228-231
  disfuncionais, 224
  funções positivas, 224
  intensificando o afeto negativo, 232-233
  lista, *226-227*
  objetivo da terapia cognitivo-comportamental e, 320
  resumo, 233-234
  rotulando, 225-228
  técnicas de regulação emocional, 320-321
  testando crenças sobre, 232-234
Emoções positivas
  enfatizando na sessão, 179-180
  identificando e fortalecendo, 225-226
  importância na terapia cognitivo-comportamental, 18
  lista, *225-226*
Empatia, relação terapêutica e, 58-60
Empirismo colaborativo, 21-22
Encenação, 386-390
Engajamento do cliente, dificuldades com, 191-192
Ensaio encoberto, 140-142, 146-147, 150-151
Escala de Desesperança de Beck, 88

Esquemas
  crenças disfuncionais negativas e, 34-35
  crenças nucleares e, 280-281, *282*
  modos e, 281-284
Estratégias comportamentais
  Diagrama de Conceitualização Cognitiva Baseado nos Pontos Fortes, 43-44, *45-46*
  diagrama simplificado de conceitualização cognitiva, *54*
  diagramas de conceitualização cognitiva tradicionais, 48, *49-50, 52, 53*
  exemplo de caso de Abe, 40-41
  psicoeducação sobre, 98-99
Estratégias de enfrentamento
  ensaiando estratégias adaptativas, 339-340
  lidando com experiências difíceis, 344-346
Estruturação da sessão de terapia cognitivo--comportamental
  conteúdo e formato das sessões, 170-171, *172-173*
  desviando-se da pauta, 202-204
  dificuldades gerais, 188-193
    identificando problemas, 366
    importância das sessões estruturadas, 21
    parte intermediária da sessão, *173*, 181-185
    quando o cliente está angustiado perto do final da sessão, 203-205
  final das sessões, *173*, 183-187
  parte inicial das sessões
    atualização e revisão do Plano de Ação, 178-181
    definição de uma pauta inicial, 176-178
    objetivos específicos, 171, 174
    priorização da pauta, 180-182
    verificação da medicação/outros tratamentos, 176
    verificação do humor, 174-176
    visão geral, *173*
  problemas comuns nas partes estruturais das sessões
    definição da pauta, 195-199
    discussão dos itens da pauta, 200-203
    obtenção de uma atualização, 198-200
    revisão do Plano de Ação, 200-201
    verificação do humor, 192-196
    visão geral, 192-193
Eventos significativos
  Diagrama de Conceitualização Cognitiva Baseado nos Pontos Fortes, 43-44, *45-46*
  Diagramas de conceitualização cognitiva tradicionais, 48, *49, 51, 53*
Evitação
  descrição, 328
  exposição e, 328-331
  referente aos Planos de Ação, 153-155
Exercícios práticos, recomendações sobre o uso, 12-13

Exercícios respiratórios, 321
Expectativas, identificando problemas, 367-368
Experiências difíceis, enfrentamento, 344-346
Experimentos comportamentais
    mindfulness e teste de crenças disfuncionais, 274
    modificando crenças disfuncionais, 309-310
    nos Planos de Ação, 134
    para abordar pensamentos automáticos, 249-253
    para avaliar pensamentos automáticos, 239
    testando crenças sobre emoções negativas, 233-234
Exposição imaginária, 330
Exposições
    descrição, 329-330
    dicas clínicas, 330
    visão geral e justificativa para, 328-329

F

Familiarização do cliente
    dicas clínicas, 191-192
    dificuldades, 190-191
    identificando problemas, 366-368
Feedback
    estando alerta às reações negativas do cliente sobre os Planos de Ação, 141-144
    identificando problemas no, 365
    no final da sessão, 185-187
    obtendo do cliente, 60-61
    obtendo na primeira sessão de terapia, 111
    obtendo na sessão de avaliação, 84-85
Filmes
    técnica mudando o "filme", 344
    usando para modificar crenças disfuncionais, 310-311
Filtro mental, *250*
Folha de Apoio: Perguntas para Identificar Pensamentos Automáticos, 221-222, *222-223*
Folhas de exercícios
    alternativas para responder aos pensamentos automáticos, 267-268
    dicas clínicas com pensamentos automáticos, 266-268
    orientação sobre o uso, 12-13
    usando para responder aos pensamentos automáticos, 261-267
Folha de Exercícios: Identificando Pensamentos Automáticos, 101-103
Folha de Exercícios: Mudança de Crenças, 309
Folha de Exercícios: Preparação para a Terapia, 136, 174, 191
Folha de Exercícios: Testando seus Pensamentos, 257, 261, *262-263*, 266-267
Formulário de *Feedback*, 113
Formulários, reação negativa aos, 192-195

G

Generalização excessiva, *250*
Generalized Anxiety Disorder Scale (GAD-7), 88
Gestalt, técnicas do tipo. Ver Técnicas experienciais
Gráfico do progresso esperado, 350-351
Guia para as Sessões de Reforço, 358-359, *359-360*
Guia para sessões de autoterapia, *356-357*

H

Habilidades comportamentais, praticando, 135
Habilidades de aconselhamento rogeriano, 58-60
Habilidades de aconselhamento, relação terapêutica e, 58-60
Habilidades sociais, dramatização e, 330-331
Histórias, usando para modificar crenças disfuncionais, 310-311

I

Imagens negativas
    ensinando o cliente sobre imagens angustiantes, 342-343
    identificando, 341-343
    mudando o "filme", 344
    seguindo as imagens até a conclusão, 344-347
    substituindo imagens positivas por, 340-341
    teste da realidade, 346-348
    visão geral, 342-344
Imagens positivas, induzindo, 338-342
Imaginário e imagens
    ensinando o cliente sobre imagens angustiantes, 342-343
    fortalecendo crenças nucleares, 303-304
    identificando imagens negativas, 341-343
    induzindo imagens positivas, 338-342
    introdução e importância, 337
    investigando para identificar pensamentos automáticos, 220-221
    modificando imagens negativas espontâneas, 342-348
    relaxamento e, 321
    resumo, 347-348
    sinônimos para imagens, 342-343
Imipramina, 7
Impressões diagnósticas, 79
Inatividade, conceitualização, 116-118
Interpretações, diferenciando de pensamentos automáticos, 215-216
Interrupção do cliente, dificuldades com a, 190
Intervenções cognitivas, intervenção típica em terapia cognitivo-comportamental, 8-9
Intervenções terapêuticas
    deixando de fazer, 201-202
    identificando problemas, 369-370
    intervenção cognitiva típica na terapia cognitivo-comportamental, 8-9
Inventário de Ansiedade de Beck, 88

Inventário de Depressão de Beck-II, 88

L
Leitura mental, *250*
Limitação no tempo, terapia cognitivo-
-comportamental e, 20-21
Lista de qualidades positivas, *47*
Listas de créditos, 135

M
Maria (exemplo de caso)
  abordando cognições disfuncionais, 191-192
  angústia perto do final da sessão, 203-205
  autocomparações, 334-336
  crenças nucleares
    identificando crenças disfuncionais, 290-291
    modificando crenças disfuncionais, 310-311, 316-317
  dificuldade na solução de problemas, 322-323
  dificuldades na definição da pauta, 196-199
  emoções
    avaliando a intensidade, 227-229
    rotulando emoções negativas, 226-228
    testando crenças sobre, 232-233
  indicações de tarefas gradativas e a analogia da escada, 326-328
  interrompendo o cliente, 190
  introdução, 2
  modificando imagens espontâneas negativas, 346-348
  pensamentos automáticos
    diferenciando de interpretações, 215-216
    ensinando a identificar, 221-222
    especificando pensamentos incluídos, 216-217
    identificando, 211-215
    procurando temas centrais, 288-289
    psicoeducação sobre, 210-212
    respondendo quando uma folha de exercícios não é suficientemente útil, 267-268
  planejamento do tratamento
    decidindo entre focar em um problema ou em um objetivo, 166
    identificando uma situação problemática, 167-169
  Plano de Ação
    abordando problemas práticos, 147-148
    adaptando ao indivíduo, 136-137
    checklist diária, *148-149*
    prevendo e evitando problemas, 139-143
    superestimação das demandas, 151-153
  preocupações com a redução na frequência das sessões, 353-356
  relação terapêutica, 66-68

resistência à programação das atividades, 123-127
  tensão e, 208
  usando o Quadro de Atividades para avaliar previsões de domínio e prazer, 129-131
Maximização/minimização, *250*
Meditação *mindfulness* formal, 272-274, 276
Memórias
  focando nas memórias positivas, 338-339
  reestruturação, 317-318, 386-390
Memórias precoces, reestruturação, 317-318, 386-390
Metáfora do ensaio, 305
Metáforas
  metáfora estendida ou um ensaio, 305
  usando para explicar o processamento de informações, 295-296
  usando para modificar crenças disfuncionais, 310-311
  usando na terapia cognitivo-comportamental, 9-10
Mindfulness
  apresentando ao cliente, 275-276
  conceitos e tipos, 270-271
  exposição a estímulos internos, 330
  prática pessoal e razões para praticar, 273
  práticas formais e informais, 272-273
  resumo, 276-277
  ruminação depressiva e, 271-272
  técnica AWARE, 276-277, 384-385
  técnicas antes de introduzir no tratamento com terapia cognitivo-comportamental, 273-274
  técnicas após um exercício de *mindfulness*, 276
  testando crenças sobre emoções negativas, 233-234
Modelo cognitivo
  definindo um item do Plano de Ação para reforçar, 100-103
  identificando problemas na compreensão do cliente, 367-368
  modelos estendidos, 35-38, 212-215, *213-214*
  pensamentos automáticos e, 4-5, 27-29, 36-38, 212-215, *213-214*
  psicoeducação sobre, 97-101
  reforçando na primeira sessão de terapia, 92-93
  visão geral, 4-5
Modelo teórico da terapia cognitivo-
-comportamental, 4-5
Modificação cognitivo-comportamental, 3
Modo adaptativo, 281-283
Modo depressivo, 281, 283-284
Modos
  definição, 281
  modo adaptativo, 281-283
  modo depressivo, 281, 283-284

Monitor de exposição, 330, *330-331*
Monitoramento
    dos pensamentos automáticos, 134
    identificando problemas no monitoramento da compreensão do cliente, 369-370
    importância na terapia cognitivo--comportamental, 17
    monitor da exposição, 330, *330-331*
    planejamento do tratamento e, 164
    relação terapêutica e, 60-61
Motivação
    identificando problemas, 365-366
    para modificar crenças disfuncionais, 296-299
Mudança cognitiva, identificando problemas na maximização, 368-369

N
Notas da Sessão, 171, *172-173*

O
Objetivos
    decidindo focar as sessões, 165-167
    definindo. *Ver* Definição dos objetivos
    identificando problemas de realização em cada sessão e ao longo de todas as sessões, 368-370
    identificando problemas na orientação das sessões focadas no objetivo, 367-368
    implementando os passos em direção aos, 134
    importância na terapia cognitivo--comportamental, 19
    indicações de tarefas gradativas e a analogia da escada, 326-328
    mudando os objetivos no tratamento, 168-169
    planejamento do tratamento para atingir um objetivo específico, 159, *161*
    Planos de Ação e, 136-137
Objetivos terapêuticos, planos de tratamento e, 157
Orientação para o passado, terapia cognitivo--comportamental e, 19-20
Orientação para o presente, na terapia cognitivo--comportamental, 19-20
Outras pessoas
    como referência para fortalecer crenças adaptativas, 301-303
    como referência para modificar crenças disfuncionais, 312-314

P
Participação ativa, 18-19
Patient Health Questionnaire (PHQ-9), 88
Pautas
    desviando-se, 202-204
    dificuldades na discussão dos itens, 200-203
    identificando problemas, 366
    parte inicial da sessão
    definição de uma pauta inicial, 176-178
    priorização da pauta, 180-182
    planejamento do tratamento e, 163-165
Pensamento do tipo tudo ou nada, 250
Pensamentos automáticos
    abordando pensamentos que interferem na definição dos objetivos, 106-108
    avaliando a validade, 29
    avaliando e respondendo aos, 134
    características, 207-209
    combinando o conteúdo do pensamento com emoções, 231-232
    conceitualização da falta de domínio ou prazer, 118
    conceitualização de inatividade, 116-117
    conceitualizando quando a reestruturação cognitiva é ineficaz, 245-248
    crenças intermediárias e, 33-36, 290-292
    crenças nucleares expressas como, 289-290
    definição, 5, 28
    definindo um item do Plano de Ação para reforçar o modelo cognitivo, 100-103
    desenvolvimento da terapia cognitivo--comportamental de Beck e, 6-7
    desprendendo-se, 134
    detectando problemas na identificação e seleção dos principais pensamentos, 367-368
    detectando problemas na resposta aos, 368-369
    diagramas de conceitualização cognitiva
    diagrama baseado nos pontos fortes, 43-44, 45-46
    diagrama simplificado, 54
    diagrama tradicional, 47, *48*, 49-51, 53
    dicas clínicas para identificar, 99-101
    diferenciando de emoções, 228-231
    explicando aos clientes, 210-212
    Folha de Apoio: Perguntas para Identificar Pensamentos Automáticos, 221-222, *222-223*
    Folha de Exercícios: Identificando Pensamentos Automáticos, 101-103
    Folha de Exercícios: Testando seus Pensamentos, 257
    formas e tipos, 212-218, 235-236
    identificando, 28-29, 211-215, 218-223
    métodos alternativos para abordar
    autoexposição, 252-253
    experimentos comportamentais, 249-253
    identificando distorções cognitivas, 248-251
    pedindo ao cliente uma resposta útil, 252-254
    perguntas alternativas, 247-249
    visão geral, 247-248

Índice

modelos cognitivos da terapia cognitivo-
-comportamental e, 4-5, 27-28, 36-38,
212-215, *213-214*
monitorando, 134
procurando temas centrais, 288-289
psicoeducação sobre, 98-101
questionando para avaliar
    avaliando o desfecho do processo, 244-246
    dicas clínicas, 241, 243
    listas de perguntas, *238-239*
    métodos comportamentais, 239
    questionamento socrático, 238-239
    razões para evitar desafios diretos, 237-238
    recomendações e diretrizes, 239-241
Registro de Pensamentos, 257
respondendo aos
    anotações da terapia, 258-261
    entre as sessões, 257
    importância, 257
    quando uma folha de exercícios não é suficientemente útil, 267-268
    resumo, 268-269
    usando folhas de exercícios, 261-267
resumo, 222-223, 255-256
resumos dos pensamentos avaliados, 258
selecionando os principais pensamentos automáticos nos quais focar, 236-237
técnica da seta descendente, 288-290
trabalhando com pensamentos verdadeiros, 253-256
visão geral, 206
Pensamentos automáticos incluídos, 216-217
Pensamentos automáticos telegráficos, 216-218
Pensamentos opostos, 220-221
Perguntas
    identificando uma crença intermediária, 291-292
    para avaliar pensamentos automáticos
        dicas clínicas, 241, 243
        listas de perguntas, *238-239*
        métodos comportamentais, 239
        perguntas para "descatastrofizar", 242-243
        perguntas para "distanciamento", 244-245
        perguntas para "explicação alternativa", 242
        perguntas para "solução de problemas", 244-245
        perguntas sobre "evidências", 241-242
        perguntas sobre o "impacto do pensamento automático", 243
        questionamento socrático, 238-239
        razões para evitar desafios diretos, 237-238
        recomendações e diretrizes, 239-241
        usando perguntas alternativas, 247-249
    para especificar problemas na terapia, 363-370
    pensamentos automáticos estruturados como, 217-218

Perguntas para "descatastrofizar", 242-243
Perguntas para "distanciamento", 244-245
Perguntas para "explicação alternativa", 242
Perguntas para "solução de problemas", 244-245
Perguntas sobre "evidências", 241-242
Perguntas sobre o "impacto do pensamento automático", 243
Personality Belief Questionnaire, 292
Personalização, *249-251*
PHQ-9. *Ver* Patient Health Questionnaire
Planos de Ação
    anotando, 22-23
    atividades e, 128-129
    aumentando a adesão, 136-139
    componentes, 22
    conceitualização de inatividade, 118
    conceitualizando as dificuldades
        cognições que interferem disfarçadas de problemas práticos, 154-155
        cognições que interferem, 149-155
        problemas práticos, 146-150
        problemas relacionados às cognições do terapeuta, 154-155
        visão geral, 146-147
    criando na sessão de avaliação, 81-84
    definindo, 133
    dicas clínicas, 143-145, 148-149, 152-154
    encorajando o cliente a definir, 135-136
    formato da sessão e, 21
    fortalecendo crenças adaptativas, 308-309
    identificando problemas, 367-368
    importância e benefícios para o cliente, 22-23, 132-133
    listas de perguntas para avaliação dos pensamentos automáticos, 240
    mindfulness, 274
    planejamento do tratamento e, 163-164
    preparando para um possível desfecho negativo, 144-146
    prevendo e evitando problemas
        estando alerta às reações negativas do cliente, 141-144
        examinando as vantagens e desvantagens, 143-145
        fazendo do Plano de Ação uma proposição sem perdas, 144-145
        identificando obstáculos e fazendo um ensaio encoberto, 139-142
        modificando o plano, 144-145
        verificando a probabilidade de realização, 139-140
        visão geral, 138-140
    primeira sessão de terapia
        definindo um item para identificar os pensamentos automáticos, 100-103
        exemplo de caso de Abe, *112*

resumo de final da sessão e, 111
revisão, 92-95
programação das atividades e, 126-127
resumo, 155
revisando. *Ver* Revisão do Plano de Ação
tipos de itens, 134-135
verificação no final da sessão, 185-186
Planos de tratamento
ajudando o cliente a identificar uma situação problemática, 167-169
conceitualização cognitiva e, 16
criando, 159, *160*
decidindo focar em um problema ou objetivo, 165-167
dicas clínicas, 168-169
fases do planejamento, 158-159
fazendo anotações da terapia na primeira sessão de terapia, 96-98
identificando problemas, 363-364
importância, 156
objetivos terapêuticos e, 157
para atingir um objetivo específico, 159, *161*
planejando sessões individuais, 162-165
relatando na sessão de avaliação, 79-82
resumo, 169
Pontos fortes pessoais
Diagrama de Conceitualização Cognitiva Baseado nos Pontos Fortes, *45-46*
exemplo de caso de Abe, 42-44
Prática informal de *mindfulness*, 272-273, 276
Prazer
conceitualização da falta, 118
usando o Quadro de Atividades para avaliar previsões referentes a, 128-131
Preocupação, técnica AWARE, 276-277, 384-385
Pressupostos. *Ver também* Crenças intermediárias
conceito de crenças intermediárias e, 33-36
definição, 5
modelo cognitivo, 36-37
Pressupostos subjacentes. *Ver* Pressupostos
Prevenção de recaída
atividades durante a terapia, 351-354
atividades no começo do tratamento, 349-351
gráfico do progresso esperado, 350-351
introdução à, 349
preparando para retrocessos após o término do tratamento, 357-359
resumo, 358-360
Previsões negativas, sobre os Planos de Ação, 149-151
Primeira sessão de terapia
atividades do terapeuta antes, 87
atualização e revisão do Plano de Ação, 91-95
definição da pauta inicial, 90-91
definindo objetivos, 106-110

diagnóstico e psicoeducação sobre depressão, 94-103
dicas clínicas, 87, 89, 99-104, 110
estrutura, 87
feedback do cliente, 111
identificando valores e aspirações, 102-106
programação das atividades, 110
resumo no final da sessão, 110-111
verificação da medicação/outros tratamentos, 89-90
verificação do humor, 88-89
visão geral e importância, 86-87
Problemas, decidindo focar as sessões, 165-167
Problemas na terapia
conceitualização, 362-363
identificando a existência, 362
pontos emperrados, 370-371
remediando, 370-372
resumo, 372
tipos de problemas
atingindo os objetivos terapêuticos, 368-370
diagnóstico, conceitualização e planejamento do tratamento, 363-364
estruturação e ritmo das sessões, 366
familiarização do cliente com o tratamento, 366-368
motivação, 365-366
processamento do conteúdo da sessão, 369-370
relação terapêutica, 365
respondendo a cognições disfuncionais, 367-369
visão geral, 363-364
visão geral, 361
Processamento da informação
crenças negativas disfuncionais e, 34-35, 285-286
usando uma metáfora para explicar, 295-296
Procrastinação, 153-155
Programação das atividades. *Ver também* Quadro de Atividades
avaliando atividades, 126-128
avaliando previsões de domínio e prazer, 128-131
conceitualização da falta de domínio ou prazer, 118
conceitualização de inatividade, 116-118
dicas clínicas, 123-124, 128-131
discussão e exemplo de caso, 119, 122-124
importância, 115-116
primeira sessão de terapia, 110
quando o cliente resiste em programar as atividades, 123-127
resumo, 131
tipos de atividades, 127-128

Progresso
    atribuindo ao cliente, 351-352
    gráfico do progresso esperado, 350-351
Psicoeducação
    importância na terapia cognitivo-
        -comportamental, 20
    sobre crenças disfuncionais, 294-297
    sobre depressão, pensamento negativo e o
        plano de tratamento, 95-98
    sobre o modelo cognitivo, 97-101
    sobre pensamentos automáticos, 210-212

Q
Quadro de Atividades
    avaliando atividades e, 126-128
    avaliando previsões sobre domínio e prazer,
        128-131
    dificuldades com a verificação do humor e,
        195-196
    quadro de exemplos parcialmente preenchido,
        120-121
    usando, 119, 126-127
Quadro de Evidências de Competência, 302-303
Quadros de emoções, 226-227, 227-228
Questionamento socrático
    avaliando pensamentos automáticos, 238-239,
        258
    com descoberta guiada, 21-22
    modificando crenças disfuncionais, 306-307
    testando a validade das previsões, 134,
        249-251
Questionário de crenças, 292

R
Raciocínio emocional, 250
Recaída. Ver Retrocessos e recaída
Recordação do imaginário, 231-232
Recriações, usando para identificar pensamentos
    automáticos, 219-221
Redução na frequência das sessões, 353-356
Reenquadramento, 320-321
Reestruturação, para modificar crenças
    disfuncionais, 307-309
Reestruturação cognitiva, 322-324
Reestruturações do Quadro de Crenças de
    Competência, 307-308
Registro de Pensamentos, 230, 257, 261, 264-265
Registro Diário de Pensamentos Disfuncionais. Ver
    Registro de Pensamentos
Regras. Ver também Crenças intermediárias
    conceito de crenças intermediárias e, 33-36
    modelo cognitivo, 36-37
Relação terapêutica
    adaptando ao indivíduo, 62
    ajudando o cliente a generalizar para outras
        relações, 67-68
    colaboração, 61-62
    diretrizes essenciais, 57-58
    habilidades de aconselhamento, 58-60
    identificando problemas, 365
    importância na terapia cognitivo-
        -comportamental, 17
    introdução à, 56-57
    manejando reações negativas em relação aos
        clientes, 68-70
    monitorando o afeto dos clientes e obtendo
        feedback, 60-61
    reparando rupturas, 64-67
    resumo, 70
    usando autoexposição, 63-64
Relaxamento muscular progressivo (RMP), 321
Resiliência, construção, 352-354
Respostas fisiológicas, intensificando para
    identificar pensamentos automáticos, 218-219
Resumo final, 184-185
Resumos
    dicas clínicas, 184-185
    dos pensamentos automáticos avaliados, 258
    periódicos, 183-185
    resumo final, 184-185
Resumos periódicos, 183-185
Retrocessos e recaída. *Ver também* Prevenção de
    recaída
    preparando para, após o término, 357-359
    reconhecendo os sinais, 357-358
Revisão do Plano de Ação
    dificuldades, 200-201
    discussão, 145-147
    no final da sessão, 185-186
    parte inicial da sessão, 178-181
    primeira sessão de terapia, 92-95
Ritmo, 200-202, 366
RMP. *Ver* Relaxamento muscular progressivo (RMP)
Rotulação, 250
Ruminação, 271-272
Ruminação depressiva, 271-272
Rush, A. John, 6-7

S
Self, crenças nucleares negativas sobre, 283-284
Seligman, Martin, 352-353
Sessão de avaliação
    atividades do terapeuta depois, 84-85
    conduzindo a avaliação, 74-79
    dando início à sessão, 73-75
    definindo o Plano de Ação, 81-84
    definindo objetivos e relatando um plano de
        tratamento geral, 79-82
    dicas clínicas, 76-79
    estabelecendo expectativas para o tratamento,
        83-84
    estrutura, 73

impressão diagnóstica, 79
objetivos para, 72-73
resumindo para o cliente e obtendo *feedback*, 84-85
resumo, 85
visão geral e importância, 71-72
Sessões de autoterapia, 355-357
Sessões de reforço, 358-359, *359-360*
Sessões de terapia cognitivo-comportamental. *Ver também* Primeira sessão de terapia; Sessão de avaliação
    ajudando o cliente a identificar uma situação problemática, 167-169
    conteúdo e formato, 170-171, *172-173*
    decidindo entre focar em um problema ou em um objetivo, 165-167
    fases do planejamento do tratamento, 158-159
    identificando problemas na estruturação e no ritmo, 366
    identificando problemas no processamento do conteúdo da sessão, 369-370
    importância das sessões estruturadas, 21. *Ver também* Estruturação da sessão de terapia cognitivo-comportamental
    planejando sessões individuais, 162-165
    pontos emperrados, 370-371
    sessões de autoterapia, 355-357
    sessões de reforço, 358-359, *359-360*
    término. *Ver* Término
Sessões de terapia gravadas, 362
Sistema de psicoterapia de análise cognitivo-comportamental, 3
Sistemas como lembrete, para os Planos de Ação, 137-139
Situações. *Ver* Situações problemáticas; Situações desencadeantes
Situações desencadeantes. *Ver também* Situações problemáticas
    Diagrama de Conceitualização Cognitiva Baseado nos Pontos Fortes, 43-44, *45-46*
    diagrama simplificado de conceitualização cognitiva, 54
    diagramas de conceitualização cognitiva tradicionais, 48, *49-50*, 53
    modelo cognitivo, 36-37
    psicoeducação sobre, 98-99
Situações problemáticas. *Ver também* Situações desencadeantes
    ajudando o cliente a identificar, 167-169
    focando nos aspectos positivos, 341-342
    obtendo o significado, 24
    usando dramatização para identificar pensamentos automáticos, 219-221
Solução de problemas
    com pensamentos automáticos verdadeiros, 253-255
    dificuldade com, 201-203, 322-323
    identificando problemas, 367-368
    quando os problemas não podem ser resolvidos, 322-324
    quando os problemas têm uma baixa probabilidade de ocorrência, 324
    visão geral, 321-322
Suicidalidade, verificação, 88
Superestimações, das demandas de um Plano de Ação, 150-154

T

Tarefas gradativas, indicações de, 326-328
TCC. *Ver* Terapia cognitivo-comportamental (TCC)
Técnica Avançando para o futuro, 345-347
Técnica com duas colunas, para respostas a pensamentos automáticos, 268
Técnica da seta descendente, 199-200, 288-290
Técnica do *continuum* cognitivo, 310-313
Técnica do ponto-contraponto, 314-317
Técnica do quadro em forma de *pizza*, 330-334
Técnicas de enfrentamento adaptativas, ensaiando, 339-340
Técnicas de relaxamento, 321
Técnicas experienciais, reestruturação do significado de memórias precoces, 317-318, 386-390
Tempo de tratamento, 20-21
Terapeutas cognitivo-comportamentais
    angústia do cliente perto do final da sessão, 203-205
    dificuldades gerais na estruturação das sessões
        abordando cognições disfuncionais, 191-193
        cognições do terapeuta, 189
        dicas clínicas, 191-192
        engajando o cliente, 191
        familiarizando o cliente, 190-191
        interrompendo o cliente, 190
        visão geral, 188-189
    estágios do desenvolvimento, 10-12
    identificando problemas nas reações do cliente, 365
    identificando problemas nas visões do cliente, 365
    Planos de Ação e problemas relacionados às cognições do terapeuta, 154-155
    problemas comuns em partes estruturais das sessões
        definição da pauta, 195-199
        discussão dos itens da pauta, 200-203
        obtenção de uma atualização, 198-200
        revisão do Plano de Ação, 200-201
        verificação do humor, 192-196
        visão geral, 192-193
    tornando-se um terapeuta efetivo, 9-12
Terapia breve focada na solução, 109

Terapia cognitiva, 3
Terapia cognitiva da depressão (Beck et al.), 56
Terapia cognitiva orientada para a recuperação (CT-R)
    atualização na primeira sessão de terapia, 91-93
    diferença entre terapia cognitivo-
-comportamental e CT-R, 8
    exemplo de casos, 1-2
    modelo teórico, 4-5
    origem e visão geral, 7-8
    parte intermediária da sessão, 181-183
    pensamentos automáticos e, 209
Terapia cognitivo-comportamental (TCC)
    desenvolvimento da terapia cognitivo-
-comportamental de Beck, 6-7
    diferença entre terapia cognitivo-
-comportamental e CT-R, 8
    emoções negativas e objetivo, 320
    exemplo de casos, 1-2. *Ver também* Abe; Maria
    formas de, 3
    gráfico do progresso esperado, 350-351
    intervenção cognitiva típica, 8-9
    modelo cognitivo de. *Ver* Modelo cognitivo
    modelo teórico, 4-5
    origem e visão geral, 3-4, 13-14
    pesquisa e eficácia da terapia cognitivo-
-comportamental, 5-6
    princípios do tratamento, 15-24
    problemas na terapia. *Ver* Problemas na terapia
    recursos, 373-374
    sessões. *Ver* Sessões de terapia cognitivo-
-comportamental; Estruturação da sessão de terapia cognitivo-comportamental
    técnicas adicionais
        autocomparações, 334-336
        dramatização, 330-331
        exposição, 328-331
        indicações de tarefas gradativas e a analogia da escada, 326-328
        regulação emocional, 320-321
        resumo, 335-336
        solução de problemas, 321-324
        técnica da "*pizza*", 330-334
        tomada de decisões, 324-326
        treinamento de habilidades, 321-322
        visão geral, 319-320
    tornando-se um terapeuta efetivo, 9-12
Terapia comportamental dialética, 3
Terapia de aceitação e compromisso, 3, 320
Terapia de exposição, 3
Terapia de solução de problemas, 3

Terapia do processamento cognitivo, 3
Terapia racional-emotiva comportamental, 3
Término
    atividades no começo do tratamento, 349-351
    atividades perto do término, 353-356
    preparando para retrocessos após o, 357-359
    reações do cliente ao, 357-359
Teste de realidade, 346-348
Testes históricos, 316-317
Tomada de decisões, 324-326
Trabalho com a cadeira vazia, 305
Treinamento de habilidades
    na regulação emocional, 321-322
    para prevenção de recaída, 351-353

U

University of Pennsylvania, 6-7
Uso de medicação, planejamento do tratamento e, 163

V

Valores
    exemplo de caso de Abe, 39-40
    identificando, 102-104
    importância na terapia cognitivo-
-comportamental, 19
    Planos de Ação e, 136-137
    técnica do quadro em forma de *pizza*, 330-331, 332
Valorização positiva, relação terapêutica e, 58-60
Verificação da medicação/outros tratamentos, 89-90, 176
Verificação do humor
    dicas clínicas, 176
    exemplo de caso de Abe, 175-176
    oportunidades criadas por, 174-175
    planejamento do tratamento e, 163
    primeira sessão de terapia, 88-89
    problemas comuns
        atribuição da mudança de humor a fatores externos, 194-195
        dicas clínicas, 195-196
        dificuldade para expressar o humor, 194-195
        piora do humor, 194-196
        reação negativa aos formulários, 192-195
Visão em túnel, 249-251
Visualização
    de resultados positivos para os Planos de Ação, 138-139
    usando para identificar pensamentos automáticos, 219-220

IMPRESSÃO:

PALLOTTI
GRÁFICA

Santa Maria - RS | Fone: (55) 3220.4500
www.graficapallotti.com.br

Judith S. **Beck**

Terapia cognitivo-comportamental

teoria e prática

3ª edição

Tradução
Sandra Maria Mallmann da Rosa

Revisão técnica
Paulo Knapp
Psiquiatra. Formação em terapia cognitiva no Beck Institute, Filadélfia.

Reimpressão 2023

artmed

Porto Alegre
2022

Obra originalmente publicada sob o título
Cognitive behavior therapy: basics and beyond, 3rd edition
ISBN 9781462544196

Copyright © 2021 Judith S. Beck
Published by The Guilford Press
A Division of Guilford Publications, Inc.

Gerente editorial
Letícia Bispo de Lima

Colaboraram nesta edição:
Coordenadora editorial
Cláudia Bittencourt

Capa
Paola Manica | Brand&Book

Preparação de original e leitura final
Heloísa Stefan

Editoração
Ledur Serviços Editoriais Ltda.

Reservados todos os direitos de publicação à
GRUPO A EDUCAÇÃO S.A.
(Artmed é um selo editorial do GRUPO A EDUCAÇÃO S.A.)
Rua Ernesto Alves, 150 – Bairro Floresta
90220-190 – Porto Alegre – RS
Fone: (51) 3027-7000

SAC 0800 703 3444 – www.grupoa.com.br

É proibida a duplicação ou reprodução deste volume, no todo ou em parte, sob quaisquer formas ou por quaisquer meios (eletrônico, mecânico, gravação, fotocópia, distribuição na Web e outros), sem permissão expressa da Editora.

IMPRESSO NO BRASIL
PRINTED IN BRAZIL

Autora

Judith S. Beck, Ph.D. é presidente do Beck Institute for Cognitive Behavior Therapy (*www.beckinstitute.org*), uma organização sem fins lucrativos que fornece treinamento de ponta e certificação em terapia cognitivo-comportamental (TCC) para indivíduos e organizações, oferece cursos *on-line* sobre uma variedade de temas em TCC, conduz pesquisas e é líder global em recursos em TCC. Também é professora clínica de Psicologia em Psiquiatria na Perelman School of Medicine da University of Pennsylvania. Escreveu aproximadamente 100 artigos e capítulos, além de livros, incluindo *Terapia cognitiva para desafios clínicos: o que fazer quando o básico não funciona*. Fez centenas de apresentações no mundo todo sobre temas relacionados à TCC, é codesenvolvedora dos *Beck Youth Inventories* e *Personality Belief Questionnaire*, tendo recebido inúmeros prêmios por suas contribuições à área. Também continua a tratar clientes na clínica do Beck Institute, na Filadélfia.